广视角 · 全方位 · 多品种

权威 · 前沿 · 原创

皮书系列为

“十二五”国家重点图书出版规划项目

一台节目不能改变这个世界，却能改变人们对这个世界的看法。

——红太阳演艺集团　贺

中国文化品牌发展报告（2014）

ANNUAL REPORT ON DEVELOPMENT OF CULTURAL BRANDS IN CHINA (2014)

主　编 / 欧阳友权

社会科学文献出版社
SOCIAL SCIENCES ACADEMIC PRESS (CHINA)

图书在版编目（CIP）数据

中国文化品牌发展报告. 2014/欧阳友权主编. —北京：社会科学文献出版社，2014. 4
（文化品牌蓝皮书）
ISBN 978 - 7 - 5097 - 5811 - 3

Ⅰ. ①中…　Ⅱ. ①欧…　Ⅲ. ①文化产业 - 产业发展 - 研究报告 - 中国 - 2014　Ⅳ. ①G124

中国版本图书馆 CIP 数据核字（2014）第 058691 号

文化品牌蓝皮书
中国文化品牌发展报告（2014）

主　　编 / 欧阳友权

出 版 人 / 谢寿光
出 版 者 / 社会科学文献出版社
地　　址 / 北京市西城区北三环中路甲 29 号院 3 号楼华龙大厦
邮政编码 / 100029

责任部门 / 皮书出版分社（010）59367127　　责任编辑 / 高振华
电子信箱 / pishubu@ ssap. cn　　责任校对 / 李文明
项目统筹 / 陈　帅　　责任印制 / 岳　阳
经　　销 / 社会科学文献出版社市场营销中心（010）59367081　59367089
读者服务 / 读者服务中心（010）59367028

印　　装 / 北京季蜂印刷有限公司
开　　本 / 787mm × 1092mm　1/16　　印　　张 / 24. 5
版　　次 / 2014 年 4 月第 1 版　　字　　数 / 396 千字
印　　次 / 2014 年 4 月第 1 次印刷
书　　号 / ISBN 978 - 7 - 5097 - 5811 - 3
定　　价 / 79. 00 元

文化品牌　商机无限
每年发布　世界推广

指导单位

国家文化部文化产业司

中共湖南省委宣传部

湖南文化创意产业研究中心

编撰单位

中南大学中国文化产业品牌研究中心

协作单位

光明日报社

中新社

红　网

顾问团队

何继善　中国工程院院士，湖南省科协名誉主席，原中南工业大学校长

花　建　上海社会科学院文化产业研究中心主任，国家发改委国际合作中心特约研究员

金元浦　中国人民大学文化创意产业研究中心执行主任

胡惠林　上海交通大学国家文化产业创新与发展研究基地办公室主任

李凤亮　深圳大学副校长，文化产业研究院院长

魏文彬　湖南省政协副主席

蒋祖烜　中共湖南省委宣传部副部长，湖南省文化体制改革和文化产业发展办公室主任

雷鸣强　湖南省文化厅副厅长

徐建军　中南大学党委常务副书记

陈晓红　中南大学商学院名誉院长，中国中部崛起战略研究中心主任

李嘉曾　澳门城市大学澳门文化产业研究所所长

刘建武　湖南省社会科学院院长、湖南文化创意研究中心主任

《中国文化品牌发展报告（2014）》
编委会

《中国文化品牌发展报告（2014）》撰稿人名单

（按文序排列）

欧阳友权　禹建湘　魏　颖　范明献　聂庆璞
钟虎妹　陈敏利　王晓生　黄　芸　刘新少
纪海龙　凌　菁　欧小芳　关　红　周灿华
宋湘绮　邹　理　曾环宇　陈　艺　胡静柔
陈雨曦　关　健　王　婷　高亚虹　黄　思
刘佩佩　万璐莎　伍蓓蓓　李　佳　李松涛
周丽颖　曾照智　李佩谦　漆珂伊　林丛晞
李文洁　宋元烨　金希娴　黄思索　雷雨晴
李　祎　刘晓婷　张　婷　周　恒　吴　钊
贺予飞　李　珏

主编简介

欧阳友权 文学博士，中南大学中国文化品牌研究中心主任，文学院院长，二级教授，博士生导师，《中国文化品牌发展报告》主编，《人文前沿》主编，网络文学研究基地首席专家，享受国务院政府特殊津贴，国家教学名师，全国模范教师，湖南省优秀社会科学专家，第四届鲁迅文学奖、全国宝钢优秀教师奖获得者。主要从事文艺理论、网络文学和文化产业研究。主持国家社科基金项目3项（其中1项为重点项目），主持教育部项目4项，省级重大、重点和一般社科项目15项。在《中国社会科学》、《文学评论》等权威期刊和中文核心期刊发表学术论文350余篇。出版个人学术理论专著22部，主编大学教材12部，出版译著2部，主编《中国文化品牌发展报告》8部（2006年起每年1部），主编“网络文学教授论丛”等理论丛书5套。其研究成果获教育部中国高校人文社科优秀成果奖3次、湖南省社科成果奖4次、中国文联文艺评论一等奖1次。被评为湖南省“德艺双馨”文艺工作者、“新世纪文化湘军代表人物”和湖南省“十大文化人物”，记省政府一等功1次、二等功1次。获中南大学“十大教学名师”、“十大师德标兵”和研究生“我最喜爱的导师”等称号。主要社会兼职有湖南省作家协会副主席、国家社科基金项目学科评审组专家、第八届茅盾文学奖评委等。

摘 要

《中国文化品牌发展报告（2014）》共收录1篇总报告、30篇年度品牌报告和15篇业态报告。

《中国文化品牌发展报告（2014）》对2013年中国文化品牌的发展做了宏观总结。2013年，中国文化品牌借改革红利，实现了多元化发展，文化品牌亮点频出，创新发展明显，文化产业各门类品牌竞相涌现，对产业引领作用进一步加强。举国上下以文化制度创新为纲，加速文化品牌转型升级，提升核心竞争力。

《中国文化品牌发展报告（2014）》遴选了30个在各门类具有引领意义的文化品牌，它们包括：电影品牌、电视娱乐节目品牌、数字出版品牌、网站品牌、网络视频品牌、数字艺术设计品牌、出版集团品牌、新媒体品牌、报业集团品牌、报纸品牌、文化投资基金品牌、演艺业品牌、广电传媒集团品牌、电视节目制作公司品牌、上市传媒品牌、印刷集团品牌、旅游演艺品牌、整合IT服务商品牌、网游作品品牌、网游企业品牌、网上书店品牌、会展品牌、广告品牌、移动互联网品牌、艺术品拍卖品牌、文化园区品牌、文化旅游品牌、文化遗产品牌、澳门文化品牌、台湾文化品牌。这些入选的年度文化品牌是依据“经济体量、年度业绩、业界声誉、社会影响、品牌价值”的总原则，经传媒举荐、团队调研、专家评审、网络投票、公示反馈等环节遴选出来的。《中国文化品牌发展报告（2014）》通过对中国文化品牌的入选推荐，旨在培养民族文化品牌，促进中国文化品牌走向世界。

《中国文化品牌发展报告（2014）》对15个业态门类文化品牌的发展进行了总结，形成了15个年度文化品牌业态分报告，这些业态包括：电影业、电视业、新媒体业、报业、出版业、期刊业、广告公关业、演艺业、动漫游戏业、数字出版业、会展业、艺术品拍卖业、文化旅游业、对外文化贸易业，以及文化产业园区等。该部分对各文化品牌业态在2013年取得的成绩进行了总结，分析了各产业门类品牌的发展规律，重点探讨了各门类文化品牌和龙头企业的成功经验，有针对性地提出了发展对策。

Abstract

Annual Report on Development of Cultural Brands in China (*2014*) included a general report, 30 annual cultural brand reports and 15 format reports.

Annual Report on Development of Cultural Brands in China (*2014*) makes a macroscopic summary of the development of Chinese cultural brands in 2013. In 2013, borrowing the reform dividend, Chinese culture brand has achieved diversified development, the highlights of cultural brand appeared frequently, innovation developed obviously, various categories of cultural brands sprang up rapidly and the leading role to the various industry have been further fortified. The whole nation should takes the cultural system innovation as the key link to quicken the cultural brands' transformation and upgrade, thereby enhance core competiveness.

Annual Report on Development of Cultural Brands in China (*2014*) selected 30 cultural brands which have leading significance in various categories. It includes: cinema brand, television entertainment brand, digital publishing brand, website brand, network video brand, digital art design brand, publishing group brand, new media brand, press group brand, newspaper brand, cultural investment foundation brand, entertainment industry brand, radio and television media group brand, television programme production company brand, listed media brand, printing group brand, tourism Perform brand, integrated IT service brand, online game work brand, online game enterprise brand, online bookstore brand, exhibition brand, advertising brand, mobile Internet brand, artistic work auction brand, cultural park brand, cultural tourism brand, cultural heritage brand, Macau cultural brand, Taiwan cultural brand. These annually cultural brands were chosen based on the general principle of "economic measurement, annual achievements, industry reputation, social impact, and brand value" and selected by media recommendation, team investigation, experts evaluations, network ballot, publicity and feedback, etc. By these selected recommendation of Chinese cultural brands, *Annual Report on Development of Cultural Brands in China* (*2014*) aimed at developing the national cultural brands and promoting the China cultural brands to the world.

Annual Report on Development of Cultural Brands in China (*2014*) summarizes 15 format categories cultral development and forms 15 annually cultural brand sub-reports which contains: movie industry, television industry, new media industry, press industry, publishing industry, periodical industry, advertising and public relations industry, show business industry, comicondanimation industry, digital publishing industry, exhibition industry, artistic work auction industry, cultural tourism industry, international cultural trade industry and cultural industry park, etc.. This part summarizes the achievements of various categories of cultural brands in 2013, analyzes the developing law of each industrial brand, mainly probes into the successful experiences of all kinds of cultural brands and leading enterprises, and accordingly proposes several targeted countermeasures for further development.

目 录

𝔹 Ⅰ 总报告

𝔹 Ⅱ 年度品牌

Ⅲ 业态报告

CONTENTS

𝔹 I General Report

𝔹 II Brands of the Year

Website Brand

Network Video Brand

Digital Art Design Brand

Publishing Group Brand

New Media Brand

Press Group Brand

Newspaper Brand

Cultural Investment Fund Brand

Entertainment Industry Brand

Radio and Television Media Group Brand

Television Production Company Brand

BⅢ Industry Formats Reports

总 报 告

General Report

B.1 借改革红利，中国文化品牌多元发展

欧阳友权　禹建湘

摘　要：

2013年是中国文化品牌借改革红利多元发展的一年，文化产业享受了转变政府职能、简政放权的制度红利。在党的十八大报告提出“扎实推进社会主义文化强国建设”的战略目标后，十八届三中全会通过了《中共中央关于全面深化改革若干重大问题的决定》，提出要“建立健全现代文化市场体系”，推动政府部门由办文化向管文化转变。中国文化产业在改革发展的新阶段、新形势、新要求下，确立了新目标，采取了新措施，形成了改革发展的正能量，文化品牌建设取得了新进展。

关键词：

文化品牌　文化产业　文化市场

在十八大精神的指引下，随着政府职能转变工作的进一步深化，文化产业的市场准入门槛进一步降低或放宽。尤其是行政审批制度改革，各级文化部门简政放权力度加大，取消和下放了行政审批项目，为文化产业的发展和文化市场的繁荣提供了有力的政策保障。2013 年，中国文化产业增加值达到 2.1 万亿元，约占 GDP 比重的 3.77%。我国文化产业进入稳定发展时期，文化品牌也呈多元化壮大发展态势。

随着改革制度红利的到来，影响文化产业发展的许多基础性因素正在发生深刻变化。文化产业作为国民经济支柱性产业的价值得到进一步凸显，文化品牌遵循市场经济的基本规律，业界人士对文化产业发展规律的认识和把握进一步深化，做强做大文化市场的信心进一步增强。十八届三中全会关于市场在资源配置中起决定性作用的决议，为今后文化产业发展提供了方向性的路标。如果说 2013 年是文化产业享受改革红利的一年，那么 2014 年必将成为新一轮改革的起始之年，十八届三中全会为新阶段中国文化品牌的改革与发展指明了方向。

一　文化改革制度红利实现，文化品牌多元迸发

十八届三中全会把文化板块单列为 15 项改革内容之一，文化产业地位再次被明确，文化改革进入深水区。全会关于文化产业发展的内容概括起来有三大核心元素：一是完善文化管理体制，二是建立健全现代化文化市场体系，三是构建现代化公共文化体系。文化体制改革的深化进一步推动了中国文化品牌的建设与壮大。

1. 文艺院团转企改制完成，院团品牌崭露头角

2013 年 6 月，文化部、中央组织部、中央宣传部、中央编办、国家发展改革委、财政部、人社部、税务总局、工商总局等九部门联合发布《关于支持转企改制国有文艺院团改革发展的指导意见》，支持转企改制国有文艺院团改革发展，要求转企改制企业提升自我发展能力。目前，国有文艺院团体制改革的阶段性任务已顺利完成，绝大部分国有文艺院团成为市场主体，开始建立起现代企业制度，以应对激烈的文化市场竞争。一些品牌院团将体制优势转化为发展优势，提升创新能力、演艺产品营销能力、资本运作能力和知识产权经

营能力，强化企业内部运行机制和经营管理创新，成长为富有活力、实力和竞争力的演艺市场主体，实现可持续发展。一些大型品牌院团改革到位，成长性好，在展现民族文化底蕴和文化创新能力方面，以市场化手段，满足了消费者的欣赏习惯和市场需求，如北京人民艺术剧院、长安大戏院等大型院团，因自身特色形成了稳定的驻场，确立了自身的品牌；又如文化部主办的2013年国家艺术院团演出季自8月在北京启动以来，演出了28台65场，成为院团转企改制之后首都舞台艺术的亮丽风景，国家京剧院等9家国家艺术院团集体发力，新作纷呈，精彩不断。同时，本着“扶上马、送一程”的宗旨，2013年文化部启动了全国演艺企业经营管理人才轮训规划制定和实施工作，将对全国约5000名演艺企业经营管理人才分批次进行科学化、系统化培训，试图将这一培训项目打造成演艺行业的“黄埔军校”。

2. 传媒业并购整合，品牌影响力提升

2013年，文化传媒产业内企业并购频繁，资本整合案例高密度出现，并购潮风起云涌，全年共发生55起并购事件，涉及电影、电视剧、出版、广告、游戏等子行业，累计资金近400亿元。

影视行业并购异常活跃，如乐视网以15.98亿元同时收购花儿影视文化有限公司和乐视新媒体文化（天津）有限公司；光线传媒以8.3亿元入股新丽传媒股份有限公司；华谊兄弟以6.7亿元并购广州银汉科技；华策影视收购克顿传媒的全部股份，交易金额超过16亿元，华策期待利用克顿传媒独立研发的大数据分析应用“影视资源管理系统”改变传统的商业模式，促进产业升级；等等。而大连万达的并购则最引人关注，其并购全球排名第二的美国AMC影院公司，总交易金额高达26亿美元，该案成为迄今为止中国在美国娱乐业中最大的一起并购案，也使得大连万达成为全球规模最大的电影院线运营商。

新闻出版业的并购呈现内部整合以及外部跨媒体融合趋势，如2013年10月28日，上海的解放日报报业集团和文汇新民联合报业集团整合成立了上海报业集团；2013年8月2日，中南出版传媒集团股份有限公司与湖南教育电视台签署合作协议，合资创立湖南教育电视传媒有限公司，作为湖南教育电视台市场营运主体。

文化企业的并购，造就了文化企业经营的多元化，一些文化品牌企业把影视、动漫、游戏、互联网、视频整合经营。如光线传媒此前一直将业务集中在电视娱乐节目、电影上，2013 年并购了主打电视剧的新丽传媒。“电视剧第一股”华策影视收购了郭敬明创办的影业公司，并上映了《小时代》和《小时代 2：青木时代》这两部票房较好的电影。华谊兄弟 2013 年的并购涉及范围最广，包括游戏、电视剧，以及一些影院服务公司等。这一系列多元化的并购意味着传媒、娱乐、互联网、游戏及动画等业务越来越多地出现融合，品牌企业将内容渠道进行整合，实现了多元化的发展。

文化企业的并购、整合和融合是企业获得融资、完善产业链和增强竞争力的有效方式，但并不是所有的并购都获得了成功，如在民营书店倒闭潮的背景下，光合作用宣布重组失败，民营书店品牌在图书营业额下降和租金、人工成本上升相结合带来的成本失控的不利局面下，有退出市场的危险，这对文化品牌的多元化来说不是一个好消息。

3. 数字技术，打造文化产业盛宴

文化产业数字化是 2013 年的主要趋势，文化与科技融合进一步成为政策重点支持的方向，数字文化产业也是文化品牌企业今后提升附加价值的主要领域。2013 年底，工信部向中国移动、中国联通、中国电信三大电信运营商颁发了 4G 牌照，在文化与科技融合的主流趋势下，4G 网络将带动文化创新，特别是围绕着数字文化产业领域的创新。随着数字技术的发展，通信技术从 1G、2G、3G 到 4G，一路演进，一场千亿元的产业盛宴在 2013 年拉开了帷幕。有机构预测，4G 网络前期建设拉动的投资规模在 5000 亿元左右，4G 商用将对基站板块、传输板块、网优板块以及增值服务板块产生持续性利好。

4G 产业将带来上千亿元的投资，带动近万亿元的产品销售和数万亿元的应用开发，中国移动表示将全力以赴地推动第四代移动通信网络的建设与运营，其已在全国范围内启动了 4G 商用部署工作，启动了 20 万个基站的建设和 100 万部终端的采购，体验用户接近 4 万人。截至 2013 年 10 月，中国移动获准在全国 326 个城市开展 4G 扩大规模试验。预计到 2014 年中期，将有 100 个城市具备 4G 商用条件，至 2014 年底，将有超过 340 个城市的客户可享受到中国移动的 4G 服务。中国移动的目标是建成全球规模最大的 4G 网络，并努力推动 4G 的融合发展。

随着数字产业的发展，文化与科技融合将打通视频化、语音技术和娱乐产业之间的关联，加上智能手机的普及，手机游戏成为人们利用闲暇、碎片化时间娱乐的最佳工具，同时，游戏开发者为消费者提供了更加丰富的手游产品以及更加愉悦的用户体验，因此得到了广大手机用户的青睐，手游逐渐成为网游业“淘金”的重点。如拥有4亿用户的微信5.0版本正式上线后，新推出的“飞机大战”游戏一夜爆红，已成为年轻手机用户打发碎片化时间的“利器”，这是腾讯对移动游戏领域精细布局的结果。数字技术、社会网络、物联网、云计算的广泛应用，使得每一个人都能在很短的时间内接触、发布和获取大量数据和信息。同时，移动互联网领域的商业模式更趋成热，有更多的资金准备进军移动互联网的娱乐等板块。

4. 微时代持续发力，中国电影谱写新篇章

2013年，全国电影总票房直奔220亿元，保持30%的高增长率，一批国产原创电影不断带来视觉冲击。借助年初《泰囧》的惊人票房，2013年的《致我们终将逝去的青春》、《小时代》、《中国合伙人》、《北京遇上西雅图》、《无人区》、《私人订制》等国产片，似乎打动了观众心底最柔软的那片区域，都取得了不俗的票房。令人欣喜的是，2013年的票房赢家不再是“大片”，在微时代，中小成本影片以观众喜闻乐见的故事和精准的类型定位，频成“黑马”。《小时代》及《小时代2：青木时代》票房超过7亿元，就是影片宣发团队以市场和观众为导向，以数据分析为支撑而成功的典型案例。《小时代》宣发团队通过数据分析，发现关注《小时代》、郭敬明的网络用户中女性占了70%以上，而给予正面评价的主力军集中在“90后”群体，根据这些“大数据”，宣发团队分析同档期竞争对手，分析过去一年消费者看过的同类型或相似的影片，形成了差异化定位，适时调整营销策略，针对“90后”女性发布了一系列线上线下活动，精准地寻找到了她们在观看国际大片、国内原创影片之间共同的价值观、审美和消费习惯。许多中小成本电影通过分析市场客户群形成营销定位，2013年电影营销市场规模达到28亿元，仅新媒体营销市场规模就达到3.5亿元，占总体营销市场规模的12.5%。

5. 秀明星、秀亲情，打造节目新品牌

尽管“限娱令”在2013年继续制约着电视娱乐节目的发展，但电视娱乐节目还是新增了13档之多，有《爸爸去哪儿》、《中国好声音》、《快乐男声》、《中国梦之声》、《最美和声》、《中国最强音》、《我是歌手》、《舞林争霸》、《中国星力量》、《我的中国星》等。其中，《我是歌手》翻红了大量“过气”艺人，并顺带翻红了大量“经典金曲”。而湖南卫视在2013年再一次成为内地娱乐圈的“综艺之王”，第四季度重磅推出的亲子互动真人秀节目《爸爸去哪儿》再掀收视狂潮。节目形式丰富，内容十分活泼，五位明星父亲同自己的子女一起到一个陌生环境中体验生活，父亲们尽职尽责，孩子们可爱欢乐，让节目气氛非常轻松有趣。节目充满正能量，以轻松、有趣的方式让观众感受到亲情、友情的存在。不仅节目的主题曲在网络上被广为传唱，而且节目中的小朋友也成了网友们追捧的偶像。

明星真人秀在西方已经流行很多年，2013年突然在各电视节目中“井喷”，除了《爸爸去哪儿》之外，《中国星跳跃》、《星跳水立方》也是以明显做噱头的真人秀节目。明星真人秀节目的泛滥，可以看成在行业监管和观众审美疲劳的双重压力下，各电视台从“草根选秀”集体转型的共同选择。

更令人注意的是，与以往的真人秀只停留在电视节目播出运营不同，2013年的真人秀节目拍摄电影版贺岁档成为一景，从荧屏到银幕，上映周期越来越短。播出两季的《中国好声音》2013年10月在三亚拍摄电影版《为你转身》，由“好声音”学员出演，12月底上映。《爸爸去哪儿》则在第一季尚未播毕之际，就于12月初开机拍摄同名电影，于2014年1月底上映，周期仅两个月。此前，“2013快乐男声主题电影”以“众筹”方式向粉丝展开电影票预售，设置金额标准为500万元，达标即上映，最终提前完成目标。影片已完成前期拍摄，于2014年2月上映。

在真人秀节目持续走红的大背景下，各大地方卫视的广告收入也大幅上涨，湖南卫视以《我是歌手（第二季）》和《金鹰剧场》为主要招标栏目，拿出约20%的资源招标，中标金额达17.58亿元，溢价率达48%。在不包括《快乐大本营》、《天天向上》和新晋人气节目《爸爸去哪儿》为招标栏目的情况下，有这种业绩显示了品牌卫视的吸金能力。另外，浙江卫视拿出了约10亿元标的资源，中标金额超过13亿元。

6. 汉字听写传播正能量，创造文化新方向

2013 年暑假，主打汉字听写的节目《中国汉字听写大会》和《汉字英雄》惊艳电视荧屏。由央视制作的《中国汉字听写大会》，首播之后一夜走红，超越被选秀和相亲节目占领的电视荧屏。汉字听写类节目从开播之初的"毫不起眼"，到几个月后"收视飘红"，在中小学生、青年人中掀起了一场汉字书写高潮，暴露出了当下人们使用汉字的一些尴尬。随着电子产品的普及，通过输入法"打字"成了人们写作、交流的主要方式，人们越来越少地在纸上书写汉字，催生了很多人"提笔忘字"。汉字听写类节目的兴起，传播了正能量，创造了文化新方向。汉字类节目的播出，让人们开始思考"汉字危机"，再次激起人们对汉字文化传承的忧虑。

在"娱乐至死"的时代，文化产业以娱乐为主打的局面无法改变，但文化产业毕竟少不了文明的传播。除了汉字听写类节目的飘红外，网络文学产业也呈现出大变化、大整合的大好局面。2013 年，国内几乎所有的互联网巨头杀入网络文学产业，进行大规模的整合并购，使得网络文学界重新洗牌，也推动了网络文学网站现有版权制度和收益机制的改变。网络小说"类型意识"进一步觉醒，各大文学网站进一步细分小说类型，挖掘和培养原创作者，培养类型小说的忠实粉丝。同时，文学网站将网络小说作为游戏的新副本来源，各大文学网站通过与网游的合作，弥补游戏创意上出现的瓶颈。如腾讯互动娱乐将网络文学的版权价值开发为旗下游戏、动漫和影视的"素材池"，使整个泛娱乐产业链更完整，从而构建了一条以授权知识产权为核心、以游戏运营和网络平台为基础的跨领域商业开发和运营模式。如果说以前网络文学网站之间的竞争还停留在作家资源方面，那么从 2013 年开始，这种竞争扩展到了版权开发、渠道拓展等各个层面，竞争进一步白热化。12 月 17 日，中文在线旗下的 17K 小说网与腾讯旗下的创世中文网达成战略合作协议，被外界解读为对盛大文学的一次反击。创世中文网创始团队从盛大文学出走后的一系列"新政"将改变网络文学的生态环境，微信 5.0 开通微信支付功能后，使网络文学的收费阅读更便利，网络文学正借助产业化的渠道，做文明的信使。

7. 接地气的"大黄鸭"，上演产业链好戏

2013 年 5 月，一只巨型黄色橡皮鸭出现在香港维多利亚港，有超过 30 万人奔赴维多利亚港看这只“鸭子”。在北京国际设计周期间，由荷兰霍夫曼为北京量身制作的18米高的“大黄鸭”首秀园博园，9月26日至10月26日移至颐和园。“大黄鸭”受热捧，其衍生品“小黄鸭”在北京也进入热卖阶段。第一批上市的3万只“小黄鸭”在国庆期间售罄，其后加订的2万只也全部售空。“大黄鸭”多项衍生品的售卖带来近700万元的进账。“大黄鸭”在北京展出期间，其所在地园博园及颐和园，包括门票、衍生品售卖、餐饮、游船在内的相关收入可分别过亿元，总收入超过2亿元。同时，各地游客涌入北京近距离接触“大黄鸭”，也为衍生品售卖、餐饮、住宿、交通等带来了巨大的经济效益。

做工粗糙、屡出状况的“大黄鸭”实在谈不上是一件精致的艺术品，但是文化意义的赋予和商业化的操作手法，唤起了大众的从众心理。“大黄鸭”能够在世界各地行走，靠的是强大的市场支撑。从低附加值的廉价玩具到以艺术贵族的姿态接受无数人的朝拜，“大黄鸭”的成功之处就在于它的接地气，在于它被赋予了怀旧等人类共同的情感文化。从这个意义来说，“大黄鸭”带给我们关于发展文化品牌的借鉴在于，要充分挖掘文化的内涵，以接地气来打动大众。

8. 失火与围城，文化旅游品牌在阵痛

2013年，中国出境旅游的人数达到9430万人次，中国游客在国外花掉了1176万美元。国庆长假期间，平均每3个中国人中就有一个“在路上”或者“在别处”。

对中国的文化旅游来说，2013年除了已有的喜人数据外，新疆天山和云南哈尼梯田申遗成功更增添了新的旅游目的地。6月22日，在柬埔寨首都金边举行的第37届世界遗产大会上，中国新疆天山和云南哈尼梯田被列入联合国教科文组织世界文化遗产名录。这两地申遗成功，是国际社会对中国传统文化和自然景观的高度认可，彰显了中国对人类文化遗产的认知和尊重。申遗成功后，两地是否会陷入掠夺式开发或门票经济的泥潭，现在还不得而知。云南“月光之城”迪庆藏族自治州香格里拉县独克宗古城发生火灾和湖南凤凰古城围城收费等事件，都预示了中国文化旅游品牌的打造任重道远。

2014年1月，始建于唐朝的独克宗古城2/3的面积被焚，烧毁房屋242栋，古城部分文物、唐卡等文化艺术品也被烧毁，损失惨重。这座千年古城恐怕注定要成为很多尚未有机会前往游览者的遗憾，也注定要成为很多曾经来过的游客的美好回忆。中国还有多少古城、文物之类的资源可以“挥霍”，值得人们深思。

2013 年 4 月 10 日，湖南凤凰古城开始实施捆绑售票，游客需要购买 148 元的门票才能进入。4 月 11 日，大批商户和当地居民因不满该政策关门歇业，同时聚集在古城北门码头附近。更为荒诞的是，4 月 12 日，当地居民带女友回家被索要门票，此事一经在网络传播，旋即成为网络搜索热词，不少网民调侃：“世界上最远的距离，莫过于见凤凰婆婆前须交 148 元门票。”凤凰古城收费风波至今仍存在非议。

面对国内游客出游热情高涨的现实，每个文化旅游品牌都想分享这块庞大的、诱人的市场蛋糕，但在开发与保护之间、索取与付出之间、经济利益与公共服务之间如何平衡的问题上一直未有好的解决办法，无节制地开发、竭泽而渔的现象普遍存在。2013 年 10 月，历经 31 年漫长等待的《旅游法》开始执行，并且“立竿见影”，以往依靠跑旅行社、线路加点提成的传统旅游促销方式已被禁止。但一纸法律无法立刻改变所有的问题，尽管《旅游法》给年年涨价的景区门票价格加了一道“紧箍咒”，但景区涨价的冲动总是难以抑制。中国的文化旅游目的地如何让游客获得难忘的、深度的体验，如何既留住游客的人，又能留住游客的心，还有很多事情要做。

9. 上海自贸区，文化品牌新孵化器

在各地文化产业园区建设风起云涌之际，文化产业基地和园区建设出现了空心化、泡沫化的问题，一些二三线城市的文化产业园区变成了“鬼城”。在新型城镇化背景下，很多城市借文化之名，行房地产开发之实，最终导致文化产业园区的烂尾化。但这一现象因为上海自贸区的成立而出现了新气象。

2013 年，上海自贸区正式挂牌成立，自贸区总体方案明确加快对外文化贸易基地建设，开展文化服务领域改革试点，在区内取消外资演出经纪机构的股比限制，允许设立外商独资演出经纪机构，同时允许设立外商独资的娱乐场所，在试验区内提供服务。这将带动中外文化品牌企业纷纷入驻，目前，国家对外文化贸易基地入驻的各类文化企业累计超过 150 家，如由百视通与微软合资成立的上海百家合信息技术发展有限公司，由上海东方明珠（集团）股份有限公司出资2亿元设立的上海东方明珠文化发展有限公司，拍卖巨头佳士得，以及华谊兄弟、中国图书进出口公司、盛大国际贸易等，业务涉及艺术品交易、演出经纪、游艺、文化出版等多个文化产业门类，大量外资企业通过上海自贸区在中国进一步推进业务。

上海自贸区抓住了文化产业与贸易行业深度融合的绝佳机遇，刺激文化品牌企业的技术、信息、产品向外部延伸，形成文化品牌的多元化发展，促进关联产业的深度融合，培育市场经济新增长极。上海自贸区内文化产业的开放，为中外文化交流引入了“活水”，进一步为文化品牌企业“松绑”，国内外著名文化企业竞相“抢滩”区内文化贸易促进平台。

除了上海自贸区文化产业的深度改革以外，其他文化产业园区也彰显了自身改革的力量。在文化产业示范基地和文化产业园区建设领域，政府和文化品牌企业都有了新的认识，一些产业园区提出了“体验式文化商业”的观点，一些企业孵化型的文化产业基地和园区开始向以产业链为支撑的模式过渡，一些门店聚集型园区进一步强化了旅游要素的植入。在徘徊于招商引资的简单营销阵痛之后，有相当数量的文化产业基地和园区开始呈现复合型、跨界化的经营形态，为基地和园区发展注入了新的活力，同时也标志着文化产业示范基地和园区建设已经进入一个新的发展阶段，我国的文化产业园区在发展道路上开始进入“2.0时代”。

10. 众筹模式出现，扩张文化品牌资本途径

2013年，中国文化品牌企业在传统融资渠道之外探索了新的途径，出现了众筹模式，这有利于文化品牌的规模化、集约化发展。如动画电影《大鱼海棠》通过众筹融资近160万元，动漫电影《十万个冷笑话》众筹超过137万元。天娱传媒的《快乐男声》主题电影在20天内成功在众筹网上筹得501万元，创中国电影众筹融资金额纪录，天娱传媒与众筹网的跨领域合作是国内互联网金融与商业娱乐的一次成功跨界联姻，这表明娱乐品牌企业可以利用传统生态领域中已建立的粉丝基础，尝试多样化的融资模式。众筹模式对小型文化企业来说，是一种有效的募集资金的途径；对大型的文化企业来说，虽然通过众筹方式募集资金的数量可能不会对其发展有实质性的帮助，但通过众筹方式来做营销宣传和市场调研，则是一种新尝试。

二　文化产业门类各品牌竞相涌现

2013 年，随着政府职能转变工作的深化，整个文化产业繁荣兴旺，在持续“热运行”，文化品牌在快速发展的整个产业中扮演了重要角色。在整个文化市场“短缺”与“过剩”并存的转向中，文化品牌迎来大规模洗牌和兼并重组的浪潮，文化产业各门类品牌表现纷繁复杂、各有千秋。

1. 出版品牌：全民阅读促出版

2013 年全国“两会”期间，115 位政协委员联名签署了《关于制定实施国家全民阅读战略的提案》，建议政府立法保障阅读，设立专门机构推动全民阅读。阅读也立法，彰显了中国对文化的迫切需求。据国家新闻出版广电总局称，全民阅读立法已列入 2013 年国家立法工作计划，目前已草拟初稿。

除了阅读立法外，党的领导人也带头阅读，推荐阅读。2013 年 11 月，习近平总书记参观孔子研究院，将《孔子家语通解》和《论语诠解》这两本书拿起来翻阅时说：“这两本书我要仔细看看。”引发媒体与公众的关注与解读，这两本书也“一夜畅销”。在中央领导人提出“中国梦”的构想时，以“中国梦”为主题的出版物成为热捧对象，北京大学出版社的《十问中国梦》、大众文艺出版社的《中国梦》、中国人民大学出版社的《青春共筑中国梦》、法律出版社的《软实力与中国梦》（修订版）、红旗出版社的《诗画中国梦》等成为畅销书。另外，2013 年，我国多位卸任领导人出书，并受到市场追捧，包括外文出版社出版的江泽民的《江泽民文选》（法文版），人民出版社出版的朱镕基的《朱镕基上海讲话实录》、温家宝的《温家宝谈教育》、吴官正的《闲来笔潭》、李长春的《文化强国之路：文化体制改革的探索与实践》，中国人民大学出版社出版的李瑞环的《看法与说法》，中信出版社出版的李肇星的《说不尽的外交》，等等。

在全民阅读时代，2013 年，第八届中国作家富豪榜主榜揭晓，奇幻文学作家江南以 2550 万元的年度版税收入夺得冠军，诺贝尔文学奖得主莫言以 2400 万元的版税收入位居第二，郑渊洁以 1800 万元全年版税收入位居第三，上榜的 60 位作家全年一共吸金 3.4 亿元。

品牌出版机构适应了全民阅读需要，为了使读者更便捷阅读，纷纷试水APP。出版机构依托内容优势，开发图书APP已经成为一种趋势。时代华语出版公司、外研社、中华书局、磨铁、凤凰传媒出版集团和中信出版社等先后上线阅读类APP，向业界释放了出版机构主动出击电子书市场的信号。

随着互联网的发展和物流的逐渐成熟，人们越来越习惯从网上买书，于是品牌出版社自建网络销售平台。2013年，凤凰传媒出版集团开通了自己的网上商城，打破网络渠道被几大电商垄断的局面，依靠网上书店“走量”。

另外，出版机构向更赚钱的网络教育出版进军。中南传媒与湖南教育电视台成立合资公司，凤凰传媒收购从事虚拟现实教学业务的厦门创壹软件。还有多家出版社开展了电子书包业务，如高等教育出版社研发立体化教材、人民教育出版社开展“人教数字校园”工程、外研社推出移动英语播客等。

出版界在重视APP渠道的同时，对实体书店也投入了大量精力。2013年，实体书店迎来了一个发展的契机。财政部、原国家新闻出版总署共同研究推动实体书店发展，中央财政拨款48亿元扶持新增实体书店试点，政府免征图书批发、零售环节增值税。在政策的鼓舞下，特色实体书店也在全国各地蓬勃发展：专门针对儿童的北京蒲蒲兰绘本馆被媒体评为“世界20家最美书店”之一，北京库布里克（Kubrick）书店、北京时尚廊艺术书店、雨枫书店、七楼书店等，准确定位，实施特色经营，实体书店已从过去单纯卖书发展到“图书+咖啡+创意产品”与“图书+讲座+电影”等多元化经营模式，营造一种多业态的阅读体验空间。

出版界还加强了合作协同发展。2013年，中国出版企业的合作意识不仅局限于国有与国有书业、国有与民营书业，而且寻求众多的非业内合作伙伴，发挥不同领域的协同效应。6月6日，由中国出版集团、央视网、北京电视台、百度、新浪、金山、歌华等70余家国内知名机构发起，旨在加强版权保护、推动版权产业发展的首都版权联盟在北京成立；同月，凤凰出版传媒集团与中国美术家协会陶瓷艺术委员会签订战略合作协议；7月，江苏凤凰新华印务有限公司与北大方正电子有限公司在上海国际印刷周会场签署战略合作协议；8月23日，中国科技出版传媒集团与绵阳市政府签署了绵阳国际科技文化产业园项目合作协议；9月，中国出版集团与青岛市政府签署战略合作框架

协议，重点打造山东省文化产品交易集聚区和“译云工程”青岛基地；11 月 28 日，中国出版集团及旗下中国出版传媒股份有限公司与中国工商银行、交通银行、中国农业银行、中信银行、北京银行签署战略合作协议；11 月 13 日，青岛出版集团有限公司与山东省邮政公司在青岛签署战略合作协议。合作包括商务期刊、商务图书、图书订阅式销售模式开发以及个性化照片书等特色项目。

2. 电视品牌：众星捧月创新节目

2013 年，中国电视领域依然呈现以中央电视台为龙头，以湖南卫视、江苏卫视、浙江卫视、安徽卫视等省级卫视为追赶者的众星捧月的态势，这些品牌卫视有太多精彩的电视节目把人们拉回电视机前。

各大卫视在选秀节目中寻找转型，由“草根”转向“明星”，开启娱乐节目新模式。2013 年初，湖南卫视推出了顶尖歌手音乐对决真人秀《我是歌手》，来自两岸三地的实力歌手现场演唱对决，老歌翻新唤起了不同年龄层观众的集体记忆，许多过气明星凭借节目中的出色表现再回公众视野。江苏卫视的《星跳水立方》和浙江卫视的《中国星跳跃》以明星参与竞技跳水，也掀起了收视狂潮。在娱乐时代，选秀节目再掀全民音乐狂欢，2013 年暑期档，各大卫视 13 档音乐选秀节目热血出关，《中国好声音（第二季）》和《2013 快乐男声》狭路相逢，各有千秋。其他选秀节目也各具特色，东方卫视《中国梦之声》着力于“打造偶像”，北京卫视《最美和声》通过导师与选手“和唱”的方式挖掘、培养音乐唱作新势力，广西卫视《一声所爱》是 2013 年度国内唯一一档新民歌选秀节目，山东卫视《中国星力量》、深圳卫视《中国音乐金钟奖》、江西卫视《中国红歌会》、青海卫视《花儿朵朵》、安徽卫视《我为歌狂》、湖北卫视《我的中国星》等也参与了这场全民音乐狂欢。

在所有娱乐节目中，湖南卫视的《爸爸去哪儿》引领了节目新方向，这档从韩国 MBC 电视台引入的节目经过本土化改进后登陆“芒果台”，“星爸”“萌娃”的组合制造了 2013 年度的新媒介景观和文化现象。《爸爸去哪儿》的巨大成功预示着亲子节目发展的新方向，将引发新一轮“亲子综艺”风潮。2013 年度其他同类节目有浙江卫视的《人生第一次》和《我不是明星》、山西卫视的《好爸爸坏爸爸》等，2014 年度将可能有更多的亲子娱乐节目亮相电视荧屏。

在当今激烈的电视业市场竞争中，从海外引进节目版权已成为各大电视台竞相使用的手段之一，各大卫视纷纷加入国外节目版权“引进潮”大军，如《中国好声音》源于荷兰电视节目 *The Voice of Holland*，东方卫视《中国梦之声》源于被誉为“美国真人秀之王”的 *American Idol*，湖南卫视《我们约会吧》则是购买的英国电视交友节目 *Take Me Out* 的版权。2013 年，随着从韩国引进版权的《我是歌手》、《爸爸去哪儿》等节目的热播，韩国“小清新”的节目模式似有汹涌来袭之势。据不完全统计，如今全国有 60 余档引进版权类节目。卫视在引进节目时，海外版权方通常会提供几百页的节目“宝典”，从情节设计、灯光、音乐、舞美到地点、流程，连邀请函的写法都详细说明。同时，版权方还会派出专人进行现场指导，参与节目的制作和营销等环节，而引进韩国版权时，版权方更注重核心创意和策划，突出环节、任务的设置，节目嘉宾的无台本出演，强调以真实的力量打动人。再加上中韩之间地缘文化的亲近感，引进韩国综艺节目将成为国内娱乐节目形态演进的一大新景观。

但卫视的娱乐狂欢在“限娱令”的高压下，出路依然危机重重。国家新闻出版广电总局明确规定，“2014 年各电视上星综合频道每年播出的新引进境外版权模式节目不得超过 1 个，当年不得安排在 19:30 ~ 22:00 之间播出”。该规定引发了业界对国内电视节目走向的担忧，但从积极面来看，此举或将激发各家电视台的节目品牌自主创造力。“加强版限娱令”还规定，2014 年安排在黄金时段播出的歌唱类选拔节目不得超过 4 档，这意味着音乐选秀节目扎堆混战现象在 2014 年将得到抑制。针对此项规定，各大卫视已做出部署和安排，推出一些替代性娱乐节目，如大型科学类真人秀节目《最强大脑》、户外女兵真人秀节目《超级女兵》、真人秀节目 *I can do that* 等将亮相 2014 年电视荧屏。

3. 动漫游戏品牌：向手机与电影进军

2013 年，作为文化产业重要组成部分，动漫游戏产业的发展继续保持了良好态势，有数据显示，2013 年中国游戏市场实际销售收入达到了 837.1 亿元。无论是政府部门还是企业，都明显增强了对品牌战略的认知，动漫游戏品牌开始转型。

目前，端游市场已经相对成熟，虽仍是市场主力，但增速不断下滑。2013年，动漫游戏产业的一个显著特征是，手机动漫、移动游戏成为产业新的、巨大的增长点。2013年，文化部正式公布了“手机动漫文件格式”“手机（移动终端）动漫内容要求”“手机（移动终端）动漫用户服务规范”“手机（移动终端）动漫运营服务要求”，打造手机（移动终端）动漫的标准体系。试运营于2011年的中国移动手机动漫基地，2013年，收入突破了10亿元，带动产业收入约200亿元。2013年11月22日，中国电信动漫运营中心与奥飞动漫等100余家动漫企业与机构，在厦门成立了“中国新媒体动漫联盟”，以适应新媒体对动漫业产生的影响。移动游戏的巨大市场潜力吸引了其他行业巨头纷纷加入，华谊兄弟、软银、富士康、阿里巴巴等都开始跨界进入手游领域。2013年甚至被称为是“手游元年”。预计到2014年，中国手机动漫市场规模将达到30亿元。

新媒体尤其是智能手机、平板电脑的强势崛起为动漫游戏产业创造了新的增长点，未来4G的普及与发展也会给产业带来新的推力。跨媒体发展成为打造动漫品牌的又一新追求，这方面当以上海淘米网络科技有限公司出品的《摩尔庄园》与《赛尔号》为代表。未来，实现电脑、电视、电影三大屏幕跨媒体融合，将玩具、食品、游戏等多个领域关联在一起，将是打造动漫品牌的又一重要手段。2013年，腾讯、盛大、完美时空等国内知名游戏企业均延续了一款游戏的“多屏”战略，《传奇》、《星辰变》、《梦幻诛仙》等老牌游戏推出了手机版，而一些受欢迎的移动游戏如《我叫MT》等则谋划着推出电脑版。

在动漫片方面，系列动漫电影抢占了电视动漫的风头。2013年，市场上好看的国产动画较以往有所增加，除《喜羊羊与灰太狼》之外，还出现了《熊出没》、《猪猪侠》、《开心宝贝》等收视率、新媒体点击率均较高的动画片。《熊出没之过年》在2013年蛇年新春期间更是达到了3.85的超高收视率，创下了央视少儿频道开台以来的最高收视率。相对于电视动画片，系列动画电影的表现更为抢眼。2013年，国产动画电影共有10部票房达到千万元，其中前五位全部为系列电影，包括《喜羊羊与灰太狼之喜气羊羊过蛇年》、《赛尔号大电影3：战神联盟》、《我爱灰太狼2》、《洛克王国2：圣龙的心愿》、《潜艇总动员3：彩虹宝藏》。位居榜首的“喜羊羊”，凭借之前积累下的品牌知名度与观众基础，票房再度强势过亿元。从目前市场情况看，国内动画电影系列化、品牌化模式正在形成，品牌也在不断成熟的过程中。

4. 数字出版：版权维护稳步发展

2013年，中国数字出版业乘借政策之风和技术力量稳步发展，仍保持强势增长的态势。国家新闻出版广电总局举办的70家数字出版转型示范单位评选活动推动了传统出版业数字化转型的进程。数字出版业从重技术回归到内容资源建设的原点，致力于优质数字内容的再生产，打造各具特色和个性的数字化内容，重视内容服务的功能。新型技术的开发、应用和转化使数字出版业业态推陈出新，出现了柔性平板电脑PaperTab、3D打印机等新产品。

方正阿帕比作为数字出版技术与服务提供商的领头羊，不断研发新技术和新产品，打造技术产品品牌，引领了数字出版技术发展潮流。2013年3月，方正阿帕比研发的CEBX技术，实现了“一次制作+一次发布=全终端应用”，极大地节省了产品在数字化过程中的人力、时间及经济成本。CEBX现已被纳入国家新闻出版广电总局发布的行业标准《数字阅读终端内容呈现格式》的基础格式。方正阿帕比在推动数字图书馆的建设方面也功不可没，向图书馆和出版社提供了最前沿的应用服务产品，如6月推出的“触摸屏综合展示平台”和“移动阅读解决方案”等产品，助力重庆图书馆和广东高校图书馆等数字化建设和服务创新；9月在上海图书馆推出的二维码移动借阅系统颠覆了传统图书借阅模式，实现了跨平台多终端一体化的借阅，读者在借阅过程中通过扫描二维码将资源下载到自己的移动设备，第一时间为读者提供全方位知识服务。

中文在线作为中国数字出版的开创者之一，一直对版权保护问题格外重视。公司在采取“先授权、后传播”方式合法使用数字版权的同时，对侵犯公司版权的行为也毫不手软，积极维权。2013年5月，公司起诉智珠网旗下网站擅自传播《后宫·甄嬛传》电子书一案，成为首例网站教唆侵权案。7月，中文在线又胜诉迈奔灵动公司擅自传播余秋雨及二月河作品供用户手机阅读的侵权案。11月，在第六届中国版权年会上，中文在线荣获“中国版权最

具影响力企业奖”，并再度荣获“版权保护示范单位”的称号。12月，中文在线“反盗版联盟”又与商务印书馆签署维权合作协议，为商务印书馆提供反盗版服务。

随着移动互联网时代的到来，作为互联网内容上游分支的网络文学“钱景”巨大，成为各大互联网巨头争夺之地，形成腾讯、百度、新浪、盛大等混战的局面。腾讯力挺网络文学市场。起点中文网创始团队2013年3月集体出走盛大文学后，于5月30日与腾讯合作推出创世中文网。9月，“腾讯文学”系统亮相，包括创世中文网、云起书院和畅销图书等三大板块，并通过QQ阅读以及手机QQ阅读中心等渠道向用户推广作品。12月，腾讯又加大内容生产和扶持力度，旗下文学网站创世中文网与中文在线旗下17K小说实现内容合作。百度也加入网络文学市场的争夺战。2013年5月，百度发布百度文库数字版权开放平台，并推出多酷文学网；12月，又以1.915亿元收购完美世界旗下的文学网站纵横中文网，利用纵横中文网的原创实力与自身的渠道、流量优势，力图在网络文学市场上分一杯羹。新浪也不示弱，2013年6月，宣布拆分读书频道，成立文学公司。盛大文学面对各路商家的挑战，也积极采取措施进行应对，与中国网络白金作家唐家三少合作，成立国内首家网络作家全版权运营工作室。

5. 电影品牌：中小成本电影成大赢家

2013年，中国电影票房累计达到217.69亿元，其中，国产影片票房127.67亿元，进口影片票房90.02亿元。有29部国产片票房过亿元，票房最高的是《西游：降魔篇》，票房为12.46亿元。国产电影票房前十位为《西游：降魔篇》（124604万元）、《致我们终将逝去的青春》（71901万元）、《狄仁杰之神都龙王》（60220万元）、《私人订制》（58929万元）、《中国合伙人》（53926万元）、《北京遇上西雅图》（51967万元）、《小时代》（48810万元）、《警察故事2013》（34538万元）、《风暴》（30913万元）、《天机·富春山居图》（30014万元）。

2013年，国产电影“大片独尊”时代逐步走向终结，中小成本电影的热映预示着国产电影可能进入一个更为理性、更为多元的时代。尤其是新导演执导的校园、青春题材电影首次跨界操刀就收获不小。赵薇执导的《致我们终将逝去的青春》（以下简称《致青春》），郭敬明执导的《小时代》第一部、第二部都取得了不俗的票房。由赵薇导演的《致青春》，讲述了女大学生郑微从校园到社会的成长经历，重温了20世纪90年代大学校园的记忆，使影片洋溢着浓郁的怀旧气息。影片格调符合当下大多数年轻人的口味，不但吸引了众多年轻人，而且吸引了为数不少的中年观众到影院去追忆青春。《致青春》准确进行市场定位，整合营销，成为出彩的中小成本经典影片。《小时代》第一部、第二部同样讲述了四个女生从校园到职场的感情、生活经历。影片中有唯美的林荫道、青涩的自行车爱情、闺密间的友谊等，画面养眼、情节搞笑，被评为"应该带着朋友一起去看的电影"，引起正经历青春蜕变的年轻人的强烈共鸣。

2013年，多元素融合的类型电影频频出现，以"N + N"的模式为影坛带来一股新鲜的血液，如惊悚喜剧片《盲探》、武打喜剧片《不二神探》、职场爱情片《私人订制》等，整个国内电影市场呈现一派欣欣向荣的面貌。另外，国产电影出现了一些创新元素，如票房过亿元的《天台爱情》和《激战》虽是类型题材，但有了表现手法的创新。由周杰伦自编自导自演的《天台爱情》，融合了喜剧、歌舞、爱情、动作等多种元素。《激战》是国内鲜有的格斗题材影片，该片包含了惊心动魄的拳击格斗、历经困苦重构起来的家庭亲情、不怕艰难坚持到底的励志精神，既满足了观众希望看到激烈打斗场面的心理，又传递了积极向上的正面能量，上映后得到了专业人士和观众的认可。

在中小成本电影的崛起中，中国成为全球仅次于美国的第二大票房市场，这是中国电影走向世界的希望。

6. 演艺品牌：节俭办晚会中的转型

2013年8月，中宣部、财政部、文化部、审计署、国家新闻出版广电总局五部委联合发出通知，要求制止豪华铺张，提倡节俭办晚会。被坊间称为"限奢令"的高压政策不但使包括江苏、山东、深圳等多家卫视不再举办跨年晚会，而且对演出市场的影响正在进一步蔓延。演出行业内很多公司直接倒闭，不少大型演出要么被叫停，要么缩减费用，演出行业陷入"寒冬"，演出业正在面临转型升级的关键时机。

2013年，承担改革任务的国有文艺院团已全部完成既定任务，这标志着以企业为主体的演艺体制新格局已全面成型。北京演艺集团、东方演艺集团、江苏演艺集团等龙头演艺企业强强争霸，保利院线、中演院线、万达演艺等演艺院线方兴未艾，湖南红太阳集团、琴岛文化等娱乐演艺企业风生水起。《印象·刘三姐》、《水舞间》、《丽水金沙》、《长恨歌》、《藏迷》、《宋城千古情》、《张家界·魅力湘西》、《天门狐仙·新刘海砍樵》、《禅宗少林·音乐大典》、《云南映象》、《龙舞京城》、《梦回长安》、《敦煌女神》、《大宋·东京梦华》、《香格里拉》等旅游演艺节目持续火爆，吸引了大量游客资源。话剧持续升温，《蒋公的面子》、《如梦之梦》被捧为热点，票房骄人。演艺节、演艺展、演艺峰会不断，第十届中国艺术节、第十五届中国上海国际艺术节等将艺术盛宴奉于民间，把中国文化艺术推向了世界。在演艺的百花园里，自有明星品牌摘得桂冠。

打造一台知名演艺节目必须在内容上具备辨识度，突出个性发展、打出特色亮点是品牌之路不可复制的法宝。《妈妈咪呀》在引进西方版权后并没有进行全剧复制，而是以中国方式进行演绎，打破了音乐剧票房纪录。《印象·刘三姐》、《长恨歌》、《丽水金沙》、《藏迷》、《张家界·魅力湘西》、《天门狐仙·新刘海砍樵》等演艺品牌以独特的人文地理底蕴，用原生态的演绎方式为我国多彩灿烂的文化描绘了一幅幅美丽画卷，深受观众朋友们的青睐。事实证明，盲目照搬西方舶来品进行汉化移植并非长久之策，演艺市场需要本土原创力，只有这样才能获得持久发展动力。

在 2013 年国家频频颁布的节俭令之下，许多靠政府资金养活的文艺院团面临严峻考验，在政策的健康引导下，演艺业转型升级势在必行。但要看到，转型升级给演艺业带来了无限生机。被誉为“中国演艺第一股”的杭州宋城旅游公司凭借《宋城千古情》打响名号，在市场上大做文章，推出吴越、丽江、三亚、九寨、阿诗玛、泰山、武夷千古情系列演出，将千古情品牌做大做强，并开展了“看千古情”、“玩主题公园”、“住主题酒店”、“乐缤纷活动”、“享游客服务”等一条龙服务，将演艺文化与旅游经济相结合，辐射周边区域，拉动了杭州的经济发展。

7. 文化旅游：主题旅游成为增长点

2013 年，全国旅游投资继续呈快速增长态势，各地旅游投资热情高涨，不少省份推出数以千亿元计的旅游投资计划。而《旅游法》和《国民旅游休闲纲要（2013～2020年）》出台，以及旅游行业核心价值观推出等，都将对行业发展产生深远的影响。

2013年的旅游主题被确定为“2013中国海洋旅游年”，宣传口号为“体验海洋，游览中国”“海洋旅游，引领未来”“海洋旅游，精彩无限”。目前，中国的海洋旅游业呈现多区域、多元投资主体、多市场、多行业的跨越式发展，已形成了渤海湾旅游带、长江三角洲旅游带、珠江三角洲旅游带、海峡西岸旅游带和海南旅游区“四带一区”的格局，基本形成了以滨海观光为主，以康体疗养、休闲度假为辅，兼及新型产品和高端产品的体系。中国海洋旅游经过多年发展，开始从以滨海观光转变为滨海度假，从近海休闲转变为远洋度假，从以滨海景区、观光旅行社业、酒店业等为主的传统产业格局转变为以海洋旅游装备制造、邮轮供应商、滨海度假物业、度假会展为核心的新型产业格局。其中，被誉为“国家海岸”的海棠湾荣获“2013年度最佳海洋旅游目的地”。海棠湾国家海岸的定位，意味着海棠湾将承载其塑造中国热带滨海旅游新形象、新品牌的历史使命。

国家旅游局将2014年定为“智慧旅游年”，要求各地结合旅游业发展方向，以智慧旅游为主题，引导智慧旅游城市、景区等旅游目的地建设。目前，全国共有18个城市入选“首批国家智慧旅游试点城市”，这18个城市分别是北京、武汉、福州、大连、厦门、洛阳、苏州、成都、南京、黄山、温州、烟台、无锡、常州、南通、扬州、镇江和武夷山。“智慧旅游”逼迫传统旅游业改造提升，推动旅游企业实现现代化，实现旅游服务的智慧、旅游管理的智慧、旅游营销的智慧，在实现以人为本的服务基础上，体现体验的科学性及高效性。

但不管是主题旅游，还是传统文化旅游，湖南凤凰古城收费风波和云南“月光之城”独克宗古城的火灾都在提醒我们，中国文化旅游品牌要健康发展，还有很长的路要走。

8. 广告品牌：新媒体广告成就霸主

随着网络技术的发展和移动终端的普及，广告行业格局出现明显的变动，传统媒体广告资源向网络转移，互联网媒体分化，传统媒体已经无法与新媒体匹敌。

腾讯就典型地说明了新媒体的崛起，腾讯的媒体平台包括腾讯网、QQ 弹窗微门户、微信公众平台、腾讯微博、Qzone、QQ 邮箱、微信新闻插件、腾讯新闻客户端，以及 12 个“大 X 网”，涵盖了新闻门户、BBS、邮箱、微博、社交、手机阅读等全部媒体形态，腾讯的媒体系统已经远远超过了中国中央电视台、人民日报、人民网、新华网、新浪、搜狐、网易等国内主流媒体的总和。以腾讯为代表的网络广告开始蚕食传统媒体的广告市场，随着移动互联网的迅速发展和 APP 广告流量的激增，越来越多的广告主开始从传统的渠道向移动端开始投放广告。在业内人士看来，传统 PC 互联网广告模式或将被智能手机 APP 营销模式颠覆。虽然电视广告额的总量在增加，但增加的幅度逐年减少，更重要的是，电视的优质广告客户在流失，电视广告收入的可持续性堪忧。

中国的新媒体广告开始走出国门，面向世界。腾讯、小米、阿里巴巴、百度在 2013 年纷纷进入国际视野，中国移动广告的投入首次超过了美国。截至 2013 年 9 月，中国开发者在 AppFlood 上的广告投放额已经超过了美国，占据 AppFlood 广告投放总额的 35%。在 AppFlood 上，中国广告商着重海外流量，在 2013 年第三季度，中国移动开发者在 AppFlood 上的广告预算有 99.4% 投放到了海外市场，其中 33% 用于获取亚洲地区的用户，22% 用于获取中东地区的用户。这是因为欧美广告市场已近饱和，亚洲的新兴市场有更大商机。中国的移动广告国际化战略布局初显端倪，中国广告已经具有国际意识，中国企业面向海外做广告将成为常态。

9. 拍卖品牌：平淡中有热点

2013 年，中国艺术品拍卖市场表现出以下几个特点：一是市场信心不断聚集；二是热点多元化、分散化；三是市场的国际化趋势在加速；四是网上拍卖和金融要素进入；五是征集力度和营销手段投入增多。

2013 年 1 月，苏富比和内地的歌华公司联合宣布将在北京建设自由港项目，建成后的自由港将作为一个税务优惠的存储地，并成为举行艺术拍卖会，以及非物质文化遗产私人销售展览、巡展和教育活动的平台。

2013 年 4 月，在上海自贸区正式挂牌前夕，佳士得捷足先登，在上海创办全国第一个独资的外资拍卖公司，并举办了声势浩大的艺术品首拍，被文物拍卖界人士认为“具有突破性”。9 月 26 日，佳士得在上海的独资公司举办了内地首场艺术品拍卖会。佳士得在内地首拍的40件当代艺术品，最终成交39件，成交率达97.5%，总成交额达1.53亿元。佳士得首拍引起了国内整个拍卖业同行的关注，也标志着首家外资拍卖行在内地顺利起航。上海自贸区艺术品保税仓库的建成，也为国际拍卖巨头在华发展提供了一处避风港。对于国际拍卖巨头咄咄逼人的态势，内地的拍卖大佬也开始抱团正面迎战。嘉德、保利、匡时等内地龙头拍卖企业跨进了香港拍卖市场，和国际巨头抢夺市场。

2013年10月5日晚，在香港苏富比40周年晚间拍卖中，曾梵志《最后的晚餐》拍出1.8亿港元（约合1.42亿元）高价，刷新了亚洲当代艺术品拍卖纪录，同时，赵无极等其他十位艺术家的作品也创下新的拍卖纪录。该夜场拍卖总成交额高达11.32亿港元，创下历年来相同类型亚洲晚间拍卖的最高总交易纪录。

2013年11月下旬，上海国际艺术品交易中心的首场拍卖会在上海自贸试验区举行，被业内誉为打破国内艺术品交易高税收的“破冰之举”。此次拍卖会是国内拍卖企业在上海自贸区内从事拍卖业务的初次尝试，旨在展示平台的各项服务功能，也是上海自贸区在传统货物贸易基础上提升服务能级的一次探索。

2013年“艺术品电商化”已成趋势，在各电商平台、机构的艺术拍卖领域战略布局中，营销手段层出不穷，营销噱头可谓花样百出。如苏宁的营销手段是“代理出价+物品鉴定”，参与苏宁易购的艺术品拍卖，苏宁易购支持“物品鉴定”服务，买家成功竞拍之后，可通过拨打鉴宝热线，预约鉴宝专家进行拍品鉴定。12月初上线的“国之美”则提供“名家作品预约”的服务，买家可预先提交中意的艺术家姓名及作品风格，给出预算价格和想要的题材、内容，再由网站负责跟艺术家沟通，进行个性化订制。

10. 文化产业园区品牌：遍地开花中的创新

截至2013年，我国的文化产业园区数量有1107个，全国各地遍布大大小小的文化产业园区或集聚区。如武汉光谷创意园围绕“文化创意科技创新”的模式，重点发展动漫产业；北京宋庄由一个普通的华北村庄蜕变成一个充满艺术与生活气息的国际化小镇，成为世界上最大的艺术家群落集聚地；上海德必经过7年的发展，走出了一条产业链经营的德必模式，已成功开发15家文

化创意产业集聚区；深圳F518园成为城市时尚创意的狂欢地，是国内外中小文化创意企业总部中心，城市青少年集聚、交流、娱乐消费的互动体验中心和文化娱乐商业模式的示范中心；北京酷车小镇打造成了以车文化为载体的商圈经济和车文化产业基地。

2013年，在遍地开花的文化产业园区当中，有一些园区有自己的创新，用创新打造园区品牌。

万达集团在青岛投资500亿元打造东方影都影视产业园，使之成为全球规模最大的影视产业园，以影视产业为核心，涵盖旅游、商业等多种功能的大型综合性文化产业园区，开业后将每年拍摄30部左右的外国电影。东方影都由于集合了众多世界顶级资源，将改变中国没有电影文化世界品牌的局面。

2013年，四川成都筹划建设了国内首个科幻产业园区，这标志着中国将走进“科幻产业时代”。园区拟由“三区两基地”构成，即科幻体验区、科幻产品研发孵化生产区、科幻商业配套区、科幻影视制作基地和科幻教育培训基地。中国的科幻产业存在着很大的市场空白，产业园区的建立可以充分地满足当前的市场需求，其建立将对中国科幻产业的发展产生深远意义。

三　文化制度创新为纲，建设中国文化品牌

我国文化产业经过十多年的发展，文化市场已经从总体“短缺”转向“短缺”与“过剩”并存的时期，文化品牌在今后的发展中显得尤为重要，文化产业发展将从数量规模型走向质量效益型，打造品牌要以制度创新为契机，把文化产业改革的红利最大化。

1. 继续深化改革，走品牌融合发展道路

随着“事转企”改革的完成，国有文化企业品牌成为独立的市场主体，必将在文化市场推动大规模的混业经营和跨界发展，带来融合发展的新高潮。这将促进我国文化产业从“分业发展”走向融合发展，跨行业的融合发展将使更多的文化品牌实现多元化发展。文化品牌企业也将从单一的竞争向多元的竞争发展，文化品牌从区域性走向全国性和全球化，我国品牌的发展将会在整体空间布局上更为合理，区域特色发展、错位竞争发展将会成为主流。中国文

化品牌改革建设的指导原则是政府指导、行业主体、市场运作，提升和更新一批老的中国文化品牌，探索培育一批具有高成长性的新兴文化品牌，建立推动金融支持文化品牌的“品牌支行”，融合发展配置具有正能量的优质资产，让文化品牌成为提升中国文化软实力的强大正能量。

2. 软硬结合，迈向文化品牌大国

我国的文化品牌要软硬结合，与世界第二大经济体相适应，成为文化品牌大国。我国文化品牌要在核心竞争力方面下功夫，着重文化品牌的四个核心要素建设：第一，品牌内涵建设，在品牌理念、品牌形象、品牌衍生服务等方面形成以价值观念为核心的品牌文化体系，表达富有魅力的人文理念和生活理想。第二，品牌资产建设，在品牌投资和运作机制方面有强大的执行力和管理能力。第三，品牌构架建设，在主品牌和子品牌之间进行有效的布局设计，实施拓展市场占有率的战略布局。第四，品牌支撑建设，建立品牌服务的价值评估、资产交易、品牌投资、市场退出、资产配置、法律保护等全套服务体系。要大力提高我国文化品牌的创意、研发、制作水平，创造内涵深刻、形式新颖、技术先进的精品力作和知名的文化品牌，打造文化领域的战略投资者和骨干企业。

3. 文化科技融合，强化品牌动力机制

跨入 21 世纪，科技创新成为推动文化产业的强大动力，党的十八大报告指出，要促进文化和科技融合，发展新型文化业态。中国文化品牌要加速发展，必须关注日新月异的科技成果、科技方法、科技环境，尤其要把文化品牌与信息和通信技术、计算机技术、视听表达技术、仿真技术、新材料技术、节能环保技术结合起来，以文化为线，以科技为王。2012 年，我国颁布首批 16 家国家级文化和科技融合示范基地，如上海张江国家文化和科技融合示范基地、湖北武汉东湖国家级文化和科技融合示范基地、湖南长沙国家级文化和科技融合示范基地等，大多有强大的科技研发力量作为支撑，初步形成文化科技创新的地域格局。文化创意和科技的融合创新，可以把能量辐射到各个产业和广阔的社会领域。我们要加强示范基地建设，改善文化与科技融合创新的环境，完善文化品牌动力机制。

4. 集约化发展，推动文化产业园区迈向 3.0 版

文化产业园区的集聚发展，顺应了数字化、信息化和全球化的趋势。我国文化产业园区发展的第一阶段是将文化产业要素大量集聚，进行封闭管理；第二阶段是将文化产业要素融合渗透，建立产业公共服务平台，吸引创意研发机构进驻。我们要提升文化产业园区向第三阶段发展，迈向 3.0 版，吸引人才集聚进行文化创业，突出文化企业集约化、人才知识化、社区宜居化、环境生态化优势。

文化产业品牌园区要提高规模化、集约化、专业化水平。品牌园区要走向“实体园区 + 专业平台 + 虚拟网络”的发展路线，实现科技创新和集聚规模相结合、实体企业和虚拟网络相结合、公共服务和知识溢出相结合、保护生态和空间再造相结合。如浙江横店影视产业实验区积极推动产业和园区升级，全面改善环境，形成新型的影视创新社区。

5. 突出区域化特色，实施新文化地缘战略

文化品牌的战略布局，要与全国区域发展大格局相适应，在把中心城市和重点地区作为增长极的同时，要因地制宜、分类指导，探索区域多样性文化品牌发展模式，形成新的地缘战略。老工业城市要把文化产业发展与城市的可持续发展结合起来，开发特色工业旅游项目，走出一条文化和旅游促进城市与产业转型、实现区域可持续发展的创新型道路；沿海地区要形成有规模的文化创意产业集群，形成全球文化产业的高端平台，从整体上推动中国文化品牌的升级换代。

6. 加强版权保护，实现品牌红利

文化产业的版权是一种具有附加值属性的文化资源，是无形的文化资本。实现文化品牌经济价值的根本途径在于无形资产的流转交易。文化产业要实现可持续发展，版权保护是核心与终极经营手段，文化产品交易的实质是版权的交易，版权的收益构成了文化品牌企业的主要现金流。另外，文化产业的版权还可实行融资，通过版权可以实现直接投资、交易融资、质押融资、担保融资等，从而助推文化品牌企业腾飞。

版权的保护，是文化品牌红利得以实现的重要途径。我国文化产业仍是一个新兴产业，无论是产业政策演变、技术革新，还是项目本身所带来的种种不确定性，以及文化产品本身的不可预测性，使得文化产业的投资退出和获利带有一定的风险色彩，这种风险就造成了资本红利不清，而版权保护则能对文化品牌产生的红利进行有效保护。

7. 采用税收优惠政策，促进文化品牌扩张与调整

税收政策取向直接影响文化市场的发育程度、发展趋势和结构变动。要采取有效措施实行税收优惠政策，如对流转税实行低税率，对文化企业所得税采用优惠政策，对文化企业财产税给予扶持政策，实施长期的税收优惠制度，为文化品牌企业创造宽松的政策环境，降低文化品牌的发展成本。税收优惠的激励方式对文化品牌的规模扩张能起到刺激作用，能大幅度地降低文化品牌企业扩张的税收成本，为文化品牌尽快脱离起步阶段、快速进入成长周期创造良好的制度条件。税收优惠政策能降低文化品牌的增长成本，引导文化品牌的规模扩张和结构转换。

8. 实施金融资本与文化品牌相结合，拓展产业链条

文化品牌的提升需要金融资本与文化品牌相结合，要提升文化品牌的金融服务水平，拓宽对文化品牌的金融服务范围，引导金融机构推进适应文化品牌发展的金融产品创新，鼓励金融机构设立专门为文化品牌服务的信贷服务专营机构，鼓励多种资本机构构建服务文化品牌的金融链条，以金融手段搭建整个产业链的资金平台，提升文化品牌的规模量级。

知识产权资产证券化是以金融技术为依托、以知识产权为担保、以证券化为载体的融资方式。要在适当时机推行知识产权证券化，实现金融资本与文化品牌资本的有机融合。知识产权证券具有融资成本低、实施难度小、不影响知识产权权属等优点，我国要积极利用这种先进的融资方式，变现债权，以改善文化品牌现金流状况、优化文化品牌的资产结构、提高文化品牌的资金周转效率。

9. 重视文化产业“大数据”，精准定位品牌市场

现在已进入“大数据”时代，事先对数据掌握得越充分，文化产品的定位就越精准，“大数据”把文化市场从粗放式营销转变为精准营销。如 2012 年筹建的北京大样本收视数据研究中心，通过用户对机顶盒的操作进行跟踪，记录观众每一次按下的遥控器按钮，进行“大数据”计算分析，充当电视节

目的幕后“军师”。“大数据”是一个跨平台的技术方案，数据既可以来源于传统的机顶盒或测量仪，又可以来自网络视频的点击和收看行为，利用“大数据”来分析电视节目是目前最流行的一个方法。比如通过“大数据”分析，通过对提及《爸爸去哪儿》的45.5万条原创微博、36.7万独立原发作者用户、1300余万条用户微博及近1亿项相关数据的分析，得出该节目男女观众比例为2∶8、观众气质普遍更显成熟、“奥特曼蛋”和“天天护蛋”分别成为最广为传诵的笑点与泪点这样的结论，这样更有利于节目的创新与定位。2014年，爱奇艺不仅将《爸爸去哪儿》、《康熙来了》、《快乐大本营》、《天天向上》等热门综艺节目收入囊中，通过“大数据”细分受众，美食、养生、装修、旅游等小众节目也成了其重点发掘的金矿，进入“大数据”时代，电视节目的“网台联动”将越来越密切。

10. 转型升级，促进文化品牌综合发展

要借助品牌推动文化产业结构转型升级，随着电商、IT、地产、制造等诸多行业与文化产业越来越多的交汇，以及国际市场运营模式对国内市场的影响渐增，文化品牌要重新塑造、综合发展，要找到文化品牌转型的“原点”。当前，我国文化品牌产业转型还处于初启阶段，随着行业的发展，整合热度也将持续，要实行文化品牌跨区域、跨行业的并购重组，串联文化品牌上下游产业链的线性关系，延长文化产品生命周期，提升市场主体的竞争力。

我国文化品牌要重视国际市场，要改变对外文化传播和文化产业出口缺乏强有力行动的局面，无论是国有文化品牌还是民营文化品牌，都要自觉拥有国际视野，实施“走出去”战略，在全球范围内提升自身竞争力，推动我国文化品牌全球性业务的发展。

年度品牌

Brands of the Year

·电影品牌·

B.2

《致我们终将逝去的青春》：为逝去祭奠　给青春埋单

曾环宇

摘　要：

电影《致我们终将逝去的青春》是赵薇导演的处女作，该片于2013年4月26日在全国公映。影片首日票房高达4650万元，内地最终票房近7.2亿元，被称为“内地十年来市场价值最好的青春片”。该片由网络小说改编而来，以“清新、怀旧、文艺”为基调，用“青春”这一永不凋谢的主题，借毕业季的感伤氛围，给观众一个情感宣泄的出口，跟着影片的情节流转，祭奠自己终将逝去的青春。该片的成功之处不仅在于把“青春”元素表达得淋漓尽致，而且利用粉丝效应、社会化营销等手段，成功地掀起了一股全民“《致青春》旋风”，让观众心甘情愿，自掏腰包为“青春”埋单。

关键词：

致青春　社交营销　全民话题

电影《致我们终将逝去的青春》（以下简称《致青春》）是“小燕子”赵薇的导演处女作，也是赵薇在北京电影学院导演系的研究生毕业作品，并以99分创北京电影学院导演系硕士生毕业作品历史最高分纪录。影片于2013年4月26日在全国公映，首日票房高达4650万元，超过《泰囧》；上映6天，票房突破3亿元大关；5月4日票房破4亿元；5月6日，投资方宣布票房已过5亿元……内地最终票房达7.1895亿元。赵薇不仅成为内地首位凭借“处女导”票房过亿元的女导演，而且成为内地电影票房最高的女导演。我们常说“没有人能够随随便便成功”，同样，一部电影上映后就迅速演变成一个国人瞩目并纷纷参与的全民话题，也并非偶然，背后一定有其成功的必然因素。

一　永不凋谢的青春话题

1. 青春不老，制胜秘籍

在各种电影主题中，“青春”从来都是一个“香饽饽”，它是每个人生命长河中最动人的一粒贝壳，无论是幸福还是悲伤、平淡还是疯狂，每个人对青春都有自己的话语权。因此，这类电影观影群体年龄范围可以很广，并且最容易产生共鸣。青春片是世界各国比较通行的一种电影类型，特别受青年人的喜爱。

中国大陆的教育体系，使青少年在中学阶段基本上埋头苦读，那些自由洒脱、挥洒热血、追逐爱情等所谓的“青春元素”似乎到了大学才姗姗来迟。

同样是在这种封闭环境下成长起来的“70后”，赵薇也深知大学才能算他们真正青春的开始，并将这张屡试不爽的“青春”牌发挥到了极致。相比同类型青春片的残酷、晦涩的主题，《致青春》怀旧且明亮，通过追忆青春传播爱情观、价值观、事业观。影片的时代背景设置在20世纪90年代，校园中热血的生活、青涩的初恋，以及毕业后面对现实的无奈等熟悉场景唤起了无数经历过校园生活的观众关于青春、关于校园的回忆，很容易使“70后”、“80后”，甚至“90后”产生共鸣。中国电影发行放映协会的一项调查显示，有43.5%的观众在选择电影时把影片类型当作重要的参考。电影《致青春》的名字带有强烈的怀旧色彩，“终将逝去的青春”几个字就蕴含着浓厚的追忆遐想和精神寄托。影片中所描述的室友间亲密的友情、校园男女间朦胧的爱情、毕业时难舍的温情等桥段，不正是年轻受众们正在经历或者已经经历过的事情吗？二三十岁的年轻人走进电影院选择这类电影，不正是想通过影片所描述的青春来寻找自己年轻时的影子吗？以青年人为主的受众群体是电影院票房贡献的主力军，把握了他们的品位和需求，也就为影片取得不菲的票房奠定了群众基础。

2. 顺势而为，档期合理

在日臻成熟的电影营销中，档期选择之于电影票房可谓举足轻重。“贺岁档”、“暑期档”、“国庆档”、“情人节”都是传统意义上的黄金档，可纵观近几年创造票房奇迹的电影，无论《失恋33天》、《泰囧》，还是如今的《致青春》，在档期上却是另辟蹊径。《失恋33天》上映时间是在2011年11月11日，《泰囧》选择了2012年12月12日，而此次《致青春》选择的是4月26日，都不是有票房“钱”景的热门档期。如此一来，既能避开电影大片的票房“围剿”，更重要的是契合了当下的社会热点，紧紧地把握住了观众的情绪。《失恋33天》便是抓住了千年一遇“神棍节”的网络热点，而《致青春》不仅契合了“五四青年节”的时间背景，更重要的是迎合了高考季与大学毕业季。加之近年来大批古装大制作、好莱坞爆米花大片充斥影市，观众在审美疲劳之后需要的恰恰是回归真实的本我，人人都经历过的青春给了所有人一个情感宣泄的出口。

校园恋情、怀念青春的影片本就吸引市场的眼球，像《艋舺》、《那些年，我们一起追的女孩》、《女朋友·男朋友》就从台湾一路火了过来，在大陆掀起了追忆青春的风潮。观众在通过台湾青春片隔靴搔痒的同时，也激发了他们对大陆青春片的期待。所以《致青春》早在立项之初就吊足了观众们的胃口，并随着“毕业季”的来临，这种对青春祭奠的情绪越发高涨，此时推出《致青春》可谓是顺势之为。导演赵薇就曾表示，自己拍的是真正属于大陆人的青春片，而影片也的确引发了观众共鸣，观众总能从电影丰富的人物群像中找到自己的身影，一边观看电影，一边缅怀自己的青春时光。

3. 强强合作，品牌保证

为了这部毕业作品和首次执导的影片，赵薇是刷爆了“人情卡”，将自己从艺以来的人脉用到了极致。影片汇集了赵薇圈内众多巨星好友，监制由香港著名导演关锦鹏担任，剧本由内地著名编剧李樯操刀改编，海峡两岸演员杨子姗、赵又廷、韩庚、刘雅瑟、江疏影等领衔主演，著名主持人杨澜，著名艺人韩红、潘虹等友情客串，歌坛天后王菲献唱电影同名主题曲，流行音乐教父张亚东配乐……如此阵容对于一个普通导演系毕业的学生来讲是不可思议的。这样的阵容不仅是赵薇导演个人号召力的体现，更使得电影每一个重要环节都有足够经验的专业人士把关，强强联合在很大程度上保证了赵薇此次导演处女作的质量。

二　网络文学与电影的“联姻”

网络文学题材丰富，其内容多来源于生活，语言简洁易懂。时下，借助于电子阅读器、平板电脑、智能手机等移动终端，网络文学广受青年大众喜爱。网络文学改编影视剧正是以多元丰富的内容题材、高度生活化的特征以及将熟悉题材陌生化处理的手段成功把握了受众心理，暗合了影视传播的规律，满足了受众的精神需求，网络文学与电影的“联姻”也就水到渠成了。

根据调查数据，中国电影观众的平均年龄为21.5岁。从这一年龄来看，说明大规模的学生人群正在涌入看电影大军之中，与此同时，他们也正是网络文学的消费主力军，所以电影必然要符合年青一代的审美。受众通过观看电影不仅可以释放平时生活工作中的压力，还可以通过影片追溯、反省自我的生活，满足自我评价的需求。“80后”、“90后”的年轻人面临的学习、职场的压力较大，但是接受能力强、欣赏面广，习惯享用“快餐式文化”。网络文学通俗易懂、贴近现实生活，所以由此改编而来的影视作品或清新文艺，或轻松幽默，往往显得更“接地气”，情节内容与年轻人的现实生活密切相关。可以说，网络文学为电影的改编提供了丰富多样的素材，特别是以“青春、校园、爱情、职场”为主题的网络小说，改编成电影非常符合当下“怀念校园青春生活、追逐爱情事业梦想”的社会心态。

众所周知，随着现代社会大众不断增加各种媒介的使用率，封闭的、单向的传播模式已经不再合适当今社会。互动性、参与性正是网络文学的一大特色，网络小说的写作过程就是一个不断与受众互动的过程。《致青春》的原著作者辛夷坞本就是当下最炙手可热的“80后”女作家，独创“暖伤青春”系列女性情感小说，其所有作品皆被影视公司签约改编拍摄。她关注读者的信息反馈，注重与读者的互动，清楚读者心中的期待。所以当《致青春》改编为电影的时候，这种本身就聚集着受众反馈的小说剧本具有更强的生命力，势必会得到受众的喜爱。与其说，赵薇把“青春”从网络小说搬上了荧幕，不如说是观众迫切期待在影院怀念和祭奠他们已经逝去的青春，并心甘情愿为此埋单。

三　新媒体的社会化营销

1. 借力新媒体，掀起网络热潮

此次《致青春》的营销策略可圈可点，通过新媒体成功掀起了一股网络热潮。在百度搜索关键词“致青春”，可得到高达3580万个结果。有别于传统媒体，新媒体的交互性与及时性凸显，尤其体现在微博这一平台上。《致青春》的官方微博早在开机之前就建立了，从电影筹拍、开机、制作、上线的全过程，都主动发微博与粉丝分享互动。在一年两个月的运营时间里，总共发了微博2409条，日均发微博5.3条，微博的数量在进入推广周期后急剧上升，公映这天达到了最多的50条。宣传方通过受众反馈的信息，可以调整宣传的策略，从而达到更好的传播效果。据有关数据统计，在电影上映前，《致青春》官方微博的粉丝数超过了18万，这18万的粉丝就像18万个火种，在影片上映时燎原整个市场。

在电影的微博营销阶段，大V作为意见领袖的力量不容小觑。就赵薇个人而言，其新浪微博的粉丝就达到5312万。天后王菲献声的主题曲《致青春》一上微博，就转发6万多条，可见明星的影响力有多大。在这场浩大的新媒体营销中，赵薇的圈内好友黄晓明、何炅、那英等都纷纷前来助阵，而史玉柱、张小娴、延参法师等商业圈、文化界名人的参与确实有些让人始料未及。据不完全统计，24 个参与电影相关话题转发的微博大 V 账号，粉丝数相加就已接近 3.7 亿，在没有去重的情况下，这一数字占了微博总用户量的 80%。可见，背后的营销团队力量多么强大，这不是赵薇一个人所能左右的。

除了微博平台空前的营销攻势，《致青春》宣传方还在微信、豆瓣、人人网等主流社交媒体开设了公共主页。在这些深受青年大众喜欢的平台上定期发布影片的拍摄取景进程，推送与《致青春》有关的网络日志和图片，也是本次新媒体议程设置的一大亮点。这类新媒介在一段时间内集中对此话题反复炒作，使得《致青春》渗入大众的公共话题领域。加之此类媒体议程设置功能的实现，在一定程度上因为受众的主动关注而强化，导致大家纷纷走进影院观看。

2. 粉丝营销，促成二次传播

在《致青春》的网络营销过程中，引导受众参与处于重要的位置，不可否认，让观众成为传播过程的一部分也是影片获得票房奇迹的重要原因。由网络作品改编拍摄成的影视剧具有网络文化的基因，这是从其诞生就随身携带的。尽管原著粉丝对《致青春》的电影版充满期待，但是要将原来读者转化为荧幕前的观众，单靠作品或作家的网络名气显然还是不够的。只有在电影制作发行的全部过程中利用粉丝“意见领袖”的二级传播作用，充分发挥线上带动线下的独特优势，才能达到完美的传播效果。

诸如“我的青春我的城”线上互动、“有一种感情叫赵薇黄晓明”引发的“致蓝颜”微博热门讨论话题、豆瓣网上向网友征集青春旧照等活动都是为了充分与受众互动，让受众积极参与到与《致青春》有关的一切活动中。这些 UGC（用户自制内容）“衍生品”，实际上形成了对电影的二次传播，这些先接触影视剧的网友成了新的信源。粉丝们的二次传播带动了更高的观影热情，起到比直接新闻宣传更好的效果。

值得一提的是，《致青春》曾与风靡一时的《找你妹》手游进行跨界合作，二者因为受众的同质性而产生了奇妙的化学反应。“致青春”特别关卡出现在《找你妹》更新版中，将片中的角色形象与道具加入新增的关卡中。暂且不论手机游戏的粉丝因为对游戏的热爱，会产生多大的移情作用，至少借助该款手游本身的分享性和互动性，影片及其元素得到了更为广泛的传播，进而成为助力票房的潜在推动力。

3. 精心策划，制造全民话题

有媒体将《致青春》的宣传称为一次精心策划的社交营销确不为过。《致青春》营销团队运作十分高明，从跳跃版、飘逝版两款海报发布，主题曲首发，再到剧组录制对话访谈、参加综艺节目宣传，以及全国落地宣传、慈善捐款等活动都掀起十足话题，运用种种手段培育出了让你非看这部电影不可的社会“气场”。试想，当你身边的人都在谈论或在微博上评《致青春》时，你能不受影响吗？特别是当《致青春》成为热门的“时尚事件”时，你如果不去看，你就落伍了，就无法参与到你所在人际圈子的谈论中，就要失去话语权，乃至被孤立或出局。《致青春》营销团队正是充分利用了这种从众心理，并将之无限放大，像滚雪球一样，把越来越多的人裹挟其中，也将《致青春》的票房不断推向新高。“好风凭借力，送我上青云”，在此气势之下，除了那些足够有定力、思想足够独立成熟的人，谁能不掏腰包看电影，为《致青春》的票房贡献“一己之力”？

“《致青春》现象”告诉我们，在国产电影加速产业化、市场化的当下，某种意义上，电影营销的重要性已经超越了电影内容本身——能否寻找到电影产品与社会大众心理、现代传媒的最佳结合点，直接决定电影的成败。

B.3

《爸爸去哪儿》：品质造就品牌，品牌创造价值

陈 艺

摘 要：

《爸爸去哪儿》是“星爸+萌宝”的引进版亲子真人秀节目，以超高的收视率和美誉度毫无悬念地成为2013年度综艺节目之王。这档被称为“最萌”的亲子节目完成了电视娱乐节目从舞台秀到真人秀的华丽转身。《爸爸去哪儿》的播出平台湖南卫视，虽不是亲子类节目的开创者，却在众多同期节目中领跑折桂，堪称电视娱乐节目品牌的又一标杆。

关键词：

《爸爸去哪儿》　品牌效应　品牌价值

《爸爸去哪儿》是一个从韩国MBC电视台引进版权的综艺节目（原节目名为《爸爸！我们去哪儿?》），是中国首档大型纪录明星亲子生存体验真人秀，于2013年10月11日22时在湖南卫视首播。虽是海外引进，却糅合了本土特色，创新节目内容，节目重磅播出后，迅速占领中国市场，牢牢吸引了观众目光，收视率和口碑齐齐飙高。央视索福瑞收视报告显示，《爸爸去哪儿》由第一期收视率1.432、收视份额6.74%到第十期收视率5.300、收视份额23.22%，数据一路飙升，堪称奇迹，以几乎“零差评”打响了2013年漂亮的收官之战，参与节目的明星父子也获得了极高的社会关注度。所以，2013年底，如果你不知道《爸爸去哪儿》，不会唱几句“老爸，老爸，我们去哪里呀……”，没听过“小暖男天天”、“萝莉森碟”，就会被认为“out”了。

一 高标准制作高品质节目

1. 精选拍摄地点

随着《爸爸去哪儿》节目的热播，除了星爸、萌宝，火起来的还有六个外景拍摄地：北京市灵水村、宁夏中卫市沙坡头区腾格里沙漠、云南省文山壮族苗族自治州普者黑、山东省威海市鸡鸣岛、湖南省岳阳市平江县白寺村，以及黑龙江省牡丹江市海林市雪乡。在选址上，制作团队可谓用心良苦，既有优美的乡村风光、无边的碧海蓝天，又有茫茫的腾格里沙漠、皑皑的冰雪。韩国版《爸爸去哪儿》的拍摄地点因为受到韩国地理环境单一的限制，主要集中在牧场、乡村和岛屿，而中国版节目结合本土地理优势，每一次转场都带给观众新鲜感。为了让拍摄工作能够顺利进行，每期节目开拍之前，外景踩点小组都会天南海北地跑，寻找合适的拍摄地点。避开闻名遐迩的风景名胜地，寻找还未被开发出来的、有当地地貌风情特点和文化特色，又不能离城市太远的地方。同时，为了确保外界不会影响到节目录制，保证萌宝的安全和隐私，前期会和住户沟通好，排查一切安全隐患，让星爸和萌宝放松地参与节目录制，保证真人秀的真实性。比起原版韩国节目，《爸爸去哪儿》所选场景更能满足中国观众的收视需求，同时还丰富了节目内容。乡间淳朴的味道能给久居都市的萌宝们带来惊喜，既能开阔眼界，又能了解历史。抛开平板、手机、玩具等现代化的东西，和孩子们在自然中体验最淳朴的生活，享亲子之乐。

2. 制作团队阵容强大

动物和小孩的镜头一直被公认是最难拍的，因为其思维和行为有着不确定性和不可控制性。《爸爸去哪儿》的拍摄难度可想而知，没有强大的技术力量支持，不可能完成如此高难度的拍摄。由于节目版权购自韩国，所以在机位设置和拍摄技术方面参照韩版标准。韩国有着大量户外真人秀的操作经验，虽然国内团队比起韩国团队在技术层面仍存在差距，如拍摄运动画面时影像抖动得厉害，但是在机位规模上绝对在国内首屈一指，每次拍摄，现场包括监控至少启用 50 个机位。航拍、房间监控和摄像机跟拍齐进行，72 小时不间断拍摄，不遗漏任何可能的素材。在拍摄过程中，每对明星父子身边至少有两名编剧和两名摄像紧随，记录拍摄内容，以方便后期剪辑。浩浩荡荡的过百人团队完成近1000个小时的素材，再精挑细选剪出一期90分钟的节目。相对于其他棚内节目在舞美灯光上的费用，《爸爸去哪儿》主要的拍摄力量投注在外景拍摄过程中。强大的制作团队展现了节目的真实性，丰富了节目内容，精良的制作凸显的是品牌节目价值。

3. 后期制作出神入化

《爸爸去哪儿》节目反响剧烈、效果十足，这和专业的后期剪辑制作团队是分不开的，可谓“神剪辑”。由于每期节目拍摄出来的素材量非常大，后期剪辑团队的工作异常辛苦，需要数十位工作人员同时耐心观看所有镜头素材，各自提取亮点，再综合达成共识。每一期节目一般要剪8天，工作人员通宵是常事，困了就在拥挤的机房沙发上和衣而卧。因此，我们才能看到田亮与女儿啃玉米时同步的表情画面拼接比对，才能看到电影化叙事展现的Kimi纠结于“奥特曼蛋”的心路历程。另外，节目中配合着大量的字幕，这出自后期剪辑团队专门设立的字幕组，每期有2~6人负责，大多为“80后”、“90后”的年轻人，通过互相聊天和收集网络词汇产生好玩的创意。这些恰到好处的字幕不仅对节目内容起到了提示和补充作用，而且能让很多看似普通的画面更具亮点。像“森碟”、“黑米哥哥”、“美少女战士发型”等配合画面的“神字幕”一出，完全发挥了湖南卫视一向天马行空的想象力，令人捧腹大笑。由于文化上的认同感和贴近感，观众普遍认为中国版的字幕更加强大，成为《爸爸去哪儿》好看的一个重要因素。当然，因为节目内容的主线设置和时长限制，后期剪辑团队不得不忍痛删减了大量的精彩画面。但是，这些画面也没浪费，被放在各大视频网站上播出，继续为节目聚集人气。

二　明星效应铸就节目品牌

1. 星爸萌宝大作战，真情实感创特色

《爸爸去哪儿》这档明星亲子类真人秀节目的播出，让观众耳目一新。“小萌娃”和自己的明星爸爸展现的亲情力量直击人心，温暖了2013年整个冬天。“爸爸+萌宝”组合，给观众展现的是五个明星家庭最本真的父子

（女）关系。重点表现在其他家庭成员不干预的情况下，爸爸独自照顾子女的生活状态以及宝贝在与爸爸独自生活时的适应和成长过程。

镁光灯下，镜头前，男明星们的一举一动都成为大家关注的焦点，在筑就事业和成就梦想方面可谓模范，那么他们的家庭生活又是怎样一种状态呢？人们充满好奇。于是《爸爸去哪儿》节目制作组精心挑选活跃在影视、体育、模特界的五对明星父子，他们各有各的特点和粉丝群体，一开始就拥有注意力资源的先发优势。五个“星二代”年龄在4～6岁，他们除了有着童趣、可爱、萌等共性特点外，还有各自的特质：Kimi单纯乖巧、Cindy善良热心、石头果敢乐观、王诗龄懂事精明、天天热情调皮。这些孩子绝对是节目提高收视率的法宝和利器，迎合着观众不同的喜好，萌翻众人的本领不用说，时不时地还会把爸爸们的糗事爆出来，这也是节目能够引发广泛讨论的卖点之一。相比于以“明星作秀”成分居多的娱乐节目而言，《爸爸去哪儿》以介入明星真实生活为突破口而赢得口碑。各有特点的亲子组合，吸引了不同的观众群体，为节目的成功立下了汗马功劳。

2. 亲子动人处，生活趣事多

《爸爸去哪儿》把五位光鲜亮丽的男明星还原到爸爸角色，既当爹又当妈单独肩负起照顾孩子饮食起居的责任，在不熟悉的环境中和宝宝共度72小时的乡村生活。养尊处优的小天使们离开了妈妈，离开温暖舒适的安乐窝，必须相互扶持，和爸爸完成节目组设置的一系列任务。自寻食材，放飞大雁，挖藕卖菜挣路费，学方言抢房子，堆雪人比赛拿食材，和独居老人互动，还有护蛋诚实大考验等一系列的内容设置，都让我们看到了最真实的日常生活，看到了孩童最自然的喜怒哀乐。通过寓教于乐的方式，爸爸和孩子们传递的是：什么是分享，什么是互助，如何去爱。在第一期节目中，我们看到的更多的是星爸们的无奈和“不会”：世界跳水冠军田亮不会做饭；导演王岳伦不会给女儿梳头；名模张亮没法安慰情绪失控还要“逃跑”的儿子。这些“不会”，恰恰是日常生活中父母对待孩子的常态，引发了为人父母者的共鸣，深深地打动了观众。

每一期节目，栏目组都精心设置不同任务分工。配合着场景转换，我们能看到孩子们从刚住进住乡村砖瓦房时的号哭，到后来卖力合作完成一件“村

长”交代的任务；爸爸们从看到食材不会做、看到宝贝号啕大哭束手无策，到后来独立做出满桌香甜可口的菜、照顾宝贝起居没问题，孩子和爸爸都在各自“成长”。

三　节目品牌创造社会价值

1. 品牌后续价值全面发掘

电影、漫画、游戏一个不少。《爸爸去哪儿》节目第一季结束后，节目组高调宣布，《爸爸去哪儿》电影版将于2014年1月31日大年初一登陆全国各大影院。在这阖家团圆、其乐融融的时候，一家老少可以一起走进电影院观看电影，领略五位老爸还有他们可爱孩子的精彩表现。五组关注度极高的星爸萌宝俨然已成票房高开的最大保障。《爸爸去哪儿》电影版从观众的需求出发，打通电视栏目和电影之间的无形障碍，不单纯依靠电影导演和编剧揣测观众心态，中国电影正式进入“观众订制”、“粉丝订制”时代。除了电影，在节目播出三个月中，随着节目一起更新的还有参加节目的五位囧爸及宝贝的Q版漫画，这些漫画出自漫画作者“僵尸诗诗”，记录了节目中经典的瞬间，逼真而充满童趣。在市场上，由此衍生的一系列漫画剧照迎合了不少学生群体。除此之外，《爸爸去哪儿》节目播出没多久，由节目官方唯一授权开发的同名跑酷游戏问世，这个速度非常令人惊讶，整个游戏可以模拟明星老爸带着宝贝一同冒险，操作简单。

拍摄地旅游一起火。湖南卫视亲子秀节目《爸爸去哪儿》红到发紫，一切与之相关的话题都成了热点，就连拍摄节目的景点也成为大众向往的旅游胜地。现在，节目涉及的六个景点——灵水村、沙坡头、普者黑、鸡鸣岛、白寺村、牡丹江，已然成为网络搜索热门词汇。不仅林志颖、张亮等曾住过的蜘蛛房、草莓房、海景房等被人们追着参观，连孩子们喂过的小鸡、小狗、小山羊都成了明星宠物。北京灵水村在第一期节目播完后前去旅游的团队就增加了近两倍。只要提供三天两夜的接待就能带动当地长远的周边效应，既打开了知名度，又拉动了当地的旅游经济，当地的村民自然会尽可能提供方便。于是，节目火了之后，陆续有很多地方热烈邀请节目组去当地拍摄节目，甚至出高价。

由此可见,《爸爸去哪儿》绝对是共赢的创新型综艺节目。

淘宝同款商品数不胜数。《爸爸去哪儿》节目一播出,萌宝们的一举一动就成了微博热门话题,还占据着各大门户网站的头版头条,对大量网络用户的吸引力和感召力非同一般。网络商家们自然不会放过这个热点营销的绝佳时机。于是,节目中许多相关元素和产品瞬间走红,乘着"爸爸风"之势,似乎所有的东西都出现了"爸爸概念"。只要在淘宝网上搜索"爸爸去哪儿",就会跳出上千种商品。各大卖家以同款产品的噱头,售卖的产品小到小明星们带的发卡、腕表,大到小明星们的衣着装备,应有尽有,甚至还有专人拼贴出所有明星宝贝的衣物用品,挖掘品牌,乘势代购。据了解,Kimi 喜欢的"奥特曼蛋"就在淘宝市场上销售火爆。在第一期节目中,林志颖租用村民拖拉机的画面相信大家记忆犹新,如今连农机生产商都找到林志颖,希望他成为形象代言人。

2. 引发亲子关系大讨论

在《爸爸去哪儿》节目中,我们能看到这些星爸的笨拙和孩子的可爱。娱乐表象后的真实是爸爸们平时很少有时间和孩子相处。这档品牌节目成功的重要一点是,它唤起了都市人对家庭和亲情的渴望,衍生出了对如何教育子女、如何当好一个父亲等社会问题的广泛关注和探讨,一时间报纸、网络、论坛热议声四起,而这才是这档节目带来的现实启迪。

受中国传统家庭角色"男主外、女主内"的分工影响,如今有很多爸爸淡出幼儿教育。我们常说,父亲像一座山,像一棵大树,能遮风挡雨,坚实而可靠,可现实是如今很多爸爸把大量的时间和精力放在了事业上,和孩子交流的机会少,更不要说过多的亲子互动,于是出现了一些孩子在成长中性格过于柔弱、独立性和生活自理能力较差的问题。节目的推出正适时迎合了中国家庭幼儿教育问题,呼唤父爱不缺位,回归父亲角色,让爸爸全身心地参与孩子的教育,学会与孩子沟通,助孩子健康成长。节目中的星爸们在用行动向观众展现新时代好爸爸的标准——既能赚钱养家,又能照顾孩子。母亲温情、细致、富有同情心,而父亲一般有刚毅、逻辑性强等特征,只有二者相平衡,才具备培养孩子优秀品质的最佳条件。

同时,中国的家庭教育模式多以"棍棒式教育"或者"溺爱式教育"为

主，甚少有鼓励和平等式的对话，而张亮父子、郭涛父子“哥们儿”式的平等对话为现实的亲子关系带来了新的启发，应该多去培养孩子的独立性和主体意识。从五位明星风格迥异的家庭生活中，我们能看到他们在子女教育问题上有不足，但是也看到了相较于传统家庭子女教育的进步。在普及正确的价值观方面，节目充分地利用了明星的宣传效应和寓教于乐的方式。对广大为人父母的观众而言，明星在节目中起到的示范作用和传递出来的积极、正面的家庭教育观，使他们感到受益匪浅，这也是节目传递社会核心价值的公益性作用的体现。

从中国式明星子女的教育现状，看到孩子成长过程中和父亲经历的冲突、温情，再进行反思，这才是该品牌节目最大的意义。在娱乐之余，让人思考，让人关注当下，反思自我，这也是社会价值观的引导，是当前很多娱乐节目所欠缺的。

《爸爸去哪儿》节目的播出，不仅使节目本身一炮走红，而且产生了相关产业一起红的连锁反应。从制作团队，到明星嘉宾，再到电影、漫画、游戏等相关产品，甚至节目组去过的地方。这就是全媒体时代产业链发展的连续性。节目的成功带给我们很多深思。

《爸爸去哪儿》的成功并不是偶然的，它不但挖掘到了韩国原版节目中最真挚的情感，而且摸到了观众的命门，懂得用孩子们的可爱当作调剂气氛的利器，在传递父爱这股正能量的同时，让观众在欢愉中收获感悟。《爸爸去哪儿》带来的不仅仅是一个亲子类真人秀节目，更是一个创新的电视节目品牌，在第一季结束以后，留给观众的不仅有五位爸爸与孩子之间的逗趣，而且有父子之间如何交流、互动的思考。因此，我们也热切期盼着该节目第二季的到来。

·数字出版品牌·

B.4

中国移动手机阅读：打造新兴阅读的数字方舟

胡静柔

摘　要：

2010年5月5日，中国移动手机阅读业务腾空出世，通过在线和下载两种途径，向用户提供各类电子书籍，为全国的图书爱好者创造了一种新兴的阅读方式。随后，中国移动又对全国数字出版产业链进行了整合，开辟出全新的内容与终端合并模式，终以其22万多册的图书库存，2亿多的活跃用户群，1亿多的月平台信息收入促成了手机阅读业务的二次飞跃。中国移动的手机阅读数字出版品牌，传达了阅读新理念，提供了阅读新选择，创造了一个充满生机的文化传播平台，不愧是打造新兴阅读的数字方舟。

关键词：

中国移动　手机阅读　数字出版品牌

一　助力数字出版业，创建手机阅读产业链

随着互联网技术不断发展，各种各样的智能终端产品层出不穷，移动互联网的快速发展带动了关联产业的繁荣兴旺，这也为数字出版行业带来了新的增长点。2009年，中国移动以移动终端为载体，推出了电子书增值服务，它将电子产品与传统阅读整合在一起，同出版企业建立长期业务合作关系，为手机

用户提供一站式阅读服务。该服务是中国移动基于用户对各类题材内容的阅读需求，对拥有发行或者出版资质的机构所发布的各种图文信息进行整合，借助互联网、客户端、WAP以及彩信等平台，实现一点接入、多元展现，使空间信息共享成为现实，满足用户的无缝阅读体验。手机阅读所发送的电子书种类较为齐全，如报刊、小说、漫画等；接收之后，用户便可在G3阅读器上选择自己喜欢的内容在线阅读，也可在下载之后离线阅读，大大丰富了手机族的信息生活。由于手机阅读与互联网技术紧密联系，中国移动也加快了与知名出版企业的业务合作，不断打造丰富多样的手机阅读业务，而手机阅读也正是凭借多样化选择、便捷的操作等优势，为广大移动用户带来了丰富的信息生活选择，掀起了移动3G新生活潮流。

手机阅读业务围绕“提供全新的电子化阅读服务”，以为广大移动用户打造方便、绿色、健康、时尚的阅读体验为目的，让每一名普通老百姓更有时间有机会去获取信息、充实自我。同时，中国移动通过将手机产品与人们的阅读习惯紧密联系，利用丰富的电子化读物资源为全国移动用户提供“全国服务、多点接入、统一运营、全产品推广”的增值服务，为用户提供丰富多彩的信息新生活；通过这种业务模式，中国移动有效解决了传统出版行业遇到的出版流程长、内容呈现手段单一、产品积压等问题；为知识产权所有者提供了全新的发行渠道；在满足人们阅读需求的同时，也提供了绿色环保生活理念，为经济的发展构筑了手机阅读全新产业链。据悉，中国移动通过对6亿手机用户免去网络流量费用，逐步扩大其图书推广的影响力。同时，手机阅读业务还推出了合作保底项目，将一些优秀出版商纳入战略合作伙伴当中，日益扩大业务覆盖范围。这种手机阅读业务简化了运营流程，确保作者、出版社的利益，也规范了出版市场产权保护混乱的秩序，促进了电子化出版产业的健康发展。

二　创建手机阅读基地，筑造一流图书平台

中国移动为了手机阅读业务的上市与推广，精心制订市场调研与全新的技术开发计划，如今已是该业务造福于世人的第五个年头。回顾其发展历程，中国移动一直致力于打造全国最优图书平台，并通过创建手机阅读基地一步一步

向该目标前进。2008 年底，中国移动在浙江成立了手机阅读产品基地，承担起具体运营工作并建立了手机阅读全网产品创新基地。手机阅读平台于 2009 年 9 月测试上线，随后逐步完成了阅读产品内部测试和 WAP 客户端产品省内小规模试用。该业务于 8 月起进行省内规模推广，11 月起在广东、江苏、山东等 9 省规模推广，2010 年 1 月基本实现业务在全国 31 个省的全面使用。发展至今，手机阅读基地已经与国内多家出版社和原创网站达成合作意向，发布了超过 6 万册的精品图书，成为数万人的掌中图书馆，同时还实现了用户与作者的交流互动。

手机阅读基地由中国移动浙江公司负责具体运营工作以及内容的引入和编辑审核，一点接入、支撑全网。为了确保图书源的质量，基地一方面只与优秀的内容供应商合作，从内容来源上把握。另一方面，基地还建立了一套完整的信息审核和风险管制体制：首先，按照新闻出版总署的要求建立并保持更新的不良信息关键字库会先对作品进行比对过滤。其次，基地建立了“交叉通读编审”机制，确保入库图书的档次不被某些网络文学的低俗之风拉低。再次，通过对内部运营数据的搜集与参考，根据用户对图书的订购、收藏、点击、评论的数据，工作人员会进行二次推荐，对已入库的书籍进行重新审查。另外，基地还建立了不良信息应急机制与危机公关机制，一旦出现意外情况也能够迅速解决，保证全国最大精品图书平台这个文化品牌的品牌力和公信力。

三　以人为本：创最佳体验，争优质服务

随着移动互联网应用的快速普及以及用户对手机阅读接受度的不断提升，移动手机阅读进入了快速发展阶段。2012 年以来，中国移动在手机阅读业务方面进行了积极创新，十分注重业务的细节设置，处处都体现人性化的设计与以人为本的思想，旨在不断为用户提供最佳的服务体验。它们不仅成立了用户体验设计中心，还将二代电子书的编辑和排版格式进行了创新，极大地丰富了手机阅读的表现形态。中国移动手机阅读业务还支持将同一个内容放在四个不同平台上进行传播，打造了属于用户个人的数据储存空间，方便用户在不同的

移动终端之间切换并保证数据不丢失。同时，手机听书 WAP 频道、MM（移动应用商场）、手机电视等新业务的上线都让人耳目一新，满足了不同层次用户的独特需求。

虽然中国移动已经推出了适合不同操作系统的客户端，用户可以通过手机终端来购买、浏览和管理电子书，但由于市面上手机种类繁多、用户年龄与受教育程度不尽相同使客户端的使用对消费者来说依然存在部分障碍。于是，中国移动率先通过在线阅读（WAP 方式）来推广手机阅读业务，即中国移动的手机用户可以直接通过浏览网页的方式来进行阅读而不需要通过其他的软件。随后，为了造福更多热爱手机阅读的用户，中国移动开发的支持非移动用户使用的新功能让属于其他运营商的手机用户也可以通过 WAP 页面直接使用话费购买手机阅读书券进行阅读。除此之外，中国移动还推出了“壹书店”实体书在线购买服务，实现了电子书和实体书的同时搜索和及时购买。

中国移动手机阅读业务开拓创新，与时俱进地为不同喜好、不同设备的用户提供了相应的阅读方法，解决了最基础的用户需求问题，也扫除了业务推广的首要障碍。除了孜孜不倦的开发便捷了用户的需求，带给所有用户最佳使用体验之外，中国移动还将普通老百姓的阅读习惯与消费心理放在第一位，在手机阅读的发展中考虑了我国文化产业发展还处于起步阶段、广大人民群众对精神文明的需求还有所局限的基本国情。比如在资费标准上，中国移动做出了最大的利润压缩，选择了免收用户的在阅读过程中产生的流量费用，只按照用户的阅读内容进行收费。对比起传统纸质书籍阅读产生的消费，手机阅读对读者来说具有强大吸引力，中国移动手机阅读的用户只需极少的花费就能得到海量精品图书资源。

四　版权保护赢信誉：建企业机制，立行业新风

数字出版业的发展自从其诞生以来便面临着诸多问题：版权、赢利模式、支付、出版安全等，无一不棘手。在这其中，知识版权授权是制约电子阅读业务发展的关键性因素。中国移动推出的手机阅读产品采用了“先授权、后

传播”的模式，加强了电子读物的产权保护力度，没有经过合法授权的读物都不得上线发行。这种做法有效保护了知识产权和作者的利益。此外，手机阅读作为一种现代信息产品，其采用了电子化产品保护技术。相比之下，阅读网站的版权保护水平显然无法与其相提并论。毫无疑问，正是凭借上述独特的优势，中国移动手机阅读业务取得了快速发展，从而给产业发展及产业链各环节的运营和合作都带来了不少好处，形成了开发商与出版商之间的良性互动。

中国移动手机阅读业务不仅仅为广大手机阅读用户提供了方便，也为饱受盗版侵权之苦的作者和出版商提供了一个非常好的平台来发布自己的作品。中国移动手机阅读基地在版权审理和保护方面，建立了多重保护措施，第一重，在作品上线之前，要审核作者提供的版权书是否合法有效；第二重，在作品上线之后，要对其发行路径进行回溯审查；第三重，作品入库后，要建立版权定期跟踪和预警系统，及时发现后期侵权风险；第四重，作品上线推出后，辅以现代高新 DRM 防盗版技术，从技术角度阻止非法转载和复制行为。正是得益于上述多重版权保护措施，电子读物版权得以不被侵犯，手机阅读也得到了出版社与图书作者的广泛好评和支持。据统计，中国移动数字阅读基地正式投入运营后，在很短的时间内靠 120 名编辑人员发行了 22 万本图书，而这些读物都是经过国家出版主管部门的授权和认证的。

同时，手机阅读基地与相关产业的合作加快了出版行业与电信行业的融合速度，为两个行业发展注入了一股新鲜血液，也为形成完善的手机产业链条做出了突出贡献。2012 年 6 月 21 日，在全球知识产权表彰大会上，中国移动手机阅读业务被评为“世界产权组织版权金奖（中国）”。这个荣誉称号是国际知识产权保护组织对中国移动做出的贡献给予的充分肯定，是截至目前国内出版行业获得的最高奖项之一。同时据相关统计，2012 年中国移动手机阅读业务收入已突破 25 亿元大关，客户规模达到 1 亿，网站日访问量达到了 5.8 亿人次。从这个数据可以看出，中国移动手机阅读基础已成为国内数字化阅读的主导力量。先进的有偿阅读模式、有序的版权保护制度，加上中国移动优秀的业务运作能力和庞大的用户规模，使得手机阅读业务以迅猛的速度扩张和发展。

五　开拓创新，谱写阅读新篇章

中国移动手机阅读利用中国移动固有的6亿用户与阅读产业相对接，利用规模优势、网络优势、载体优势和支付便捷等优势，创造了一个新兴的无线数字发行渠道，让所有类型的图书都能够在这个平台上享有难得的发行与传播机会。可以说，中国移动手机阅读通过携手各方合作伙伴以移动手机传播的方式推动了全民阅读工作的落实，降低了城乡文化产品消费的差距，有效提升了国民素质，承担了传播文明的社会责任。目前，中国移动手机阅读已是国内最大的精品书籍汇聚平台，为爱好阅读的人们创造了网络时代的知识奇迹，为传统出版行业的升级转型做出了先锋表率。在中国移动手机阅读业务上市后的一年多时间里，手机阅读基地基本实现了从商用到全网规模发展的过程，已获得了如下四方面的丰硕成果。

第一，创建了一套完善的正版图书发行体系。发行规模超过了22万册，涉及杂志、小说、新闻等多种阅读内容；超过70%的出版读物在这里发行，超过95%的原创作品在这里上线。

第二，开办了国内规模最大、人气最旺的阅读网站。每月网站访问量超过了5000万人次；每月阅读总产值突破了亿元大关。

第三，建立了与客户无缝对接的读物发行模式和产品使用过程。借助现代个人通信终端强大的信息存储功能，为客户提供了个性化阅读存储空间；超过2亿手机用户使用了这种阅读产品。

第四，形成了一套成熟的产业赢利模式，通过与国内出版社、作家协会以及其他信息服务提供商开展合作，大大丰富了读物渠道来源；同国内100多家出版服务商建立了战略伙伴关系，其中还包括多家出版社。

“手机阅读是一项事业，正如移动改变了生活习惯，短信改变了沟通习惯，手机阅读正在改变人类阅读习惯。”在中宣部、新闻出版总署联合发出的《推动全民阅读活动的通知》中提到：“充分利用广播、电视、期刊、报纸、网络、手机等多种载体、多种途径，加大宣传力度，进一步扩大全民阅读活动的社会影响，吸引更多群众参与全民阅读。”而《国家“十一五”时期文化发展纲要》也指出，加快传统发行业向现代发行业的转换，发展手机网站、手机报刊等新兴的传播载体。在中国移动通信集团公司和各级政府主管部门的领导下，手机阅读基地致力于构建网络时代全新的图书发行模式，以手机载体为基础，结合 TD 产业的发展，积极创新 G3 阅读器，掀起绿色、健康、无纸化阅读的浪潮。

中国移动手机阅读业务从上市开始到现在已经历了三年多，从最开始的为了打拼市场立下宣言“手机阅读基地三年不赢利”到现在的年收入逾 25 亿元，我们可以看到，中国移动已经在手机阅读业务的中国市场上抢占了先机，打拼出了属于自己的一片天地。而在电子产品更新换代如此迅猛的今日，中国移动手机阅读业务在发展中不断创新，在创新中不断发展。通过助力数字出版业构筑手机阅读全新产业链；通过创建手机阅读基地打造全国最大的精品图书平台；通过不断创新提供最佳用户体验、压缩利润只求优质服务与尊重版权、严格审核并举为行业发展树典型当先锋……中国移动手机阅读真正地做到了紧跟时代步伐甚至超越了时代潮流，将传统手机阅读业务升华到了一个崭新的文化传播的高度。展望未来，中国移动手机阅读将会持续这份热情与执着，带给我们更多精彩与无限期待！

B.5 新华网：传播中国，报道世界

陈雨曦

摘　要：

新华网脱胎于新华通讯社，秉承“传播中国，报道世界”的理念，凭借其权威、快速、丰富的品牌特点，被评为“最受信赖的新闻网站”和“最具影响力新闻门户”。2013 年，新华网加快改制步伐，深化与企业合作，打造特色品牌栏目，承担企业社会责任，品牌影响力和美誉度持续上升，综合排名位居新闻门户和中央重点新闻网站首位。

关键词：

新华网　改制创新　追求卓越　品牌建设

1997 年 11 月 7 日，为适应互联网发展趋势、打造中央权威新闻网站，由新华社主办的新华通讯社网站正式跃入世人眼球，成为我国最早一批新闻网站。2000 年 3 月，新华通讯社网站正式更名为新华网，并于 7 月进行网站改版，同时启用新域名。2010 年起，新华网实行转企改制，在发展理念、管理方式、内容建设和经营模式等方面进行了转型。在十余年的创新发展中，新华网借力新华社这一本家所带来的内容实力和品牌优势，锐意进取，稳健发展，在原有平台的基础上，凭借自身实力，当之无愧地成为新闻门户网的“标杆品牌”，在广大网民中培养出“每遇重大活动、突发事件先看新华网，必看新华网”的阅览习惯。

2013 年，新华网的品牌权威和品牌美誉度不断巩固、提升，继 2012 年被业内权威评为“最受信赖的新闻网站”和“中国十大影响力品牌”

后，新华网在中国互联网协会2013年度“中国互联网100强”报告中，综合排名位居新闻门户网站和中央重点新闻网站第一位。这一年，在改革上，新华网也迈出了关键的一步。2013年1月，新华网向证监会正式提出了IPO（首次公开募股）的申请，为品牌建设和自身发展的腾飞奠定了基础。

十多年的发展，以“传播中国、报道世界”为职责，以“权威声音、亲切表达”为理念的新华网与时俱进，开拓进取，勇于创新，成为中国新闻门户网站的领导者和中国互联网的优质品牌。

一 顺势而上，追求创新

1. 立内容之本，扩渠道之宽

作为依托拥有31家国内分社、170余个境外分支机构，以及自有采编队伍的国家通讯社——新华社建立的重点新闻网站，新华网充分利用了这一优势资源，迅速建立起自身内容的权威性、准确性和原创性，在互联网新闻质量参差不齐、网络新闻缺乏可考性的情况下，新华网的战略优势迅速成为互联网新闻界中最被看重的优势特点，新华网成为新闻门户网站中的佼佼者。新华网作为权威性信息的来源，其报道经常被诸多媒体转载，“转载自新华网”成了凸显新闻出处的真实、权威和可靠性的标志。“新华网”品牌一日日长成互联网媒体行业中的一棵枝繁叶茂的大树，日益成为一个身负厚望、备受信赖的网站品牌。

2013年2月28日，《国务院公报》官方微博在新华网新华微博开通。作为国家重要新闻授权发布、政策法规权威解读的根据地，新华网保持着自身品牌的一贯权威特色。在强手如林的互联网世界中，新华网以其内容的丰富、翔实、权威、规范，在重要信息发布上拥有无法撼动的优势和地位。

“纸上得来终觉浅”，将实际行动视为发展硬道理的新华网，紧抓发展动力。在形式上，从单媒体发展到多媒体；在内容上，从单语种发展到多语种；在渠道上，从有线网络终端拓展到移动无线手机、APP客户端。此外，网站通过中文、英文、西班牙文、法文、俄文、日文等八种文字每天 24 小时不间断地发布全球新闻，权威、准确地向世界传递中国的声音。

2. 权威声音，亲切表达

文化品牌最重要的任务就是面向市场。从自身互联网企业身份出发，新华网重视以市场需求和用户体验为取向，秉承“权威声音、亲切表达”的理念，在保证正确舆论导向原则和内容格调的前提下，转变文风，改进传播形式，创新话语的表达方式。

在网页设计上，新华网充分运用互联网企业的思维，强化“网页即产品”的理念，重视提高内容的质量和产品的形象，提供符合用户需求和最大限度满足用户体验的网页设计。

在文风上，新华网拒绝故步自封，跟随时代潮流，文章使用如 2013 年 12 月 15 日的《“四大发明”咋翻译？英语六级“中国风”神题考碎“玻璃心”》等顽皮标题。以“接地气”的方式表达自己的观点。有趣、观点鲜明、形式活泼的报道在微博和社交网站中得到广泛传播，新华网“接地气”的表达和创新思维为品牌增添了一抹年轻、活跃的亮色。

为了吸引更多的年轻网民，在内容上，新华网还增加了知识类、服务类、生活类、时尚类等内容和元素，致力于在年青一代网民心中建立起同样与时俱进的品牌形象。

目前，新华网的日均点击量在 10 亿次以上，日均访问人次约 5800 万，在国家重点新闻信息网站排名中居第一位，在全球网站排名中稳居前 150 位。新华网的受众群体遍布世界 200 多个国家和地区，其中总浏览量的 25% 来自海外。立足新华通讯社，新华网顺权威发声之势，不断在内容和渠道上完善自身，巩固、发展品牌。

3. 定战略、转企制，再添新活力

“问渠那得清如许，为有源头活水来。”新华网发展之源，不仅有来自国家体制改革的大趋势驱动之力，而且有新华网自身把握时机、顺势而上、在改革中锐意进取、赢取源头活水之作为。从 2010 年起，新华网开始由文化事业单位向互联网文化企业转型，实行企业化、市场化运作。2011 年 3 月，新华网股份有限公司正式成立，引进 8 家战略投资者。新华网在队伍建设、运营结

构、内容创新、产品服务等多个方面齐头并进，借改革之东风，提升管理水平，壮大企业实力。新华网的改革成效卓越，获评2012年“全国文化体制改革先进单位”。

2012年4月，作为在国内A股上市的第一家新闻网站，人民网为中国报业资源整合和行业模式创新与资本模式的运行开导了前景广阔的先河。2013年1月，紧随人民网之后，新华网抓住十八大以来文化企业发展的有利环境和契机，向证监会正式提出了IPO申请，在改革上迈出了关键的一步，为品牌建设和自身发展的腾飞奠定了基础。

二　与时俱进，追求卓越

1. 多元化发展，市场化运作

新华网的转型并不只是形式上的转型，从它的成果来看，多元与稳健是其转型的方向。作为中央重点新闻门户网站首批转企改制单位，新华网在转型后积极拓展自身业务，注重多元化发展，在形式上和内容上都同步实现企业化运作。新华网逐渐从单一的互联网新闻信息服务向多元化业务方向发展，发展了信息开发与咨询、网站承建、网络内容采编、网络技术和产品的相关服务。同时，新华网是中国最大规模政府网站集群的承建者，负责了中国政府网、中国文明网、中国平安网等网站的承建和技术保障。

“凡事预则立，不预则废。”在多元化发展道路上，新华网为自身发展绘制了目标蓝图。在新华网主办的首届“盘点与展望”企业家圆桌对话中，新华网总裁田舒斌阐述了新华网的转型目标，即“把握舆论格局的变化和互联网发展规律，从新闻网站向综合型网站转型、从内容提供商向内容运营商转型”。接下来，新华网将拓展业务，发展包括新闻信息服务及网络广告业务、电子政务及企业信息化业务、互联网增值业务及移动电信增值业务、电子商务业务、新媒体应用技术产品研发业务的“五大业务主线”。

成功的转企改制已成为新华网品牌建设的亮点所在。在改制过程中，新华网坚守两个关键点：第一，坚持正确舆论导向，牢牢掌握舆论主导权，利用自己的权威性积极引导国内外舆论，切实履行新华网的职责，提高新华网的舆论传播力和品牌影响力；第二，坚持遵守市场运作的基本规律，运用企业化和“内容、技术、营销”一体化的管理手段，迅速开拓全媒体业态，形成可持续发展的赢利模式，提高企业竞争力，为实现新华网“成为具有全球竞争力的一流网络媒体和具有较强创新能力的互联网文化企业”的建设目标而不断前行。

2. 紧随时代节奏，创新科技助力

“盛年不重来，一日难再晨。”在黄金的发展机遇和日趋激烈的市场竞争下，新华网人已经意识到要通过创新驱动、转型升级，利用科技创新和思想创新，抢抓一切发展机会，只有这样才能搭上快速发展的列车，将新华网打造成世界一流的互联网文化企业。

转型成功与否不仅取决于转型的思路，而且取决于转型中的创新精神。新华网到目前为止转型的成功是创新精神推动的结果。例如，在创新思路的指导下，新华网汽车频道率先进行专业化改造，频道在该领域迅速发力，访问量持续上升，频道影响力不断提高，成了具有一定影响力、赢利能力、可持续经营的基础行业平台。

紧扣时代脉搏、跟随时代步伐是文化品牌发展离不开的指南针。党的十八大报告指出，要促进文化和科技的融合，发展新型文化业态。3G 网络、云计算和“大数据”时代的到来，推动了互联网行业的革命式发展，加剧了竞争态势，传统互联网门户模式也受到来自媒体和新技术的挑战。新华网致力于产品、通道、终端这三个移动互联网核心要素的竞争，开发了一批具有影响力的移动应用。曾获“2012 年度最佳转型移动媒体”奖的“新华炫闻”，就是新华网按照移动互联网设计理念全新打造的全方位、多媒体的移动客户端，该产品致力于为广大用户提供快速、全面、个性的移动新闻资讯服务。“新华炫闻”的不断升级和改进为新华网在移动客户端的发展打开了一条通道，为新华网的品牌建设和发展提供了强有力的支持和帮助。为适应“三网”融合要求和 4G 通信时代的到来，新华网自主研发的新形态视频产品“新华炫视”，也进入联通移动互联网门户“沃门户”的首页首屏。

三　品牌活动，多位发展

1. 品牌建设，永葆活力

在品牌栏目建设方面，新华网打造了众多品牌栏目。“新华头条”、“新闻中心”、“新华访谈”、“新华直播”等都是中国互联网界的品牌栏目。与此同时，新华网利用自己的品牌影响力广泛开展了丰富的品牌活动，例如一年一度的“中国企业社会责任年会”、“中国网事·感动人物”、“中国食品安全高层对话”等活动。2013 年 1 月 17 日，由新华网创立和主办的致力于打造中国乃至全球收藏领域最具影响力和传播力的品牌活动“中国收藏年度人物推选活动”，在新华网演播厅隆重举行。新华网与艺术界权威协会一起，通过年度人物推选，为政府、协会、企业、学术界提供了高端沟通平台。

这类品牌活动的开展，树立了新华网品牌的企业责任感，为新华网的品牌建设汇聚了力量。与此同时，在青年一代的辐射范围中，新华网还通过大力开展线下活动的方式来提高线上年轻化栏目的活跃度。2012 年，新华网主办的“‘青春视觉’中国高校摄影大赛”在北京大学百周年纪念讲堂启动。伦敦奥运会召开期间，新华网组织了新华网大学生奥运报道社会实践者活动，在年轻群体中提升了新华网的知名度，塑造了新华网的品牌形象，这样的活动也得到了更多的社会关注，培育了一批潜在的用户群。

2. 强强联合，合作共赢

2013 年 6 月，新华网与中国建设银行在北京新华社新闻大厦签署战略合作协议。在行业领先者和创新者之间寻求多方位发展而进行的强强联合、亲密“握手”并不是新华网的首次动作。早在 2011 年 1 月，为发挥更大的集聚带动效应，新华社和中国移动集团合作建设国家级搜索引擎，与中国政府网、中国平安网、中国文明网、中国信访网、振兴东北网等中央和国家级政府网开展了深层次的交流和互动。

随着市场化步伐的加快和顺应市场经济力需求所做的努力，新华网广大的受众群体和品牌影响力带来的市场价值和商业价值得到了越来越广泛的认可。目前，新华网已经和 100 多家世界 500 强企业进行了业务合作，并且和 40 多

家 4A 广告公司建立了长期的合作关系。大量优质的品牌活动为新华网和合作品牌之间搭建了更为广阔的发展平台。

四　结语

“人无奋志，治功不兴。”新华网的改革是成功的，不仅探索了中国特色社会主义网络文化建设新方向，而且在日趋激烈的互联网全球竞争背景下明确了自身品牌特点和优势，积极巩固品牌、传播品牌，在互联网竞争中树起了自己的品牌标杆。目前，新华网正向着建设符合现代全媒体业态要求的国际一流网络媒体、具有强大创新能力的新型互联网文化企业奋进。唯有品德可以开成功之门，收成功之果。新华网的积极转型改制和不断创新进取，必将不断提高其品牌影响力，使之成为彰显中国国家软实力的优质互联网文化品牌。

B.6

爱奇艺：悦享视频急先锋

关 健

摘 要：

爱奇艺从2010年创立以来，仅用两年时间就使其网络视频用户规模超越搜索服务用户规模，成为中国互联网第一大应用平台，网络视频广告收入也突破百亿元大关。爱奇艺通过不断创新的理念，在技术与内容上都达到了同行业无法逾越的高度。爱奇艺不断开发新领域，以独有的合作理念和营销策略实现了品牌塑造与品牌突围。2013年，爱奇艺凭借与PPS的整合，加速品牌升级，深耕网络视频市场，成为中国最具公信力和影响力的网络视频媒体平台之一。

关键词：

爱奇艺　悦享品质　合作共赢　品牌升级

一　爱奇艺开创“奇异之旅”

创立于2010年4月22日的爱奇艺，以“悦享品质”为品牌理念，致力于追求极致的用户体验。公司通过提供高清、流畅、丰富的专业视频服务，逐步发展成中国网络视频行业的领导者和革新者。通过自身的努力和对行业的不断摸索，爱奇艺发展成了一个独具特色的网络视频品牌，通过积极推动产品、技术、内容、营销、商业价值等多点核心竞争力全方位创新发展，使自身成为行业标杆。

爱奇艺创立至今，不断创造“奇迹”：2010年6月，上线2个月内，人均单日在线时长成为行业第一，并至今领跑整个行业；2010 年 12 月，上线 8 个月，独立用户破亿；到 2012 年 4 月，独立用户已经达到 2.3 亿，其 APP 终端覆盖了各种机型与操作系统，手机客户端和 iPad 终端独立用户量分别达到 4000 万和 600 万，各种行业数据都稳稳保持行业领头羊的地位；2013 年 4 月 25 日，爱奇艺发布最新数据，其移动端月度总用户数已经接近 2 亿，这一数字比 2012 年同期增长超过 4 倍；据最新数据，爱奇艺在移动终端领域已拥有超过 3 亿的独立用户，月累计覆盖中国 80% 的视频用户，同时其表现出极强的用户黏性。面对众多网络视频行业竞争对手，如优酷土豆、风行、PPLive、乐视网等，爱奇艺这种蓬勃迅速且稳定的发展是十分少见的。

纵观爱奇艺的“奇异”发展之旅，它的成功有迹可循：首先，它坚持了“打铁还需自身硬”的理念，从内容出发，致力于凸显独特的视频内容，吸引目标客户的注意力，从根本上提高用户的满意度。其次，爱奇艺不断转换思维，开拓新视角，根据互联网瞬息万变的性质，持续更新技术，一步步扩展自己的业务。其中，2013 年爱奇艺最值得关注的大事就是与 PPS 视频的合并整合，这为爱奇艺未来的发展创造了更多新的机遇。

二　“奇异”内容是王道

爱奇艺成立伊始，就携手内容制作机构、版权方、广告主及其他合作伙伴，共同为打造高品质的内容而努力。爱奇艺独有的 iPPC（internet professional produced content）计划，保证了其视频内容的多元化、品质化，而高品质内容使其成为行业翘楚。

创立伊始，爱奇艺就将自身的业务范围定位于影视娱乐内容，历经三年自身及网络视频行业的高速发展，爱奇艺不断深入各类垂直行业，逐步发展成集影视、娱乐、综艺、动漫、时尚、教育等内容于一体的综合视频门户。爱奇艺的目标用户多为年轻、时尚的社会精英人群，针对这一人群对视频内容全方位、多角度的需求，爱奇艺将持续拓展多类细分领域，争取提供更加丰富的高品质视频服务。

为了满足用户对多种视频内容的需求，2012 年 3 月 27 日，爱奇艺微电影频道正式上线，并在2012年5月28日升级为一级频道，成为业内第一家微电影一级频道。该频道为广大专业内容制作者提供了从内容展示到最终商业分成的平台支持，相继推出了多部获得国内外优秀大奖的微电影作品。随着爱奇艺逐步发展为最具影响力的专业视频平台，越来越多来自专业内容制作方、出品方和独立制作人的优秀作品首选在爱奇艺播出。2013年4月9日，爱奇艺又开启了财经频道，通过“财经头条”、“宏观观点”、“产业经济”、“市场动态”和“理财生活”等板块的内容制作播出，充分展现了其对视频内容品质的细致追求。此外，在不断研究、适应互联网视听传播规律的过程中，爱奇艺还在业内率先打造了专业化互联网视听语言体系，以出众的品质带动网络自制内容专业水准的持续提升。

追求视频画面的高品质是爱奇艺服务用户的另一目标。目前，爱奇艺站内有近3万部视频内容提供了1080P码流，2014年有望实现全站20%的覆盖率，新采买热播内容70%以上达到了1080P超高清覆盖。从首先将1080P从付费内容中解放出来，到面向直接登录用户开放，再到无条件向全网用户开放，爱奇艺正在将越来越多的用户纳入其超高清视频服务提供的战略。尽管720P已经将视频用户的观看体验拉升到了一个全新高度，但显然1080P与正在发生的新趋势更加契合——在线视频正在向电视等更大的屏幕扩张。H.265解码技术在移动端的大规模商用无疑也将使得爱奇艺海量高清内容资源优势进一步扩散。长远来看，爱奇艺在H.265解码研发上的技术优势将不仅在PC端和移动端发挥效力，而且有可能为爱奇艺在电视端提供4K视频服务带来极大助力。

抢先买断热门视频版权，以独家播出的方式吸引用户，是爱奇异的又一竞争法宝。最新数据显示，2013年3月份卫视新上剧目共18部，在国内在线视频播出平台中，爱奇艺以14部剧、78%的占比位列第一。仅3月与湖南卫视联合独播的《百万新娘之爱无悔》即实现播放量破2亿次、日播放量破1500万次的优异成绩。综艺方面，爱奇艺与多家一线卫视在王牌节目上深化台网联动，仅湖南卫视《我是歌手》总决赛视频，两天点播量即突破2500万次。爱奇艺将以超级独播为重点，以年度大戏为核心，紧随卫视风向，全面发力内容采买与自制战略。同时，继2013年夏季首次推出大型网台联动节目《汉字英雄》大获成功之后，爱奇艺2014年还将继续实施包括大型综艺节目、自制剧、常态化自制栏目在内的多项内容自制战略，独家推出多类型自制节目，持续打造中国互联网视频内容自制的行业标杆。

优质的独家版权及自制内容是视频行业竞争的重要资源，对提升视频网站品牌优势、在差异化竞争中抢占核心优势、加快视频网站货币化进程都具有重要价值。

三　技术创新保佳绩

2013 年 3 月 6 日，爱奇艺对其 PC 客户端“爱奇艺视频（桌面版）”进行了本年度首次全面升级。新版“爱奇艺视频”具有秒速启动播放和全网覆盖搜索的功能，同时还减轻了客户内存负担、减少了 CPU 占有量，以全站内容存储云端为保障。安装新版本的“爱奇艺视频”相当于安装了一个专门的影视搜索引擎。为进一步优化用户面对海量视频内容的选择成本、提供更为主动的个性化服务，2013 年 7 月 16 日，爱奇艺 PC 客户端“爱奇艺视频”全面改版，实现了“千人千面”的首页全个性化的内容推荐，使推荐内容的命中率超过 35%。而这一次升级所带来的播放量在总流量中的占比超过 50%，表明爱奇艺能够充分了解用户喜好，主动提供吸引客户的视频内容。而推出“奇单”更是通过“收藏”、“订阅”、“稍后观看”等功能，作为“管家”来统一管理用户的视频需求。以上都是爱奇艺在个性化视频推荐领域的重要技术创新，这些创新为用户提供了更贴近实际的个性化体验。

爱奇艺技术创新的另一个表现为“啪啪奇”的推出及升级。2013 年 1 月底，“啪啪奇”作为国内首款移动视频分享应用低调上线。由于其紧抓移动视频分享视频生活的需求，“啪啪奇”获得了大量移动用户的支持。这个产品彻底地贯彻了“悦享品质”的爱奇艺特质，甚至一度在北美地区登上“App Store”免费应用下载排行的首位。

在开发应用软件、聚集人气的同时，开发移动终端和电视终端相互配合的新模式，让用户能够以更简单的方式实现电视和移动设备的交互，成为爱奇异在技术竞争领域占领的又一制高点。2013 年 7 月 2 日，爱奇艺发布国内第一款云端内容传输互动技术“绿尾巴”，它使用户只需将 PC、手机、平板电脑相互碰撞就可以建立设备配对，并进行视频内容传输，目前每天使用该技术的用户近50000人。该应用基于对目标客户的长期分析了解——大部分消费者希望视频内容在不同设备之间的转移能够更为便捷，而能够解决这一问题的传统技术少之又少，这便是“绿尾巴”出现的契机。

2013年11月，爱奇艺推出的“绿镜”视频编辑功能，再次成为行业一大亮点。该功能能够通过综合分析用户海量视频观看数据，自动判断用户喜好，并将精彩内容抽离出来，生成受关注程度最高的“精华版”视频，用户进入爱奇艺内容播放页即可选择观看完整视频或“绿镜”精华版内容。爱奇艺提供的数据显示，最新一期《爸爸去哪儿》，“绿镜”精编版累计观看次数已经超过20万次。同时，“绿镜”功能也带动了该节目往期播放数据的大幅度增长。爱奇艺的个性化推荐和“绿镜”等技术创新正让这些庞大、纷乱的数据变得有关系可循。

网络视频行业的发展与技术的每一次创新与应用紧密关联。爱奇艺在技术上的不断更新，使其始终走在行业前列，保持了技术革新者的地位，推动自身更精准地吸引用户、满足客户、留住客户。

四　多种营销创效益

早在2012年初，爱奇艺便推出了“1+1+1”大剧共振营销模式，并在实践中取得成功。为此，2013年，爱奇艺携手全国最优质的电视剧播出平台之一的安徽卫视，通过双屏共振模式播出大剧《爱情自有天意》。赞助此次大剧播出的拉芳集团对爱奇艺和安徽卫视进行了广告整合投放，肯定了电视和视频平台组合投放这一新模式的价值。

多渠道组合成为爱奇异广告推广的重要手段。2013年第一季度，爱奇艺针对迪奥、H&M、贝因美等一线品牌，开设了地域定向、热门栏目贴片、站内散投等多种广告投放方式。同时，爱奇艺瞄准PC、Pad、手机等终端，尤其突出Android客户端这一领域，将Android和iOS移动广告系统打通，为广告主提供更多的营销组合方式。这种能够吸引用户眼球的多渠道组合方案对广告主具有极大的吸引力。

爱奇艺还推出了“分甘同味”计划，即面向所有专业内容制作者，提供从内容展示到最终商业分成的强大平台支持，建立一个包含用户、内容方和视频网站的可循环的完善商业生态。这一计划的核心精神是通过一种新的商业模式，让包括电影在内的专业优质内容在互联网优质平台上的价值得到更充分展现，并通过清晰、明确的分成方式，促使电影创作方获得相应的市场收益。此计划最终取得了优质内容和良好收益共同发展的良性循环。爱奇艺还有“一搜百映”的广告营销技术，其核心是通过巧妙地挖掘搜索引擎海量数据的价值，优化视频广告服务，同时减少对非目标用户的广告打扰。

爱奇艺始终秉承互联网革新天性，背靠百度强大的搜索数据资源，以“SWS”（Search-Watch-Share）模式为核心竞争力，同时创新性地推出“蒲公英”计划、“分甘同味”计划和“一搜百映”技术来提高广告产品的精准率，使自身成为网络视频行业最大规模的投放平台，为广告商提供领先业界的视频营销服务。爱奇艺还极富创意地推出“四位一体”的品牌营销模型，包括定位、对位、到位、卡位四个环节，不但使得品牌形象更加清晰，而且对广告投放提供了极具价值的参考。未来爱奇艺将继续深耕网络视频市场，实现广告商、企业本身和用户的多方共赢。

五　行业整合创奇迹

2013 年 5 月 7 日，百度宣布以 3.7 亿美元收购 PPS 视频业务，并将 PPS 视频业务与爱奇艺合并，PPS 将作为爱奇艺的子品牌继续运营。爱奇艺和 PPS 的合并，使全平台用户规模和用户使用时长均成为行业第一，爱奇艺也因此成为中国最大的网络视频平台。

规模效应、移动化是视频业务得以成功的两大核心战略要素，而爱奇艺与 PPS 的合并正是建立在此理论的基础之上的，两者的结合使用户使用时长和移动用户量均成为行业第一，爱奇艺的竞争力也因与 PPS 的资源整合得到提升。新的爱奇艺与 PPS 将推动双方资源和团队的整合协同，实现合并价值的最大化，不但力争做到自身发展的强大，而且要促成中国视频行业的进步和成熟。合并初期，爱奇艺面临了让二者兼容运行的艰巨任务，在合并的 3 个月内便正式完成 CDN、P2P 技术整合，通过技术手段有效地解决了极致播放体验与带宽成本之间的冲突。现在，爱奇艺移动端全面引入了 P2P 视频播放技术，PPS 移动端也实现了对爱奇艺 CDN 资源的打通调用。二者技术上的无缝衔接为爱奇艺的进一步发展打下了坚实的基础。

2013 年 10 月 16 日，爱奇艺公司在北京召开“开启全新视界”品牌升级战略发布会，宣布旗下两大视频品牌 iQIYI. COM、PPS. TV 全面升级。二者的合并从“在一起”到“更好看”，全面升级的爱奇艺将携两个品牌继续探索新的发展方向。新的爱奇艺以“看你想看”为理念，力求将自身打造成专业、丰富、友好的全视频娱乐平台和游戏娱乐平台。品牌升级后，技术、营销、产品、合作模式将会持续不断地创新，真正发挥双品牌效应。

艾瑞咨询数据显示，2013 年 4 月，爱奇艺与 PPS 合并以后以 4991 万人的 PC 端日均用户覆盖数居于首位，优酷土豆以 4959 万人次之，并已与其他视频网站拉开明显差距。至此，新的爱奇艺已经完成了全平台、PC 端和移动端争居行业第一的任务。具体来看，爱奇艺更是发挥其在正版高清影视上的优势，以 12. 5 亿小时播放时间继续稳居首位，足足领先第二位的优酷土豆 2. 35 亿小时。从中可以看出爱奇艺与 PPS 的互补性和协同效应发挥了作用，从实践中印证了爱奇艺将会发展成一家具有强大媒体基因的科技公司。

纵观近几年中国视频行业的风云变幻，尤其是继土豆、优酷合并发展为行业霸主之后，移动、电视终端的相继爆发，云平台、“大数据”技术的不断成熟，构成了页端并举、多屏互动的行业全新态势。爱奇艺将爱奇艺视频与 PPS 视频合并的大动作具有高度互补性，对用户、客户和整个行业的健康发展都“有百利而无一害”，是顺应变革、引领变革之举，也为视频行业引领了道路。

B.7

水晶石：科技引领，数字奇观

王 婷

摘 要：

水晶石数字科技有限公司是亚洲规模最大的数字视觉技术及服务供应商。它借助领先的三维数字图像技术，专注于高品质、高效率地为客户提供从策划创意到设计制作的全方位服务。公司本着对技术和创意“追求完美卓越，进步永无止境”的原则，以数字科技创新推动文化传播与产业发展，成功服务了众多国内外重大项目，成为具备国际视野的中国文化创意产业创新的实践者和引领者，以及数字图像行业的龙头企业。

关键词：

水晶石　创意产业　数字科技

一　从“小作坊”到行业领头羊

水晶石数字科技有限公司（以下简称“水晶石”）成立于1995年。经过多年发展，水晶石从起初一个参与建筑设计的视觉表现工作的小公司发展成了亚洲数字视觉展示最大规模的企业。董事长卢正刚凭借其对行业发展状况敏锐的洞察力，把握数字图像行业的发展契机，带领这个行业最早的一批创业者在短短几年时间使水晶石脱颖而出，跃居行业龙头，成为中国科技文化企业的典范。

回顾水晶石的发展历程，它的发展壮大伴随着图像科技的不断进步。水晶石不仅见证了国内数字图像行业的发展与变迁，而且实现了自身的完善与超越。经过近20年的变革与发展，不论从市场规模还是产品水平来看，水晶石都无疑是国内数字创意企业的领头羊。

1. 把握契机，树立特色品牌

1995年，刚出校门两年的卢正刚凭着满腔的创业热情，创建了水晶石，主要为房地产商和设计公司制作三维建筑效果图。1.2万元、两个合作者、一间18平方米的办公室，就是卢正刚白手起家的全部资本。这样一个“小作坊”式的工作室，赶上了中国建筑市场蓬勃发展的春风，“建筑可视化”正是卢正刚借以发展的契机。1995年，水晶石开始参与建筑设计的视觉表现工作，并逐步在全国范围内建立了专业的特色品牌。

2. 结缘奥运，登上世界舞台

1999年，一个千载难逢的机会降临到水晶石。当时北京正在申办2008年奥运会，北京奥申会找到水晶石，希望公司能够帮助制作一部用于北京申奥的影片。水晶石通过三维数字图像技术向北京奥申会和北京市相关领导完美地展示了10分钟的《北京申办2008年奥运会场馆宣传片》，完美呈现了规划中的体育场馆设施，并得到了高度赞赏。2001年7月13日，北京申奥成功，水晶石与奥运邂逅，开始了与奥组委更加密切的合作。

2006年7月，水晶石获得“北京2008年奥运会图像设计服务供应商”称号，并为北京儿童艺术剧院大型舞台剧《福娃》提供三维卡通动画支持；2007年，水晶石成为北京奥运会开（闭）幕式影像制作运营项目总承包商，并承担北京奥运会、残奥会体育展示与颁奖仪式视频内容制作。对水晶石来说，这不仅仅是一个头衔，更是一份责任。在筹备奥运会的八年中，水晶石先后共有800多名员工参与了135个奥运相关项目，为北京奥组委的27个不同部门以专业的技术和优良的品质提供了演示、视频资料、出版物、场馆地图、宣传片和网络宣传制作等方面的设计服务。八年磨一剑，在北京奥运会开幕式上，从“卷轴”上展现的精美景观，到文艺演出时鸟巢穹顶“碗口”环绕屏幕上的视觉内容，再到李宁点燃主火炬时在他身后打开的“画卷”，水晶石数字视觉团队为世界呈现了一场精美绝伦的视觉盛宴，让创意点亮了奥林匹克之夜的鸟巢。与此同时，奥运舞台也让水晶石真正走进了人们的视野，一夜之间推动了中国数字视觉创意登上世界舞台。

与奥运的缘分还不仅于此。2009 年 3 月，水晶石又成功牵手伦敦奥运会，正式成为伦敦 2012 年奥运会官方影像供应商和赞助商，这也是首家与伦敦奥组委签订赞助协议的中国公司。在竞标过程中，北京奥运会成为水晶石的最大王牌，规模和经验是其取胜的两大关键。水晶石以非凡的创意能力和技术实力，在 40 多天里出色地完成了 3.5 分钟的高质量作品，获得了各方面专家的肯定，提升了水晶石的品牌影响力。

3. 牵手世博，再造创新杰作

奥运之后，水晶石还成为 2010 年上海世博会的赞助商，在世博巡展、中国馆的设计、网上世博会等重大项目上，为世博会提供数字化技术支持，成为世博会的亲密伙伴。

上海世博会举办期间，2000 万人观看了数字影像版《清明上河图》。这幅画作一经推出就大放异彩，广获赞誉，这是水晶石文化与科技结合与再创造的一次巨大成功尝试。这幅创意独特、令人震撼的视觉作品长达 128 米，高为 6.5 米，惟妙惟肖地揭示了宋代城市的昼夜风景。通过数字化形式创新业态，化古景为今用，化虚拟为现实，这也是水晶石可视化技术的重大突破。它的完美展示不仅回报了水晶石不断创新、不断突破的努力，而且成了水晶石业务作品中的又一经典。

二　科技引领，多元经营，国际战略

一直以来，水晶石高度重视专业技术领域的创新，并根据发展的需要，对业务范围进行延伸，提出以市场为导向的战略转变，在此基础上不断拓展海外市场。经过多年的努力，水晶石走出了一条可持续发展之路。

1. 科技领先，奠定创意基础

科技是发展创意产业的支撑，创意产业是技术文明的产物，现代科技催生了这一产业。发展创意产业，必须紧紧依靠科技。上海世博会上全新推出的网上世博会受到观众的热捧，网上世博会应用的就是由水晶石自主研发的 N-city 技术，它的主要作用就是展示三维空间的效果。这一技术实现了全新浏览和互动体验，被国际展览局评价为“世界展览历史上一次革命性的创举”，被媒体称为本届世博会的八大科技创新亮点之一。

2. 多元布局，实现规模发展

随着公司规模的进一步扩大，水晶石业务范围也跳出了建筑表现领域，向工业设计、城市规划和图书出版等方向延伸。从最初的建筑可视化服务，实现了地产动画、展览展示、影视传媒、文化传播、网络科技、数字化虚拟城市、大型活动音视频集成应用等多元化业务布局。电影《赤壁》、电视剧《我的团长我的团》、300 集奥运体育项目宣传动画片《奥运 ABC》等影视文化科普教育影片里的影视特效都有水晶石的参与。

3. 走向国际，扩大海外影响力

通过参与众多国际项目，水晶石的专业服务能力获得了国际认可。同时，公司也与国际性企业建立了良好联系，并继续合作，持续走国际化之路，从而提升中国企业在国际数字影像领域的影响力和竞争力，提升“中国创意”品牌。凭借多年积累的专业经验，水晶石从一家土生土长的中国公司成长为全球性企业。目前，水晶石的海外机构和分公司已经分布在香港、新加坡、迪拜、伦敦、东京等多个城市。

三　追求卓越，进步永无止境

从 1995 年成立到发展成亚洲最大的数字创意公司，水晶石仍然没有停下脚步，而是不断追求新的进步，在科技与文化融合、数字媒体与数字营销传播、合伙人制管理模式等方面精益求精。

1. 坚持文化与科技融合

文化与科技创新的互动是近代文明演进的主旋律。水晶石一直积极推动创意文化产业的快速发展，同时根植于中国文化，专注于挖掘中国传统文化的精华，借助领先的三维数字图像技术，弘扬中国文化。近几年，水晶石的业务范围延伸至文化教育及宣传领域。从 2002 年起，水晶石利用三维图像技术首次全面复原了北京老城、唐长安古城、苏州古城等历史遗迹。2004 年，水晶石成为第 28 届世界遗产大会指定的三维图像开发公司。此后，水晶石进一步拓展三维数字技术在文化传播领域的应用，为中央电视台制作的《故宫》、《丝绸之路》、《大国崛起》等大型历史纪录片提供影视特效服务。提升创意，将科技与文化融合，是水晶石始终坚持的宗旨，也是水晶石的价值核心所在。

2. 推进数字媒体营销传播

在数字营销传播方面，水晶石一直着重研究，如何使互动技术适应现代化发展的大环境和消费形态，更贴近广告受众。比如，水晶石最新研制的“智能一体机”，借助计算机图形技术和可视化技术，产生现实环境中不存在的虚拟对象，并通过显示设备将虚拟对象与真实环境融为一体，为广告受众营造一个真实的产品体验环境。

3. 创建运营管理“蚂蚁模式”

水晶石公司的运营模式是合伙人制。在这一激励机制实施后，从最初的2人到如今的3000余人，拥有国内及海外20余家分支机构，水晶石迅速发展壮大，进而发展成这个行业的巨无霸。

在此基础上，水晶石创造了独特的管理模式——蚂蚁模式，其精髓在于灵活地配置每个项目的参与人员，将项目进行详细分解。所有项目不论大小，都有不同技术工种参与。这便是水晶石在各项重大活动之中运筹帷幄的奥秘。

正是凭借创新精神和不懈努力，作为一家自主创业的数字科技公司，水晶石创造了一个又一个奇迹，但这仅仅是这个崛起的科技文化企业的开始。可以预见，在未来的发展中，水晶石必将更有成效地助推我国文化创意产业走向更高更大的舞台，唱响数字科技的最强音。

B.8

安徽出版集团：做文化先锋，奏时代强音

高亚虹

摘 要：

经过多年的积淀，安徽出版集团已经从八个松散的小出版社成长为一个共生共赢的大出版集团。2013 年，集团灵活安排资本运作，聚力发展出版主业，完善人才建设机制，成功打造了新业态媒体的发展模型，完成了向文化创意产业的大举进发，不断创造新的神话。

关键词：

安徽出版集团　改制组建　成就新锐　整合资源

一　改制组建，谱写华章

安徽出版集团于 2005 年 11 月 28 日挂牌成立，2008 年组建时代出版传媒股份有限公司，以出版主业作为整体率先在全国上市，成为一家成长潜力巨大的国有大型文化企业，同时也是一家投资价值明显的上市公司。从挂牌成立至今，安徽出版集团凭借其卓越的发展成果，成为我国出版文化产业发展的一面旗帜。2007 年，集团累计完成销售收入 32.66 亿元，其中，主业增长超过 30%，成为全国仅有的三家主业增长率逾 30% 的出版集团；2009 年，安徽出版集团资产总额达 110 亿元，在全国出版业中排第一位，产值 56 亿元，排第八位；2012 年，安徽出版集团首次跻身销售收入和资产总额双百亿文化传媒

企业；按照2013年9月股权价值计算，安徽出版集团总资产市值已达到159.04亿元，净资产市值达98.85亿元，分别相当于成立之初的7.57倍和6.26倍。至2013年底，全集团实现销售收入135亿元，利润6.35亿元，人均销售收入304.53万元，人均创利14.32万元。集团取得的这一系列成就，得益于改制组建。

1. 推行体制改革，改出活力，做强主业

集团改制开始于2005年底，由之前松散独立的8个出版社组建为一个共生共赢的出版集团。文化体制改革并非简单地将文化单位推向市场，而是要让其生成一种内在的发展动力，这就要求文化单位职工改变观念。为此，安徽出版集团在改革之初的几年里开展了“头脑风暴”活动，对全体员工进行MBA培训，使员工的身份和精神面貌都改变了，由原来的“铁饭碗职工”变身为效率高、点子多的企业人，正如集团董事长王亚非所言：“我们经常讲，没有什么干不成的事情，只有你想不想干的事情。集团里的文化很重要，我们号召大家事事有激情，人人在状态。有激情是在想事情，在状态是在干事情，这就是务实。”

2008年9月18日，安徽出版集团认购科大创新定向发行股份，成为上市公司第一大股东（上市后公司更名为“时代出版传媒股份有限公司”），在全国率先以出版业务整体上市。根据资产特点，集团将发展主业集中在出版传媒、印刷复制、高科技研发与成果转化三个方面，构成了集图书、报刊、电子音像及网络、数字出版物的编辑出版、印刷、复制、发行、物资供应与经营等业务于一体，兼营商品进出口、内贸、医药、房地产开发等新兴出版业务的发展格局；形成了重点开展出版内容创作、开发、经营、推介，重点推动印刷复制、传媒新技术等改造、推广与应用，重点开拓电子信息工程等高科技研发与应用的发展路径，统一资金、统一销售、统一宣传，统筹安排相关业务，策划相关活动，畅通合作渠道，为主业发展创造条件、培育资源。

在主业发展的强劲带动下，集团呈现了快速、健康的发展态势，累计五次荣获“全国文化企业30强”称号，旗下的4家出版单位位列全国单类出版社10强。此外，集团还荣获“全国文化体制改革先进企业”、“全国文化体制改革工作先进单位”、“国家文化出口重点企业”、“中国服务业企业500强”、

“苏浙皖赣沪质量管理先进单位”、“全省人才工作先进单位”、“全省先进基层党组织”、“安徽质量奖”，以及首届“全国新闻出版行业文明单位”等荣誉。

2. 注重产业之道，活用资本，做活产业

安徽出版集团的产业之道概括为一句话就是“跳出出版做出版”。集团董事长王亚非用自己的企业发展观念详细解释了集团产业化的发展道路，即“产业的价值体现在对社会、经济的贡献。文化产业必须融入经济大循环，文化资源必须资本化、要素化，要用资本的力量辐射相关产业、吸纳社会资源，打破行业壁垒、媒介壁垒、地域壁垒，向其他文化产业形式延伸，跳出出版发展大文化产业”。每一个企业和企业家都十分看重资本在企业运作中的力量，文化产业最快速有效的发展策略中一定不能少了对资本杠杆的绝妙利用。得益于王亚非的资本运营理念：“任何一个企业，唯有资本转起来，资源才能活起来，产业才会大起来、强起来，出版传媒企业也是如此”，安徽出版集团从完成整体转企改制，尤其是主业整体上市之后，就开动了融资并购和资本运作的快车，在市场占有上掌握主动权，融入经济循环全过程，在资本运营上发挥领跑力，成功地在大文化背景下实现了主业文化产业的拓展。

“任何一个企业，唯有资本转起来，资源才能活起来，产业才会大起来、强起来，出版传媒企业也是如此。”在董事长王亚非的创新资本理念领导之下，安徽出版集团开展了一系列资本运作活动。2006 年，组建华文国际经贸公司，收购安徽医药集团，收购民营发行机构，参股银行、金融机构，收购安徽省中国旅行社，重组《市场星报》；2008 年，率先推动文化资产股权多元化，做好文化产业与资本市场对接的准备工作；2010 年，时代出版传媒与黑龙江出版集团强强联合，重组黑龙江省新华书店出版物的经营事物，实现了集团间的借力发展和互利共赢。通过这些融资活动，集团由改制前的八家零散的出版社发展到如今拥有 29 家成员单位，结合起金融、技术、教育、信息、产权五大要素市场，开拓了传播、版权、贸易、旅游、金融五大服务领域。以出版为主业，辅之以其他业务，集团开拓了文化产业领域内的出版传媒、报刊媒体、文化旅游、文化置业、文化商贸流通、酒店经营、非金融投资、证券参股八大板块，走上了资本化、产业化、规模化、集约化、专业化的乘风之旅。

二 逆势上扬，成就新锐

在关于中国文化产业如何扬帆远航的2013年的报告会中，国家新闻出版广电总局对外交流与合作司副司长陈英明指出：我国新闻出版业贸易和发展经过十年的积累取得了非常大的发展成果，然而，总体而言，我国传媒出版在内容原创性、人才和技术开拓及国际市场竞争力等方面的实力都还比较弱。因此，国家会持续近几年在文化产业发展上的政策走向，加快打造国际一流新闻出版骨干企业；重点支持有实力、有能力的企业从单一媒体企业向综合媒体企业转变；支持有实力的传媒集团兼并收购境外有成长性的优质出版企业，实现跨国经营，让更多的中华文化品牌进入国际市场。正是在这样的政策背景下，安徽出版集团乘中国文化产业改革之风，在全面完成转企改制的同时，坚持“做强主业、做大产业”的发展思路，通过建立有效的选题管理机制，对出版选题内容和质量进行严格把关，确保正确出版导向，实行“蹲点计划”、“社长工程”，设立每年3000万元的“出版发展基金”等发展策略，极大地促进了主业核心竞争力的提升，使集团快速成长为一颗传媒新星。

1. 文化价值成就高端产品

关系意义上的文化价值包括两个方面的主要元素：一是能够满足某种文化需要的客体，一是某种具有文化需要的主体。当一定的主体发现了能够满足自己文化需要的客体，并通过某种方式选择或占有这种客体时，文化价值的核心意义就体现出来了。因此，满足文化产品消费主体的文化需求、发掘产业的内在文化价值、出文化精品、争品牌价值是产业发展不可缺少的内在驱动力。

为提升品牌价值，做大做强出版主业，安徽出版集团专门设立了“出版发展基金”，通过项目投资、宣传推广、项目奖励和增量奖励等多种形式扶持各单位发掘文化价值，打造品牌产品，并形成了良好的品牌效应，产生了一批有突出学术文化特色的，有突出传统文化特色的，弘扬民族优秀文化的，有突出地域文化特色的以及有突出成长文化特色、关注未成年人健康成长的精品出版物。正如安徽人民出版社社长汪鹏生所言，出版发展基金对做精品、做名牌不仅有鼓励，还有奖励。对重点书、文化艺术类的书，经济利润少但社会效益好，集团还会通过基金予以补贴，这为文化单位花钱策划宣传以及出版品牌书提供了资金支持。此外，为使品牌文化和价值策略更有成效，集团以明确主攻方向为突破口，改变了市场战线长、品种结构散、重点不突出、效益不明显的选题现状与图书结构，实现了从数量增长型向质量效益型的出版企业的转变。

实践证明，注重文化内核、发掘文化价值、增强品牌意识、实施品牌战略是文化企业产业化发展的内在动力，这一点在大型文化集团企业的发展上尤为重要。通过文化产业体制、资金运作方式、领导观念意识的变革，以及开展新书发布，举办作者论坛、签名售书等营销活动，安徽出版集团已经在终端书店和读者群体中形成了明显的关注度和影响力，其行业公信力和市场竞争力也显著提升。目前，集团共承担国家级重点出版工程近百项，获国家出版基金资助23项，获国家三大奖45项，另有1000多种图书获得各级各类奖项。重大主题出版工程、名家名作出版工程、原创精品出版工程、“走出去”出版工程、文化科技复合出版工程、精品影视工程六大工程项目库，为集团精品出版打下了雄厚基础。集团还是唯一一个与故宫博物院、国家博物馆等数家国家级文化资源机构达成合作的出版企业，精心策划了《故宫藏品系列》、《国博藏品系列》等具有不可复制的文化价值与版权价值的文化精品。出精品要靠高端平台创“唯一”，为此，集团还在北京设立北京时代华文书局——唯一一家异地设立出版机构并获得出版资质的出版社，其主要任务就是出精品、创品牌，将优秀资源效益最大化。

2. 转型融合助力创意产业

创意产业是新经济时代的标志性产业，它指从个人的创造力、技能和天分中获取发展动力的企业，以及通过对知识产权的开发可创造潜在财富和就业机会的活动等，广义的创意产业还包括对传统产业的创意性改革和经营。顾名思义，创意离不开一个“创”字，这表现在文化产业领域内就是“创新”和“原创”。起步于外贸事业的王亚非深谙此道，他说：“无论是传统的图书出版，还是数字传媒，归根结底，瞄准原创、锁定内容才是占领竞争制高点的关键”，在提高出版内容的原创性上，安徽出版集团做了很多挖掘性的工作。

首先是关注人才的培养和重用。“致治之要，以育才为先”，自古以来，不管是在政治建设还是在经济发展上，人才的重要性都是不可小觑的，尤其是在眼球经济盛行的当今，创意性人才更是对文化产业发挥着引领作用。为推进人才建设，安徽出版集团主张“人人都是人才，人人都可以成为人才”的新型人才观，不唯学历、资历、年龄用人，以想干事、能干事、干成事为主旨，以品质优、善学习为条件，不拘一格选人用人。

其次是对全媒体的融合使用。随着受众群体由大众化向分众化的过渡，人类在文化领域开始进入全媒体时代。全媒体时代的“全”的表层意义是在传播工具上包括报纸、杂志、广播、电视、音像、电影、网路、电信、卫星通信；深层意义是针对受众的不同需求，选择最适合的媒体形式和管道，深度融合，提供超细分的服务，实现对受众的全面覆盖及最佳传播效果。

安徽出版集团围绕大数据时代的全媒体理念展开了三个维度的实践。一是以内容资源为基础发展阅读产业。集团将数十万种出版物数字化，推进数字图书馆、数字阅读、教育服务、专业电视频道四大运营模式，使阅读产业蓬勃发展。二是以大出版、大文化理念发展创意产业。将创意文化嵌入电子传媒终端面向全球销售，并启动时光流影网络“社交+内容”平台建设。三是以产业大转型为基础发展信息产业。研发苹果商店应用（APP），已上线应用900个；推动APP与玩具、教学互动结合，进入100多所幼儿园；制作健康养生、文化、幼教等电视节目，提供给百视通等十几家电视台；控股安泰科技公司，推进软件工程、互联网、内容资源的结合，打造全国文化产业第一家智能化企业。

三　创新求变，多元构建

八年激荡，铿锵前行，安徽出版集团在迈向成熟卓越的路上越走越宽，实现了由单一走向多元，由国内走向国际，由创新走向创造。展望未来，继续转变观念，不断挑战自我，加快创新转型，寻求变革突破，构建多元发展，将是它不懈的追求。

1. 积极打造三大平台

在当今市场要想获得成功，必须拥有两个战略资产：让人欲罢不能的产品和有效平台。安徽出版集团在未来的市场发展中将集中力气打造三大平台。一是打造干事创业平台，即创造岗位，为企业干部提供用武之地，让他们能够最大限度地根据自己单位的需求“招兵买马”，也给有志干事创业的员工提供人生出彩的机会。同时，辅之以收购重组企业的方式，疏通干部流动的出口，让适合做出版的人专心致志做出版，让不适合做出版的人放开手脚去搞多元经营。二是打造网上交流平台。互联网时代的产业发展离不开自己的网络平台，出版集团的发展更是需要借力社交平台和泛阅读平台，以更好地设置议题、引出话题，吸引各类人群在互动平台上进行表达创作。三是打造数字出版平台。没有战略思维的数字出版是破碎的，没有自己平台的数字出版是虚空的。集团将来数字出版的重点工作是做内容产业和技术嫁接，用先进的数字技术传播生产内容，大力发展增值阅读、互动阅读、三屏合一儿童阅读、数字校园、数字图书馆，打造自己的数字出版平台。

2. 主动整合多方资源

首先是整合出版主业资源。整合作者、内容和渠道资源，招募大师大作，培育核心竞争力，同时联结出版、印刷、发行等环节，以减少利润输出，谋求共同发展。其次是整合集团产业资源。在集团的经营上要做到“读万卷书”和“行万里路”，前者是指集团要发展自己的内核文化，出版精品读物给受众阅读；后者则指产业经营要有广阔的覆盖面。其次是整合电子商务资源。电子商务因其费用少、风险小、不受地域限制的特点在经济发展过程中占据着越来越重要的地位，集团对此应既有认识又有行动，加快建设和运作“时代商城”等电子商务资源，借此发布公司形象和产品信息，打造网上 APG，推动线上和线下、主业和产业的互动融合。

B.9

百视通：新新媒介，后生可畏

黄　思

摘　要：

短短八年的时间，百视通已经迅速成长为国内新媒体行业的领军企业。2013 年，百视通的公司业绩持续增长，入选全国“文化企业 30 强”。这一年，百视通积极进行行业整合，加快战略布局，深化企业合作，实现技术突破，打造家庭娱乐中心，大大提升了品牌的核心竞争力。

关键词：

百视通　新媒体　电视　IPTV

一　锋芒初露，独占鳌头

百视通隶属于上海广播电视台、东方传媒集团（SMG），是国内首家专业从事 IPTV、手机电视、互联网电视、网络视频以及移动互联网视频服务等新媒体全业务运营的公司，也是目前广电新媒体企业中收入与赢利规模最大的公司。2012 年 1 月，百视通借壳广电信息实现了整体上市，成为国内首家实现广电新媒体可经营性资产整体上市的公司，被称为广电新媒体第一股，开创了主流广电体系新媒体企业上市的先河。

百视通新媒体现拥有百视通技术、文广科技、广电制作 100% 股权、广通网络 100% 股权，投资入股上海信投、风行网络等网络企业，与中国联想、中兴通讯、中国网络电视台（CNTV）、微软组建合资公司，构筑起面向全国、服务全球的国内最大的新媒体产业集群。其新媒体业务覆盖到全国 20 多个省市及东南亚，技术设备、影视制作渠道拓展到亚太、非洲地区。百视通总市值一度达到570亿元，位居中国A股市场文化传媒板块首位，于2013年进入“沪深300”成分股指数序列，成为中国TMT行业新兴蓝筹股。

仅用八年时间，百视通已跃入中国文化企业第一阵营。2013年，百视通入选中国“文化企业30强”，证明了百视通快速增长的竞争力。如今百视通不仅是全球用户规模最大的IPTV运营商，用户规模已达1800万，更是一个新媒体业务全面发展的后起之秀。2013年，百视通营收达亿元，其利润总额继续保持着稳健发展、持续增长的总态势。

二　两驾马车，并驾齐驱

1. 内容为王，优势凸显

2013年是大数据时代开启的一年，作为中国电视新媒体的领军企业，百视通敏锐地捕捉到时代趋势，走在大数据战略的行业前列。百视通此前推出的新媒体内容指数，为百视通的快速发展奠定了数据基础。借助于新媒体内容指数的应用，百视通得以及时洞察用户的收视习惯与收视需求，一方面能够对现有节目结构不断进行优化和调整，另一方面也为广告主提供了投放参考。

百视通始终坚持以内容运营为核心，在核心版权方面力争上游。大范围、高品质的版权合作是百视通内容战略规划中的重点。几年来，百视通先后与索尼、环球、华纳、迪士尼等国际著名电影生产商，中影、华谊、博纳、光线等国内影视剧生产商达成了长期合作意向。2013年，百视通继续以积极的态度与国内外各类节目版权商结成战略合作伙伴，先后与华纳影视旗下的特纳卡通频道、好莱坞影视巨鳄派拉蒙、本土动漫龙头企业炫动传播以及综艺娱乐制作节目巨头灿星制作签订了合作协议，进一步扩充了百视通影视、体育、动漫等节目内容大区的版权资源。截至2013年底，百视通版权节目累积达到45万小时，位居行业第一。百视通致力于搭建全国最大、最全的新媒体版权内容库，为用户提供更多、更新、更多元的收视选择，内容影响力进一步扩大。

与此同时，百视通更以核心版权、稀缺资源来突出内容优势。2013年7月2日，百视通与“新英体育传媒”签署了《英超新媒体播映协议》，获得英格兰足球超级联赛2013～2018年合计6个赛季的内容资源，并独占了其在中国大陆新媒体电视屏的许可使用权，还拥有在手机电视、网络视频等新媒体领域的部分权利。2013年10月28日，百视通与美国国家篮球协会（NBA）延长了3年的战略合作伙伴关系，获得了NBA 2013～2016年合计3个赛季的内容资源。百视通总裁陶鸣成表示，公司引入国际上优质的体育赛事稀缺内容资源，有助于打造百视通高品质、有特色的新媒体产品，将内容做大、做优、做专。与世界著名体育品牌英超和NBA建立起的良好合作关系，使百视通在体育内容上独占天机，不仅得以吸引大批用户，也提高了用户黏度。

除此之外，百视通还在转播技术上不断突破。继2012年搭建NBA专业转播室之后，2013年更是首次引入4K技术。2013年10月18日的上海站比赛成为国内首场运用4K技术进行转播的体育赛事。百视通对顶级体育赛事的制作能力、运营模式都走在了国内的行业前列，未来的发展空间很宽广。除依托内容优势之外，百视通还对节目内容进行了多维度的特色编排和整合，以顺应时下电视节目碎片化观看的潮流发展。百视通的节目专区除日常节目更新之外，还积极对节目进行特色编排，对节目进行碎片化处理，推出系列化的相关专题。据新媒体内容指数反映，这种专题式和碎片化的节目呈现同样助推了收视率的上升。百视通以此凸显了不同于互联网媒体的独特优势和媒体观点。

2. 内容在左，技术向右

新媒体的发展离不开技术支持。构成百视通核心竞争力的另一驾马车就是技术发展。百视通从创立之初就大力投入新媒体技术的自主研发与及时转化，以实现产业技术领域的突破。八年来，百视通已经掌握多项国内领先的新媒体技术，获得的重大技术专利、重大技术类知识产权超过200项，其中包括向各类智能终端提供平稳、高清的视频流媒体服务的多种技术解决方案。百视通在IPTV、互联网电视、智能电视等领域具有独特的技术积累，不仅为国内其他新媒体企业提供了经验，做出了榜样，部分成果甚至向外输出至印度尼西亚、欧洲等国家或地区。百视通上市以来，进一步加大对技术的研发投入，不断攻克多项新媒体前沿技术难关，逐步将新媒体前端平台、多种网络、媒体资源系统等进行整合，实现统一的版权管理，实现分发网络智能化、跨屏幕运营，建成“百视云”系统。同时，百视通也致力于中长期技术的研发储备，2012年百视通创立了新媒体行业首家研究机构——百视通新媒体研究院，目前该研究院已经建立了“产、学、研、用”的创新机制，力促新媒体技术前期研究、开发、试点、商用各环节成为体系。

2013 年，百视通在专项技术研究上的步伐依然紧凑。2013 年 7 月 12 日，百视通获得国家“核高基”科技重大专项——“智能数字电视终端基础软件研发及产业化”的课题立项批复，项目获得中央财政资金预算 3312 万元。这是百视通连续第二年获得国家“核高基”项目立项。2012 年，百视通首获国家“核高基”重大专项——“大型网络应用及服务平台研制与示范”的课题立项，公司立足此课题成果已建成国内领先的跨屏服务新媒体云平台。此次“核高基”课题项目将构建终端安全框架，构建开放可扩展的智能数字电视应用框架，在人机交互、嵌入式浏览器、HTML5 技术、开放 API 等方面创新突破，并搭建智能电视云服务平台、电视应用商店系统，形成交互娱乐、电视商务、应用商店 3 个新型数字电视示范应用系统，为构建我国智能数字电视终端产业化系列标准做出贡献。

内容与技术是百视通核心竞争力的两驾马车，如今已形成并驾齐驱的良好局面，在国内新媒体行业内遥遥领先。百视通无疑已成为国内新媒体行业当之无愧的领军企业，随着战略布局脚步的加快，百视通成长为国内新媒体巨头指日可待。

三　“三网”融合，全面布局

1. 多媒融合，强强联手

“三网”融合是电信、广电和互联网三大网络在未来发展的一个趋势，百视通此前在 IPTV 业务领域已积极与各地的固网运营商合作，2012 年又控股风行网，加快了与互联网媒体的资源整合优化。2013 年，百视通加快行业整合，5 月 7 日完成了对卫星网的战略性并购。这是在国家“三网”融合政策推动之下，广电行业与电信行业通过资本手段加快“双向准入”进程的表现，而百视通率先在广电新媒体行业获得了一项原属通信领域的差异化经营资质。这一并购案，标志着百视通在“三网”融合领域的发展道路上，又迈出了坚实的一步。

同时，百视通也加强了与传统媒体的融合发展。2013 年 4 月 2 日，百视通与新华社签署了战略合作协议，双方在新闻资讯、指数研发等方面展开深度合作。结合新华社强大的内容优势和百视通的技术与终端优势，这次强强联合积极推动着百视通发展成为全国内容最丰富的新媒体服务平台。6 月 26 日，百视通与东方广播签署了战略合作协议，标志着双方广播内容与新媒体平台的整合。至此，百视通已吸纳了包括平面媒体、广播媒体、传统电视媒体在内的所有传统媒体内容资源，其差异化优势进一步提高，运营模式也日渐丰富。

2. 介入上游，全面布局

2013 年，百视通积极完成全产业链布局，从纵向和横向两面不断扩张。纵向来说，百视通不再仅仅向节目商购买版权，而是开始介入节目内容的制作，完成内容产业链的上下游衔接，包括采取内容版权深度捆绑模式打造“电视票房”、对电视剧《到爱的距离》进行投资、与南京大学战略合作举办大学生微电影节，都是百视通作为新媒体力量开始参与产业链上游电视产品制作的有力表态。横向来说，百视通积极向海外发展业务。此前，百视通与印度尼西亚电信已开展了多项媒体业务，是百视通探索海外市场的前奏。2013 年 3 月 19 日，百视通与印度尼西亚出版巨头——印度尼西亚国家出版社在上海签署了合作协议，双方联手打入印度尼西亚远程网络教育市场。这次合作，再次印证了百视通从核心技术、内容制作、平台服务到渠道运营方面的全产业链优势。这也是百视通全球化战略的第一步。

四　四方合作，回归家庭

在过去十年，电视机与沙发的模式几乎垄断了家庭娱乐，然而随着各种智能终端如手机、平板电脑的兴起，家庭共享娱乐的日子已一去不复返。这是技术发展造成的结果。如今百视通借力当下的技术发展，致力于创造一个让我们回到家庭娱乐中心的环境。2013 年 9 月 29 日，百视通借助上海自贸区的东风，与微软合作成立了合资公司——上海百家合信息技术发展有限公司，成为自贸区的首家入驻企业。双方充分发挥各自在娱乐与科技方面的优势，致力于家庭娱乐产业的技术研发与内容聚合。这次合作不仅能为中国用户带来世界一流的娱乐科技体验，也让中国的娱乐文化产业创新走向世界，标志着百视通借助于微软世界领先的运营能力和技术支持，成功抢占了中国娱乐文化产业发展的先机。2013 年 12 月 4 日，百视通与迪士尼公司达成协议，拟成立合资公司，这一举措将进一步加强新媒体业务与家庭娱乐的结合，强化百视通的内容影响力与作为家庭娱乐平台的优势。

与微软和迪士尼的合作实际上都是百视通建立家庭娱乐中心战略规划的一部分。2013 年 12 月 5 日，百视通公司总裁陶鸣成在 2013 年中国网络视听产业论坛（CNAIF）作了以“百视通关于家庭娱乐中心的探索”为主题的演讲，透露出百视通未来建构家庭娱乐中心的意图。

百视通的探索主要体现在两点上：第一，从电视新“看”法到电视新“用”法再到电视新“玩”法的转变。百视通最早发展 IPTV 业务时，以打造“电视新看法”为己任，致力于为用户提供多样化的视听服务，一云多屏的收看方式已成为现今发展的趋势。2013 年，百视通开始进入“电视新用法”和“电视新玩法”的阶段。从电视新用法来说，百视通在 IPTV 上推出了一个家庭购物平台，即“百视购 888”的平台。这个平台通过遥控器来操作，用户只需要按 888 就可以直接跳到电视购物的相关平台里去。这种通过方便用户识别和记忆的号码转向平台的方式，也将成为百视通今后继续试点的方向。从电视新玩法来说，这仍然是一个有待开发的领域。百视通与微软的合作就是要推出一个家庭的游戏娱乐终端，引入国际上顶尖、高端的内容和技术，来完善这个平台，力求向用户提供大屏幕的、高清的游戏体验。

第二，抓住用户需求，进行定制化开发。百视通在 IPTV 领域里建立了一个针对少儿用户的社区——“星星国”，在这个社区里可以找到少儿喜欢的动画片和一些教育学习内容，还可以发挥社交功能、结识朋友。百视通对老年用户需求也做了一些尝试。2013 年百视通在上海虹口区做了一个试点，建立了一个网上敬老院，为老人们提供一些简单的生活服务，得到了老年用户的关注。这种智能化、个性化的终端服务，也是百视通致力于打造家庭中心的一部分。

后生可畏，焉知来者之不如今也？百视通这个只有八年成长时间的新媒体品牌，正如一个年轻气盛的大好青年，散发出勃勃的生机和火热的激情。我们相信，百视通的未来一定会大放异彩！

B.10

深圳报业集团：特区之子，行业巨头

刘佩佩

摘　要：

2013年是深圳报业集团取得重大突破的关键年。这一年，集团坚持报业的主体地位不动摇，同时“深耕细作”新媒体领域，并引领深圳文化产业加速腾飞；这一年，集团搭上电商快车，“深商E天下”树立“深商”品牌形象，同时通过践行公益，集团把更多爱心回馈给社会。作为主业突出、多点支撑的文化产业集团，深圳报业集团的经营实力愈发雄厚，经济效益与社会效益同步攀升，在深圳这个“大鹏之城”一飞冲天。

关键词：

报业集团　文化产业　新媒体　电子商务

一　资源整合，行业翘楚

深圳报业集团是2002年9月23日经国家新闻出版总署批准，由深圳特区报业集团与深圳商报社合并组建而成的大型报业集团。集团旗下拥有《深圳特区报》、《深圳晚报》、《深圳商报》、《晶报》、《深圳都市报》、《香港商报》、中国文化产业网、深圳新闻网、深圳报业集团出版社等10报6刊、17个系列网站、1个出版社、3个科技印务与发行中心、2个文化产业展览与创意机构。

自组建成立以来，经过12年的苦心经营，深圳报业集团已发展成为我国规模最大、现代化程度最高的党报传媒集团之一，也是目前国内拥有广告收入过亿元报刊最多的报业集团。集团秉持党报宗旨，完美地整合了党的宣传事业属性和文化产业属性，实现了经济效益和社会效益的双丰收。2010 年在北京举行的第六届中国传媒创新年会上，作为 21 世纪头十年对中国传媒业做出巨大贡献的单位，深圳报业集团荣获“2001～2010 中国报业集团领军品牌”的称号。2013 年 12 月 24 日，中国企业领袖与媒体领袖年会暨“品牌贡献榜”年度颁奖盛典在京举行，在这一年一度的中国企业界与媒体界联合会议中规格最高、规模最大、影响最广的标志性活动中，深圳报业集团荣获“影响中国 2013 年度最具传播价值传媒集团”荣誉称号。评审委员会认为，深圳报业集团作为主业突出、多点支撑的文化产业集团，经营实力日益雄厚，经济效益与社会效益稳步攀升，凸显了现代传媒产业蓬勃发展的生命力与影响力。

截至目前，集团出版的报刊日均总发行量超过 200 万份，出版的各类报刊占深圳地区平面媒体 92% 以上的市场份额，主要报刊辐射珠三角和港澳地区，并覆盖国内所有省、市、县及海外 40 多个国家和地区。集团资产总额近 60 亿元。集团以建设“阳光报业、和谐报业、效益报业”为目标，通过发挥集团的整体优势，利用报纸、杂志、网站、DM、手机等多种媒体形式传播，有效整合各种资源，拓展户外广告、外埠广告、直递广告、国际会展、地产开发、酒店餐饮、物流配送等，昂首迈向一个综合性、多元化、国际化的大型传媒集团。

二　发展历程，成绩斐然

1. 报业主体，屹立不倒

作为报业集团，报纸业务始终处在第一位，只有做好报纸，集团业务才能有根，集团发展才能有魂。深圳报业集团始终确保十大报纸组成的主体屹立不倒，为集团的品牌形成与发展奠定了基础。

在集团的打造下，《深圳特区报》不仅是集团第一大报，而且是唯一进入中南海并得到中央领导高度重视地方党报，在国内各党报媒体中它的综合素质和广告经营实力，连续 8 年稳居前 5。2007 年，在第三届中国传媒创新年会上，《深圳特区报》以全国得票总数第一荣获“中国十大领军报业”称号。在国内十所顶级新闻传媒学院参与评出的中国品牌媒体榜中，《深圳特区报》

2010 年、2011 年连续两年被评为全国城市党报十强。在代表中国新闻界最高荣誉的中国新闻奖评选中，《深圳特区报》的“直通车”、“东方风来满眼春”等先后荣获一等奖，并被评为中国新闻奖“新闻名专栏”。在 2013 年第十届“中国 500 最具价值品牌”排行榜中，《深圳特区报》品牌价值 120.56 亿元，居 162 位。在 2013 年中国企业领袖与媒体领袖年会暨“品牌贡献榜”年度颁奖盛典中，《深圳特区报》再次夺得“影响中国 2013 年度党报优秀品牌奖”……。这份创刊于 1982 年 5 月 24 日的报纸，作为中国经济特区首份大型综合性日报和深圳市委机关报，经营收入一直居于中国纸媒的前列，它在担当着这座城市的忠实记录者的同时，也不断创造着自己的奇迹。

乘着改革开放之风，在深圳特区的快速发展的大环境之下，《深圳商报》始终坚持综合性，突出经济性，增强权威性，以综合性开拓市场，以经济性优化市场，以权威性巩固市场，逐步发展成为深圳乃至整个华南地区极具权威性和影响力的主流大报。2012 年底，《深圳商报》发行工作取得全面突破，2013 年度报纸征订量同比增长 24%。在 2013 年第十届“中国 500 最具价值品牌”排行榜中，《深圳商报》品牌价值 95.35 亿元，居 190 位。

《深圳晚报》是深圳特区唯一的大型综合性晚报，它的重心主要集中于都市生活和普通家庭，把触角伸向社会基层和平民百姓。以当日新闻绝对优势、热点新闻深入透彻、社会新闻极具时效、娱乐新闻浓墨重影、体育新闻视角独特、社会活动有声有色等不可替代的个性特点，获得了深圳众多家庭的认可，在全国 285 种晚报都市报类报纸中综合指数列晚报界第 6 位。

此外，《晶报》、《深圳都市报》、*ShenZhen Daily*、《香港商报》等旗下报纸，在传统媒体面临挑战，国内报业全面受阻的情况下，以其强大的社会影响力和周到细致的服务，依然逆势而上不断增值，读者阅读率、报纸发行量、广告收入额稳中有升，创造了报业奇迹。

2. 新媒体力量，崭露头角

网络传播技术的发达，使新闻传播的生态出现了前所未有的变化，自媒体的出现更是使每个人都能成为记者，每个人都有机会成一家之言。如何在新媒体蓬勃发展的形势之下开辟出一条传统媒体的发展新路，是各传统媒体一直苦思冥想的大难题，也是深圳报业集团一直思考的问题。在这样的大背景之下，深圳报业集团选择了迎难而上，主动应对挑战，不断发展新媒体并且逐步加快了数字化转型的步伐。目前，它已经拥有中国文化产业网、深圳新闻网等17个网站。在国务院新闻办相关部门发布的中国主流新闻网站排名上，深圳新闻网名列中国第7，并先后获得“全国十大优秀文化网站”、“全国最具影响新闻网站”称号。

3. 创意产业，跨越发展

创意产业的发展程度及规模已经成为一个国家或城市综合竞争力的重要考察因素。2012年，在国际经济遭遇寒冬的大环境之下，深圳文化创意产业却保持了快速发展，全市全年文化创意产业增加值1150亿元，同比增长25%，占全市GDP的9%。事实证明，只有极力发展创意产业，走向文化产业的高端，创造出拥有自主知识产权、具有更高附加值的创意精品，深圳文化产业的生命力和竞争力才会更强。发展创意产业势在必行，这是推动“深圳制造”向“深圳创造”转变的关键所在。

近年来，深圳市以“文化立市”重要发展战略，大力推进文化体制改革，积极培育文化市场主体，致力于打造一个文化强市。在此背景之下，深圳文化产业呈现跨越式发展，已成为深圳第四大支柱产业和六大战略性新兴产业之一。2008年，在深圳报业集团的策划和参与下，深圳市被联合国冠以“设计之都”的荣称，深圳的文化产业发展随之迈入一个新纪元。深圳市随即将“深圳创意文化中心”划归深圳报业集团管理，这一举措为深圳报业集团调整产业结构、寻求跨越式发展创造了得天独厚的条件。作为深圳创意文化的带头人，深圳报业集团还承办了中国（深圳）国际文化产业博览会，这是中国唯一一个国家级、国际化、综合性文化产业博览交易会。

4. 电子商务，应运而生

如今，电子商务革命已经悄然兴起。比尔·盖茨曾说过：“21世纪要么电子商务，要么无商可务！”但是，随着电商市场竞争的白热化，各自为战的深圳企业纷纷陷入了“电商泥沼”之中，进退两难。主要问题在于：企业无力搭建有竞争力的电商平台；现存的电商平台上好生存的多是吃饱了螃蟹的大鳄，后发企业随时有被吃掉的危险；企业产品信息同类化严重，推广成本越来越高。因此，建立区域电子商务推广平台迫在眉睫。

深商E天下在2012年11月15日正式上线以后，于2013年1月中旬开通了网上招商通道，至3月初，已经与华强电子网、走秀网、腾讯、QQ网购等知名电商平台达成了整合意向，同时吸引了华强集团、联邦国际等一批知名企业的入驻。2013年6月网上交易平台上线，深商E天下正式成为包含B2B、B2C及B2B2C于一体的深圳本土化整合电商推广平台。

5. 践行公益，影响日盛

深圳报业集团一直把社会责任担在肩上，在取得巨大成就的同时，始终饮水思源，不忘社会使命，积极投身公益活动，践行着一个企业公民的社会责任。作为公益行动的“先头部队”，媒体成了公益行动的策划者、组织者、宣传者和行动者。深圳报业集团用行动在证明《深圳特区报》的“公益金百万行”、《晶报》的“30年30个心愿”、《深圳商报》的“募师支教”行动、《深圳晚报》的“爱心小书桌”活动，都十分有创意，这有赖于众多政治素质高、创新能力强的新闻从业人员，他们成为公益风尚的创意先锋，更好地发动市民践行身边的公益。

早在2008年汶川大地震时期，深圳报业集团就展示了它大爱的一面。震后第六天，在中央电视台赈灾义演晚会上，深圳报业集团向四川灾区捐款650万元。5月21日，市文明办、市关爱办和深圳报业集团联合邀请26家深圳房地产企业的负责人，在报业大厦发起成立深圳房地产界赈灾同盟，现场为四川灾区重建认捐达4470万元。当日，深圳商报社携手深圳市慈善会，通过国内首个媒体慈善基金——“深圳商报慈善基金”筹集善款支援灾区，共捐款（物）达2620万元，同时深圳商报社还拿出100个版面全部无偿提供给赈灾募捐企业刊发赈灾广告。

与此同时，深圳报业集团还把大力推动和发展社会公共事业作为一项重要工作来抓，把深圳的关爱活动逐步完善并形成了富有创意的公益模式。承担的社会大型综合公益活动“深圳关爱行动”被中央文明办称为“群众性精神文明创建活动的又一创举”，并获得了“中华慈善最具影响力项目奖”。深圳报业集团长期投入大量人力、物力直接参与社会公益事业，推动形成了具有深圳特色的关爱慈善文化，发挥了先锋带头作用，创造了巨大的社会效益。通过发挥自身的优势和影响力，深圳报业集团积极整合全市大公益的平台，让关爱办与媒体联手合作的核心价值愈发凸显，形成了一套行之有效的社会救助机制：记者介入调查、报道，基金会凝聚善款、发放善款，记者再做跟踪和反馈报道。一个快捷、公开、透明的机制日渐成熟，这个独特的反应“链条”在全国范围内最早发挥了影响力，全国多地争相借鉴这种模式。

三 展望未来，鹏程万里

“十二五”期间，是我国经济社会发展大转型、大跨越、大建设的关键时期，传媒必须正确认识和积极应对新政策、新形势。深圳报业集团的党组书记、社长陈寅在6月20日召开的全市文化体制改革工作座谈会上发言时指出，深圳报业集团要紧抓文化大发展、大繁荣的历史机遇，深化体制改革，优化产业结构，实现资源配置市场化、内部管理科学化、赢利模式多元化，大力推进传统报业集团向现代全媒体集团转型，力争用5~8年时间，实现集团总资产、总收入和总利润进入全国同行业前列，成为全国一流的文化传媒集团。为实现上述目标，集团战略必不可少。

首先，以申报深圳国家对外文化贸易基地为契机，加快构建文化创意发展战略。充分利用文博会公司、中国文化产业投资基金、创意文化中心、创意12月等平台，积极申报深圳国家对外文化贸易基地，加快开发深圳创意信息港，全面推进文化创意发展战略。

其次，以全媒体采编系统推广应用为契机，大力构建全媒体发展战略。加快构建全媒体采编及新闻发布平台，巩固扩大党报集团的舆论阵地。进一步推进集团四主报差异化定位，打造四大报核心竞争力，提升舆论引导力。《深圳特区报》作为机关报，发挥舆论旗舰作用，牢牢引领舆论主场；《深圳商报》作为经济文化大报，提高经济报道专业化和权威性，做强文化报道品牌；《深圳晚报》作为社区报、家园报、民生报，力争覆盖全市各个社区；《晶报》作为都市报，将进一步释放活力，开创新局面。同时，深耕细作深圳新闻网，办成纸质报纸通往数字时代的重要载体和报网互动融合的重要基地，抢占移动互联传媒领域高地，推动集团新媒体发展跃上新台阶。

再次，以地铁传媒为龙头，实施跨行业、跨区域、跨所有制发展，积极构

建走出去战略。目前，地铁传媒继成功取得深圳、成都地铁部分线路广告经营权后，近期与《春城晚报》联手，以几乎底价取得昆明地铁灯箱广告的经营权。成都地铁 2013 年将实现赢利，昆明地铁预计在较短周期内有可观收益。未来，集团应继续积极参与各地地铁经营权的竞拍投标，使地铁广告成为集团广告经营的主力军，并培育上市。

有理由相信，深圳报业集团 6000 名传媒人，以《深圳特区报》为核心，各擅其长，不断完善以各报刊、各企业为责任主体的“有统有分、统分结合”的经营管理模式，不断打造报业为主、多种经营为辅的经营格局，不断拓宽互联网经营领域，不断利用自我资源加大房地产经营，进而开发影视、电信业。一个多元化、立体化、国际化的大型传媒集团的形成并不是遥远的梦。

·报纸品牌·

B.11

《环球时报》：报道多元世界，解读创新中国

万璐莎

摘　要：

20 年风华正茂；20 载硕果累累。至 2013 年 1 月，《环球时报》这个年轻的报业品牌在探索中走过了 20 个年头，最终成为“国际新闻”市场中的佼佼者。在这个“碎片化”的信息如洪流般涌动的时代，《环球时报》立志于“报道多元世界，解读复杂中国”，把自己作为媒体的命运和中国崛起的命运联系在一起，时刻不忘社会公器沉甸甸的分量。《环球时报》的每一个标志性发展节点都是中国与世界关系变化的缩影，随着中国在世界影响日隆，它也步步为营，成为首家在美国发行的双语日报，发展为具有国际范的大报品牌。

关键词：

环球时报　国际时事新闻　报业品牌

《环球时报》的前身《环球文萃》，1993 年 1 月 3 日创刊于《人民日报》七八人组成的国际部，在短短二十年内从创刊发行量仅两万的小报，发展成为集思想性、评论性、导向性于一身，有内容、有特色、有市场并有场外追逐者、专事国际时事新闻报道的报业翘楚。面对一次又一次的经济衰退和层出不穷的竞争新秀，《环球时报》在以国际事件报道为特色的综合性日报中始终保持领头羊的首要地位，阳春白雪与下里巴人两种格调在《环球时报》里无缝

对接，形成了独具一格的报业大品牌。他拥有遍及全球150个国家和地区的500多位驻外记者，他们深入世界各个新闻热点地区，走进重大事件发生现场，为读者采写客观、及时、公正和有深度的新闻报道。所刊发的报道和评论文章常被美联社、路透社、法新社编发通稿以及被《华盛顿邮报》、《洛杉矶时报》、CNN、《朝日新闻》等海外各大权威媒体转载，受到党和国家领导人的高度重视，同时也被国际知名媒体、商务人士和社会大众所关注，具有深厚的政府影响力和广泛的社会影响力。2004年，被中国新闻研究中心评为“最具公信力的新闻类报刊”。2013年2月20日，《环球时报》（美国版）正式创刊，标志着来自东方大国的声音将愈发震耳欲聋。作为我党机关报的子报，其单期发行量超过240万份，95%的订户是自费订阅，如此之高的受到来自读者“上帝”的青睐，其强大的核心竞争力不言而喻。截至2013年，《环球时报》已连续10年被世界品牌实验室和世界经济论坛评为“中国500最具价值品牌”。

一 向阳花木早逢春

1. 严肃的母亲，懵懂的小孩：《环球文萃》应运而生（1992～1996年）

从1992年开始，中国新闻传播业市场化程度加大，报刊数量增加。人民日报社也开始进行内部改革，力求“事业单位，企业化管理”，所属各部门奖金由部门自己解决。就这样，1993年1月3日，在严肃的母报——《人民日报》的光环下，《环球文萃》悄然创刊。

《人民日报》是中国共产党中央委员会机关报，把坚持正确的舆论导向放在首位，坚持高品位、高格调，把专业性与综合性相结合，配合党的中心工作，其在中国的地位和影响是家喻户晓的。初生的《环球文萃》虽然笼罩在母报的光环下，却也不可能像母报那样，凭借党报龙头地位获取政治优势和经济支持，而必须靠吸引读者、服务读者赢得生存空间。襁褓中的《环球文萃》一时找不到自己定位，“那个时候报纸并没有一个特别明确的方向，老百姓喜欢什么我们就登什么”，现任《环球时报》总编辑胡锡进在一次访问中这样说。这张报纸每周1期，4开8版，两页折叠，文萃气息浓郁，内容几乎全部是明星和猎奇，或国外的逸闻趣事，女明星巩俐的大幅图片占据了创刊号头版大半个版面，以软新闻为主“三星（歌星、影星、体育明星）高照”的文摘报《环球文萃》，最初发行量仅2万份。但是很快，以摘编报道国内外热点人物为主要内容的《环球文萃》就走上了正轨，报纸发行量也迅速增加，连续三年以38%的幅度增长，知名度和影响力不断上升，据中央电视台央视调查中心的一项调查，在“北京地区读者最喜爱的十大报纸”中，《环球文萃》已然名列第二。

2. 邻家男孩初长成：《环球时报》崭露头角（1997～2005年）

1997年，国内外报刊界竞争激烈，《环球文萃》的忧患意识日益增强。经过翔实的调查，为适应广大读者的需求，《环球文萃》当机立断——改名，同时改版！1月5日，报纸更名为《环球时报》，版面由4开8版扩为4开16版。这次的更名非同一般，“环球”表明报道范围涉及全球，“时报”即强调时效性和新闻性，一份在真正意义上以报道国际新闻为主的报纸诞生了！

当时，中国国内报道国际新闻的媒体为数寥寥，在市场上表现最突出的是新华社旗下1931年创刊的《参考消息》，此外还有中国国际广播电台主办的《世界新闻报》和《中国青年报》主办的《青年参考》。在中国的国际新闻报业市场上，长期缺乏一份以自采新闻为主打、专事国际报道的报纸，《环球时报》正是敏锐地捕捉了这一机会，并将其付诸实践。《金正日接班》、《中国谈克林顿访华》等一大批在全国颇有影响的文章逐步确立了《环球时报》厚重、独家、时效性强的报道风格。其中，1997年10月5日，《环球时报》发表《金正日接班》一文，被法国、日本、韩国及国内多家媒体转载，反响很大，并以“不是转发新闻，而是发掘首发新闻”的评价，荣获第三届中国国际新闻奖二等奖。

1999年国际热点突出，《环球时报》抓住机遇，得到更多读者的喜爱，成为国内外舆论关注的国际新闻周报。年初，其再由16版扩为24版，市场份额和影响力进一步扩大。1999年科索沃战争爆发后，《环球时报》连续十几期推出发自贝尔格莱德的战地报道，报纸销量从60万份猛增到80多万份。5月8日，中国驻南使馆被炸，其独家报道《我亲历中国使馆被炸》，最早准确指出

使馆遭5枚导弹袭击。特刊面市后，供不应求，不得不多次加印，足见独家新闻抢占市场的威力。

2000年，《环球时报》升格为由人民日报社主办，并成功推出《环球时报·周二版》。2001年，正式改为周二刊，“9·11”事件和美国“反恐”期间，发行量达到了199.6万份，社会效益和经济效益得到了长足发展，在人民日报社属报刊中起到排头兵作用。2003年其又扩为周三刊，广告额突破两亿元。2004年，《环球时报》被世界品牌实验室和世界经济论坛评为“中国500最具价值品牌”，品牌价值高达13亿元。

3. 魅力熟男抢破头：报业寒冬的一朵奇葩（2006~2010年）

2005年，有人说中国报业进入“寒冬”：一方面，多家报纸广告收入下滑；另一方面，网络广告收入上涨明显；此外，更有“报纸消亡说”远涉重洋而来，我们正处于新闻产业衰落的“瓦釜时代”。在这种情况下，《环球时报》2006年起改日报，每周一至周五出版，被视为“逆势而上”。但从市场反应看，此举顺应了读者的需求：《环球时报》2006年订户比2005年同期增长55.3%；零售量也有上升。报业的“寒冬”和报纸的热销形成强烈的反差。这主要得归功于其日报保持了周报的特色，扩版后的《环球时报》每期大致有要闻、环球视点、新闻背景、新闻简读、外国人看中国、人物春秋、环球扫描等26个版。同时，《环球时报》在航空发行上投入2000万元，在全国16家航空公司的292条航线上的航空免费赠报由原来的8万份增至10万份，2007年，环球网上线。2007~2008年度，其品牌价值达31.71亿元，比2006年增长77.5%，增长率列全国媒体第一，在“中国500最具价值品牌”中的总排名由330名跃升至240名。

2009年4月20日，《环球时报》（英文版）创刊，英文环球网同步上线。直至2010年，《环球时报》连续七年蝉联“中国500最具价值品牌”，品牌价值达到41.32亿元。6月18日，环球时报市场推广中心成立，全面整合了环球时报社旗下报业资源。

4. 孩子他爸责任重：《环球时报》让世界听到我们的声音（2011年至今）

2011年，为了顺应广大读者对国际时事新闻不断增加的需求，《环球时报》进行了第六次扩版增刊，此次扩版周六刊，同样收到了不错的市场反馈。

2012 年，《环球时报》除了依托海外几百人的特派特约记者队伍，还派出紧急报道组前往西沙群岛、南沙群岛、黄岩礁、钓鱼岛海域报道南海和东海岛屿争端，写出了一篇篇有分量的文章，引发国内外媒体的强烈关注；《环球时报》社还派出战地记者前往叙利亚最前线采访，挖掘出大量独家新闻，并在当地成功建立起丰厚的人脉资源。《环球时报》以自身强大的报道团队，向中国人全面解读世界热点背后的新闻脉络。同时，《环球时报》覆盖国内外 14 家航空公司的 300 余条航线，单期航空发行量达到 20 万份。年度广告刊登额从创刊期的不足百万元，成长为现在的 3 亿元，在全国类报纸中保持领先地位。

2013 年 2 月 20 日，《环球时报》（美国版）正式创刊，成为首家在美国同时推出中英文版日报的中国媒体。作为首家在美国发行日报的媒体，《环球时报》肩负着传递中国之声的重任，力求在世界人民心中还原一个真实的“复杂的中国”。

二　情真意切大气魄

单期发行量超过 240 万份的《环球时报》，95% 的订户是自费订阅，如此之高的读者订阅量，除了“环球人”一贯秉承着真心实意地尊重读者、按读者的需要办报、全心全意为读者服务的宗旨，真正做到了把读者放在心上，最重要的还是《环球时报》有着自身不可替代的特色。正是他们不可复制的特色，形成了强大的品牌核心竞争力，使之在日新月异、报业新秀层出不穷的时局中，始终保持欣欣向荣的良好发展态势。作为《人民日报》的子报，它的市场定位首先要考虑继承《人民日报》的社会责任，以社会效益作为首要目标，以社会效益追求经济效益。《环球时报》在始终坚持党性原则的前提下，遵循新闻规律和市场规律，面对激烈的报业市场竞争，在党报体制内形成了一套适合市场经济条件下对新闻的快速反应机制，在报纸的市场定位、新闻报道的内容与形式（新闻报道的深度、广度及手法）、版面风格、管理机制诸方面形成了自己的特色。在过去的 20 年中，《环球时报》真正做到了“导向性与可读性”的成功典范。

1. 保留周报深度报道特色的日报

创刊之初，《环球时报》依托人民日报社、新华社、中国国际广播电台的海外记者，活用海外闲置资源，在世界范围逐步建立起较为完整的驻外记者网络，每周一刊发自采国际新闻，迅速“补白”国内国际新闻报道市场。新闻的深度是该报的着力点，新闻的全面性、过程性以及背景性，加之热点追踪、独家报道、大特写占有报纸的重要空间。特别是新闻背景版上的文章，着重国际新闻事件的背景报道和深度报道。《环球时报》2006 年改为日刊后，仍保留其之前的周刊特色。在瞬息万变的“读图时代”，有深度的“内容”始终是《环球时报》制胜的法宝。

2. “小报”风格、“大报”内容，敢说真话的大报

《人民日报》是一张非常严肃正统的大报，但子报《环球时报》却突破了《人民日报》严肃的形象限制，十分活跃、不拘一格，求得了观点严肃、选题严谨和亲和大众两者间的某种契合，集鲜明的国际立场、生活化、知识性、趣味性、可读性于一体，是“导向性与可读性”高度结合的成功典范。《环球时报》将其读者定义为“普通读者”，要“让文化程度不到的读者也能看懂”，用市场化、平民化的风格贴近读者，不故作高深，把复杂的国际问题表达得通俗易懂，让读者读得轻松、明白、亲切。侧重选择读者喜闻乐见的有趣味的国际事件，文风朴实，富于感情，版式简短朴拙，语言生动，似讲故事的家常话，娓娓道来，引人入胜，一派“小报”风范。

同时，《环球时报》将标题制作放在报纸编排工作的首位，几乎每一个标题都要经过不少人的反复推敲，大多数要到最后付印前才能确定。在头版中使用大号字体的通栏标题以及在重要新闻中使用对仗的复合型标题，总能抓住广大读者并紧扣新闻事件的内容，给读者清新直观、一读为快的感觉。报纸提纲挈领的标题通俗上口，醒目的视觉、强烈的口语色彩富有煽动性，形成了个性鲜明的风格，但当涉及我国国家利益和外交态度时，标题则带有明显的倾向性。

3. 复杂的中国和复杂的世界

《环球时报》以向读者传递信息为主旨，文章采用类似述评式的文体，一篇报道往往由几位驻守不同地区的记者联合采写，同时配以国内专家的评论，力求在报道上多角度、立体地反映事件，为读者提供新闻的全景。深入、理性、没有逻辑谬误的社评，也造就《环球时报》的主流品牌地位，其社论不仅代表了该报编辑部的观点和立场，其社论表达的，更多的是中国这个日益多元、多样的社会里一种新主流的意见和声音。

中国是一个复杂的中国，以实事求是和讲真话为办报理念的《环球时报》，在转载一些国外媒体的正面报道时，也会转载一些批判性报道，如《肾源短缺成黑市交易温床》。随着开放程度的不断扩大，国人也越来越能接受来自世界评判的声音，《环球时报》这几年也不断触碰国内外的敏感话题，敢于用智慧和真诚做报纸，如 2008 年主编拍板，冒着影响中法关系的危险刊登了《法国没保护好圣火　法国警方掌控局面无能》，的确需要足够的勇气。

三　风口浪尖弄潮儿

二十载风雨，《环球时报》紧扣时代脉搏一路前行、锐意创新，力图打造一个具有战略眼光和核心竞争力的文化品牌企业。

1. 子品牌势如破竹

早在创刊不久，《环球时报》就建立了完整的品牌视觉识别系统，它的标志是英文字母“C”，设计成地球和环绕地球的三道弧线，该标志简洁生动，充分刻画了《环球时报》的定位。标志符号往往比文字符号有更丰富的内涵，它与品牌标准字组合使用能更全面、更生动地向读者传达品牌理念、品牌定位等信息。继 2005 年接管人民日报社子品牌《讽刺与幽默》后，《环球时报》社系统筹谋、总体规划，逐步建立起自己的子品牌系统。

环球网，于 2007 年 9 月正式上线，2008 年被第三方评测机构艾瑞评为“成长最快的新闻网站”，是具备中文采编权的大型中英文双语新闻门户网站、中央级新闻性网络综合媒体，提供全领域、多维度、及时的原创国际新闻和专业的国际资讯服务。依托《环球时报》的新闻资源，环球网用别具一格的资讯平台，短平快的国际资讯，假期网民同世界之间的信息桥梁，成为打造集新闻资讯、互动社区、移动增值服务于一体的全球生活新门户。

2009 年 4 月 20 日，《环球时报》（英文版）创刊，英文环球网也同步上

线。这是中国第二份面向全国发行的英语综合性报纸，其聚焦社会热点，评论天下大事，其新闻报道和社评每天都在被国际知名媒体引用转载。除常规发行渠道外，英文版发行还覆盖60多个国家驻华使馆、700多家4星级以上酒店、19家航空公司和众多国际组织、驻华商会、国际媒体等，英国《经济学家》杂志称赞《环球时报》（英文版）为中国新闻界的“非凡创新”。

环球舆情调查中心于2010年8月5日成立，是环球时报旗下专业从事舆情调查和监测的研究咨询机构。舆情中心拥有与国际接轨的舆情调查系统、与时代同步的舆情监测技术、专业且精进的舆情分析团队，致力于帮助政府、企业、媒体等各类组织机构调查并获取社会公众的真实意见，解读、挖掘其背后的价值和意义，呈送专业而精准的研究报告，并提供完善的应对方案和决策建议。中心的突出优势在于：调查与监测相结合的研究模式、广阔的全球视野、定制化的专业服务。

2012年11月，环球时报公益基金会成立，环球时报基金会秉承“汇聚各界爱心，承担社会责任，促进社会和谐”的宗旨，通过运作各项公益项目，全心全意致力于丰富以爱国为核心的北京精神的时代内涵，弘扬以爱国主义为核心的民族精神和以改革创新为核心的时代精神，宣传社会主义核心价值体系，倡导最大限度地弘扬主流价值，寻找社会共识，推进思想共鸣，促进社会稳定，实践媒体在社会责任领域的积极探索及创新贡献。

《环球时报》自2013年2月20日起正式推出美国版。总编胡锡进认为，一个真实的中国比一个光鲜的中国更让世界感兴趣。

在短短7年时间里，环球网整合内部资源，与时俱进，成立了多个子品牌，增强了内生动力和市场竞争力，同时肩负起舆论调查和公益等方面的责任，树立了良好的文化品牌形象。

2. 记者网络遍及全球

《环球时报》社多年来大力夯实驻外记者队伍，拥有遍及全球150个国家和地区的500多位驻外记者。其核心竞争力在于，有了这样一个记者网络，无论新闻发生在哪里，这些素质过硬的记者都能深入新闻现场，采写第一手的报道，给读者身临其境的感觉。有了源源不断的深度报道、组合报道和现场报道还不够，《环球时报》以国际为大背景，某国只能算一个点，新闻再多也不能反映整个世界的形式，需要编辑、总编辑去指挥分散在各地的“一线战将”，从全局帮他们了解整个实行的情况，以此思路出题目。为了树立报业品牌形象，《环球时报》每一篇文章都经过精心策划，每次都要反复讨论才能定下来，而且在操作过程中还要根据实际情况不断完善。遇到国际热点新闻，《环球时报》社总能另辟蹊径，让读者眼前一亮。

3. 发行网络无所不在

2012 年起，《环球时报》社与国家邮政总局签订包销协议，结为“全面合作伙伴关系”，并将分印点数量由原来的 31 个扩充到 34 个，成为全国分印点最多的报纸，从紫禁之巅到东方明珠，从塞外草原到世界屋脊，在中国，有报摊的地方就有《环球时报》。每天清晨，《环球时报》最权威独到的资讯从遍布全国各地的印点出发，在第一时间，送到读者手上，成为广大读者看清世界、读懂中国的最佳途径。2012 年，环球时报覆盖国内外 14 家航空公司的 300 余条航线，单期航空发行量达到 20 万份，成为中国有效发行量最大的航空刊物之一，被中国国际航空公司评为“飞机上最受读者欢迎的报纸第一名”。

二十载如一日，《环球时报》以“中国人眼里的世界和与中国有关的世界”为主要内容，以“中国人的视角和中国人的利益”为进行报道的出发点，做“环中国”的新闻，在信息全球化的今天，依托国际时事新闻的报道，让世界了解中国，让中国走向世界。尤为重要的是，2013 年年初《环球时报》（美国版）正式创刊，极大地增强了国民的信心，重置了国际话语秩序，在反抗西方刻板印象、建设性地评判等方面做出了举世瞩目的贡献，在报业品牌角力场上脱颖而出，在“洞察国际风云，解读中国变化”中一枝独秀。

B.12

华投基金：股权投资，给力产业

伍蓓蓓

摘　要：

华人文化产业投资基金是位于上海的中国内地第一家文化产业股权投资基金。只有短短5年的发展史，起步时只有20亿元，现在做大做强，拥有国际声誉，取得骄人成绩，发展迅猛。国际化的发展模式、顶级化的创业团队，该基金积极开展项目投资合作，顺时应势，整合国内外资源，致力于打造中国的文化“梦工厂”，将中国文化推向世界。

关键词：

国际理念　资源整合　中国文化

华人文化产业投资基金，简称CMC，是中国首家专注于中国及全球媒体和娱乐产业投资的基金，是文化产业投资领域第一个吃螃蟹的，2009年由国家发改委批准成立。CMC致力于文化与传媒领域的改制重组、行业整合和业态创新，在推动文化体制改革和传媒产业提升的战略上努力贡献出自己的力量。同时，CMC向国际传媒市场注入大量资本，寻求中国式的全球传媒投资与运营平台。CMC有着将中国文化推向世界的决心，不愧为中国文化产业投资基金行业的领先者和佼佼者。

一　“春江水暖鸭先知”

文化产业在世界各国的国民生产总值中占据的比例越来越高，已成为各个国家经济的支柱产业。这几年，在政策和市场的推动下，我国文化企业、文化产业园区如雨后春笋般在全国遍地开花，CMC 的诞生可谓顺时应势。2008 年，黎瑞刚作为传媒界代表受邀参与了一次在长春举行的小范围座谈会，内容有关推动文化体制改革。黎瑞刚有着“好莱坞的中国合伙人”的称谓，是传媒业的改革派代表人物之一。他有着资深的海外游学背景，具有广阔的国际视野，2013 年度华人经济领袖奖，黎瑞刚也入选其中。此次长春座谈会上，他提出了一个惊人的想法，建立一支人民币基金，为传媒业获取更多的发展资金，推动其发展。这一想法得到了中央有关领导的认可，并授权黎瑞刚作为领头人来实施。时间紧迫，他很快开始接触投资界人士，并立即获得国开行的大力支持。国开行是一家政策性银行，对 CMC 的注资打破了不投基金的这一传统，并专门设立了从事文化体制改革协助工作的队伍，可见其对文化产业投资基金发展的极为重视。

此外，CMC 又找到了东方惠金、招商局和大众集团等更多的合作伙伴，政府资本与社会资本的共同投入，奠定了其雄厚的资金基础，共同发起成立了华人文化产业投资基金。但作为发起人的东方惠金与 CMC 是独立的两个管理团队，主要投资中小型文化企业，虽出资 6.5 亿元，却不参与基金的管理与项目的运作。

正是在这种国有和民营资本都支持的融资环境下，华人文化产业投资基金开辟了一条属于自己的发展之路。CMC 在 5 年的发展里，一直坚持为中国文化产业升级的梦想而奋斗，不断进取与创新。2010 年，CMC 涉足新闻集团业务，星空国际频道、Channel ［V］ 音乐频道、星空华语电影片库业务等转由 CMC 投资控股，其还与新闻集团合资成立星空华文传媒。像《中国好声音》、《中国达人秀》及《舞林大会》这三档当时中国最具人气的节目就是由星空华文旗下的灿星制作公司开发推出的；2011 年，CMC 瞄准电视购物频道，入股东方购物，其覆盖率之广、销售额之高，成为当时全国最成功的家庭购物公司；2012 年，东方梦工厂定位为全球家庭娱乐公司，气势逼人，是由中国方面公司与美国梦工厂合资成立的。此外，国际化的大型都市文化集群区梦中心在上海黄浦江畔落址；2013 年，CMC 继续分别与 Raine 基金和时代华纳建立了战略合作伙伴关系，并入股财新传媒，成为其最大股东。经过这几年的发展，这艘基金航母战斗力越来越强大。

二　“标新立异二月花”

（一）国际理念，引进走出

一开始，华人文化产业投资基金的发展定位就是国际化、全球化，有着将中国文化产业推向世界的野心和决心。其独特的投资理念和运作模式，巧妙地将国际先进模式与中国文化特色相结合，在本土市场打造出迎合受众需要的内容品牌。

“国际模式、中国表达”是华人文化产业投资基金的内容创新机制，创造了高质量的投资业绩。一系列品牌电视节目如《中国达人秀》、《中国好声音》，从西方引进，经过本土化改造，注入新的中国文化和中国人的情感价值观，宣扬着当下社会的“中国梦”正能量。同时，在管理模式与运作上又借鉴国际经验，与国际接轨，迅速打造出深受观众喜爱的品牌节目，但这仅仅是中国文化产业品牌发展的第一步。

华人文化产业基金在与美国梦工厂的合作中，始终坚持成立之初的梦想，保持立场和原则，“取其精华，去其糟粕”，融会贯通，消化梦工厂的东西，并积极探索属于自己的风格，努力创新。2014 年春，首部原创中国动画电影将在本土开工，进行生产制作，成功后面向全球发行，但现阶段故事的题材定位还不够精准，不过也只是处于最后的酝酿当中。据预测，此部具有中国文化元素的国际动画电影将于 2007 年正式面向全球发布。

从成立之初到现在，华人文化产业投资基金的项目投资合作对象基本以国际性企业居多，如新闻集团、时代华纳，Raine 基金等国外公司，大大增强了其国际影响力，为中国文化产业走出去奠定了基础，做了无形的形象宣传。

（二）顶级团队，四方辐辏

现今，各行各业的发展都离不开人才的培养与激励，文化产业这种 21 世纪朝阳产业对于人才的需求更是迫切。毫不夸张地说，谁拥有的人才更多，企

业的核心竞争力就会更加强大。优秀的人才通常能为一个团队带来新鲜的血液，为企业发展注入新的活力，有时一个巧思新意可能会让一个濒临倒闭的企业获得重生的机会。

CMC为与国际接轨、与国际传媒平等对话，在全球范围内招募人才，尽全力打造一支国际化的管理团队。其现在上海和北京设有办事处，员工有近20名，其中以来自美国花旗等投资机构的职业经理人居多。

另外，CMC的管理团队拥有多年的运营管理成功经验，在媒体和投资领域有过实战经验，在文化产业的上市、投资与并购等方面也有多项成功案例，其团队核心人员长期担任中国领先的媒体机构领导，这些都是其独特的优势。原上海东方传媒集团有限公司（SMG）总裁和上海广播电视台台长黎瑞刚，在担任华人文化产业投资基金董事长之前的任职期间，有着不菲的业绩。在他的带领下，SMG实现了近10倍收入的增长，并且当时是全国首家完成广播电视制播分离的公司。此外，原贵州电视台的副台长孔炯和原百事通（中国广告企业第二大的公司）的总经理分别被CMC聘请担任董事总经理。华特迪士尼公司大中华区消费品部前高级副总裁、董事总经理韩刚也被CMC以高薪挖走，担任东方梦工厂的CEO。他们都长期从事传媒的管理工作，有着丰富的媒体从业经验。

在全球市场竞争中，中国文化产业要博得自己的一席之地，就必须对本土文化产业人才进行培养和升级。华人文化产业投资基金之所以能引进这么多的优秀人才，源于自身国际化的顶级项目和培育世界级团队的管理标准。CMC重视对人才的投资，认为有了优秀的人才，成功的项目也就手到擒来。其作为中国文化产业的标杆和主要引擎，除了引进国际先进模式和管理理念，还担负着另一重任——建设一支中国本土精英队伍。CMC依托自身实力不断吸引大批优秀人才，并依托团队在引进国际模式的同时开发属于中国文化的独特发展模式，在这个过程中不但锻炼了团队，也更好地发展了企业，更好地向世界传播了中国文化。前两年，《中国好声音》红极一时，这正是华人文化产业投资基金重视人才以及多年实践人才升级战略的突出成果，其收视率在同类节目中稳坐第一，第四期就已经超出4%。这样的骄人成绩全是星空华文旗下的灿星制作团队中每一个人疯狂地工作，废寝忘食而换来的。

（三）资源整合，双赢战略

未来几年内，中国还将有大批的文化企业上市，而各种形式的企业并购和资源整合也将成为这些公司的发展趋势。资本市场和股权投资越来越青睐文化产业领域逐渐成为不争的事实。华人文化产业投资基金在这几年的发展中，不断利用国际市场规律，并结合中国特性创造多方共赢的合作机制。CMC 打造的顶级团队有着丰富的本土传媒市场经验，并在产业政策和规则的范围内引入创新机制，探索出一个综合各方优势、高效协作的运作模式，最大限度地释放产品内容的商业价值。

2013 年 1 月 23 日，华人文化产业投资基金与 Raine 基金签署协议，达成伙伴关系，合作内容涉及交流投资策略、联合投资、资源共享等多个方面，为双方在全球传媒领域的发展创造了更好的投资机会。2013 年 6 月 6 日，华人文化产业投资基金召开新闻发布会，正式宣布与美国时代华纳集团的战略合作伙伴关系。时代华纳是全球最大的传媒娱乐公司之一，CMC 与其的合作将会获得更多优势资源。2013 年 6 月 25 日，其又宣布与惠普的合作，如此一来，东方梦工厂幕后制作团队和艺术家们将有幸享用世界领先的科技来进行艺术创作，这些技术都是惠普独有的整合解决方案和产品组合。这会大大减少拍摄时的失误，使创意空间的发挥进行得更加流畅。2013 年 12 月 19 日，CMC 接手财新传媒的经营与管理，占有股份 40%，一举成为财新传媒第一大股东。财新传媒与 CMC 的联手，可谓强强结盟，这将有效整合各自的专业领域经验和资源优势，拓宽彼此的业务范围，实现共赢。这一系列的举措都是 CMC 双赢战略的表现。

三　“万紫千红总是春”

（一）跳出体制，优雅起舞

尽管 CMC 具备深厚的国资背景，文化项目和文化产品的投贷组合融资，得到了政府和投融资机构的双重支持，但它和国际上的基金公司是一样的运营模式，市场就是市场，基金就是基金，利润无论如何是不能被忽视的。华人文化产业基金，意在做符合商业规范的、合伙人制的基金公司，在体制外起舞。

传媒产业在任何国家都是有相应管制的，我们国家也不例外。中国文化产业的发展存在着严重的体制瓶颈，条块分割、政企分离不到位、企业市场主体的地位缺失等问题，导致文化产业发展阻碍重重。华人文化产业投资基金在发展之初就以国际化、全球化的思想来定位自身，志在走出一条独特的发展之路。体制内的东西无法避免，它就学会如何去规避缺陷，利用政策的优势，发展壮大。

近几年，国家放宽了对文化产业投融资的限制，CMC 积极参与到各个具有发展潜力的项目中，如，2013 年与 Raine 基金、时代华纳和惠普等外资的战略合作。CMC 的投资回报周期为 5 ~7 年，重视长期收益，一直为文化领域中具有成长潜力的企业提供股权投资等多元融资支持，投资一般不低于 2000 万美元。此举为 CMC 本身带来不少利润，同时推动了国内文化产业的发展。

（二）创意当先，内容为王

创意是一个企业的灵魂，而内容是使整个产业羽翼丰满的必备食量。信息和数字技术是内容产业两个重要元素，依托现代高科技，文化产业将得到前所未有的发展。文化产业的发展除了引进、消化和吸收别国精华，更重要的是探索自己的发展新思路。

2013 年，华人文化产业基金在技术层面最大的合作伙伴就是惠普公司，惠普将与 CMC 携手打造东方梦工厂（Oriental DreamWorks）。如前所述，在与惠普的合作中，这些新科技将应用到产品的制作中，能显著提高企业效率。而在故事的创意和质量等方面，东方梦工厂也力求按照美国的标准来实施，做到最好。

更令人为之骄傲的是，2010 年 CMC 收购星空业务后对其进行本土化分析，依据现有市场实情制订发展策略，首次引入制播分离模式，打造出全国最具人气的音乐类选秀节目《中国好声音》，随即扭亏为盈。

2013 年，在国内投资市场中，CMC 继续保持与浙江卫视的全面合作关系，还与央视有三档原创节目合作：第一档《中国好功夫》，是功夫选秀；第二档

《中国好歌曲》，是歌曲选秀，力推原创；第三档《出彩中国人》。CMC 通过不断地创新求变，将在未来的发展道路上越走越好。

（三）中国文化，世界推广

中华上下五千年文明，亘古悠久，博大精深，既有像《老子》、《论语》一样的国学经典，又有像《山海经》、《楚辞》一样的上古神话；既有像《搜神记》、《聊斋志异》一样的怪诞小说，又有像《红楼梦》、《三国演义》一样的传奇名著；既有四大发明流传于世，又有民间绝技传授千古。中国文化就是一座大宝藏，等待着有缘人去挖掘，而一批又一批以“发扬中华文化”为宗旨的文化产业投资公司就是这样的有缘人，用前瞻性的眼光挖掘文化产业中的潜力股，对其进行资金输入，助力其发展。

华人文化产业投资基金就是其中的代表之一，它一直把发扬人文精神和振兴民族文化作为己任。2012 年，上海东方梦工厂影视技术有限公司在沪成立，这是中外合作文化交流投资项目中的一个重大事件。该公司属合资性质，由华人文化产业基金与美国梦工厂动画公司共同投资，金额高达 3.3 亿美元，美方持股 45%，中方持股 55%。东方梦工厂的员工有 100 多人，目前看来人才与资金充足。2015 年，东方梦工厂首部呕心沥血的本土之作——《功夫熊猫 3》将上映，其版权由美国梦工厂与东方梦工厂共同拥有，更多的中国传统文化元素将会出现在这部影片中，使其成为一场中华文化精神盛宴，一个向世界展示中国文化的绝佳机会。2016 年，“梦中心”的园区也将竣工，总投资将超过 200 亿元。它是一座大型城市综合娱乐旅游目的地，位于上海徐汇滨江，有着得天独厚的发展契机。在建造“梦中心”的过程中，制作部门会严格把关，按照高规格来设计，邀请多位国际顶级设计大师参与其中。这一工程将会带动整个产业链的发展，旅游观光、餐饮服务、剧场影院、会展拍卖、文化创意体验等产业将会聚于此，推动经济与文化的发展，打造国际化的新文化地标。

未来的发展中，CMC 在业务范围上也会有所拓展，但电子商务业务、电视购物，包括旅游、演艺等内容在内的大文化领域仍将会是重点关注领域。CMC 秉持一贯的执着与创新精神，今后在文化产业领域也会有更多的合作与发展机遇，将中国文化推向世界。

·演艺业品牌·

B.13

北京演艺集团：首都演艺界的文化航母

李 佳

摘 要：

北京演艺集团是北京市政府直属的国有文化旗舰企业，成立于2009年5月，肩负着打造引领中国、影响世界的首都文化航母的重要使命。自成立以来，该集团秉承创新理念，坚持精品路线，强化资源整合，加大转企升级，连续三次荣膺全国“文化企业30强”，成为全国文化体制改革的一面旗帜，成为推动首都乃至全国文化大发展、大繁荣的重要创新力量。

关键词：

北京演艺集团 转企升级 资源整合 创新

一 整合资源，打造旗舰

2009年5月，北京演艺集团成立。集团整合了中国杂技团、北京歌舞剧院、北京儿童艺术剧院、中国木偶艺术剧院等一批转企改制文艺院团以及北京市电影股份有限公司、北京文化艺术音像出版社等市属文化资源。截至目前，集团旗下共有17家企事业单位，成为集艺术创作生产、文化演出、艺术人才培养、场馆运营及市场开发为一体的大型综合性国有文化资产经营管理机构。

集团组建4年来，坚持文艺精品战略，坚持改革创新、文化“走出去”战略，深入推进现代企业制度建设，完成了成功筹组、规范起步、整合资源、

集聚发展等各项任务，树立了“首都文化企业旗舰”良好形象，得到中央领导和社会各界的高度评价，成为推动首都乃至全国文化大发展、大繁荣的重要创新力量。

1. 整合资产，加强银企合作

北京演艺集团自成立伊始就肩负着整合文化资源、深化文化体制改革、打造首都文化企业旗舰的重要使命。组建以来，集团坚持以真正的改革促发展，完成北京文化艺术音像出版社转企改制及首批控参股单位的股权划转调整工作，实现了对控参股单位资产、股权及法人治理结构的全面调整优化。集团按照现代企业制度要求，先后制定了八大领域100项现代企业制度，并调整了优化控参股单位现行制度。集团全面推行预决算管理和《年度工作任务书》目标考核体系，形成了以党建、艺术、财务、人力、法律等5项工作为主线，服务与监管并重的集团化内部管控体系，充分调动了集团及控参股单位两种资源、两个积极性。

北京演艺集团还提出以存量、增量互动互补为原则，搭建国有文化资产管理综合平台的战略思路，积极推进市属相关领域国有文化资产整合。集团按照市政府决定迅速启动了北京奥运会三大主场馆之一——国家体育馆移交接收，成为场馆唯一法定产权主体单位，这将为集团带来10亿元以上的资产增量。集团还帮助中国杂技团争取到国家馆副馆作为长期驻演场馆，并支持北歌、儿艺剧场建设项目。与此同时，集团高度重视加强银企合作，与北京银行签署战略合作协议，在全国国有文化单位中第一个获得了10亿元授信额度。经过不懈努力，集团资产规模质量显著提升，为未来发展打下了良好基础。

2. 深化改革，打造文化航母

2011年9月，中央领导同志亲临北京演艺集团视察调研，对集团加快改革发展步伐、打造首都文化企业旗舰所取得的成绩表示肯定，同时指示集团要继续深化改革，打造文化企业航母。北京市第十一届党代会后，市委领导明确提出北京演艺集团要打造引领中国、影响世界的首都文化航母，为集团未来发展进一步指明了方向、坚定了信心。

在各级领导的有力指导与大力支持下，北京演艺集团结合党的十八大关于建设社会主义文化强国的重要指示精神以及首都文化产业发展规划，初步形成了打造首都文化航母的路线图和时间表，并以航母为目标引领进一步深化文化体制改革。

北京演艺集团印发了《京演集团制度汇编》（增编版），协助中杂、北歌、儿艺等单位完成制度修订；电影公司出台了《制度汇编》，完成了中国木偶剧院股份制改造，协助儿艺、北歌、京影股份、京演传媒和艺潮票务等单位推进法人治理结构调整。集团大力支持启动中国杂技集团战略发展规划，完成了北京市魔术团、魔术学校挂牌，组建金长城京演魔术文化有限公司，支持电影公司启动首轮增资扩股工作；与大庆文化体育旅游集团签署战略合作协议，将在国有文化资产综合开发运营方面展开跨地区、跨领域、跨所有制的全面合作；研究制订电影公司旗下新影联文化传播公司转型搭建演艺票务平台方案，积极推动内部演艺资讯及票务资源整合。集团与北京民族文化宫大剧院签署协议，自 2013 年 7 月起正式经营该剧院；制订集团演艺经纪业务方案，成功邀请叶小纲、王二妮、李菁、何云伟等文化领军人才合作加盟；积极加强与业内专家沟通合作，拟组建北京乃至中国最大的舞美设施、设计和制作专业公司——京演舞美公司。

北京演艺集团先后入选第二届、第四届、第五届“全国文化企业 30 强”，并被评选为第五届北京“影响百姓经济生活的十大企业”、“2012 年中国演艺机构十强”和“2012 年中国演艺集团三强”、“2013 年亚洲品牌 500 强”等称号。在 2012 年的全国文化体制改革工作表彰大会上，北歌、木偶、儿艺荣获“全国文化体制改革先进单位”称号，集团党委书记、董事长康伟同志及中杂公司总经理张红同志分获“全国文化体制改革先进个人”称号，康伟同志同时荣获“2012 中国文化产业十大年度人物”、“2012 年度中国（文化产业）改革十大领军人物”、“2013 年度中国（文化产业）品牌十大创新人物”等荣誉称号。

二 精品荟萃，花香内外

北京演艺集团充分利用国际国内两个市场、两种资源，迅速形成以集团大型项目为龙头，控股参股单位优秀剧目为支撑，打造文化、体育、旅游一体化

的综合性国际化品牌。

集团推出了许多演艺艺术精品，获得了良好的口碑和不俗的票房成绩：出品了大型情景音舞诗画《天安门》，运用“幻影成像”等世界最先进的视频多媒体技术，以“天安门”为线索，生动再现了北京3000多年丰厚鲜活的人文积淀。该节目得到了中央及北京市领导同志的高度评价，他们称赞这台节目主题鲜明、创意新颖，表演精彩、表现力强，是文化与科技融合的典范，堪称艺术品种的“超市”。推出的鸟巢版歌剧《图兰朵》，观众突破8万人次，再现了奥运开幕式的“美轮美奂”和“无与伦比”。由集团主办的世界第一男高音安德烈·波切利亚洲巡回北京站演唱会，改变了体育馆内无法举办世界级高水平音乐会的传统看法，该演唱会被誉为“世界城市真正该有的高水平演出”，使沉寂两年多的国家体育馆重新焕发出时代活力。承办了首届北京国际电影节电影交响音乐会，率先引入多媒体视频实景演出技术，现场搭起高约20米的四维白色天幕，并邀请张和平、赵季平、刘欢等三位著名艺术家，现场演唱主题歌《你》，将人民大会堂变成一个光影纵横、声色炫丽的“电影万花筒”。主办的韩国著名当红巨星李敏镐“My Everything”世界巡回演唱会北京站演出，受到论坛、网站、微博及广大粉丝热情关注和全力追捧，演出门票销售一空，创造了演出市场票房奇迹。

此外，集团还先后主办中国三大男高音音乐会、“美妙的和谐”丁毅与海莉全球巡回演唱会、“中国故事·喜马拉雅之光”叶小纲作品音乐会、话剧《四世同堂》、第一届及第二届北京国际电影节音乐会、第四届全国少数民族文艺会演、伦敦“北京文化周”、音乐剧《天龙八部》等重大文化项目。旗下控参股单位推出了杂技音乐剧《再见，飞碟》，“东方神话”系列之《哪吒》，京韵百戏开心汇《北京》，情境鼓曲剧《京·韵》，舞剧《女娲》，原创民乐音乐会《金龙开元》，田沁鑫执导的音乐剧《天桥》，话剧《风华绝代》，现实主义儿童剧《想飞的孩子》，儿童剧《红孩子》、《灰姑娘》、《我是霸王龙》，动漫人偶剧《猴王·闯东海》，神话舞台剧《精卫传奇》，大型史诗舞台剧《少年孔子》，电影《叶问2》，中国京剧典藏集《盛世国粹》、《中国京剧传承与保护工程——老艺术家谈艺说戏》、《京剧老艺术家保护工程——访谈录》等原创艺术精品，获得了社会效益和经济效益的双丰收。集团的多部作

品荣获中宣部“五个一工程”奖、文化部优秀剧目奖、中国金唱片奖评委会特别奖、全国戏剧文化奖、法国明日杂技节总统奖、蒙特卡洛国际青少年马戏节“第一银奖”及朝鲜“四月之春”国际友谊艺术节金奖等多项国内外大奖，其中话剧《四世同堂》荣获文化部“2011～2012年度国家舞台精品工程十大剧目”奖，儿童剧《想飞的孩子》入围“2012年度国家舞台艺术精品工程38部资助剧目”，中国杂技团《俏花旦·集体空竹》和《圣斗·地圈》两个节目双双荣获蒙特卡洛国际马戏节最高奖——“金小丑”奖。

三　创新业态，转型升级

北京演艺集团始终积极引导演艺产业与影视、传媒、体育、旅游等相关产业集聚发展、资源共享、优势互补，初步形成了以演艺为龙头的多元开放的“大文化”发展格局。

2010年国庆期间，集团策划引进并参与主办世界超级联盟方程式汽车大奖赛，观众累计达3万人次，转播国家和地区超过150个，并创造场馆奥运后单日接待人数最高纪录。2011年，集团又提出文化、体育、旅游、休闲“四位一体”的国家体育馆经营定位，积极探索奥运场馆赛后利用“全产业链”模式，在短短9个月时间内成功承办孙楠世界巡演演唱会、MTV超级盛典、央视跨年春节晚会等64场大型高端文化项目，超过该馆奥运会后近三年内所办活动的总和。集团成功引进世界马术运动公认的权威赛事——国际马联世界杯场地障碍赛，吸引了来自包括世界各地的120余位选手参赛，极大地提高了中国马术运动的世界影响力。

在集团统筹领导下，控参股单位也积极创新产业运营模式。中国杂技团积极开展项目制运营、艺术培训、舞美制作等多元经营，并在创意输出、衍生产品开发等方面进行有效尝试。北京儿艺推出“全国儿童剧联盟”项目，目前已在5个省市落地，初步实现多地同步演出的电影院线效应，并于2012年荣获文化部创新奖。木偶剧院以“品牌加盟”方式向浙江等地输出版权，积极开发后续产品，带动娱乐、商品、餐饮等相关消费。电影公司首创“国有控股、社会融资”模式，建成国内最大的新影联华谊兄弟影城，同时投资影片

《朝内 81 号》、《黄克功案件》等优秀影片，承办第二届北京国际电影节“北京展映”板块及第二届中国国产动画电影高峰论坛，初步形成集制片、发行、院线、产业论坛于一体的完整产业链条，得到国家广电总局及业内各界高度评价。音像公司与北京京剧院、北方昆曲剧院等单位建立战略合作关系，出版《甲子园》、《我们的荆轲》等音像作品，同时健全优化《新剧本》杂志编辑出版体系，建立覆盖邮政、网络、实体店等的多重销售渠道。集团成功主办2011 年北京国际旅游节开幕式、北京旅游新年音乐会。中杂与天地剧场、东城图书馆剧场及北京福克斯大剧院签约，打造《天地宝藏》等驻场旅游演出精品。北歌与南戴河旅游发展集团合作，度身定制情景乐舞剧《海誓·南戴河》，成为南戴河景区重要经济增长点。木偶剧院与北京动物园联手开发“动物城堡”项目，量身打造驻场人偶剧《动物总动员》并取得巨大成功，实现了旅游产业与演艺主业的深度对接。

四　坚定信念，扬帆远航

虽然北京演艺集团屡创佳绩，但也面临着一些问题。第一，演艺集团中大部分产业是从文化局剥离出来的可经营资产，在实际活动中，这部分资产很少赢利。第二，改制道路漫长。转企是形式上的创新，改制是内容上的改革。目前演艺集团只是完成了形式上的转变，内容层面上的改革还在紧锣密鼓地进行。第三，追逐利润与追求政绩的矛盾。企业追求利润天经地义，但演艺集团是一个以社会效益为首的机构，如何协调矛盾，如何“优雅地戴着镣铐实现华丽转身”，是一个漫长而值得深思的问题。

深化文化体制改革、转变文化发展方式是国有文化企业跨越发展的必由之路。在发展过程中，北京演艺集团虽存在众多问题，但还是一如既往地深入贯彻中央及市委、市政府的指示精神，紧紧抓住社会效益、经济效益两个中心环节，切实落实“主营业务收入、净利润、净资产收益率”三大经营指标，积极推进国有文化资产管理、投融资、资本运作和大项目运营四个平台建设，健全完善党建、艺术生产、资产财务、人才、法律等五个工作体系。

未来，北京演艺集团将会继续响应党的号召，贯彻党的思想，推动文化体

制改革。集团将进一步加强顶层设计，全面激发国有文化企业的市场创新活力，不断推出更多具有国际水准、中国风格、北京特色的精品力作，深入拓展首都、全国、海外三个层面的文化消费市场，最终形成产业链条上下贯通、产业资源跨界融合、市场分布内外相济的集群式发展态势，全面打造引领中国、影响世界的首都文化航母，努力将打造首都文化航母的“京演梦”与实现中华民族伟大复兴的“中国梦”紧密结合起来，为推动中国文化繁荣发展做出应有贡献。

B.14

浙江广电集团：主流媒体的“中国蓝”

李松涛

摘　要：

浙江广播电视集团以内容品质为核心，以创新创优为动力，通过品牌策划、品牌定位、品质控制、品牌传播和品牌保护等途径，着力打造浙江卫视“中国蓝”品牌，不断提升内容生产能力和节目质量。经过数年努力，浙江广电集团形成以19档品牌栏目、20档培养栏目为核心的优秀栏目集群，在业界异军突起，有力提升了浙江广电品牌在全国的影响力。

关键词：

浙江广电集团　中国蓝　品牌构建

近年来，浙江广电集团通过品牌策划、品牌定位、品质控制、品牌传播和品牌保护等途径，着力打造浙江卫视“中国蓝”品牌，节目质量、制作水平和经营收入等方面在国内取得了很好的声誉，并连续三年荣登“中国500最具价值品牌”榜单，品牌价值达143.95亿元，在业界形成了较大的影响力和较强的竞争力。

一　品牌策划：“五大战略”构建“中国蓝”

品牌策划是品牌构建的基础。近年来，浙江广电集团全力打造品牌节目、品牌栏目、品牌活动、品牌频道和品牌主持人，贯彻落实五大品牌战略思想，积极构建“中国蓝”品牌。2013年，浙江卫视以0.277%的收视率跻身省级卫视前三强，“中国蓝”品牌异军突起。

1. 品牌节目打响“中国蓝”

随着生活节奏的不断加快，娱乐节目较之新闻和电视剧等更符合当今受众放松身心的心理需求。近年来，浙江广电集团着重打造综艺性娱乐节目，并以公益性为切入点，放松身心的同时做到寓教于乐，引领主流价值。例如，浙江广电集团精心策划推出的《中国梦想秀》、《中国好声音》和《我爱记歌词》等一批高质量的公益性综艺娱乐节目，不仅打响了“中国蓝”品牌，同时弘扬了社会主义核心价值。

2. 品牌栏目提高影响力

浙江广电集团实施品牌栏目梯队建设机制，重点培育《我爱记歌词》和《我是大评委》等“七大综艺栏目”，继续打造《1818 黄金眼》和《小强热线》等“品牌栏目”，重点扶持《冲关我最棒》和《观众嘉年华》等“培养栏目”。其中，《我爱记歌词》和《我是大评委》等“七大综艺栏目”收视排名省级卫视第二，《阳光行动》和《冲关我最棒》等“培养栏目”的收视率也不断上升。

3. 品牌活动凝聚注意力

媒体策划的活动最终要面向观众。所以，只有真正符合受众需求的活动，才能迅速凝聚受众的注意力，产生积极的反作用力，形成品牌。近年来，浙江广电通过走访群众等途径，深入了解受众需求，听取百姓建议，成功举办了一系列迎合受众需求的品牌活动。例如，浙江广电集团精心打造的“中国电视观众节”活动，已经连续举办八届，每届参与观众均超过 2000 万人次。特别是“十佳电视剧”和“十佳演员”的评选，将自主权真正交给了观众，全心全意听取群众意愿。

4. 品牌频道代言广电

频道是广电集团的窗口，同时也是广电集团的“代言人”。浙江广电集团经过多年实践，最终形成以浙江卫视为代表的 12 个电视频道和以浙江之声为代表的 7 个广播频道格局。例如，星级频道浙江卫视主打娱乐，同时展示人文情怀，对促进受众了解浙江、了解浙江广电集团发挥了重要作用。

5. 品牌主持人沟通受众

主持人是媒体联系受众的桥梁。一个优秀的主持人能够通过与观众面对面的接触，加强与受众的联系，了解受众的需求，从而有利于团队制作出更多更好的节目。此外，品牌主持人在弘扬传统文化和传递正能量等方面也发挥积极的作用。近年来，浙江广电积极举办主持人拓展训练，层层选拔优秀的主持人，培养出了诸如华少、伊一和陈欢等一批全国知名的品牌主持人。

二 品牌定位：多元化格局中巩固主流媒体地位

品牌定位是品牌构建的关键。在多元化社会思潮中，浙江广电集团始终围绕新闻宣传、价值引领和文化传播等方面，巩固自己的主流媒体地位，有效提升其社会影响力。

1. 主流宣传撑起舆论导向旗帜

新闻宣传是主流媒体品牌建设的根基。浙江广电集团牢固树立“导向金不换，收视（听）硬道理”的理念，围绕重大主题，积极开展大型新闻行动。同时，发挥榜样引领作用，寻找先进典型事迹，积极营造和谐向上的社会环境。

2012 年度，中央电视台共播出浙江新闻 1000 余条，央视《新闻联播》播出浙江新闻 370 余条，充分显示出浙江广电集团开展重大新闻行动的成效。而浙商马云、最美司机吴斌和“光明使者”江小金等一批先进人物，则充分发挥了榜样带头作用，引导舆论，弘扬社会主流价值。

2. 核心价值引领提升节目品位

价值引领是主流媒体品牌建设的基础。浙江广电集团坚持“讴歌真善美、传递正能量、倡导新风尚”的价值理念，大力传播和弘扬社会主义核心价值体系，增强社会感召力，不断提升节目价值品位。

浙江广电集团把“最美浙江人”宣传摆在重要位置，开设《最美浙江人》《时代先锋》和《道德的力量》等专栏，打造“最美现象”的全国品牌。此外，浙江广电集团以时代性、先进性和贴近性为原则，选拔出一批优秀的浙商，树立典型，充分发挥了先进人物的模范引领作用。

3. 以精英实力开辟文化新风

浙江广电集团秉持“以精英的实力创造大众文化”的理念，自觉引领大众文化生产。浙江广电集团努力为受众提供丰富优质的公共文化服务，同时还为广大群众提供“叫座又叫好”的大众文化作品。此外，浙江广电集团还借助区域优势，运用先进的技术，弘扬我国传统文化。

《超强台风》和《中国 1921》等浙派影视剧让广大观众接受了生动的爱国主义教育和理想信念洗礼。《中国好声音》和《中国梦想秀》等综艺娱乐节目，以“公益”和“梦想”为切入点，为百姓圆梦的同时，也给观众带来更多的正能量。而《西湖》和《江南》等一批优秀的电视节目和电视专栏则充分彰显了浙江浓厚的人文情怀，提升了受众的审美品位。

三 品质控制：为质量插上“梦想”的翅膀

品质控制是品牌构建的核心。无论是节目，还是活动，只有拥有过硬的质量，才能办得长久，赢得观众的喜爱。浙江广电集团在始终遵循“得综艺者得天下”的媒体规律基础上，以“热闹娱乐”、“参与互动”、“情节悬念”、“情感激发”和“思想引导”等综艺五要素为核心理念，严格执行“三级四审”等制度，打造专业化和公益化的高质量娱乐节目。

浙江广电集团精心策划的高质量节目层出不穷，红遍大江南北的《中国好声音》便是其中之一。浙江广电集团“站在巨人的肩膀上”，引进西方版权，采用制播分离的方式制作节目。此外，灌输“梦想”理念，让受众从节目中获取正能量，将简单的选秀节目打造成优秀的励志节目。《中国好声音》第一季从第二期开始，收视率便蝉联全国第一。2012 年 9 月 1 日，《中国好声音》在其总决赛的广告招标会上，以 15 秒 116 万元的天价，创造中国广告单条价格之最。而《中国好声音》第二季的冠名费更是高达 2 亿元。

2011 年 4 月，由浙江卫视盛大播出的《中国梦想秀》也得到了广大观众的一致好评。《中国梦想秀》节目由梦想大使、梦想助力团、300 位梦想观察团组成，旨在帮助平凡人实现梦想，迄今为止已经连续播出六季。《中国梦想秀》走群众路线，展现了生活在我们周围的平凡人的平凡梦，拉近了媒体与

观众之间的距离。此外，华少与朱丹默契的主持，也为该节目增添了一份亮丽的色彩。如此高质量的节目也使得浙江卫视收视率多次跃居同时段省级卫视第一。

四　品牌传播：起航蓝海，实现媒体转型

品牌传播是品牌构建必不可少的条件。浙江广电集团在不断完善传播设施的基础上，积极推进新老媒体融合，扩大媒介覆盖率，全力推广“中国蓝”品牌。

“人无我有，人有我优，人优我精。”浙江广电集团坚持以“科技是第一生产力”为核心理念，以“高、新、精、实”为原则，先后投入20亿元，不断进行设备更新和技术升级。目前，浙江广电集团拥有广播电视直（转）播车20辆，广播电视演播厅21个，并先后完成180平方米演播室和250平方米演播室改造等重点工程，基础设施完善程度在全国省级媒体里名列前茅。

随着网络的迅猛发展，浙江广电集团加快推进新老媒体相融合，打造传播媒介新格局。2009年12月28日，浙江广电集团整合其广播电视频道资源而成的新蓝网，正式测试上线。近年来，新蓝网不断通过微博和论坛等平台加深与受众的联系，扩大“粉丝”量。此外，浙江广电集团组建的新媒体有限公司也为其实现媒体转型扩大媒介覆盖率奠定了坚实的基础。

五　品牌保护：为“中国蓝”保驾护航

品牌保护是品牌构建不可或缺的因素。我国品牌保护法律不尽完善，国民品牌保护意识不强，导致我国品牌侵权行为层出不穷。例如，浙江广电集团旗下的“1818黄金眼”和“浙江第一线”等知名品牌先后遭其他厂商抢注。

为此，浙江广电集团首先为员工普及了品牌保护知识，树立品牌保护意识；其次，在集团内部设立具体的管理机构；此外，集团还不断对具有潜在商业价值的内容产品进行深度开发。

B.15

星空华文：中国梦，让世界心动

周丽颖

摘　要：

三年，星空华文传媒有限公司从刚刚成立一步步发展成亚洲传媒娱乐界的引领者。2012 年，星空华文传媒 CEO、灿星文化总裁田明看中了在美国掀起热潮的 *The Voice*，并买下了 *The Voice* 的中国版权，就是我们所看到的《中国好声音》，星空华文通过对商业模式的创新，打破原有的合作运营模式，冒着风险将《中国好声音》推上荧幕，这次大胆的尝试让本来处在亏损状态下的星空华文反身引领传媒娱乐。

关键词：

星空华文　创新　投资分成　中国本土文化

星空华文传媒有限公司（Star China Media，SCM）成立于 2010 年 8 月，是由华人文化产业投资基金（CHINA MEDIA CAPITAL，CMC）与美国新闻集团（News Corporation）就星空电视业务达成战略并购，双方共同成立的媒体与娱乐合资公司。其拥有强大的电视节目制作团队，像《中国好声音》、《中国达人秀》、《舞林大会》等节目在电视界都有一定的影响力。除此之外，星空卫视普通话频道、星空国际频道、Channel ［V］音乐频道，以及星空华语电影片库都隶属星空华文传媒公司。星空华文作为具有一定影响力并且深受观众喜爱的娱乐、音乐以及时尚的频道或者品牌，通过多种方式以及多样化的渠道影响着亚太众多国家。

一 潜心创作，力求创新

传媒业务作为星空华文传媒有限公司业务的重点，占用公司大部分精力和资本投资成为必然，从该公司成立之初至今，星空华文传媒旗下的星空卫视中文台和国际台收录了电影繁盛时期的大量作品。另外，星空华文拥有创新制作团队，我们所熟知的《中国达人秀》、《中国好声音》、《舞出我人生》都是星空华文推出的具有一定社会影响力的娱乐节目。星空华文传媒的娱乐节目制作团队严把三道重要关口进行创作和创新。首先是内容，其次是渠道，最后是商业模式。资本流动通过这三个必经的步骤，创造经济效益，获得最大商业价值。这个过程也为创作内容与营销渠道寻找相互间的平衡，找到资本的增长点。

电视节目制作公司的生存一直都是一个值得探讨的问题，在我国现阶段的媒体发展来看，电视节目制作公司的存活需要一定的成绩，并且始终保持创新节目的推出，在考虑我国国情的前提下，同时要思考的问题还包括政治、市场、文化、渠道、广告商、受众等方面。

星空华文在刚刚成立的时候处在亏损状态，公司首席执行官田明先生接手星空华文后，在美国热播的 *The Voice* 引起他的关注，经过探讨，很短的时间内，星空华文以 350 万元的价格买下了其中国版权，从策划、包装、现场效果选定、人员选择等细节方面都由星空华文一手制作。将几乎是成品的节目交到合作电视台手中，这种前所未有的冒险手段带来的压力和收益都是无法想象的。一台花费极高的电视节目在没有一定保障的前提下是不会有电视台愿意与之合作的，这也就是我们要提到并且重点介绍的创新，商业运作模式的创新带给这个亏损的传媒公司奇迹。同时也带给浙江卫视前所未有的惊喜。

中国电影产业之所以停滞不前或者说找不到合适的发展方向，一部分原因可以归结于产业发展对美国好莱坞成熟产业的盲目模仿，对中国文化娱乐产业也同样适用，想要实现更好的发展或者进一步的超越，不能仅仅停留在模仿的层面，需要找到全新的商业运作模式，在数字技术发达的当代社会，以高质量的节目内容完美配合创新商业模式，从而改变中国电视节目制作公司的命运。

星空华文以 8000 万元投资费用制作的《中国好声音》回报已超 3 亿元。

“投资分成”的新商业模式让星空华文大获全胜。所谓“投资分成”，即前期全部制作费用由星空华文传媒公司承担，包括策划、人员安排、主持人、嘉宾等细节因素都由制作方全权处理，当然也包含了制作费用。而电视播放频道的功能相当于播出渠道，广告收入则由原来的电视台单方面收益变成了双方分成。从多种报道的话语方向来看，“投资分成”即将成为制作公司与电视台合作的重要模式。除了我们所了解到的《中国好声音》介绍到的一部分之外，投资分成模式还包含了几个细微的方面，节目版权费以及制作都由电视节目制作公司出，或卫视与制作公司共同承担。另外，对于广告收益，根据节目的收视率，电视节目制作公司与合作电视台分成。

对于星空华文这次大胆的尝试，吃了几次闭门羹的田明先生冒险拟定了协议，并最终与浙江卫视签署，协议基本内容是：星空华文作为制作方，前期的制作费用一律由星空华文承担，如果节目失败，星空华文承担一切损失；如果节目成功，则按照投资分成模式进行运作，双方分成，收视率越高，双方收益越多。这种模式带给制作方更大压力的同时也让制作者更有动力，电视制作公司找到了生存下去的方式，同时使制作方团队凝聚力加强，必然改善新一批电视娱乐节目的播出质量。星空华文的成功给国内制作公司起到了表率作用，其他制作公司纷纷找寻存活机会，尝试“投资分成”模式，前提是制作方对自己节目有充分信心，同时，要有足够的资本投资。

另外，《中国好声音》第一季在网络上的点击量过亿。网络社会，互联网渗透人们生活，观众的收看习惯方式有所改变，但是从根本的商业模式来看，电视的商业模式更优。首先，互联网并没有掌握议程设置的能力，所以不能像好莱坞掌握电影一样，因此只能进行电视或电影的二次传播。其次，《中国好声音》在开播季以创新合作方式，联合所有视频网站同步播出，社会影响力巨大，但是由于网站不集中，只收回1000多万的资金。经过严格考虑及执行，《中国好声音》独家授权给搜狐视频。这次尝试，星空华文获得了视频销售收入的翻倍。《中国好声音（第二季)》的商业运作在网络上的成功同样得益于创新和改变，即使是很微小的变化。同样，这种合作模式已经成为电视界和网络视频合作的全新模式。

田明先生认为：对于文化创意产业行业内部人员来说，三个重要的规则，创作，创作，还是创作，我们必须提升自己的原创能力。另外，星空华文同时也包括各大电视制作公司的未来发展都需要寻找一些跨文化产业的大产业链合作模式，比如和旅游、电子业的合作等。

二　国际手段，中国表达

从国内主流来看，中国文化产业的蓬勃发展似乎已经达到了繁荣阶段，剖析其内部发展以及文化产业要求，中国文化产业还有待商榷，知识产权意识的落后，是最直接的原因，娱乐节目照搬海外创新型节目，买其版权，国内制作，推上荧屏，缺乏原创能力。以《中国好声音》来说，我们清楚地了解到，这一档嗨翻全国的音乐娱乐节目同样是从海外引进而并非原创，就连节目中选手所演唱的歌曲也并非原创，中国大部分收视率很高的节目都是这一模式。网络媒体活跃的现代社会，很难再见到唱片，唱片年代已经过去，但是数字音乐依旧存在，鉴于版权意识薄弱，并且一味模仿，形成了如今有渠道无内容的现状。发展文化产业要考虑到的两条重要因素，内容和渠道，首先是保护知识产权，知识产权是最重要的内容；然后是商业模式，找准适合发展并且可以掌控的商业运作模式，才拥有话语权。在考虑到这些问题的时候，星空华文传媒公司考虑进一步推出《中国好歌曲》，旨在运用中国原创歌曲，加入本土化元素。

The Voice 进入中国，星空华文传媒首席执行官田明先生就确定了“由自己全额投资，与播出平台共享广告分成”的赢利模式。既然拿到了质量较高的节目，就要以高质量推出，制作团队拥有话语权，团队积极性也大大提高。买下 *The Voice* 的版权后，星空华文收到了一份由版权方提供的节目“宝典”，包括前期准备、导师选择、学员挑选、现场音响的安装和调试、灯光的调校，甚至连接线的方法等细节。

尽管遵循宝典是节目能够最大程度获得成功的保证，不过田明在很多方面还是更相信自己对中国观众的判断。比如中国人“喜欢听故事”，那就在《中国好声音》中加入更多的故事和情感渲染。根据选手的生活故事，在没有事先排练的情况下，节目组运用导师引出这个“钩子”，引爆情感“炸弹”。由于现场有很多不可控因素，往往 10 个戏剧钩子能够成功 1～2 个，在戏剧中，可以称之为戏剧张力。往往这些细小的戏剧点可以决定观众的走向，并且能够

定位节目。另外，在把握中国观众喜好的同时，要设定一些娱乐点，以及戏剧高潮。就像田明先生说的那样："任何好的模式也可能做坏，任何坏的模式也可能做好。要看这一枪往哪儿打，怎么打。"

国际模式的中国本土化创作，《中国好声音》开启了热潮，首先，《中国好声音》对传统歌曲进行改编，引进专业乐队、音响师；其次，并不是单纯地演唱歌曲，而是在用真情演绎，以讲故事的形式演绎。星空华文强调要坚持触及心灵的人性化传播。这些创作并不是完全的原创，传统模式里加入这么一点小小的创作之后，观众就给予最大的回报，这实际上超出了田明先生的预期。

星空华文制作的《中国好声音》，临近开播前才找到广告冠名商，跟播出平台签订对赌协议。后续发展规划：内容上，要真实参与社会生活，真实反映社会生活，真实承担社会责任。模式上，必须进行创新，把《中国好声音》做成产业链，在互联网领域做互联网好声音。手机移动端有唱吧，在线下建立好声音连锁 KTV，进入中国人的日常娱乐生活方式。简单模仿无法真正制作出优秀的节目，相对而言，引进能真正做到神形具备。但是光引进还不够，我们必须做到真正的本土化。

三　系列发展，追求多元

星空华文根据往年的经验，下一季的《中国好声音》可能跟腾讯合作，和腾讯合作的同时想进一步利用 QQ 和微信这些平台进行营销，并且和腾讯游戏紧密捆绑，《中国好声音》游戏希望在第三季《中国好声音》播出的时候同步在微信平台上推出，与互联网紧密相连。

星空华文力求把《中国好声音》做成"中国好生意"，以系列节目的形式抢占娱乐节目制高点，例如和央视在协商的《中国好歌曲》，以及《中国好功夫》等，都将运用"投资分成"模式，结合一定手段的制作，将中国好生意做到全球，最终实现利益最大化。

B.16 人民网："官网"上市第一股

曾照智

摘　要：

人民网是《人民日报》建设的以新闻为主的大型网上信息交互平台。它秉持"权威性、大众化、公信力"的办网宗旨，以"新闻为本、市场导向、技术引领、人才立网"的发展思路，为打造多语种、多终端、全媒体、全球化、全覆盖的国际一流新闻媒体而努力。2012 年 4 月，人民网在上海证券交易所上市交易，成为中国官网整体上市第一股，开创了中国文化传媒企业发展的新纪元。

关键词：

人民网　整体上市　权威性　大众化　新闻采编

人民网是人民日报社控股的传媒文化上市公司，可以称为国际互联网上最大的综合性网络媒体之一。2012 年 4 月，人民网正式上市交易，引发了海内外多方人士的广泛关注。人民网独特的文化新闻特色和产业经济价值，使其成为具有开拓创新强劲势头的"潜力股"。

众所周知，人民网拥有 15 种语言，16 种版本，主要是采用文字、图片、视频、微博、客户端等多种手段，24 小时不间断同步向全球发布广泛丰富的信息，其内容多方面涵盖了政治、经济、社会、文化等各个领域。它已经形成了新闻采写、网络评论、在线访谈、微博发布等多层面互相配合的高效、权威、深度的新闻报道模式，以其不可阻挡的独特魅力，吸引了覆盖 200 多个国家和地区的众多网民，并且曾先后 8 次荣获中国新闻奖一等奖。它不仅是国家重点新闻网站的排头兵，也是第一家将采编与经营“整体上市”的媒体企业。

一　品牌特色促发展

1. 注重提升影响力，树立卓越的权威性

一个网站若想在千变万化的新媒体时代获得成功，必不可少的条件就是要具有鲜明的独特性。为了避免网络新闻普遍存在的同质化问题，人民网创立伊始即秉承“权威性、大众化、公信力”的宗旨与“有所为有所不为”的战略，突出权威性，注重提高其影响力和信誉度。

凭借其特殊身份，人民网能够做别人做不了的事情，擅长做“第一新闻发布人”。凡是国家举办重大的活动和安排，人民网都是官方承认和指定的一线参与者和报道者。比如关于2005年“神六飞天”的报道，人民网至少派遣了6名记者到一线进行信息采集和报道，全天候、不间断地滚动发布前方的最新消息，这显然是普通网络媒体所无法企及的。再如，凡是党和国家召开的重要大会和活动，只要官方准许向公众公开发布，人民网一定会跟踪报道第一手的准确信息。

目前网络媒体普遍存在公信力不高的问题，而人民网充分发挥自身的优势，坚持树立独特的权威性与影响力，因而在竞争中立于不败之地。一般的网站只是简单地以发布新闻为目的，相较之下人民网则是在建立新闻发布平台的基础上有所延伸，独具匠心地把这个平台塑造成了一个权威性非凡、信誉度可靠的全民论坛。在新闻频道的内容分布和功能设置上，以时政类新闻为主一直是它的主要特色，与此同时着重打造其享誉海内外的特色栏目——“强国论坛”。在这样的基础上，人民网尤其注重创新，在内容板块的设置上不断推陈出新，“人民微博”、“人民热线”、“人民时评”等很多新的栏目也纷至沓来，极受广大网民的欢迎和喜爱。

人民网在网站建设方面也有不可小觑的成绩：成功建设了“中国人才网”、中组部“12380”举报网等多个中央部委网站；承办了“创先争优网”、“群众路线网”等党的主题教育活动官方网站以及党的十七大、党的十八大新

闻中心官方网站；主办了“中国政协新闻网”、“中国人大新闻网”等多个专业性新闻网站。

2. 权威性与大众化相结合

人民网不仅注重权威性，而且注重将权威性和大众化相结合以寻求新的发展突破点，这一鲜明的特色在其网站的频道栏目设置、报道内容选择以及在新闻报道的方式方法上都有所彰显。

一方面，从网站建设的全面性上来看，人民网极为擅长将社会生活的多方面信息融会贯通，从而为社会公众提供最可靠有效的新闻报道。目前，人民网已建有60多个频道、8000多个栏目、近35000个新闻专题，其中不仅有政治性较强的内容（如时政、军事、科技、环保等)，还有趣味性十足的生活经济类内容（如文体、生活、理财等)。另一方面，人民网具备一般普通网站所具备的所有条件，且已经形成了融合包括中外文网上新闻发布、数据库服务、资料检索、网络日志、免费电邮、音视频点播、网络游戏、电子杂志订阅、无线增值服务等多种形式为一体的服务于大众的权威网络平台。

人民网作为党和国家理政治国的重要资源和手段，秉持“权威实力源自人民”的科学理念，遵循“权威性、大众化、公信力”的办网宗旨，致力于正确引导舆论，凝聚社会共识，打通官方、民间两个舆论场。仅2012年，就有290位省部级以上领导，1000多位先进人物、地方领导、企业高管、名人名家和国外政要通过人民网与网友交流。

作为以时政类新闻传播为主业的权威媒体，同时也积极地回应了大众的需求，这就是人民网最杰出的品牌特点，是人民网区别于其他网站的重要标记，也是人民网在众多新闻网站中居于优势地位、立于不败之地的制胜秘诀。

3. 创新思维是发展源泉

网络发展是具有无限性的。人民网正是利用这一点，避免了一般网络新闻媒体所具有的“低质量重复”的通病，不断地开发新空间、新阵地，做超越新闻的文化传播和全民互动平台，从而拥有与众不同的魅力，始终保持着勃勃生机。

当今网络已经进入了WEB2.0时代，新的网络时代给传媒企业带来了新的挑战。人民网顺应时代潮流，不断推陈出新，前后相继开设了“强国博客”、“播客”、“掘客”等栏目；继品牌栏目“强国论坛”之后，人民网这些新栏目也日渐成为华人世界最受重视、最有影响力的新的点击热点。不仅如此，人民网还是率先开设“时事政治博客”的行业翘楚。2010 年 2 月，关注社会热点、回应公众关切的“人民微博”上线，成为当时中央重点新闻网站主办的唯一微博账户。

在新技术应用方面，人民网顺应数字化和全媒体发展的大趋势，提供手机音乐、手机游戏、手机动漫、手机阅读等移动无线增值服务；同时着力向手机媒体综合平台转型：目前移动互联网应用覆盖苹果、安卓、Windows Phone、Windows8 等多个主流平台，拥有手机人民网（WAP 版）、Windows 8 版人民网，及人民日报、人民新闻、人民云拍等客户端应用，活跃用户过千万。

人民网时刻把创新摆在企业发展战略的首位。战略随着形势在转变，思维随着时代在转变，然而不变的是“创新”。因此，无论是新闻业务还是网站技术，创新思维为人民网的发展提供了源源不断的动力。

二 高瞻远瞩抢先机，得天独厚占优势

2012 年 1 月 13 日，中国证监会正式宣布——人民网的 IPO（首次公开募股）申请获得审核通过。2012 年 4 月 27 日，人民网在上海证券交易所上市交易（股票代码为“603000”），成为第一家在国内 A 股整体上市的官方媒体企业。2013 年 4 月 27 日，人民网上市一周年收盘价较发行价涨幅达 106.4%，较首日开盘价增长 33.12%，对应市值 111 亿元，约为同期《纽约时报》市值的两倍（9.18 亿美元）。2013 年人民网上半年利润较 2012 年同期增长 54%；2013 年 9 月 23 日，人民网股票盘中最高一度达 99.39 元，直逼百元大关，收盘价 96.77 元，较发行价增长 383.8%，对应市值 267.5 亿元。

早在 2009 年 9 月，国新办就发布了《关于重点新闻网站转企改制试点工作方案》，确定了包括新华网、人民网和央视网 3 家中央重点新闻网站以及其他 7 家地方重点新闻网站等 10 家转企改制试点网站。尽管在改革的道路上，这 10 家试点网站都曾摩拳擦掌志在必得，然而还是只有人民网排除万难独占鳌头，成了“第一个吃螃蟹的人”——2010 年 6 月 20 日，人民网率先成立了股份有限公司。这一领异标新的决定性举措使得人民网在传媒产业激烈的资本

竞争中抢占了重要的先机，也为其实现2012年上市交易的最终成功奠定了重要的身份基础。

人民网最终能够成为第一家上市官网，绝不仅仅是偶然和巧合。一方面，人民网高瞻远瞩，很早就将"上市"当作与其自身发展休戚相关的重大战略目标，历尽艰辛筹备许久；另一方面，也是因为人民网本身就有着得天独厚的竞争优势。

首先，人民网的行政资源十分丰富。为更好地满足人民大众的精神文化需求，有效地实现社会效益，政府将投资文化传媒产业作为一种实现其自身职能以及社会公共服务的重要手段，因此2008年至今，财政部始终都是人民网最大的客户。而人民网的第二大客户则是中国移动上海公司。由于中国移动凡是超过2000万人民币以上的投资项目都需经过国资委的审核才能通过，因此这场投资合作很大程度上可以说是国家政策指导下的"联姻"，这也使得人民网无可置疑地成了国有媒体企业转企改制的领头雁。如此强大的行政资源，显然是其他商业媒体难以望其项背的。

其次，人民网是一家以新闻传播为主业的网络媒体，它所拥有的独立新闻采编权使其在同行业里具有绝对的核心竞争力，因而在采集信息和掌握信息来源等方面也具备无可比拟的先天优势。在"内容为王"的当今传媒领域，这样的特权和竞争优势为其未来的长远发展所带来的强大助力不言而喻。其他绝大多数一般商业媒体网站，目前都还不具备这样便利的条件。

最重要的是，人民网是世界十大报纸之一《人民日报》主办的新闻网站，二者相互依存，并肩发展，有效地实现了网站和报纸的联动。人民网在与《人民日报》的多年携手联动中，持续不懈地进行多种形式的深入探索，通过不断加深网站和大报编辑之间的紧密联系，有效打破了以往网络媒体简单机械地转载纸媒新闻的僵化模式，并且更好地协调了在新闻报道策划、采编力量调配、报网内容呼应等各方面的分工协作。正是经由这种难能可贵的通力合作，才形成了人民网和《人民日报》有目共睹的"双赢"局面。

人民网作为一家拥有一定行政权力的特殊官方新闻网媒直接上市融资，这对其自身发展的诸多助益是显而易见的。多方融汇的资本运作，使其拓展了广阔的融资平台，形成了新的资金渠道，随之涌入的大量资金无疑为其发展注入了一剂“强心剂”。人民网移动互联网增值业务的迅猛发展、网站的技术升级以及技术平台的建设和改造等方面，无不直接受益于股市融资。

三　行业发展排头兵

人民网的成功上市，对于目前仍以民营资本为主的互联网市场可谓是“一石激起千层浪”，资本投资市场也由此掀起了一阵“传媒热”。

人民网上市之后很快彰显出来的巨大经济效益和社会效益，激励了“身世”相似的新华网、央视网等多家中央重点新闻网站、其他各家地方重点新闻网站以及以中国教育出版集团、中国出版集团为代表的多家文化公司下定决心，加紧上市的筹备部署和前进步伐。以人民网上市为重要里程碑，从此中国的文化传媒行业迎来了资本上市的春天，行业翘楚之间的资本争夺战也愈演愈烈。

1. “安内攘外”，建立市场化的资本运营主体机制

新闻宣传机构与市场化运作并非绝对矛盾的关系，两者其实是可以共存的。媒体不仅要对赢利负责，还要坚持正确的舆论导向，这是中国特色的传媒业必须坚持的两个基本原则。这一方面意味着一般的商业网站同样必须履行其社会责任，更意味着“国家队”网媒要想提升国际竞争力和影响力得以迅速壮大成真正意义上的传媒巨头，少不了要依赖于资本市场的顺利运作。毋庸置疑，资本市场在文化产业的建设和壮大中起着重要的支撑作用，不仅能为其发展提供广阔的筹融资平台，而且也有助于国有新闻传媒建立高效灵活的现代企业体制，完善规范透明的运营机制。

为了真正获得市场的认可，“国家队”网媒必须“安内攘外”：跳出身份悖论，转变传统的行政依托惯性，完善经营管理结构，此为“安内”；以市场为导向整合各方资源，建立自主经营、自担风险、自我激励、自我约束的市场运营主体机制，此为“攘外”，通过不断探索，最终开拓出自己的资本赢利之路。人民网上市后顺利完成了这样“由内而外”的蜕变，达成了良好的社会效益和经济效益，这样的成功实践显然将有助于打消决策层对国有传媒市场化的怀疑和忧虑，为加快国有新闻媒体改制，激活传媒资本市场提供了强大的助力。

2. 整合市场，拓展传媒资本的运作空间

国内资本市场一直以来存在的严厉限制，使得传媒企业逐渐走入了资本运作僵化的困境。由于国有大型传媒集团大都没有完成改制，且根据相关规定新闻采编业务作为媒体最核心的业务不能上市，这使得官方传媒企业的整体上市成了天方夜谭。正是基于此等情形，一些大型传媒集团不得不选择将一些边缘业务（如出版、广告、网络等）剥离出来单独上市以进行"自救"，《北京青年报》、《广州日报》等知名媒体的上市运作均莫不如是。但部分上市只是完成了融资，却无法进行横向收购或整合，这显然大大降低了资金利用效率，并非长久之计。

行政的过度干预，导致了传媒企业业务的条块分割以及区域市场壁垒，严重阻碍了传媒资本的运作。在新的传媒环境下，调整传媒产业政策，降低资本进入的政策门槛，早已成为高层无法回避的严峻课题。为人民网成功上市，决策层锐意进取，开拓创新，采用"新媒体，新方法"——破例同意包括新闻采编在内的业务整体上市。这一举措，改变了限制传媒资本利用效率的运营思路，彰显了决策层加快文化传媒体制改革的决心。

3. 创新规则，开创行业发展的新环境

人民网从一家普通传统"官媒"一跃晋升为中国"官网"上市第一股，在整个行业内无疑具有划时代的里程碑意义。这不仅意味着人民日报社建设国际一流媒体的坚定决心和不懈努力，而且表明了我国的文化体制改革取得了突破性进展。

人民网突破了中国传媒资本市场运作僵化的瓶颈，为市场树立了一个国有新闻传媒整体资本运营的典范，具有极为重要的现实示范意义。换言之，人民网的上市演进之路，不仅别开生面地为其自身发展拓展了发展空间，也为我国整个文化产业融资发展开辟了一条安全的"绿色通道"。因此，许多本身就发展稳定、颇具优势的媒体也将迎来更多新的机遇。

作为中国媒体改革的一个标志性事件，"人民网上市"历史性地成了同类网络企业未来发展的风向标。人民网整体上市的新突破，必将在行业内产生积极的示范效应，继而引发传统传媒领域的"多米诺骨牌效应"，形成焕然一新的产业格局。打开传媒产业资本运作的空间，通过资本市场的有效运作，按照市场的原则来进行资源的整合配置，一批品牌核心竞争力强大、国际影响力深远的大型全媒体集团有望于不久的将来在华夏大地崛起。

·印刷集团品牌·

B.17

雅昌集团：科技引领，行业典范

李佩谦

摘　要：

雅昌集团起步于传统印刷业，在现在信息技术日新月异的今天，运用新兴技术辅以现代服务理念充分挖掘文化产业的潜在价值，主动转变发展思路，将传统印刷与IT技术、文化艺术相结合，将加工转变为服务，将印刷服务转变为艺术服务，不断打造以艺术品数字资产管理为核心的文化产业，拓宽产业外延，成功走出一条差异化竞争道路。经过20年的创新努力，在印刷企业中脱颖而出，成长为高端艺术品印刷市场的领导者，文化创意和现代信息技术结合的行业典范。

关键词：

雅昌模式　差异化竞争　服务为先　文化担当

1993年雅昌彩色印刷公司创立，如今他已经成长为一家以中国深圳南山区为总部，设北京、深圳、上海为三大运营基地的享誉全国的知名文化企业，产品与服务销售至全国各地（包括港澳台地区）以及美国、日本、欧洲、东南亚等海外市场。“雅昌”这个名称来自英文“artron”的英译，用意是将“art”（艺术）与“electron”（电子）相组合。雅昌集团也就像他的名字一样，是文化创意与现代信息技术相结合的典范。雅昌集团起步于传统印刷企业，巧用从事印刷行业积累的丰富资源，把握时代机遇，结合现代信息技术进行企业升级，不断拓展新的产业，开发新的业务，成功实现了“能做最优秀印刷品的文化产业”的宏伟目标，并且让咨询服务、出版策划、制版印刷这原本三方孤立的业务形成了良性互动，最终构建出全新的产业链。

一 服务为先，领跑高端艺术品印刷市场

随着我国加入 WTO 后对出版业保护期限的结束，全球出版时代已经到来，国际资本开始在出版业一试身手，各出版集团都在殚精竭虑地寻找新的发展模式和发展方向。万捷，雅昌集团的领军人物。1993 年，他先创立了雅昌彩色印刷公司。在对彩色印刷技术深度领悟的基础上，万捷高瞻远瞩，预测到低端基础性的印刷业务的发展道路将日趋狭窄，所以他用发展的眼光，为企业指出了一条开辟差异化竞争的明路。万捷发现市场上缺少专门从事艺术品印刷的企业，而且艺术品印刷对印刷技术和设备的质量要求非常高，不是一般的印刷公司能够完成的。于是，他决定带领雅昌进军当时在中国可以说是一片空白的领域：高端艺术品印刷市场。万捷“摸着石头过河”，首先把艺术家、文博机构、出版机构和拍卖机构等确立为目标客户群，把为艺术家印刷画册、为拍卖公司印刷拍卖图集、为文化事业单位印刷各种资料作为主要业务。但是想要占领高端艺术品印刷市场，首先面对的问题就是那些在印刷行业最难“搞定”的客户，特别是“挑剔”的艺术家们。他们对出版物的色差、层次、网点、颜色还原度等都有极高的要求。所以，雅昌集团率先在行业内提出“印刷是服务业”的理念，坚持“我们的服务要超越客户的期望”。凭着对印刷技术苛刻式的专注、专业水平递增式的提升、强大的服务至上理念，雅昌走进了艺术领域客户的视野，赢得了客户的信任。

2000 年，雅昌集团第一次参加香港印制大奖赛就获得了全场冠军的优异成绩，自此，雅昌集团开始在艺术印刷领域大放异彩，获得更多艺术印刷从业者的关注。2001 年雅昌集团成为为国家领导人印制贺年卡的专门单位，并且为国家印制了《北京 2008 年奥运会申办报告》，2002 年再一次为国家成功印制《上海 2010 年世界博览会申办报告》。2003 年，以《梅兰芳藏西区史料图画集》雅昌集团一举夺得印刷界的奥斯卡——“班尼金奖”，在 2004 年这套图集又获得了莱比锡“世界最美的书”唯一金奖。自 2000 年以来雅昌集团获

得国际性印刷大奖超过100项，这证明雅昌集团已成为国内最优秀的艺术印刷公司，成为行业标准制定者之一。

在艺术品印刷这个小众市场中，雅昌集团依靠“高、精、尖”的定位，形成了核心竞争力，在该行业几乎变成“一家独大”。雅昌集团在印刷领域的成功得益于经济的高速发展、艺术行业的日益繁荣，以及技术的完善、资金的充足、人才的完备、信息的流畅等各种重要的外部条件的支持。不过变革发展思维、定位目标准确还有完美的服务这三点内部因素才是雅昌成功最重要的原因。雅昌在发展的每个阶段都提出相应的服务理念，如“为客户提供五星级酒店式服务”、“把客户养懒”、“选择雅昌一步到位”、“客户想到的我们要想到做到，客户想不到的我们也要想到做到，不仅让客户满意，而且让客户感动”等。但无论理念如何变化，以“让客户满意”的核心经营思想始终如一。20年来，不管雅昌走到哪里，发展到何种规模，这个理念一直在坚持。

雅昌从一家小规模的印刷公司起步，发展到现在的规模，除了提供完美服务外，理念的转变也起到了至关重要的作用。紧紧抓住现代信息技术迅猛发展的时代脉搏，采用新兴技术催化文化产业内在价值，彻底改变传统发展思维，雅昌集团将文化产业与信息产业紧密结合，将单纯加工转变为高质量服务，将低层次的印刷服务提升为高水平的艺术服务，不断伸展服务触角，最终成为文化综合性服务的领头羊。颠覆是量变累积到质变的总爆发，是一段艰辛、漫长的过程。雅昌，正是在印刷领域20年精益求精的积累，才能颠覆传统印刷，进入了一个全新的发展领域。

二　功利于民，构建艺术品数字家园

经过长期的发展壮大，雅昌集团在高端书画、珍贵文物、艺术拍卖、新兴摄影等领域积累了艺术家、艺术作品等相关资产丰富而又准确的数据。这些宝贵资源放在过去的传统印刷业当中，通常被视为无用的垃圾。雅昌却认为这种可怕的资源浪费、庞大的数据流失正是自己成长的契机。积极把握客户对数据的管理需求，结合现代信息技术，雅昌开始建设全球最大的中国艺术品图片资源数据库——《中国艺术品数据库》。根据不同类别的客户和纷繁复杂的客户需要，雅昌集团把数据库分成四大类：艺术品拍卖市场数据库、艺术家及作品数据库、书画印鉴数据库、画谱收录及书画著录数据库。利用数据库海量的资源，雅昌可以持续为客户提供各种增值服务，还可以开发全新的商业价值。

雅昌集团根据“最低成本收集资源”、“解决安全、版权问题”、“不断挖掘商业价值”的原则，有步骤、有目的地充实着这个数据库。如今《中国艺术品数据库》拥有60000余名艺术家、2000多万件艺术品珍贵的图文资料；拥有最为先进的图像数字技术、海量存储技术；全面、高效、安全地采集和管理着中国艺术家、艺术机构、艺术品的信息、图片、活动记录，被称作“中国艺术的四库全书”。2008年，雅昌集团成立15周年，集团董事长万捷郑重立下企业遗书：“不管雅昌将来遇到什么样的困难，雅昌‘中国艺术品数据库’保存的数据不属于某一个人，也不属于某一个企业，它永远属于国家、民族和整个人类。”2010年，雅昌“中国艺术品数据库”项目荣获“中国企业公民优秀项目”奖项。

《中国艺术品数据库》的核心价值在于它拥有所有中国艺术品的拍卖数据（价格、拍卖量、交易量）、庞大的艺术家储蓄资源。这也是雅昌集团在发展中制胜的法宝。但是怎样才可以将核心数据库的价值完全激活？雅昌集团把“为客户发展增值服务”作为指导思想，在高端艺术印刷的基础业务之上，整合资源，拓展链条，以《中国艺术品数据库》为中心，打造了一个全新的平台：雅昌艺术网。雅昌艺术网将“传统印刷”、“现代IT技术”、“文化艺术”创造性地融为一体，彻底将传统印刷产业升级为以艺术品数字资产为核心的新兴文化产业。

雅昌艺术网创造性地开发出两套系统，深度整合资源，完成了质的转变。首先，雅昌艺术网采用现代数字技术开发出艺术家的个人资产管理系统，艺术家们通过登录网站就可以直接进入系统，对自己的艺术作品进行直接管理，利用该系统艺术家还可以与雅昌集团一起对艺术品进行商业开发。如此便利实用的系统给雅昌聚集了大量的艺术家资源，雅昌集团最核心的资源完成整合。其次，雅昌艺术网汲取高端艺术品印刷的业务经验，根据中国艺术品数据库中的大量详细的数据，首创了“中国艺术品拍卖市场行情发布系统”。该系统负责向各大拍卖公司和广大艺术品拍卖爱好者提供艺术品拍卖的各种信息。在此基础上，雅昌集团还学习证券系统的形式设立了“雅昌艺术市场监测中心”（AMMA）。检测中心通过对每次拍卖的情况（报价、成交价、成交量等）进行整理分析，科学生成一整套“雅昌艺术市场指数”（AAMI），这些指数就如同股市数据一样，深深吸引着艺术品投资者的关注。雅昌集团就是通过AAMI指数把艺术家、艺术品经营商、艺术品买家三者紧紧地联系起来，并让他们对雅昌集团提供的服务产生长久的依赖。

两个系统的产生让雅昌集团成功打通生产、代理、销售三个重要环节，给整个文化产业链注入了一剂强有力的兴奋剂。以核心数据库为纽带，以两套系统为桥梁，雅昌集团将艺术品行业最主要的参与者（拍卖行、画家、画廊、投资者等）联结在一起。不满足于此，雅昌集团迅速拓展产业链上下游，积极发展印刷、互联网、数字资产管理、摄影、出版、高仿真复制品销售以及展览策划等业务。两大系统的产生标志着雅昌集团成功把传统印刷和现代科技完美结合在一起，牢牢抓住自己手中浩渺的数据资源，三者叠加，雅昌集团形成了极具特色、独树一帜的“雅昌商业模式”，这一套完美组合牌让中国文化产业的发展眼前一亮。

三　文化担当，技艺融合缔造全新商业模式

雅昌集团以数据库为基础，不断延伸产业链，形成了上有雅昌艺术网、下有雅昌艺术馆、中有高端艺术品印刷的互通连贯的整体，创作艺术品的艺术家们处于文化产业链的上游，艺术家们使用雅昌的个人数字资产管理系统管理自己的作品，雅昌集团可以借此获得管理收益，同时还可以和艺术家本人对艺术资产进行再开发，如推出各种艺术图书、艺术光碟，为艺术家举办个人展，不管进行什么样的开发，雅昌总是处于利益链条的顶端，利润颇多。拍卖机构处于文化产业链的中游。雅昌集团为拍卖行提供各种服务（网上预展、印刷图册等），为买家提供准确又全面的信息，这让雅昌集团不仅从拍卖商中受益，更重要的是在消费者中获得了好的口碑，树立了良好的企业形象。艺术衍生品市场位于文化产业链下游，雅昌创新技术，利用数据库丰沛资源，将艺术与科技牢牢结合，开展名家艺术品复制、艺术影像产品、艺术品摄影等产业，这项

创新真正让雅昌集团能走进群众、贴近群众，让艺术为广大群众服务，让群众了解、认同雅昌，促使雅昌能孕育自己独有的企业文化、企业内核。可以看出雅昌集团构建起了一条完整的文化产业链，他利用这条产业链，掌控着各大系统，赢利模式从单一型转变为多样化，从过去狭窄的发展道路变为宽阔的康庄大道。

20 年来，雅昌始终以传承、弘扬中华优秀文化为己任，将成为卓越的艺术服务机构作为企业愿景，“让艺术走进每个人的生活”为使命，努力让自己成为新兴文化产业的拓荒者，孜孜不倦地追求先进科学技术、努力营造富有竞争力的企业文化、积极探索科学的经营管理模式，全身心投入到为中国乃至全世界的艺术工作者提供优良服务的伟大工作中去。而在今天，印刷的概念早已发生了天翻地覆的变化，数据处理、采集和策划都将是印刷概念的延伸，印刷业未来的道路必将与互联网、IT、出版紧紧相连。雅昌顺应时代需求，着重发展数字出版，努力开发新的增值服务，组合出击。比如，针对社会上日益渐热的高档艺术品收藏热，雅昌引进世界上最先进的 3.8 亿像素数字扫描仪、3300 万像素的专业数码相机，采用最先进的输出设备，以授权许可的情况下，对国内外的著名艺术品进行高仿真复制，仿真水平甚至连作者本人都难以分辨真伪。利用这项技术，雅昌为不同消费群体单独定制了不同的“艺术”服务。艺术品价值不能以金钱衡量，而大量珍贵艺术品由于年代久远，正在以惊人的速度褪色或消失，这种损失将难以估计。雅昌为解决这个问题提供了有效的方法，为保护文化瑰宝的艺术生命提供了新的途径。不仅如此，产业化生产方式使艺术品的低成本复制的愿望得以实现，合理的价格不仅满足了人民群众收藏、学习、临摹经典传世艺术品的需求，还使艺术宣传和普及工作更加容易实现，高雅艺术将会真正走进寻常百姓家。

不光如此，雅昌还与全国各大知名博物馆、画院、艺术高校等进行战略合作，深化数字资源共享。2013 年，故宫博物院首次与民间企业合作，与雅昌集团签署战略合作协议，双方将在故宫资源数字化等方面进行深入协作。同样在 2013 年，雅昌北京艺术中心新址的动工，深圳与上海艺术中心的双双乔迁，这些大举动标志着雅昌集团在扩大服务场地、扩大产能、增加设备的配置基础上进一步为艺术家、艺术机构提供全方位、高标准的高端艺术综合服务，促使企业观念升级、产能升级、产业升级，走新型产业化道路，实现跨越式发展。

雅昌集团把“卓越的艺术服务机构”作为自己的企业定位。而要实现这一点最需要的并不是先进印刷技术，也不是庞大的数据库，而是看不见、摸不着的文化艺术本身。传统行业要想有突破，有创新，有变革，则必须要跟文化水乳交融。雅昌集团就是深刻明白这个道理，让整个集团在文化王国、艺术海洋、黄金品牌的道路上大步迈进。雅昌，终将成为文化产业的代表、文化品牌的先驱，从一个企业变为一种文化，从中国走向全球。

B.18 魅力湘西：旅游大戏，文化盛宴

漆珂伊

摘　要：

《张家界·魅力湘西》是张家界魅力神歌文化传播集团旗下重金打造的一台民族歌舞类演艺节目。创办13年来，这场旅游演艺大戏共接待中外游客800多万人次，游客量位居全国同行业前三名。作为湘西第一家演艺品牌，“魅力湘西”为传播大湘西民族民俗文化，传递文化旅游精神做出了积极贡献。

关键词：

魅力湘西　旅游演艺　营销模式

一　神秘湘西，玄妙幻影

2000年，张家界魅力湘西旅游开发有限公司成立，《张家界·魅力湘西》的大型民族歌舞史诗演艺节目的雏形面世。该节目是由杨吉红先生创办，从最初容纳202个座位的《张家界·魅力湘西》1.0版，发展到如今拥有2600个座位数的《张家界·魅力湘西》4.0版的演出场地——张家界魅力湘西国际文化广场。该公司总资产已达15782万元，并采用台港澳与大陆合资的形式经营。13年的风雨兼程、13年的艰苦创业，旨在打造一场中国最好看、最精彩、最具湖湘文化历史厚重感的旅游演出。

2012年，其接待量达到120万人次，相较于同行业达到的80万人/年接待量，其竞争优势较强，并且年产值达到2.5亿元。在2013年，其总资产已达到28693.37万元，年利润达到5010.5万元，受2013年国家政策的影响，

旅游行业收益有所下降，但该节目的年接待量接近100万人次。凭借高额的赢利，《张家界·魅力湘西》发展势头强劲。

张家界魅力湘西旅游开发有限公司，紧扣大湘西本土民族民俗风情、历史文化遗产，结合现代高科技的艺术表现手段，呈现了一部伟大的讲述湘西人文的演艺节目《张家界·魅力湘西》。经过多年的节目内容的更新升级、硬件设施的不断改善，当前演出分为内场与外场。在室内演出中，其节目主要分为浪漫湘西、神秘湘西、激情湘西、快乐湘西这四大节目品牌板块。

第一幕“浪漫湘西”，节目《千古变成翠》借助沈从文《边城》一书，用华丽的水景舞台，再现了翠翠与天保、傩送三人间纯美的爱情故事，人性的真善美融合在灵动的山水之中，构成一幅浪漫的动态画卷。紧接着伴随轻快、活泼的音乐节奏展开《追爱相思楼》，表现了湘西瑶族男女以歌传情，以舞示爱，这种原生态的求爱方式让久在城市奔波的人们回归到大自然的纯真爱情追随中。带着这份安谧幸福的心境，又进入白族的《柔情马桑树》，在大山间情歌穿山越岭，嘹亮而饱含温情的歌声在百灵鸟阿朵的传唱中，引导观众进入一个相思、相望的柔情蜜意的浪漫情怀中。

第二幕“神秘湘西”，节目通过远古历史文化遗存的茅古斯狂野的舞蹈，以及展现巫术的《大神梯玛歌》，表达大湘西历史文化源头的多元性、丰富性和生动性，并展现大湘西不同民族对崇尚信仰的见解。

第三幕“激情湘西”，在《英魂归故乡》节目中，从艺术的角度展示了湘西赶尸术，并用湘西抗战英雄罗荣光的英雄事迹，彰显湘西人忠勇爱国、恋土恋家，以及强大的生命力。

第四幕“快乐湘西”，运用充满激情的侗族合拢宴、土家族的“女儿会”以及湘西土家族、苗族独特的“哭嫁”婚俗文化，完整地表现了少数民族从女儿相亲直至嫁娶的全过程，在热闹快乐的气氛中，引领观众意识到湘西各少数民族其乐融融的景象。内场节目用短暂的60分钟涵盖了湘西这一片广袤神奇的土地上独特的少数民族文化，带领观众穿越历史的时空，与这些淳朴、真性情、可爱的湘西人民进行一场美妙的演艺对话。

在观赏完室内演出后，外场则主要借助湘西本土民间艺人展示上刀山下火

海等鬼谷神功的神秘绝技，给观众带来惊悚和震撼，从而充分地展现山清水秀的绿色湘西、悲壮艰辛的红色湘西以及银饰品的湘西。

二　拓展优势，开创品牌

《张家界·魅力湘西》年平均上座率达到85%以上，在旺季暑假期间，平均每天接待游客5000人左右，最高每日游客达到7500人。面对如此庞大的客流量，在旺季，每晚需开设2~3场演出，从18:30就早早开演。但这并未让《张家界·魅力湘西》的创始人杨吉红先生停止公司拓展的步伐，他总是以“你凭什么让人家愿意掏钱来看你的表演？你凭什么让人家愿意再掏钱来看你的表演？你凭什么让人家愿意掏钱请人来看你的表演？”这三个追问不断激励着节目内容的推陈出新、创作演出团队的不断进步。经历了13年的风雨，节目的发展势头及影响力愈来愈强大，这与以下几大方面的优势息息相关。

1. 地理环境：近水楼台先得月

张家界魅力湘西国际文化广场坐落在风景秀丽的武陵源景区，而武陵源景区是张家界奇特秀丽的山水美景的核心。张家界作为世界自然文化遗产，2012年旅游接待人数大约在3000万人，其中武陵源游客接待数量达到1711万人，由此，正是游客来张家界游览的必来之地。《张家界·魅力湘西》选择在武陵源景区发展旅游演艺事业，在一定程度上，保证了前来观赏的客流量。加之，演艺广场所在地周边均有20多家宾馆或旅店，驾车均在3分钟内抵达，便利的交通为打造当地演艺类文化品牌又增添一大优势。另外，武陵源景区不比湘西的凤凰古城，没有过多的故事，也没有太多适合游客休闲的酒吧，休闲游览设施的尚不完善，致使游客晚上无处可去，促成欣赏《张家界·魅力湘西》节目成为最佳选择。旅游演艺业的兴盛彻底改变了来张家界旅游“白天爬山头，晚上抱枕头”的尴尬局面，转为“白天看美景，晚上赏大戏”的一种新的旅游文化体验消费方式。

2. 节目内容：创作阵容强大，表演精准到位

《张家界·魅力湘西》节目的总策划是湘西文化研究第一人、主编《湘西文化大辞典》的文艺学教授张建永。舞美总监为国家一级舞美设计师龙华，

音乐制作为国家一级作曲家王原平，节目还集合了央视龙年春晚舞蹈总监沈晨等一大批专业人才，可谓是达到了国内最佳的创作阵容。演出阵容，主要是湖南省歌舞剧院、湖南省民族歌舞团的专业舞者，结合当地成立10余年的魅力湘西艺术团，及当地少数民族唱将苗家百灵鸟阿朵、土家族高音王子段勇、室外演出主角鬼谷神功传人引领的硬气功团队，共计演职人员102人。有强大的演出实力做后盾，相比同类型节目《印象·刘三姐》等“印象”系列，《张家界·魅力湘西》靠的不是人海战术，也不是气势恢宏的场面，而是自身营造的华丽空间内最淋漓尽致的艺术视觉享受。

3. 注重观赏体验感，互动性强是亮点

《张家界·魅力湘西》所在的张家界美丽湘西国际文化广场，是目前国内规模最大的旅游演艺单体设施。公司投资1.96亿元，占地31.22亩，总建筑面积达18000平方米。其主要分为室内剧场、篝火广场、室外景观休闲广场、五大民族展览馆等四大主要功能区，民族特色十分鲜明。

观众在观赏演出前，先会经过土、苗、白、侗、瑶族这五大民族居住的建筑群，通过不同民族建筑风格的布局，让观众粗略了解大湘西是一个多民族融合的聚集地。特别是在旺季，会有侗族、苗族等少数民族再现他们平日生活的场景，如纺织，抑或节庆日载歌载舞的活动，拉近观众与节目之间的距离。建筑群体宏伟大气，集合大湘西多民族的不同图腾、装饰，彰显浓郁的大湘西民族风韵，为即将开演的节目营造一个神秘新奇的文化氛围，也为观赏演出的观众增添一份新鲜感。

在观赏过程中，整场演艺节目（包括内场、外场）均有主持人对节目进行讲解与串联，配合两块LED大屏幕为每一幕显示节目演说及歌词，并用四国语言（包括中文、英文、韩语、泰语）分别进行翻译演示，据公司统计，2013年，有15%左右的外国游客前来观赏《魅力湘西》节目，其中以这四大语种的观众为主。因此，该节目采用多国语言提供简介形式，能够更有效地引领受众跟随演出的步伐进入神秘的湘西文化之旅，而这种对文化传播的责任感是其他同类演艺公司所不具备的。

此外，多形式的互动性节目的策划是《魅力湘西》的最大特色。与其他实景演出不同，《魅力湘西》通过主持人对现场气氛的把控，与一系列互动节目，如：挑选5位现场男士进行穿苗族服装比赛，通过穿苗衣、学苗舞、听苗乐，调动全场观众的开心热闹的气氛，引发众人的大笑；在《悲喜哭嫁歌》这一湘西土家族、苗族独特的“哭嫁”婚俗文化中，根据展现新人的婚宴现场，演员发放红包、喝喜酒，刺激现场气氛的火爆点；最后，在侗族人民《激情合拢宴》这一节目末尾，欢迎观众朋友聚合在一起，与演员一同快乐地舞蹈，从而实现真正的观众融入整场演出中。或许互动性演艺节目不止这一个，但《张家界·魅力湘西》是真正实现互动性视觉艺术的演艺节目，在加入互动节目的同时，利用节目中穿插小型互动，结合光影、声乐，既保持了节目的流畅又增添了新鲜感。

4. 营销类型多样化，推广区域分散化

公司为推广文化品牌，主要采取加大传统电视媒体宣传、参加各大类型的会展活动的营销策略。在传统电视媒体这一方面，为了加强外界宣传，演艺公司成立了50人的北京魅力湘西艺术团队，在中央三套著名栏目《星光大道》的舞台上伴舞，并且每次在荧屏上显示“张家界魅力湘西艺术团队”的字幕，如此好的平台，足以让团队、品牌效应在全国观众面前引起关注。此外，2010年7月下旬，《张家界·魅力湘西》的精英演出团队赴上海世博会湖南活动周演出，全新展现具有湖湘本土的《刘海砍樵》、《浏阳河》等精彩的舞蹈，当时，湖南省委书记周强、省长徐守盛均观看了演出，并给予了高度的评价。2012年9月，公司选送了原创民族类节目《追爱》，因其带有浓郁的民族地方特色，以及新颖的节目形式及原创性，历经3个月的紧张排练，此节目最终踏上央视龙年春节晚会上，反响热烈，并成为龙年春晚唯一一个民族节目，也成为央视创办春晚30年来，湖南首支原创民族节目亮相。随后，央视为《追爱》上春晚这一节目拍摄了专题纪录片，并对创作及演出团队进行了专访等，各大纸媒、电媒、新媒体等均以不同形式进行多角度、全方位的报道。

三　开拓市场，经营有道

2013年上半年，在“三公”经费压缩的背景下，国内旅游收入虽保持10%～15%的较高增速，但明显低于最近几年20%以上的增速，也低于2012年17.6%的增速。国内旅游市场相对紧张，面临此局势，《张家界·魅力湘西》做出了以下决策。

1. 斥资再创更优节目

2013年初，张家界魅力神歌集团投入800万元，聘请了中国旅游演艺顶尖团队——华侨城集团，对旗下的大型演艺节目《张家界·魅力湘西》、大型实景演出《武陵魂·梯玛神歌》进行专业化的软硬件方面的全方位升级与指导。《张家界·魅力湘西》历经十多年的磨炼，平均每年进行1~2次的节目改版升级。工作人员介绍，2013年末，为了更完美地呈现原生态的音乐，在室外进行的“侗族大歌”这一节目将转入内场演出。在音乐与光影的结合下，将会带来更接近大自然的纯美动听的视觉盛宴。演艺节目的实时更新、跟随文化前沿发展，坚守“节目质量是公司生存发展之本”的理念，是《张家界·魅力湘西》历经十多年一直火爆的根源。

2. 严格推进标准化管理

在旅游市场行情下滑的形势下，《张家界·魅力湘西》认清时局，加快推进更为标准化、人性化的服务管理模式。在提供给游客优质的观赏体验之时，公司在剧场设立专门的导游服务区，免费提供食品、饮料，有助于导游对该演艺节目赢得好评及口碑推广。公司建立了以KPI指标为主的绩效评估体系和薪酬激励体系。KPI作为现代企业中受到普遍重视的业绩考评方法，该演艺公司按照管理层次制定了高层职员目标责任状、中层职员绩效考评方法、员工绩效考评规定，并将各层次KPI指标评价及评价结果反馈给相关责任人，以便于绩效的提高。在每场节目开演前，将进行演前训练，演出结束后，及时做点评，建立起一个严格、高效的舞台表演考评制度。此举既能让演员以饱满的热情完成整场演出，又能及时解决表演中出现的问题，忠诚于顾客至上的理念，最终能保证每天给观众带来高水准的视觉艺术。

3. 加大文化品牌推广力度

为了能更快速有效地增强《张家界·魅力湘西》演艺节目的知名度、美誉度，2013年7月开始，公司正式与湖南卫视旗下品牌运作公司合作，进一步扩大公司业务的拓展力度及品牌影响力提升力度。此外，该节目已经在2012年、2013年5月参加深圳文博会，在2013年市场低迷的情况下，加大推广品牌的活动，推动市场，努力向市场挖掘观众。

B.19
神州数码："神码"不是浮云

林丛晞

摘　要：

原本是中国 IT 业最大的分销企业，但因为洞悉未来而毅然正视瓶颈走上了战略转型之路，因此由盈转亏，开启一段曲折的腾飞之旅。从艰难起步，到成为网络设备自主研发制造商，到发展成国内最大的整合 IT 服务提供商，再到如今又一次擎起"转型升级"的大旗，向智慧城市运营商转变，在面对每一次挑战时，神州数码都用发展的眼光看问题，把握机遇，与时俱进，在转型中实现了从低级行业跟跑者到高端行业领头羊的完美蜕变。

关键词：

神州数码　转型　IT 服务　智慧城市

神州数码于 2000 年 4 月从原联想集团分拆成立，在这十多年里，它以打造一个"不叫联想的联想"为目标，在摸索中前进，在转型中发展。十年磨一剑，在经历了一系列艰苦的战略转型后，如今的神州数码已成为一家可以与联想比肩的企业，不仅是中国 IT 业最大的分销企业，也是国内最大的整合 IT 服务提供商，如今又多了一个"中国智慧城市专家"的美名。"神码"终于不再是那个拆分之初摇摇欲坠的"浮云"了。

一　从起跑到加速：向产品制造商转型

2000 ~ 2001 年，恰逢互联网经济从泡沫走向式微，刚刚遭遇拆分重创的

神州数码，开始思考互联网经济的未来趋势，并在此基础上，制订了公司发展的第一个五年计划。

1. 雄关漫道真如铁

对于神州数码，最为人所称道的就是“中国 IT 业最大的分销企业”，其最大优势也是分销。但是随着国内第一次建网浪潮的过去、建网规模的扩大，用户对于网络的认识从模糊变为清晰，对网络也有了自己更高的要求。在 IT 产品的整个产业链上，分销处于最低端，也是附加值最低的一个环节。就如同中国作为世界大工厂，在全球化经济中处于利益最低的加工环节。价值低微，没有发言权，没有权威性，随时都可能被取代，也就没有了生存的空间。

2. 为伊消得人憔悴

放弃在分销领域所拥有的成绩和优势，转向一个全新的制造领域，从头做起，这个决定做得并不容易，公司内部的反对声音不绝于耳。神州数码常务副总经理黄坚谈起当时的企业调整时说：“在转型的这个过程中，很多优秀的销售都离开了。让一个已经习惯某种工作方式的人去改变自己的工作方式和工作思路是很困难的，但是企业发展需要我们每个人做出调整，跟上企业发展的步调。”虽然转型的道路充满阻碍，甚至牺牲了几个高层领导，但神州数码向自主研发转型的步伐却没有停止。首先，公司将自己的企业文化以及员工的思想认识转移到以研发为核心上。销售让位于研发，公司广招优秀的研发技术人员，给研发队伍开出了最优厚的条件。其次，公司集中精力打造自己的优势产品。刚起步时，公司的研发显得有些盲目跟风，市场上什么热，就做什么，同类产品市场上竞争相当激烈，无疑给刚步入研发的“神码”泼了一盆冷水。研发负责人向朝阳博士在分析了销售反馈的用户需求后，决定带领整个研发团队以二层、三层交换机为核心，以此来展开整个网络的产品设计研发，打造优势产品。最后，“神码”对整个产业链上的每一步都科学管理，严格把控，即使是封装这种在很多人看来无伤品质的细节上都毫不马虎。加强对用户体验的收集、分析，提供优质的售后服务，尽可能保证辛苦研发出来的产品每一个细节都能让用户满意。

3. 柳暗花明又一村

研发是高投入的，神州数码网络在这期间的报表是亏损的。据解云航透露，公司经营最困难时一年亏了3000多万元，而做分销时，赢利高达7000万元。收益上的巨大落差，让神州数码有过疑惑，有过徘徊——应该往哪走？"2002～2006年是国内数据网络市场大洗牌的关键时期。2002年国内做网络的品牌不下30家，2006年，在市场竞标中，我们只能看到最熟悉的几家了。"当时任神州数码网络公司总经理的解云航说："能在大浪淘沙后留下来，研发是关键，而整个企业系统的成功转型，才是保障没有被洗掉的基础。"神州数码经受了产品质量不稳定的危机，经受了产业链变化的困扰，经受了市场非理性竞争和不正当竞争的考验……经过一轮洗牌，神州数码总算迎来了自己的"又一村"。2003年，二层网管千兆核心交换机——DCS-3526诞生了，它让公司上下士气大增。2004年推出了三层万兆核心交换机DCRS-7600系列，再创佳绩。2005年，神州数码网络全线交换机产品通过了国际IPv6官方组织"IPv6 Ready"的银牌和金牌认证，成为国内第一家获得金牌认证的企业。到2006年，产品质量稳定了，不仅扭亏为盈，神州数码还开创了与国际一流代工厂结成战略同盟的全新业务模式，这种模式使神州数码网络产品从物料选择、生产控制到品质控制全部按照全球化的规范标准进行。另外，面对国内市场中许多高端用户不相信国产品牌的实际情况，神州数码另辟蹊径，将自己的目标对准了海外市场，在当地选择已经拥有较高知名度的品牌企业为合作伙伴，通过他们，来帮助神州数码打开海外市场。

从分销到研发，从四面出击的研发到集中精力打造自己优势产品的研发，从国内市场到海外市场，经过了困顿、迷茫，神州数码的自主研发终于闯出了一片自己的天空。

二　从加速到起跳：向IT服务提供商转型

随着对IT服务认识的深入，神州数码在过去基础上制订了第二个五年计划，进一步明确了以客户为中心、以服务为导向的IT服务战略，推动了公司全面转型。

1. 服务定制化

2004年，神州数码综合市场发展、用户需求以及自身能力，提出了"IT

服务，随需而动”的口号，为客户量身定制服务内容以满足客户需求。口号响亮，但真正做到却不容易，神州数码从三个层面，为“随需而动”提供了最强有力的支持。在能力层面，神州数码以知识技术管理能力和客户需求管理能力为基础，为随需而动的 IT 服务提供了品质保障。在管理层面，神州数码持续夯实基础，打造人力资源管理能力、风险控制能力、企划能力和财务能力。在人才和文化层面，神州数码用优厚的条件和激情、创新的企业文化吸引优秀的人才进入，通过多种形式的文化活动，增强团队凝聚力，以保证随时有一支“打得了胜战”的主力军。

2. 服务产品化

虽然神州数码所提供的有针对性、定制化的服务满足了用户千差万别、截然不同的个性化需求，但是却很难为公司带来规模效益。就好比量身定做的衣服，只适合一个人穿，而不适合工厂批量生产。为了能提供更加标准化、可效仿的服务，也为了今后打开市场，扩大业务规模打下基础，同时带来规模效益，从 2008 年起，神州数码集成服务开始尝试分销服务产品，将自己原有的分销优势和 IT 服务提供结合起来，逐渐打开了市场。

3. 服务品牌化

要想赢得市场，在激烈的全球竞争中抢占一席之地，就必须走品牌化建设之路。为深化 IT 服务转型升级，神州数码力图打造出自己的金字招牌，将成功的模式不断拷贝，形成大的规模和影响力。除了加强所提供的服务的品牌化建设，神州数码还很重视公司自身品牌的建设。公司的社会认可度和其提供的产品、服务的社会认可度是密不可分的，二者可以相互促进。神州数码秉承着“责任、激情、创新”的企业文化和“产业报国，回馈社会”的社会责任观，为社会捐款超过 1000 万元，捐建希望小学 10 所。这些都为其塑造了良好的社会形象，有利于其品牌建设。2010 年，在中国产业报协会、中国国际交流促进会等单位联合主办的“全国服务业公众满意度大型公益调查”活动中，神州数码的“锐行服务”一举将“中国 IT 运维服务市场客户满意首选第一品牌”和“全国 IT 运维服务客户满意最佳典范品牌”两项大奖收入囊中。

如今，神州数码业务领域覆盖了中国市场从个人消费者到大型行业客户的全面 IT 服务，为中国大大小小、成千上万的公司、政府、企业、学校及个人

提供最先进的IT产品、方案及服务，用户遍及金融、电信、制造等行业以及政府机关和教育机构。神州数码成为国内最大的整合IT服务提供商。

三　从起跳到腾飞：向智慧城市运营商转型

经过前十年的发展，如今神州数码已经走进了它的第三个五年计划。"三五"计划的战略核心是"智慧城市"。公司围绕这一核心，调整梳理现有的业务结构，力求通过五年或十年的时间，成功转型为一家服务运营型公司。如何实现这一转型，如何让公司成为该领域的领跑者，公司明确了智慧城市的本质、理念和目标。

1. 抓住本质：融合服务

全力打造以便利城市、健康城市、高效城市、平安城市、绿色城市为特征的智慧城市。在这里，融合是智慧城市的本质，以信息融合为基础的城市运行系统之间交融协作，从而达成有效的服务和管理。以佛山和福州上线的市民融合服务平台为例，这是国内首个C2C信息交互平台。该平台融合了政府服务、公共服务、增值服务以及网络信息服务等，就如同一个城市的APP Store，所有需要的信息都可以在上面找到。总之，智慧城市就是以使用主体为核心，打造提供融合服务的信息共享平台。

2. 坚守理念：以人为本

人是智慧城市的主体，智慧城市的核心是构筑面向全体市民的、人人平等的城市服务。神州数码董事局局长郭为总结出智慧城市的三层含义：第一层是城市综合管理，即用现代的信息技术解决城市现代化进程中遇到的问题；第二层是便民，就是整合资源，通过新的服务模式方便当地市民的生活；第三层是帮助当地政府打造新兴产业，实现地方经济转型。从以上这三层含义中，我们不难看出，第一层和第三层含义归根结底还是为了第二层含义——便民。城市的管理者通过信息融合的平台，为市民提供更便捷、更高效的服务，解决医疗、交通、社会保障等一系列社会管理及服务问题。智慧城市的结果是城市生产、生活方式的变革、提升和完善，终极表现为人类拥有更美好的城市生活。例如，当今社会，人们都面临着一人多卡的麻烦事儿：看病要医保卡，买东西要信用卡，坐公交要公交卡……出门常常带着一堆的卡，而且容易出现忘记、丢失的情况。而智慧城市设计的便民卡，就解决了这一麻烦，只要一卡在手，就能完成各种不同的生活琐事，给市民带来了极大的便利。在扬州，这种便民卡融合了扬州市 20 多个政府部门对市民提供的所有服务。便民卡在扬州的成功推行，形成了“扬州模式”，陆续推广到了全国其他中、小城市。另外，小到市民日常买菜，智慧城市为保障市民“菜篮子”的安全，设计了一个方案。苏州肉菜流通追溯体系，以肉菜流通服务卡和产品追溯码为信息传递工具，以具有技术先进性的产品 RFID 溯源标签为表现形式，以查询系统为服务手段，实现每一个肉菜从养殖、屠宰到最后上了消费者的餐桌，每一步都有可追踪查询的信息系统，以此保障市民的食品安全。

3. 瞄准目标：体验城市

截至 2012 年 12 月，神州数码“智慧城市”战略布局已经在全国 69 个城市展开，并与 14 个城市签订了战略合作框架协议，包括重庆、福州、青岛等大城市，智慧城市在扬州、张家港等多个城市成功运行。

在神州数码成立之初，神州数码创始人郭为有句话令人印象深刻，他说：“一张白纸好画画。”如今，我们看到了在这张白纸上已然呈现了一幅五彩斑斓的图画，这里的每一砖、每一瓦、每一草、每一木，都是由神州数码一次又一次艰难而笃定的转型构筑的。正如其英文名“Digital China”一样，神州数码始终把“数字化中国”作为自己的使命，并为之不断创新理念，创新技术。我们有理由相信，在未来，在下一个十年里，神州数码会给我们交上一幅更加优秀的答卷。

B.20 《英雄联盟》：电竞网游，一代霸主

李文洁

摘　要：

作为典型的中高端竞技类游戏，《英雄联盟》除了其产品本身的出色品质和创新性设计以外，腾讯游戏对其进行的一系列品牌打造和传播策略无疑是其成功的极大推动力。把竞技和COSPLAY作为品牌的主体文化进行塑造，追求品牌文化的个性化元素添加，同时注重品牌文化延伸，通过对游戏周边产品的设计推广，形成了游戏、电影、视频、动漫等立体综合的品牌文化生态系统。产品品质和成功品牌推广的结合，最终成就了《英雄联盟》在电竞网游的新一代霸主地位。

关键词：

《英雄联盟》　网游霸主　职业电竞　未来之星

《英雄联盟》由美国 Riot Games 公司开发，其主创是曾开发魔兽争霸系列游戏多人即时对战自定义地图的开发团队。2009 年 10 月 27 日，《英雄联盟》在北美正式运营。至 2013 年 3 月 10 日，《英雄联盟》的同时在线人数全球已突破 500 万人，这个数据已经超过了暴雪《魔兽世界》的在线人数，2011 年被确定为世界电子竞技大赛（WCG）比赛项目，多次获得国外专业媒体年度大奖，众多游戏权威网站都给予了这款游戏极高的评价，被公认为全新的“世界第一网游”。

2011 年 9 月，《英雄联盟》正式进军中国大陆，由腾讯公司运营。依托腾讯公司优秀的运作平台及成熟的推行模式，《英雄联盟》在国内迅速发展，获

得巨大成功。2013 百度搜索风云榜之游戏热搜榜中，《英雄联盟》成为本年度最热门游戏。

一　品牌塑造：英雄是怎样炼成的

1. 准确的产品定位和人性化设计

首先，《英雄联盟》本身设计的海量独特的英雄、创新的游戏数值设定，保证了游戏的深度。层次丰富、角度多重的众多英雄角色，每个都有自己独特的故事，还有各具特色的分类和解锁等级，解锁积分越高的英雄越难操作。“易于上手，难以精通”是英雄角色最吸引人的特色。作为竞技游戏，《英雄联盟》成功引入了魔兽世界的天赋系统。玩家可以选择不同的技能并能找到适合自己的角色，增加了自己动手的乐趣。配合天赋和召唤者技能，玩家可以更好地打造自己的比赛风格；拥有最专业的欧美战网系统、精准的匹配规则让玩家可以在最短的时间内匹配到水平最接近的对手，让对战双方不会实力悬殊而丧失竞技的乐趣。

其次，《英雄联盟》借助腾讯良好的运营平台迅速发展。在刚刚宣布《英雄联盟》代理运营的时候，腾讯公司就制订了一个详细的推广计划，首先便是造势。腾讯公司在各大游戏媒体和网站大量地投放英雄联盟的广告，从而打开知名度，让玩家知晓这款游戏。在腾讯运营《英雄联盟》前期，同时运用了两种策略。一个是吸纳扶持，另一个是完善开发。腾讯首先拉拢了大批的游戏组织——公会。在 QT 和另一款语音进行争霸的过程中，便有意将英雄联盟和 QT 进行结合，并对国内转进 QT 的公会进行大规模的扶持，对一些威望较高的游戏公会，每周赠送《英雄联盟》中的道具及技能，比如赠送 Q 币，赠送英雄人物和英雄皮肤，等等。这种营销模式既利于这些游戏公会的推广，也为英雄联盟积累了口碑。

与此同时，腾讯积极进行游戏的本土化完善，使之更适应中国玩家的喜好。《英雄联盟》一直没有停止修改和升级，即便是现在，《英雄联盟》的英雄也一直在维护修缮。一方面，游戏的系统不仅更加完善，更加切合国内玩家的感觉；另一方面，游戏的错误越来越少，游戏设定的微调使其更加大众化。

此外，腾讯公司有着业内极为成熟的线下推广活动。《英雄联盟》的线下推广活动和竞技相结合，在有着最大规模玩家群体的众多高校举办大规模的线下争霸赛、线下预选赛。奖品的丰厚使得学生玩家趋之若骛，借助这些营销的效果，腾讯完美达到了推广游戏，让玩家熟悉游戏并研究游戏的目的。英雄联盟的成功绝非偶然，是一种必然的结果。

2. 多元的文化内涵与个性化操作

品牌文化中最重要的便是其文化内涵，具体而言是品牌中所蕴含的深刻的附加情感和价值。《英雄联盟》打造的以“电竞”、“COSPLAY”为主体，多文化阵地辐射的品牌文化，使得广大《英雄联盟》用户找到强烈的认同感和归属感，《英雄联盟》对他们而言，不只是一个简单的娱乐商品，更是一种独特的娱乐体验和特定的表现自我、实现自我价值的工具；是用户对“团队精神”、“欢乐元素”、“正能量”等品牌文化价值的认同体现，对品牌所能够带来的文化价值的心理利益的追逐和个人情感的释放。因此，用户对《英雄联盟》这一品牌形成强烈的信赖感和依赖感。《英雄联盟》所描述的背景是一片分裂成数块魔法大陆的符文之地，在这里魔法就是一切。魔法不只是一种神秘莫测的能量概念，熟练的魔法操纵者可以得心应手地使用魔法并预见魔法的变化结果。游戏的画面和操作开启了玩家完美的魔幻世界旅程，在这里，玩家可以修炼独特的召唤魔法，培养与其他玩家并肩作战的团队战斗能力，在角色成长的过程中获取现实中难以提供的精神成长经验。

《英雄联盟》的多元化文化内涵，正在吸引越来越多的玩家加入进来。第一，游戏由多种特色系统有机构成，首先游戏的画面是Q版，不但规避了很多复杂的设计问题，也降低了游戏所需最低配置，还获得了更多休闲玩家的青睐；友好而简化的界面操作及无反补的设定，使初次接触游戏的新手更加容易上手；从网游中借鉴过来的天赋与符文元素，让游戏风格多元化。在娱乐和休闲上，英雄联盟很有吸引力。第二，《英雄联盟》中有着独特的换装系统，可以让玩家的英雄换上不同的皮肤去战斗，皮肤从最开始简单换颜色到现在各种不同模型造型，一直是游戏的亮点之一。皮肤也分等级，除了普通的皮肤外，部分英雄还专门有史诗级皮肤。玩家使用此系统可以让自己的英雄极富个性，摒弃了以往游戏中千篇一律的造型，玩家可以使自己角色的装扮具备很高的辨识度。这也成为游戏的一大乐趣所在。第三，从一对一单独对战模式到5V5小组团队协战模式，从简易平原地图到复杂多障碍对战地图，《英雄联盟》提升了玩家的游戏控制力及与不同玩家队友的协调能力，使游戏的人情味十足，提到游戏，玩家想到的不仅是对战的刺激，更多的是对团队融洽合作的回忆。

3. 全新的角色体验与多样化传播

《英雄联盟》既致力于让玩家感受到唯我独尊的王者之气，又可以提供体验一加一大于二的团队力量，玩家需要面对的每一个对手都是和自己一样充满智慧的玩家，而不是循规蹈矩的电脑机械模式。每次进入游戏都意味着一个全新而变幻莫测的开始，而不是一成不变的游戏历程。《英雄联盟》的品牌语言是“英雄，为你而战”。

《英雄联盟》的传播途径主要包括了网络广告传播、赛事传播及平面广告传播。第一，在线下各种不同媒体平台投放广告宣传，2012年《英雄联盟》公测一周年狂欢盛典时，深圳地铁四号线通体被装饰成“英雄联盟号列车”，如此霸气广告，业界尚属首例，赚足了眼球。第二，赛事传播，2011年6月腾讯建立了围绕《英雄联盟》的腾讯电子竞技平台，这也是国服《英雄联盟》第一次大规模的正式比赛，围绕着《英雄联盟》腾讯公司在两年里搭建起了国内第一个体系完善的电竞平台。英雄联盟职业联赛季前赛于2013年1月开启。通过季前赛、春季赛和夏季赛等一系列职业联赛运作，极大地扩展了游戏品牌知名度。第三，网络传播，作为目前国际最为流行的网络游戏品牌，万维网当仁不让地成为其主要的传播渠道。《英雄联盟》通过与主流游戏网站、论坛通力合作，创建微博、微信等客户端，赢取了越来越多的忠实品牌用户。第四，衍生产品传播，《英雄联盟》中众多深受喜爱的英雄角色，已经变身实物，成为挂件，公仔和收藏模型等衍生手办，博得了众多粉丝的青睐。

二　品牌发展：未来之星的闪耀升腾

《英雄联盟》未来的发展非常有潜力，前景很乐观。国际和国内大赛在增加，很多老游戏玩家慢慢开始接受竞技类网游，这是《英雄联盟》最大的优势。

1. 走向职业竞技的战场

腾讯公司游戏部高层以及《英雄联盟》开发商曾多次在公开场合表态，《英雄联盟》的赛事将向职业体育靠拢。游戏界的同仁们最开始听到这个宣言时，都以为是天方夜谭。更多人以为是厂商惯用的营销口号，但《英雄联盟》用了不到四年的时间践行了自己的承诺。不论大小赛事，《英雄联盟》均以体育竞技比赛的标准来执行，其最成功的赛事 S2 总决赛受欢迎程度甚至超过美国“国粹”棒球职业联赛。2011 年，在腾讯游戏大力推动下，该公司代理的《英雄联盟》和《穿越火线》进入 2011 年的 WCG 世界总决赛。2012 年的《英雄联盟》带来一场联赛性质的城市英雄争霸赛，在全国 21 个省、4 个直辖市和 3 个自治区，共计 108 个城市同步开赛。选手需要经过所在赛区周赛、月赛、省赛、区域赛的层层选拔，最终进入全国总决赛。腾讯公司为全体玩家完美地打造了“低门槛、人人都可参与”的赛事平台，城市英雄争霸赛在当年，以强劲的势头席卷了各大城市，凝聚了电竞玩家的关注。这次全国性比赛挖掘出了许多优秀的竞技国手，让不少热爱电竞的玩家体验到了零门槛赛事的惊喜和比赛时的激爽欢乐。这次比赛后，一些《英雄联盟》的狂热玩家走向了职业竞技选手之路，《英雄联盟》在中国已走向成熟。横跨近一年，职业联赛奠定《英雄联盟》电竞王者地位，2013 年 5 月 24 日，风靡全球的《英雄联盟》2013 全明星赛在上海举行。全球顶级明星选手、游戏圈名人悉数到场，前所未有地吸引到全球主流媒体进行报道，包括 CCTV、CSPN、美国 ESPN。此次《英雄联盟》全明星赛规模之大更是创下游戏史上的最高纪录，也是中国地区第一次如此大规模的由一款产品举办的电竞赛事。为期三天的《英雄联盟》全明星赛的热度已经超越很多传统的体育项目，电竞已经不再只是电竞圈、游戏圈内关注的事情，中国电竞崛起已不再遥远。

2. 电竞行业的响亮代名词

2013 年 3 月，《英雄联盟》全球最高同时在线账户数突破 500 万的消息引起了全世界的关注，这款英雄对战网游仅用了 3 年时间就完成了新秀到全球第一竞技网游的封王之路。与此同时，《英雄联盟》的电竞之路也步入成熟，3 月 16 日，定位高端电竞的《英雄联盟》职业联赛在上海开幕，同时，游戏官方首度对外界宣布了 2013 年“大电竞”战略。这一消息受到行业人士的强烈关注，由中国领先互联网企业腾讯公司牵头，凭借全球大获成功的《英雄联盟》，以及最丰富的赛事组织经验和推广资源，中国电竞将正式从2013年开始腾飞。

不得不承认的是，《英雄联盟》将电竞推向更广泛的大众，为电竞人提供了更广阔的舞台，让电竞本身所蕴含的体育精神和社会价值得以充分发挥，电子竞技正在逐步从“被误读”的状态中走出来，电竞的未来已不再遥远，而《英雄联盟》无疑已成为当今电竞的代名词。《英雄联盟》职业联赛之季前赛结束后，《英雄联盟》于现场宣布战队联盟正式成立。《英雄联盟》战队联盟成立的首要目标就是扶持国内顶尖俱乐部，帮助俱乐部发展，协调职业联赛俱乐部相关事宜。《英雄联盟》将致力于把战队联盟打造成为电竞迷与俱乐部共同认可的专业电竞组织。越来越多的队伍成立英雄联盟分队肯定会推进《英雄联盟》在国内市场的影响力、关注度以及推广速度。同时队伍增多会让《英雄联盟》的比赛竞争变得更激烈，也更吸引人，这对《英雄联盟》的发展起到了非常积极的影响。

3. 寄予厚望的未来之星

老一代电竞玩家将《英雄联盟》视为电竞产业化的最后期望。对于老一批电竞人来说，《英雄联盟》承载了他们实现理想的最后希望。“从没有哪一款电竞项目能像《英雄联盟》一样将全球玩家会聚在一起。如果连腾讯都无法借助《英雄联盟》推动电竞产业化，我这个‘70后’或再也等不到这样一款集大成的产品了。”GTV副总经理蒋睿说。2013年3月25日，中国奥委会官网官方微博发布调查，与网友讨论电子竞技的“普遍性”和“受欢迎度”。此前，该官方微博曾发微博称2016年里约奥运会或将加入《英雄联盟》这一游戏项目。中国奥委会对电竞申奥的持续关注，掀起了一轮新的电竞热潮。电子竞技申请奥运项目或已提上日程，未来奥运会中极有可能见到《英雄联盟》作为标准竞技体育项目的身影。

B.21

久游公司：秣马厉兵，品牌运营

宋元烨

摘　要：

久游公司是中国第一家集各类网络游戏、互动社区、时尚数字娱乐以及移动增值服务等为一体的互动娱乐门户网站。公司具有积累下来的雄厚资本、历经多年而持续运营的数款网游、强大的研发能力、高质量的服务水平。它以《劲舞团》发家，中途经历与T3纠纷、《神兵传奇》失败等诸多波折。但久游凭借着强大的实力屹立不倒，并不断创造新的辉煌。

关键词：

久游　网络游戏　劲舞团

久游公司即久游网。它是中国第一家融各类网络游戏、互动社区、时尚数字娱乐以及移动增值服务等为一体的互动娱乐门户网站。久游网一直以来采用一种先体验后付费的经营模式。该公司于2003年在上海创立，由王子杰先生担任董事局主席兼CEO。

作为一个好的企业，团队合作相当重要。团队合作是维持整个企业成长与发展的支柱。久游公司的团队不仅理念先进，并且拥有丰富的业内经验与能力，有来自世界500强游戏企业的管理和技术人才，是中国的第一代游戏产业工作者。

久游网获得了2005年度“中国最酷公司”以及2005年度“上海市信息服务行业优秀服务品牌”，也是“2006年度RedHerring亚洲最佳成长企业100强”，2007、2008年度“中国高科技高成长50强”以及“亚太高科技高成长500强”，赢得2005～2008年度的“十佳网络游戏研发商奖”以及2005～2009

年度的“十佳网络游戏运营商奖”，为2007年度、2009年度“上海名牌”，是2009年度上海软件十强企业，获得国际服务品质保证的ISO9001认证、ISO10002认证等。

一 “劲舞”发家，掌控舞台

1. 找准市场，以《劲舞团》发家

综观国内游戏市场，《劲舞团》已成为网游一个时代的代表。它对“80”“90”影响极大。久游网便是这一切的最大受益者。

《劲舞团》是2005年5月12日由久游在中国地区代理的3D舞蹈类休闲音乐网游。《劲舞团》由T3 Entertainment开发，韩商Yedang为发行商。中国大陆暂时由久游代理。《劲舞团》是一款网络舞蹈游戏，其基本内容类似于网上跳舞机，其以时尚的装扮和华丽的风格吸引了大批玩家。

自从盛大的《传奇》风靡网络后，大部分网游都是打怪升级、PK，再升级、再PK。然而，玩多了总会有点儿乏味。所以当《劲舞团》这款以音乐舞蹈为主题的轻松且时尚的网游出现后，自然大受欢迎。

劲舞团于2004~2005年在中国测试。最初是以一款音乐休闲的游戏登上网络平台，其实《劲舞团》在韩国运营时，只有区区500人左右的在线人数，进入中国后，经过久游宣传，很快在中国受到一大批青少年男女的喜爱，一度成为拥有78万人同时在线的中国最多人数的网络游戏之一，这在当时仅次于盛大代理的《传奇》。

《劲舞团》对现实也造成了相当大的影响，《劲舞团》中的发型与服装在生活中也很流行，各种非主流、另类的青少年出现，其一度被评为“最佳一夜情游戏”。

《劲舞团》在飞速发展过程中也受到了官方的调查，甚至中央电视台在2009年点名《劲舞团》是鼓励一夜情的游戏。2007年底，《劲舞团》和其他大型网络游戏一般，也出现了私服，促使久游进行有力打击，查出有175au私服案、523au私服案、35au私服案等，但依然有大批的《劲舞团》私服在网络中流行。

《劲舞团》其实也是网游产业新的细分市场的代表。2006年网游产业总收入比2005年增加了73%，为65亿元，这一数据说明市场一直在增长，而市

场的增长除了游戏厂商在增多，其实更重要的是游戏类别越来越细化、多样化。久游就是在其中找准了一个突破口，推出了《劲舞团》。

《劲舞团》于2005年在中国软件行业协会游戏软件分会获得“金手指奖”最具创意绿色网游。于2006年在中国国际数码互动娱乐展览会（China Joy）上获得“金翎奖”玩家最喜爱的十大网游、最佳境外网络游戏。于2006年在第三届中国游戏产业年会上获得“年度十大最受欢迎的网络游戏”奖。于2007年在中国国际数码互动娱乐展览会（China Joy）上获得“金翎奖”最佳境外网络游戏。

2. 吸取教训，企业试转型

《劲舞团》是久游网的发家游戏，该游戏一度占据久游约90%的收入。它给久游带来了巨大收益的同时，也曾给久游以重创。

由于一直蒸蒸日上，久游便着手上市。大阪交易所于2007年6月15日批准了久游上市申请，在计划中，久游公司欲发行9.7万股，其中每股20万日元，融资1.6亿美元。

然而，正当久游准备赴日挂牌上市时，T3与Yedang发起诉讼，认为久游未按时支付分成款项，紧接着授予第九城市《劲舞团2》代理权，并威胁久游2008年8月合约到期后也不再与其续约。此次纠纷导致久游上市搁浅。日本大阪交易所于8月21日在网站上公布，久游公司已于8月16日撤回了上市申请，并得到了批准。

虽然久游于2007年9月12日与韩商达成和解，继续签约两年，久游网在中国独家代理《劲舞团》延长至2010年8月。但是久游已经深深地认识到，代理并不是出路，需要自主研发才能独立自主。久游开始转型，于是在2009年4月11日公司六周年庆上发布了《GT劲舞团2》等六款游戏。

二　久游口碑，网游“金杯”

1. 安全服务与久游令牌

盗号现象随着网游的发展而日益普遍，许多游戏公司都推出了自己的措施。久游网则推出了久游令牌，它是久游网在2007年初推出的一款账户密码

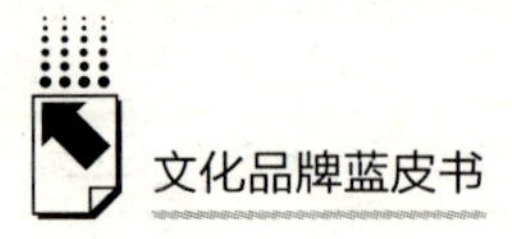

保护硬件。可通过原有账号密码与令牌生成的随机动态密码，来保护玩家账号的安全。动态密码是指久游令牌产品只要按下按钮就会显示出来的随机生成的一组密码，而且使用了一次就会作废，再按一次则会重新出现一个新的动态密码。以前盗号的人只要知道了别人的静态账号密码就可以偷盗账号了，久游令牌避免了这一点，可极大提高账号安全性。

2. 久游梦想计划与 GTOWN

久游网自 2008 年 3 月起，启动了“久游梦想计划”。“久游梦想计划”是关于久游战略发展的长期计划。该计划包括久游网的引进与储备人才、内部激励以及对外合作。“久游梦想计划”的目的在于进一步发掘与培养优秀人才，促进公司的发展，同时加强与各方面的合作。

久游网于 2008 年 2 月发布了互动娱乐社区久游吉堂（GTOWN），GTOWN 是久游 2008 年重要战略转型期的大型虚拟互动娱乐 2.0 社区产品，同时也在 2010 年上海世博会作为世博游戏合作产品。久游网对其投入数千万人民币，耗时两年半时间自主研发，动用超过 400 人的研发力量，采用 3D 客户端图形技术。

“久游梦想计划”的推出为久游的战略转型提供了更加有力的保证。久游通过这一计划表示不仅要为企业内员工提供良好的发展前景，也尽力争取行业内的各类人才与团队的加入，也愿意与各大企业进行各种合作与交流。

3. 实施虚拟社区建设

久游于 2008 年 7 月 16 日上午在第六届 ChinaJoy 高峰论坛上表示，互动娱乐产业下一阶段发展核心趋势是虚拟社区，将玩家变成稳定的核心用户的必要机制当时的网游并没有真正的具备，下一发展阶段网游公司需要开发出可以实现网游用户间的经济、社会等关系的“社区”。

在当时，内容驱动和垂直引导是网络游戏产业的模式，这样做可在一段时间内刺激用户的眼球，吸引粉丝，但如此很难将玩家变为稳定的核心用户。

因此，建立网游中的社区化机制相当有必要。所有网游中首先实现社区化的应该是休闲类网游的用户，他们非常重视时尚、品牌，而且冲动化消费需求特别旺盛，同时男女比例较为均衡，用户分布也广。

4. 精益求精的服务

高品质的服务是企业口碑的保障。自2010年1月4日起，久游网客户服务中心推出了VIP服务。VIP玩家可在账号、装备这些玩家最关心的方面获得100%的保障服务，加上还可获得优先接入、专线服务以及专属大客户经理团队服务，这在当时的网游业服务中并不多见。

在2010年的《3.15中国网络游戏客服质量调查报告》中，久游客户服务质量位居第一，其中《劲舞团》有着全部项目第一的成绩。久游客服中心对部分内容简单但操作时间较长的业务进行了电子平台的受理转移，有效提高了客户服务中心的接通成功率。分流作用使得用户服务得到了保障。同时，久游客服中心通过了一系列的国际质量体系认证。久游也结合公司游戏及服务特点按标准严格执行对外的各项服务承诺及操作。

5. 网游3D的视觉化战略

久游于2010年3月正式启动网游3D视觉化战略，欲在业内率先实现网游3D立体视觉。久游打算首先在休闲类、动作类这些平均游戏时间较短的网游中推出3D立体效果，避免眼睛疲劳，接着逐步推广到次世代MMORPG网游产品上。玩家使用普通眼睛就能感受到3D效果。同时久游也在每个游戏推出3D版本时，发放总量达百万副的3D效果眼镜方便国内用户体验。久游网的3D立体视觉战略，体现了欲当行业先锋的姿态。

6. 网游低俗营销风波与整改

久游网于2010年6月17日举行了《勇士OL》全球开测发布会，日本艺人苍井空和部分国内在网络上的知名人物作为嘉宾与玩家进行了一些互动游戏活动。

而在7月6日，《文化部文化市场司关于加强网络游戏市场推广管理，制止低俗营销行为的函》出台，要求各部门对网络游戏市场的管理要进一步加强，打击低俗营销行为。

针对文化管理部门的有关通知，久游网当即删除产品官网和公司网站上的相关活动报道，与之有关的所有活动也全部取消，以全面整改积极配合文化部及相关管理部门。

这虽然是一个风波，但是久游主动配合政府部门，快速处理，妥善解决了这一问题。

三　惊涛骇浪，神兵“受挫”

1. 厉兵秣马，征战网游市场

久游网于2010年春节假期结束后，宣布于年内上线运营包括网页游戏在内的10款网游新作，其中绝大多数为自主研发的大型MMORPG及动作类网游。包括已对外公布的国内首款3D横版动作格斗类网游《勇士OL》、国内首款基于“虚幻3”技术的网游《神兵传奇》、改编自武侠宗师古龙同名小说的动作武侠ARPG网游《流星蝴蝶剑OL》和3D近未来世界RPG网游《侠道金刚》。

2010年是国内互动娱乐产业第二个十年的开端，与此同时国内网游逐步成熟，竞争激烈，用户对内容及品质要求更高，网游的竞争更加激烈。久游网对自身的运营战略进行了重大调整，将自主研发作为发展主线，将占据最大市场份额的MMORPG类型及潜力巨大的动作类网游作为内容主型，将次世代、大制作级精品游戏作为首要发展目标。

2.《神兵传奇》：出人意料的“兵败”

久游网《神兵传奇》于2010年8月18日14点启动内测。当时久游对其寄予厚望。《神兵传奇》的市场表现对久游战略转型有着重大意义。久游耗费4年时间自主研发《神兵传奇》，研发费用超过1亿元，广告费也多达5000万元。

《神兵传奇》从技术层面来说，确实很高端。然而，久游制作组无法解决虚幻3的兼容性问题，进入游戏的时间非常长，还有可能死机，用户在体验游戏精美画面之前，耐心已经全无。由于这个问题而放弃了游戏的玩家就已经不在少数，更不用说进入游戏后的各种bug。另外，玩家诟病的还有各种不合理的游戏设定，包括过于昂贵的游戏道具、人性化设计不强等。其实在《仙剑奇侠传OL》中就出现过这些问题，而久游并没有吸取之前的教训。

2010年12月，由于《神兵传奇》运营成绩不佳，久游北京分公司被迫暂停研发。项目涉及的研发人员将近100人，相关研发人员一律“待岗”。而《神兵传奇》项目组也无奈裁员50%。

《神兵传奇》本是久游想要缓解自己对《劲舞团》过度依赖局面的利器。

公司在《神兵传奇》上花费了近2亿元市场费用，注册量和官网点击量曾分别达到120万人和1200万次。但于9月27日测试开放后，只剩下两个服务器在最后一个大区。

《神兵传奇》失败后，蝴蝶效应席卷而来，先是3D竞速游戏《光线飞车》于2010年12月8日关服。然后是3D MMORPG《风火之旅》也于2010年12月27日关服停运，接着，3D MMORPG《侠道金刚》、体育竞技类游戏《劲爆篮球》、休闲音乐类游戏《超级乐者》同时于2011年3月29日结束运营。日本运营商Five Star正式公布《勇士OL》于12月20日13：00停止运营。

2010年12月久游大股东中科英华的子公司中科商贸将其持有的占久游网16.97%股份的700万股久游国际股权以1500万美元的价格转让给金科国际。这是因为久游国际的经营情况低于中科英华的预期。久游网2010年前三个季度的收入为4.87亿元，亏损3443万元，而2009年全年利润则为773.8万元。

久游网自从2007年上市失败，接下来的三年，可以说每年的收入及净利润都处于下滑状态。久游公司2008年收入为7.86亿元，净利润为1.3亿元。2009年收入为6.9亿元，净利润为773万元。久游网2010年随着中国网游市场竞争的加剧，其收入下滑明显，并且出现了亏损。2010年前三个季度收入为4.87亿元，净亏损为3443万元，总资产7.02亿元，净资产5.39亿元。

3. 成也服务，败也服务

久游当时一个很大的问题是对产品的评估力度不够，这和当年久游运营《劲舞团》的成功有一些运气成分有很大关系，当年久游欲转型时期有两部作品：《科隆》和《猎人MM》，但《科隆》一直人气低迷，《猎人MM》更是创造了“一人在线，几十GM陪玩”的“神话”。久游一直以来都是靠《劲舞团》吃饭，其他游戏很一般，所以在2007年，因T3的解约威胁而上市失败。之后的产品确实不少，从《仙剑奇侠传OL》到《魔力宝贝2》，再到《神兵传奇》，却仍然保持《猎人MM》时的运营水平，实在是让人惊讶。一款连产品质量都不能保障的游戏，久游竟然敢于花大量资金去宣传，这破坏了久游的声望。

《神兵传奇》过于注重虚幻3这个头衔，而不把主要精力放在游戏与系统的兼容性和bug修正上。久游成功地宣传出了《劲舞团》，由此固执地认为，宣传才是最重要的，《神兵传奇》给了它一记重击。

《神兵传奇》除了产品本身具有的缺陷外，市场营销也是一片混乱，当时国内一线网游公司旗下只要某一款游戏有30万在线人数，整个团队就能拿到500万左右的奖励，研发会分去一半，项目主要负责人分去1/4，然后客服、相关测评、市场、运营、质量等各个部门都会分一部分，项目负责人可以说收获很大，所以项目经理造假时有出现。

4. 继续进行战略调整

久游在2011年重点打造自主研发的《流星蝴蝶剑OL》，另外再上线几款代理的游戏。在经历《神兵传奇》失败的痛苦后，久游再次转变思路，认为应该研发与代理并重。自主研发可以减少依赖，但是自主研发具有时间长、风险大的危险，所以久游减少了一定的研发队伍。

四　不懈努力，重塑辉煌

久游网接下来一直寻求出路，试着继续通过自主研发和代理推出新的游戏。经过一系列调整，久游公司董事会于2013年2月6日宣布，董事长兼CEO王子杰离职，由原COO顾懿代任公司CEO。

久游网在自主研发MMO网游未得到应有的效果后，于2013年8月23日联合移动社交应用陌陌推出手机游戏——《劲舞团移动版》。紧接着于2013年12月11日又和陌陌推出第二款3D音舞类手机游戏《陌陌劲舞团》，在安卓和iOS平台上同时发布。久游的《劲舞团》曾经风靡一时，品牌知名度很高。而陌陌有超过8000万用户，超过1300万的日活跃用户数，是有着广大渠道的移动社交产品。对乐于社交的玩家有很大吸引力的《陌陌劲舞团》经过久游和陌陌一系列的发行推广，一定能够共创佳绩。

当初号称“中国网游界三驾马车”之一的久游网如今没落为一家二流的网络游戏公司，当中有许多值得反思的地方。而在竞争越发激烈的当今，想要翻身似乎更加困难。但我们也必须看见久游背后有着丰富经验的一批老员工、强大的研发技术、旗下经历多年风雨仍然不倒的数款网游。从久游公司近期的动向来看，久游还在努力调整中，只要充分利用自身优势，把握住接下来的发展方向，说不定曾经引领网游潮流的久游网还能再次出现。

B.22 当当网：电子商务的书业先锋

金希娴

摘　要：

自1999年11月投入运营至今，当当网已有十余年发展历史，多次荣获诸如“中国互联网产业品牌50强”、“年度最佳网上书店”等殊荣。作为早期传统电商代表，当当网最初主营图书类业务，随着国内电子商务市场的活跃繁荣和竞争的不断加大，其适时调整经营策略，转变为一家综合性的在线购物商城，并率先开发了移动客户端，在消费者中牢固树立起了自己的品牌形象，从而获得了巨大的发展。

关键词：

当当网　电子商务　转型　营销模式

一　尽数历史，细水长流

这是一个竞争的时代，自盘古开天辟地到科技飞速发展的今天，无论是人类或其他生物的生存都离不开竞争。从人类学会使用工具摄取食物、利用食物进行等价交换，随之而产生商品概念，到第三次科学技术革命带来的“知识经济时代”，人们想要生存就必须在日益发展的社会中学会竞争。当今世界的竞争是国家之间综合实力的竞争，当今社会的竞争是企业间的竞争，而当今企业间竞争的实质很大程度上是品牌的竞争。

当当网1999年11月投入运营，至今已经历了十五年的历史，其成就有目共睹。企业创始之初以经营图书音像业务为主。自成立以来，当当网一直坚持文明办网的原则，杜绝盗版和假冒伪劣产品，在国内广大网民心目中树立了健康向上的良好品牌形象。2009 年 7 月，当当网正式推出招商平台，面向第三方商家提供一个良好的交易平台，其目标是做一个大而全的综合网络商场，以满足顾客一站式购物的需求。2009 年 9 月，手机当当网全面升级，并推出革命性的手机购买功能，顾客可以通过手机等移动客户端随时随地下单、购买，这在国内 B2C 电子商务领域属于开创性工作。2010 年 12 月，当当网于纽约证券交易所正式挂牌上市，这标志着当当网已经成为一个国际化的大型网络销售平台。

然而，近年来，中国居民的消费对象逐渐从生活必需品转到其他产品和服务上。随着中国零售市场的迅速发展，随即产生的电子商务零售业的发展也日新月异。由于电子商务的品牌化及渠道销售的多元化趋势，一度以“网上书店”形象立足的当当网，其传统的运行模式已经不能适应新的电子商务环境的变化趋势。作为传统电商企业的代表，当当网如何通过电子商务这个有利的平台进行有效的品牌推广与营销传播，从而构筑起品牌的核心竞争力？对于品牌发展道路中的挑战，当当网毅然决定启动“平台 B2C”计划，计划采用自营加联营双管齐下的战略，吸引第三方商家在当当网提供的平台上进行不同类型的商品贩售。由此，当当网开始由在线书店向定位于中高端客户的、综合性的在线购物商城转型，让“当当网”这个人们传统印象中的电商品牌逐步向“时尚电商”转换，从根本上转换了企业的销售模式，使企业成为一家综合性的 B2C 购物平台。

二　承载辉煌，激流勇进

事实也证明，当当网由传统电商向综合性商城转型的这一决策十分正确。由于 2012 年电商的价格战导致的行业恶性竞争，各大电商企业都出现了不同程度的亏损。在这一逆风的情势下，当当网财报显示，2012 年其第四季度营收 2.59 亿美元，较 2011 年同期增长 31%，毛利率 13.4%，而 2011 年同期毛利率仅为 10.5%。正是因为当当网高层管理人员的当机立断，在不利形势下采取转型策略，使得企业的第三方平台销售额在 2012 年得到了飞速发展。如今当当网已经由单一的“网上书店”转变成涵盖家居百货、化妆品、数码、家电、图书、音像、服装及母婴等几十个大类，逾百万种商品及服务类的大型

综合在线购物商城。仅 2012 年，当当网整个平台第三方销售额就达到了 13 亿元，其获得的第三方收益亦达 1.7 亿元。

从 2013 年当当网具体销售额来看，第一季度，当当网总体销售规模为 18.6 亿元，同比增长 47.6%；第二季度，当当网毛利率为 17.1%，相比 2012 年同期增长了 4 个百分点；第三季度其毛利率为 17.6%，相较 2012 年同期增长了 2.4 个百分点。而就当当官网三大优势品类运营数据来看，基于图书音像类发展起来的原始品类依旧是支撑整个销售规模的优势分支，截至 2013 年 1 月，当当网图书品类独立访客数高居市场排名第一位。2013 年第一季度，二级域名为 fashion. dangdang. com 和 baby. dangdang. com 的当当网服装品类、孕婴童品类月度访问次数分别达到 1224 万次、711.5 万次，同比增长分别达到 260.5%、101.0%，覆盖人数同期分别最高到达了 331.8 万人、182.8 万人。截至 2013 年 9 月，当当网第三季度自营图书类增长更为明显，得益于 7 月图书五折促销活动及 9 月开学季促销，当当网在线图书市场在整个市场中持续保持优势地位。另外，服装品类已经逐渐成为当当网新增长点，其月度覆盖人数在 9 月增幅高达 59.8%。除此之外，母婴品类发展的潜力也非常大。

根据 2012 年 1 月至 2013 年 3 月中国核心 B2C 购物网站月访问次数调查数据显示，这期间当当网的月度访问总次数总体趋于平稳，达到了 57079 万次，2013 年 3 月当当网活跃用户数达到了 210.3 万人，环比增长 75.0%。随着移动客户端的不断研发与创新，2013 年，更加快捷方便的手机、IPAD 等一类移动客户端逐渐在电子商务中占有一席之地，并扮演了愈发重要的角色。针对这一状况，当当网也抓紧时间先后推出了移动客户端、微博营销以及微信营销战略，2012 年 12 月和 2013 年 3 月，当当移动客户端月度使用次数都达到 9000 万次以上，环比增长率大幅提升，分别达到了 109.8% 和 47.3%。

三　梅花香自苦寒来

1. 前进道路的迂回曲折

尽管以上数据证明了当当网这个由传统电商转向大型综合性网上购物平台的企业，其发展现状平稳、前景乐观，但也要发现企业潜在的问题。来自当当网财务数据显示，2013 年第一季度当当网营收人民币 12.338 亿元，净亏人民币 7270 万元；2013 年第二季度净营收为人民币 14.935 亿元，净亏损人民币 6390 万元；2013 年第三季度净营收为人民币 15.2 亿～15.3 亿元，净亏损人民币 2700 万～2900 万元。这些亏损的出现大多是因为公司网站流量的增大、订单的增加需要更为强大的网络支持、物流与配送中心的扩充以及公司规模壮大后更多技术人员的需要。这些运营部门、技术部门、基础设施的建设都需要大量资金的投入，从而造成了企业的一定亏损。不过这些数据也显示，当当网企业前进发展的道路是曲折的。“不经一番寒彻骨，哪得芳香扑鼻来”，当当网在经历了挑战后愈战愈勇。2013 年第一季度以来，企业管理系统发展稳健有序，基础设施建设日趋完善，技术层面更积极锐意创新，整体亏损情况渐渐收窄。企业已开始赢利，眼前形势已大为转好。

通过近年来的努力，当当网百货类收入比重从 2009 年的 10.5% 上升至 2013 年的 34.05%，其销售额四年间亦增长了 11 倍。当当网如今的的确确已成为一家综合性大型网上购物平台。但也正因此，在面临巨大机遇的同时，当当网也面临着相当大的挑战。这些挑战不仅仅来自外界同行的竞争，更源自企业自身。最初，当当网是以图书音像为主要诉求点销售的传统电子商务平台，在面对以综合商城销售模式起家的淘宝商城、京东商城以及亚马逊等这一类已经发展到具有一定规模的强有力的市场占有者时，当当网拥有的仅仅是一个市场新进者的身份，想要真正进入这个行业并到达领头羊地位，当当网还面临重重的行业壁垒需要跨越。当当网需要有迎难而上的精神，以自身强大的力量冲出重重壁垒，在排除万难后奋勇向前。

2. 传统模式的瓦解与重塑

历经十五载风雨，当当网始终坚定着创办企业之初“诚信为本”的经营理念，丝毫不曾动摇。中国国内现有的电子商务平台，无论是 B2C 还是 C2C，看似发展迅速，但实质是尚未完全成熟，随着网络零售业不断向前发展，更多的创新模式将会出现，现有的模式将会慢慢更新和被替换。在这个行业环境下，任何企业的发展道路上都会荆棘满布。当当网也曾经历过企业发展的低谷期，遇到过许多难以克服的困难。但当当网从未因此妥协，而是开拓进取、锐意创新，在秉持传统企业文化的同时重塑新的品牌理念，迅速吸取国内外优秀企业的成功经验，根据企业自身所存在的问题，及时进行企业内部体制的改革及系统构造的调整与完善，使企业逐步向更好的方向发展。

2012 年执行的“引进来，走出去”战略便是当当网重塑传统模式的最好阐释。在开放平台这一商业模式上，当当的定位非常清晰，鉴于腾讯、天猫的流量很大，当当网就在二者的平台上开一个大型购物中心。此外，由于某些品类由其他垂直电商或品牌商在当当上卖更有优势，当当便积极引入国美、东森、迪信通等渠道商入驻。而与百度、谷歌等搜索引擎的强强联合使当当网的广告效果大为提升，与豆瓣一类书评网站间链接的建立也使目标消费人群对企业品牌的认知度大大提高。与时俱进的各类销售活动、打折促销也使得当当网品牌在消费者中的口碑有所提升。需要提出的是，当当网已经大胆地进行了跨平台销售活动，于 2012 年 10 月 31 日正式入驻天猫商城。以上一系列策略都为当当网自身品牌的树立与推广提供了良好的保障，提升了自己的市场占有率。

除此之外，当当认为网络购物平台发展的核心问题是品类丰富的程度，而服务与价格也非常重要。当当网靠卖书起家，这也是当当网最大的优势之一——拥有精准且稳定的客户群，在集客和集货方面能力很强。于是它将另外一条扩张的主线放在了数字图书与数字音响方面，2012 年当当网在开拓电子书市场的行动中推出了将纸质书与电子书联合采购的“抢滩计划”。此次计划带给当当的影响是巨大的，当当网也牢牢抓住了这一优势并借此契机将企业版图中的优势产业进一步扩大化。

四　抓住机遇，迎接挑战

经过十五年的励精图治，当当网如今正奋勇前行。在这个电子商务蓬勃发展的时代，当当网想要立足于电商圈，在众多的竞争者中脱颖而出，就必须铆足全力，不仅要有好的商品、优质的服务，还必须具有创新进取的精神，随时代步伐保持特色。其中，最重要的无疑是树立根深蒂固的品牌文化，抓住品牌文化的精髓，使企业的品牌文化渗入企业运作的每一个细节。

当今世界，科学技术的革新导致新兴媒介载体层出不穷，商家之间的竞争也花样百出。所谓抓住机遇就是在以把握时代脉络的前提下，适时调整战略目标，因地制宜、因人而异地制订全面的营销策略，把握住消费者的内心需求，满足人民群众和整个社会发展的需要。当当网需要在企业原有的优势基础上使原有的优势产业加以稳固，并利用原有的优势产业链带动新兴产业链，使两者之间互相影响产生作用，共同发展，以使企业的利益最大化。当当网通过提供丰富多样的商品种类，优惠的价格以及快捷、方便、满意的服务，在消费者与商家间直接架起了无界限的沟通桥梁，让网民们享受全球性购物所带来的乐趣。

对于市场繁荣所带来的挑战，当当网并不畏惧，及时地根据市场需要调整价格策略，通过自动智能比价系统确保消费者以最低的价格买到最满意的商品，坚持薄利多销的价格策略，以吸引更多的消费者，并巩固忠实消费群体，通过商品种类的多样化策略减少价格低带来的损失，先树立品牌再开始赢利，并把这一策略作为当当网企业击败其他竞争者的制胜法宝。“对于当当网来说，不仅自己要做，也要努力参与和维护产业的良性健康发展。”这是当当网数字业务部总经理易文飞的一句话。“规则是由市场决定，而不是当当网制定的，但是当当网希望成为这个行业的梳理者。”这意味着，当当网不仅仅作为电商市场竞争的一位参与者，企业的肩上还担负着一种责任、一种使命感。

任何一个企业的发展都不是一蹴而就的，都要遵循客观规律，可谓任重而道远。当当网的发展要紧紧把握住品牌文化这个突破口，让企业文化最大限度地放大，使其能够被消费者清晰地了解，只有这样才能不断拓宽企业文化的传播途径，铸就坚实的企业文化品牌基石。

被誉为“现代营销学之父”的菲利普·科特勒曾说过：“营销不是以精明的方法去兜售自己的产品或服务，而是一门创造真正客户价值的艺术。”① 营销是一门艺术，而当当网这个企业便是描绘这一产业蓝图的艺术家之一，脚踏实地、一步一个脚印，相信其定能乘风破浪在这场电商博弈中脱颖而出、续写辉煌。

① 博通网络：http://www.botongweb.cn/wlyx_show.asp?id=319。

B.23

中国西部博览会：西部之窗，会展锋芒

黄思索

摘　要：

中国西部国际博览会自2000年创办以来，已经成长为别具规格的综合性国际展会，它集商品展销、招商引资、理论研讨和经贸交易为一体，作为西部大开发战略的助力器、中国国际贸易的大平台、中国西部文化底蕴的大窗口，西博会是中国西部别具规模的盛会，是中国西部向世界发出的盛情邀请。

关键词：

西博会　会展品牌策略

一　念峥嵘岁月，从西部到全球

14年，是一颗种子从发芽到郁郁葱葱的大树的时间，西博会用14年的时间将根茎深深地扎入了中国西部的热土中，将枝叶茂盛地开到了国际的大舞台上。创办于2000年的中国西部国际博览会简称“西博会”，是由国家发改委、工信部等10余家国家部委及西部12个省份共同主办的。14年来，西博会的展位规模从3万平方米扩大到接近20万平方米，签约投资额从100多亿元增长到10000多亿元，参展国家地区从17个发展到了近60个，最高浏览人次达到了40余万，连续多年居全国各类展会第一，贸易成交额居全国第二，仅次于有50年历史的广交会。

让所有人眼前一亮并为之惊叹的当数第十四届西博会在2013年的表现，从规模到品牌，无一不展现出世界一流国际会展的强劲势头。第十四届西博会以“构建区域合作新格局、激发西部发展新活力”为主题在成都举办，“主展场共有来自72个国家和地区、境内28个省（自治区、直辖市）的4000多家企业参展，与会嘉宾、客商超过6万人次”。此外，展会首次设立主宾国，由蒙古国担任；轮值主席单位为云南省，主题市（州）为阿坝州。本届西博会的办会理念是“共办、共享、共赢”，展会将在往届加强区域交流合作的基础上，着重突出国际化和市场化的服务特色。

第十四届西博会加强了与联合国开发计划署、联合国项目服务厅、博鳌亚洲论坛等重要国际组织的合作，以发达经济体和新兴经济体为目标，以西部地区的开放开发为重点，致力于投资贸易成果的取得，结合展览展示，精心设计影响大、效果好的重大活动，筹划举办主题鲜明、形式多样、内容丰富的投资促进与贸易合作专项活动，以不断提升西博会国际影响力。

本届吸引世界目光的亮点有四方面：一是规格高，政要嘉宾云集。7位来自五大洲的外国政要出席，中共中央政治局委员、国务院副总理汪洋出席开幕式并发表演讲。来自106个国家和地区等6万余名境内外各界嘉宾参会，通过政要会见、举办重大国际性活动、开展企业座谈等，扩大西博会的知名度。二是效果佳，经贸成果丰硕。本届西博会共举办56项投资促进活动，会展期间，共有462个投资项目顺利签约，签约总金额达到5631.8亿元，涉及的领域包括了教育、旅游、贸易、文化等，其中国际性的活动就占了将近一半的份额。三是会风新，节俭之风彰显。本届西博会深入贯彻落实中央八项规定，坚持节俭、务实、高效办会，嘉宾数量、活动规模、展览面积，以及相关费用支出，较上届减少了68%。四是影响大，各界关注西部。本届西博会受到海内外媒体和社会各界的广泛关注。大会期间到会采访报道的境内外媒体共266家，通过百度、谷歌引擎搜索分别有257万条、237万条相关报道。累计开展嘉宾专访59场、近100人次。

二　创两大效应，从小我到大我

1. 品牌效应，魅力辐射全球

品牌效应指的是产品为消费者带来的一种无形的影响和效益，会展行业虽

然没有物质的产品销售，但仍然需要打造独特的品牌，为会展集团积累社会无形资产和隐形的增值资产。从某个角度上说，品牌就是一种无形的生产力、竞争力和发展力。作为西部的名片和窗口，西博会对国内国外的吸引力与日俱增并且超乎想象，举办至今，参展国家和地区从36个上升到了88个，参展的商家也从1000家猛增到4000多家。来宾从国家元首、部长级官员到世界500强企业的高管和知名企业家，分量也越来越重。通过14年快速发展，西博会的"国际化"形象日益鲜明，它的含金量也随着中国经济的腾飞不断提升，品牌辐射面逐渐覆盖全球。

2. 蝴蝶效应，经济循环带动

经过14年的成长，西博会已经从以前规模小、名气不高的小型展示会成长为我国西部地区乃至全国的会展产业龙头。14年每一次的成功举办，直接带动了当地交通、旅游、住宿、餐饮、通信等相关产业的进一步发展，成功有效地拉动了第一轮经济的增长；同时也带动了与之密切相关的行业的发展，带来第二轮的隐性的增长，其最主要、最直接体现在带动投资、旅游及消费和会务上。正如蝴蝶效应，如此传导、循环，从而带动了整个西部地区国民经济全面、整体、大规模的增长。因此，在文化产业中，会展产业被誉为"火车头产业"。根据有关部门测算，会展产业带动系数高达5~10，占GDP1%的蝴蝶效应即可达5%~10%。

三 做行业明星，从眼界到境界

1. 火力全开，扩大品牌传播

（1）全面拓宽受众覆盖，提升品牌知名度。中国西部地区构成了全国总面积的2/3，有大约30%的人口居住，同时中国西部毗邻东南亚、中亚、南亚各国，这无疑孕育着西博会的广袤市场，为展会品牌提供了很大的引力场。而西博会对来自世界各地投资的吸引力和辐射面积，恰恰印证了文化品牌力量的传播实力。经过14年的学习和成长，西博会的展览面积达到了17万平方米的新高峰，1000多个标准展位、4000多家境内外参展单位、55个国家和地区、约6万人次、超过1000亿元的签约项目总金额……这一串串惊人的数字都是

品牌传播力的最好证明。为了达到展会品牌传播的最大效应，西博会组织者不断提升自身的媒体服务能力，为中外记者提供和创造最便利的条件，得到了较高的新闻曝光率、优良的传媒合作环境，为西博会的品牌传播推波助澜，进一步扩大了品牌的影响力。

（2）借用民族文化，丰富产业资源。我国是世界上民族最多的国家之一，我国有56个民族，仅西部地区就有46个少数民族的聚居地和5个民族自治区。西博会善于抓住文化产业的竞争元素中很重要的一个类别——民族传统文化，毋庸置疑，中国的西部是未被开发完全的宝藏，拥有着丰盛且诱人的民族传统文化素材。西博会善于活用这样优渥的文化资源，将多彩的西部民族文化产业作为重心之一在布展当中积极宣传，并且还结合了旅游等不同形态的文化活动，形成整体的文化魅力以达到生动有力的传播效应。西部地区蕴藏着绚烂的自然遗产和非物质文化遗产，犹如一颗颗藏在贝壳里的未被发现的珍珠，等待世界慧眼识珠共同开发，吸引到更多的游客来中国西部游玩，以及更多的企业来西部投资，从而带动西部的经济发展，创造更多的文化产业经济价值和社会效益。

（3）抱团式传播，知名度深入渗透。任何一个品牌的传播壮大不是单枪匹马就能成果的，西博会想要仅依靠四川省的媒体力量来传播未免稍显薄弱，之所以能够引起如此大范围的关注，西博会的另一个优势就是利用大规模的抱团传播。抱团传播在会展中指的是整合西部12个省的集团优势，带动整个东部和中部的媒介力量，使西博会的传播模式系统化、多元化、跨文化。西博会的这一策略得到了很多中东部省份的高度重视和积极响应，为中国西部与中东部的经济贸易交流合作做出了不可磨灭的贡献。抱团式的传播在西博会的运用中体现在众多外国政要和企业团的参展方面，他们的到来必然会带动各自国家的媒体宣传力量，增强西博会在全世界的曝光率。从地域层面来看，西博会汇集全球五大洲44个国家和地区的参展商，促进了中国西部地区和泛亚国家间的交流合作。其中，东亚、南亚、日韩以及我国港澳台的参展商占绝大多数。因此，组团式的传播为西博会带来了“四两拨千斤”的宣传效果，从而达到提高展会国际知名度和品牌影响力的目的。

2. 审时度势，打造会展传奇

（1）抓住政策趋势，成就自我。国务院副总理汪洋在主旨演讲中指出，

"推进西部开发任重道远，解决中国的贫困问题和促进区域协调发展任重道远，中国优先推进西部大开发的决心不会动摇，推进西部大开发的政策不会改变，力度不会削弱"。[①] 在西部大开发、统筹城乡综合配套改革试验区、天府新区建设等机遇下，投资成都正成为众多投资者的共识。西博会就是在这样一个宏大的时代背景下孕育而生的，它生在了广袤却并不富裕的西部大地，面临着艰难的环境和稀缺的投资力量，但是在我国奋力推进西部大开发的背景之下，西博会突出的是与亚洲以及全球的交流合作，将自己作为中国对外开放的一部分，把自身的努力和创造融入西部经济的增长之中，成了西部对外开放合作的一个服务平台。在开放合作的运作中，不仅有西博会，还有西部经济贸易洽谈会、中国—东盟博览会等盛大的经济贸易洽谈会，它们无疑给西部的经济发展带来了空前的开放、空前的畅通和空前的热情。2000～2009 年，西博会给西部地区带来的经济增长就达到了 11.7%，超过了全国各省同时期的平均增长水平。除此之外，西部地区人均产值也翻了四倍达到 1.6 万元，西博会向世界展示出了作为中国之子，它的快速成长和自豪。

四川省常务副省长钟勉指出，精心办好第十四届西博会，切实促进西部投资，为我国各省及对外贸易提供专业的服务平台，对于全面贯彻落实党的十八大和省委十届三次全会精神，服务西部大开发，促进和深化西部合作、东西合作和中外合作，进一步提升西部特别是四川省开放开发水平，具有十分重要的意义。因此，西博会的成功，原因之一就在于能够抓住社会的主流政策和趋势，乘着东风向前进必然发展速度百倍，只有借势于西部大开发的政策优势、资源优势发展自己，反过来又通过自身发展不断为西部大开发的方针政策服务、为西部经济发展牵红线和做贡献，西博会才能做到规模不断壮大、实力与日倍增。加拿大总督戴维·约翰斯顿表示，他在西博会上目睹世界各国的企业，包括加拿大的企业都成功地加强了国家之间的双边关系，创造了新的经济机遇，"合作，尤其在国家之间的合作非常重要"。

（2）倚靠城市资源，互利共赢。世界 500 强企业三井住友金融集团旗下的日本 SMBC 消费金融公司也是此次签约企业之一，邦民日本财务（香港）

---

① 中国西部国际博览会官方网站，http：//www.westernchinafair.org/。

有限公司作为出资方，董事长小川裕久说：“成都是中国西部地区发展最快的城市，在此区域消费者对金融的需求很高，我们希望在这里取得成功”。[①] 中国的西部城市向来给人以欠发达甚至落后于中东部城市的印象，但是今日的西部早已不可与昔日同日而语，不论是创新能力还是科研人才的聚集能力，西部城市都不逊色，以成都为代表，城市居住环境优越、产业配套完善、商务环境优良、政务服务规范，都使得其投资环境在中国更具性价比，因此成都被誉为西部“经济新坐标”，并名列“中国最具投资潜力经济园区”榜单的前茅。而西博会作为成都的一大盛事，与成都市和四川省的资源和发展是鱼和水的关系，没有丰富和配套的产业资源，西博会难有施展的空间，全力发展自身，没有西博会招商引资带来的聚合效应，成都和四川也少了发展的动力和机遇。深刻意识到这一点的西博会，一直致力于进一步加强与全世界不同文化的沟通、合作能力，同时不断争取吸收全世界范围内的优秀人才参与到西部文化创意的合作开发当中，海纳百川地将全球的产业资源、品牌资源、技术资源汇集到成都来共创辉煌。

作为第十四届西博会的协办城市，成都在确保展会顺利举办之时，也向世界展现了西部经济迅速发展的风貌，进一步提高了它作为“首位城市”的城市影响力。

---

① 中国西部国际博览会官方网站，http：//www.westernchinafair.org/。

B.24

电通广告：业界神话，广告先驱

雷雨晴

摘　要：

2013 年中国企业领袖与媒体领袖年会暨品牌贡献榜年度盛典上，北京电通荣获“2013 年度领军广告公司”殊荣。自 1994 年成立以来，北京电通秉承电通集团第四任社长“广告鬼才”吉田秀雄制定的电通“十则”精神，于实践中总结出“全方位信息服务”、“广告是人”、“做卖得掉商品的广告”等适应新时期的电通理念，坚持与时俱进、开拓创新，为中国广告业的繁荣做出了贡献。

关键词：

北京电通　鬼才十则　信息交流　以人为本　广告创意

电通广告公司 1901 年诞生于日本东京，经历了一个多世纪的发展，现已成为全球最大的单体广告公司。北京电通广告有限公司作为首个进驻中国的外资广告公司，是电通广告公司与中国国际广告公司于 1994 年联合创办的。随后，该公司又在上海、广州、青岛、深圳等地设立了多个分公司，并在武汉、成都、沈阳等城市设立了办事处。迄今为止，北京电通广告有限公司已发展为员工人数超过 1500 人、业务网点几乎覆盖了中国 1/3 地区的中国最大的广告代理公司之一。自 1994 年以来，北京电通大力开拓国内国际市场，公司业绩年年攀升。2003 年开始，北京电通连续多年在中国广告公司营业额前 100 名排序中名列前茅，并位列营业收入前 100 名排序榜首。国内外知名企业如佳能办公用品、联想电脑、雀巢、丰田汽车、海尔集团、康师傅、东软、伊利等都与北京电通广告有限公司有过成功的合作经历。

一 “鬼才十则”：吉田秀雄，神话准则

提到电通广告公司，不得不说到该公司第四任社长吉田秀雄，这个被称为“广告鬼才”的第四任社长，临危受命，挽电通广告于危难之中，并将之发展壮大，走上了国际化发展道路。时值20世纪中期，日本刚从战败后的混乱状态复苏，百废待兴，吉田秀雄抓住这一时机，积极奔走促成了日本广播媒介的商业化，为扩大电通广告的投放面赢得了更广大的平台。他是将市场营销观念引入广告运作的先驱者，为电通成功转型、免受欧美广告业冲击打下了基础。不仅如此，他还是日本广告业从传统向现代转型的领军人物，带领电通广告乃至日本广告业走上了国际化道路。

1951年，面对日本经济动荡、广告界萧条的局面，吉田秀雄为鼓舞自己与电通员工，用每天的零碎时间制定出了业界著名的“鬼才十则”，用以激励全体员工。这十条规则经过时间的洗礼，非但没有黯然褪色，反而成了全体“电通人”一直以来的行为准则，为电通的发展提供了巨大的精神力量。

“鬼才十则”的具体内容为：工作应自己创造，不应等人安排；工作要主动率先，不应被动等待；致力于大的工作，只做小的工作自己就难以成长；瞄准困难的工作，只有克服困难获得成功才能进步；做则不弃，直到达到目的，无论有多少艰难困苦也不放弃；带动周围的人，时间可使带动与被带动之间产生出天壤之别来；制订计划，只有拥有长期计划，才会产生出耐力与窍门，以及正确的努力和希望；要有信心，如果没有信心，你的工作会显得没有魄力、没有韧性，甚至没有深度；所谓服务，就是要时刻最大限度地开动脑筋，留神四面八方，不留丝毫疏漏；不要怕摩擦，摩擦是进步之母，是积极的养料，否则，你将变得懦弱无能。[①]

这是北京电通广告有限公司每一个新员工培训的必背内容。正是“鬼才十则”带领电通广告攀登上了世界前五的位置，为电通成为全球最大的广告公司奠定了基础。而“鬼才十则”之所以能够经历时间磨砺而一直被推崇，

---

① 北京电通广告有限公司网站，http：//www. beijing-dentsu. com. cn/Job/s39。

相当程度上是因为它与欧美4A广告公司所推崇的杰克·特劳特的“定位论”、大卫·奥格威的“神灯理论”、威廉·伯恩巴克的“鬼斧理论”、詹姆斯·韦伯·扬的“创意过程论”、罗莎·雷斯的“独特的销售主张”以及李奥·贝纳的“与生俱来的戏剧性”是有本质不同的。可以说，欧美广告界注重的是方法论的构建，即关注“如何产生创意”的问题，而“鬼才十则”则关注制作广告的人，其关键是造就具有健全人格的广告人才。

二 “全方位信息交流服务”：眼观六路，耳听八方

“全方位信息交流服务”是电通广告于1986年制定的企业理念，具体内容是“向客户提供包括传统的四大媒体以及促销、公关、互联网广告等各种广告营销手段在内的综合性的信息交流服务”。[①] 北京电通从行动上切实贯彻并发展了这条企业理念。

1. 商业布局：星罗棋布，点面结合

面对传统广告市场相对饱和的状况，一方面，北京电通扩大了从事传统广告业务的广告代理公司市场。其自1994年创办以来，除在上海、广州、青岛设立分公司外，还在成都、武汉筹建事务所，在成都、沈阳成立合作公司，经营全面广告代理服务。另一方面，紧随时代发展，北京电通将目光早早地投放到了新媒体数字领域上，通过了针对数字领域发展的“e方案”，将服务和内容产业制定为集团重要的战略业务单元方向。对新媒体传播的先知先觉为电通在数字领域抢占了先机。

2. 业务沟通：企业、消费者双剑合璧

广告业被称为“媒介掮客”，即是沟通企业与消费者的桥梁。传统的广告公司强调广告制作中企业的主体地位，而往往忽视广告受众们的感受。但在数字化多媒体、多渠道传播盛行的今天，消费者的地位越来越高，受众也不断被细分，以往那种适应单向传播的单一宣传模式已远远达不到沟通的要求。

北京电通则贯彻其沟通的理念。一方面，它力争做客户的全方位销售智囊，

---

① 电通中国集团网站，http：//www.4aad.com/Html/Article/from/Agency/94672.html。

根据许多中国客户优势在销售、营销方面缺乏经验的特点，打造从综合促销活动直到整个市场营销的整体市场营销计划活动。另一方面，北京电通着眼于消费者，根据新媒体环境下的广告传播最新态势，总结了新型消费者心理变化模式——AISAS模式。相对于单向传播的传统消费者心理模式AIDMA模式，北京电通强调消费者不仅是信息的接受者，同时也是信息的散播者。根据这个模式，北京电通在新媒体广告大战中收获颇丰，成为中国最大的互联网广告投放代理商。

3. 全方位传播：传统媒体、新媒体，全面覆盖

传播模式上，电通广告与时俱进，在网络高速发展的背景下，抓住先机，实现了从传统媒体到新媒体的全面覆盖。这项服务最初的构想源于电脑品牌联想的客户需求。他们设计并实施的奥运火炬手选拔，形成了很大的传播力度，在全世界范围内都提高了联想的知名度。这一合作充分体现了电通广告对于网络营销的精准把握与应用，也体现了其从客户需求出发的经营理念。

三　“广告是人”：以人为本，灵魂所在

“广告是人”，这是“鬼才十则”的灵魂，吉田秀雄曾说：“广告的作用是由人的头脑、才能组合而成的，在电通能销售的商品就是人，也就是说，我们本身就是商品，在广告主面前的广告人就是商品。”[①] 北京电通将这种人本精神贯通于自己的行动中，为电通招纳了一大批沟通能力强，策划能力出众，具有独创精神、组织能力的员工，让电通在快速的时代发展中能够立于不败之地。

1. 教育先行：招贤纳士，树企业形象

早在1996年，电通集团与中国教育部联合开展了“中日广告教育交流项目”。该项目包括与中国6所大学联合开设为期5年的广告课程。电通公司派出300多位行业精英帮助办学，与此同时，每年还邀请这6所大学的广告专业教师前往日本总部进行数月的短期访问考察，其间费用由电通承担。电通集团这一活动赢得了中国教育部的高度评价，中国教育部向电通颁发了“捐资助

---

① 《世界顶级4A广告公司访谈》，http：//blog.163.com/samvel_007/blog/static/236732842008612365854/，2008年7月1日。

教特殊贡献奖”，电通也因此成为日本首家被授予此荣誉的跨国公司。该项目不仅为电通在中国广告业界赢得了良好口碑，还为电通在中国的发展收获了中国政府的支持，同时又将电通的经营理念传播给了中国广告学界，对其在中国市场寻找到最好的广告人才和最有潜力的广告主做了最佳宣传。在这个以人才为核心竞争力的现代社会，电通发展之初便抢占了先机，使其在激烈的竞争中得以屹立不倒。

2. “入乡随俗”：深入中国市场

1986 年，在跨国公司发展热潮涌动之际，电通将争夺欧美客户作为自己的重点目标，很快找到了合作伙伴——美国杨鲁比凯公司，它们共同成立了电扬广告公司。但由于二者文化背景上差异颇大，使得电扬广告公司先天便缺乏凝聚力，又因为与各自本部公司的业务冲突，电扬广告公司最终惨淡收场。电扬广告公司的失败促使电通重新评估中国市场，相同的儒家文化熏陶的企业文化，以人为本、以和为贵的经营理念与日本文化相契合，中国本土企业的优质客户资源让电通看到了希望。北京电通成立后，电通集团便将一批中国本土的潜力股拉入了自己未来发展规划的名单中，如联想、海尔、东软、伊利等数十家本土企业。而与这些本土企业的成功合作也证明了电通的高瞻远瞩。这也造就了北京电通与其他跨国广告公司的特殊之处，2000 年以来，电通公司中国业务年均增长 20% ~30%，在北京电通的广告经营总额中，源于中国客户的比例已经超过了 70%。中国市场的不断扩大，最终成为电通在海外最大的一块蛋糕，证明了电通积极实施“本土化”策略的正确性。不仅如此，北京电通还积极起用中国本土人才，他们认为中国有着得天独厚的人才优势。目前，北京电通 99% 都是中国本土人才，他们共同努力使北京电通成为中国第一大广告代理公司。

3. “一站式服务”：携手客户，打造品牌

不同于大多数广告公司仅仅为广告而做广告，北京电通旨在为客户提供“一站式”传播服务。北京电通始终以“挑战所有传播课题、为客户寻求最佳解决方案”为奋斗目标，从市场策略到创意表现、从媒介策略到效果评估，面向各种不同需求，提供“品牌构筑服务”。美国著名管理学家彼得·德鲁克曾说：“企业目标始于外部的客户，正是客户决定了企业的业务、生产的产品以及能否取得成功。

与其为取悦而降价，不如为双赢而结盟。”① 北京电通的“一站式服务”正是想客户之所想，急客户之所急，致力于客户携手，共同打造企业品牌。

四 “做卖得掉商品的广告”：内容为王，创意辅佐

电通上海公司客户开拓总监顾翔文在采访中曾说：“我们追求的是卖得掉产品的广告。”这也是北京电通广告有限公司追求的广告创意目标，即创意的判断在于此广告的目的，而广告目的的判断在丁明确企业或产品所面临的问题点，也就是说电通做的广告就是为客户解决问题的广告。

1. 保证广告的独创性：精英团队，良工心苦

2013 年 9 月，第五届中国创意传播国际高峰论坛上，北京电通凭借“联想 S890 爱要合拍”以及“中国一汽，驱动梦想生活”分别斩获耐用品类金奖和微传播类铜奖。“相信自己，你是最棒的”、“人类失去联想，世界将会怎样”、“世界心动时刻”等脍炙人口的广告词便来自北京电通创意团队。北京电通的创意团队一般是由 1 名创意总监带领 10 人左右的工作小组构成，传承了日本企业精神中注重团队合作的特点。小组分工明确，除 1 名总监外，其余 10 人平均分配工作。他们不仅能够熟练运用传统广告理论，还能不断吸收先进的视听表现手段，保证了北京电通广告有限公司广告创意的独一无二。

2. 产品灵魂：艺术与商业的完美融合

事实上，广告创意与客户需求之间往往存在着微妙的矛盾，有时精美的广告并不能吸引消费者掏腰包消费，而忽略创意艺术性、纯粹的促销型广告也会对企业造成负面影响。北京电通的广告作品不仅仅富有艺术上的追求，更通过这些广告达到成功营销的目的。如何平衡客户需求与广告创意之间的矛盾，北京电通的秘诀是致力于客户与消费者之间的双向沟通。一方面，他们为客户提供“一站式服务”，通过零距离的接触和坚持不懈的沟通，与客户相互了解；另一方面，他们紧跟消费者心理，制定一系列富有针对性的对策，通过利用新媒体的互动来营销产品，收获了良好的效果。

---

① 新浪读书，http：//book. sina. com. cn/nzt/live/fin/dlkdzhzg/19. shtml。

B.25

小米科技：独辟蹊径，以“网”称“王”

李 祎

摘 要：

面对竞争白热化的中国手机市场，国产手机的品牌化道路一直举步维艰。作为国产手机后起之秀，小米科技随着中国大力发展文化产业的节拍，将网络文化与高科技结合得十分紧密，在迅疾变化的移动互联网领域，小米科技率先走出了一条在互联网上打造手机品牌的创新之路，也形成了一种独具特色的发烧友极客文化。

关键词：

小米科技 网络文化 手机品牌

2010年4月成立的小米科技（全称北京小米科技有限责任公司）是新一代智能手机开发、智能手机软件开发与热点移动互联网业务运营的公司。旗下的三大核心产品分别是小米手机、米聊和MIUI。作为一家成立才四年的新公司，小米科技在竞争异常激烈的手机市场中化身为一匹黑马，创造了一个又一个的神话。小米推出的首款手机上市第一年销量就达到700万部，创造了互联网经营模式的神话，小米手机销售情况见表1。如今的小米科技已经成为一家市值超过100亿美元的互联网企业。

表1 小米手机的销售概况

时 间	销售方式	销售数量
2011年9月5日	在线预订	30万部
2011年12月18日	限量开放购买	3小时售完10万部

续表

时间	销售方式	销售数量
2012年1月4日	限量开放购买	3.5小时售完10万部
2012年1月11日	限量开放购买	50万部
2012年2月16日	小米电信版预订	12小时预订45万部
2012年3月17日	限量开放购买	35分钟售完10万部
2012年4月6日	限量开放购买	6分钟售完10万部
2012年5月18日	限量开放购买(青春版)	15万部
2012年6月7日	采用7×24小时网上开放销售	不限量
2012年8月23日	小米手机1S首次开放购买	20万部
2012年10月30日	小米2首轮开放购买	2分51秒全部售罄
2012年11月25日	小米1S青春版开放购买	18分21秒售20万部
2012年12月7日	小米2开放购买	10万部

资料来源：根据小米科技公司官网资料整理。

一　远瞻行业前景，确定品牌定位

纵观整个互联网界，小米科技成了国内互联网界杀入手机界的先锋。从目前的发展趋势来看，小米的进入是非常成功的，在不到一年的时间，小米的单机销售就破300万部，其后数次几十万部开放购买和预订的手机也均在很短的时间内被抢购一空。小米引领了互联网企业进入手机行业之风，小米的成功离不开企业清晰的品牌定位。

小米科技联合创始人、副总裁黎万强说："实际上从小米公司成立的第一天开始，就已经很清楚地知道我们一定要做互联网手机品牌。"通观整个手机发展的历史，功能手机是元老，紧随其后的是时尚智能手机，到后面还延伸出很多深度定制的功能手机，比如：音乐手机、女性手机等。苹果的出现，让大家对智能手机有了新的定义。而从国内的安卓市场来看，互联网手机这种产品其实没有做得很好的。而安卓又提供了一个很好的平台，作为一个开放性的平台，它给小米提供了一个很好的机会。在这个全球3G时代，对智能手机的需求量很大，小米科技选择在大屏智能手机兴起之时，进军当今世界发展最快、市场潜力最大、前景最诱人的移动互联网领域。

小米科技的品牌标志是“MI”，即 Mobile Internet（移动互联网），它的LOGO是倒“心”少一点，意味着小米要让用户省一点心。在品牌定位上，小米手机将自己定位为“发烧友手机”，即为发烧而生。之所以要做一款发烧友喜欢的手机，最根本是因为一开始小米整个研发的骨干们都挺喜欢玩数码，因此在选择的时候，大家都一致认为一定要选择一个自己比较喜欢的、天天在用的产品，所以选择做一款发烧友喜欢的手机。小米科技的用户群体主要是以年轻人为主，尤其是手机发烧友，采用线上销售的方式，通过用户的体验来树立良好的市场口碑，培养一批忠实的产品粉丝。

二　整合品牌资源，加强内容创新

任何一个产品的品质都是其品牌价值的代表。作为一个产品，其品质在很大程度上反映了企业的先进技术和坚实工业基础。环顾当今市场，绝大部分名牌产品都是依靠卓越的品质赢得顾客的信任。手机品牌也不例外，任何最后被淘汰出局的厂商归根到底都是因为产品品质不过关，没有好的用户体验。而要真正做到有很好的用户体验，使自己的产品具有品牌优势，就需要做一个综合体验的产品。这就要求企业不仅要自己做硬件、软件，还要做好手机售后服务。而小米科技正是如此，不仅做硬件，还做操作系统和软件，这三方面一直被誉为小米的“铁人三项”。软硬结合，构成了小米的核心竞争力。

在硬件方面，小米手机作为国内首款双核 1.5GHz 高性能发烧级智能手机，采用的高通芯片，比国内同行至少提前发布了 3 个月。而在发布的整个过程中，前期的 MIUI 产品已经赢得了很多用户的口碑。从小米产品曝光来说，是先有 MIUI，再做手机深度定制，后来才有了米聊。

除了小米手机，小米公司的另一大核心产品 MIUI，是小米公司基于 Android 原生深度优化定制的创新性手机操作系统，也是小米公司最先推出的一大核心产品。小米科技有限公司在 2010 年 8 月 16 日推出了首个 MIUI 内测版。2013 年 3 月 1 日，MIUI V5 正式发布。它以界面清新、功能齐全和操作体验佳等优点，备受用户好评。MIUI 拥有全球最大的手机主题库、丰富的个性主题和锁屏方式、巧妙的局部自定义、精致的用户体验设计、独特的防打扰设计、系统级应用授权管理，以及免费的云端服务等。MIUI 抓住了中国手机市场不同用户的需求，通过研制独特的开发版和稳定版共存模式，让更多的用户认同小米。此外，MIUI 还是中国首个基于互联网开发模式进行开发的手机操作系统，MIUI 根据社区发烧友的反馈意见，从一开始就坚持每周更新产品。MIUI 从发布至今，受到了无数发烧友的追捧。

三　重视团队建设，强化品牌文化

企业要想进行品牌创造，就必须拥有自己的文化精神，拥有高素质的企业员工。一个品牌的诞生，往往是一个企业人文素质的外在显现。小米科技公司的成功离不开小米创业团队的努力，在急速变化的互联网领域，除了产品本身的较量，研发团队的实力才是竞争的根本。

小米科技公司的创业团队是由雷军（小米科技董事长兼 CEO）带头组建的，其成员还有前微软工程院工程总监林斌（现为小米科技公司总裁）、前金山软件人机交互设计总监黎万强（现为小米科技副总裁）、前摩托罗拉核心专家工程师周光平（现为小米科技硬件及 BSP 团队负责人）、前微软工程院首席工程师黄江吉（现为小米科技工程技术负责人）、世界顶级设计院校 ArtCenter 毕业的工业设计师刘德，以及前美国 Google 高级工程师洪峰（现负责米聊产品）。

这支创业团队被誉为“超豪华”的创业团队，成员都是专业领域内的顶尖人才，他们不仅有过硬的专业能力，同时还有丰富的实战经验，多位成员都曾在世界知名的高科技企业中工作过；他们分工十分清晰明确，有负责手机系统开发的，有负责手机软件开发的，有负责手机设计的，也有负责做手机硬件的。同时，小米创业团队成员具有不同的专业背景，使得这个团队具有多元化的创新性，他们各自的专业能力和技术掌控还可以形成优势互补。小米创业团队成员还凭借他们过去的工作经历，在社会各界积累了广泛的人际关系。

小米科技取得如此大的成绩除了其超强大的创业团队成员出色的专业实力，更离不开创业团队领导者的丰富经验和出众的领导才华。1992 年小米科技创始人雷军参与创办金山软件，后出任金山软件 CEO，于 1999 年创办了卓越网，之后作为天使投资人，投资了凡客诚品、多玩、优视科技等多家创新型企业。雷军丰富的管理经验和领导才华赢得了业内同仁的信任和支持，也为小米公司发展提供了重要支持。此外，小米科技团队成员良好的工作氛围也给团队的发展带来了积极的影响，小米成员之间没有等级之分，大家都是平等的同事和伙伴。

四　创新传播方式，提升品牌形象

众所周知，随着科技的迅速发展，产品的同质化状况越来越严重，媒体的迅猛成长给产品的品牌刮起了新一轮的同质化旋风，在品牌同质化泛滥的今天，小米用其独特的互联网发展模式，在这次混杂的产品大赛中脱颖而出。互联网的出现，不仅是科技进步的成果，同时也给传统的生活方式和消费方式带来了革命性的变革。Internet 的便捷，为人们展现自我、交流思想提供了一个广阔的平台，吸引了越来越多年轻人的注意力。

小米科技抓住了互联网这一优势，于 2010 年底，正式发布米聊这一免费社交聊天软件，创建了小米社区。小米社区是小米科技的官方论坛，作为一个开放性的论坛，它是“米粉”的聚集地，同时也汇集了小米的众多信息。小米社区里有海量的信息，包括趣味无穷的刷机教程、才艺展示，还有众多的资源下载，例如刷机包、手机系统、手机主题等。在小米社区中，“米粉”们收货晒开箱照，拍摄整个拆分过程，并上传照片与社群其他成员分享；“米粉”们还可以回应旧帖，交流信息，传授经验，共同探索小米手机的功能，一同体验小米手机带给大家的娱乐。渐渐地“米粉”们对小米社区产生了归属感，从而为小米品牌树立了良好的市场口碑和品牌忠诚度。

五　拓宽营销思路，促进品牌发展

从产品方面来说，即使在产品同质化泛滥的今天，我们仍然要坚持“产品特点是其卖点最核心的基石”的观点，小米科技的手机是一款售价仅一千多的高性能发烧级智能手机，是国内首款双核 1.5GHz 的智能手机，与其他性能与小米手机持平的手机相比，其价格远远低于竞争者，这也是小米手机的营销策略之一，即以高性能、低价格的竞争优势来抢占市场。

任何产品的价格都是购买者做出选择的主要决定因素，一个企业要生产自己的产品，不得不考虑价格因素，以其产品价格的合理性、适应性，以及和同类产品的可比性来激发消费者的购买欲。对于一个价格上占优势的产品来讲，小心地加以利用，价格也可以成为好的卖点。以小米科技为例子，小米手机一上市就采取低价销售导向定价法，小米创始人黎万强曾说："对于小米而言，想要赚钱首先要达到一定的销售规模。"（见表2）

表2　小米手机的售价

手机型号	上市时间	手机售价(元)
小米手机1	2011年10月	1999
小米手机1S	2012年8月	1499
小米手机2	2012年10月	1999
小米手机2S	2013年4月23日	1799
小米手机2A	2013年4月26日	1499
小米手机3	2013年10月15日	1999
红米手机	2013年8月12号	799

资料来源：根据小米科技公司官网资料整理。

在营销渠道方面，小米科技与其他手机产品的营销方式不同，小米手机没有专门的专柜，在市场上也看不到任何小米的实体店。小米手机的销售都是通过建立网络营销渠道方式来进行的，还有通过和电信以及联通合作来出售专门的定制机。

传统意义上的促销是指营销人员以沟通的形式告之、说服和提醒潜在消费者某种商品的存在，包括广告、公共关系、营销推广和个人销售等多方面内容。小米手机从不做广告，而是利用网上预订来促销。通过销售数据来吸引潜在消费者的眼球，博得他们的关注。当人们看到团购网上的已购买人数时，小米产品的火热程度也得到了消费者们的认可。

放眼全局，小米科技能在短时间内得到飞速发展，得益于其优秀的企业团队，他们在移动互联网领域摸索，通过各种创新不断证明自己"物有所值"。小米手机备受追捧，让小米人更加充满信心，迎接新的挑战。

B.26 北京匡时：拍卖大企，人文情怀

刘晓婷

摘 要：

北京匡时自成立伊始，以其专业的团队、高素质人才为后盾，整合优势资源，开设特色专场，走出了一条有匡时特色的拍卖路线。2013 年匡时以超过 35 亿元的成交额圆满收官。8 年间，匡时不仅在业务成绩和市场影响力上继续稳步前进，在热心公益、回馈社会方面也不甘人后，展现了一家文化大企业独有的文人情怀。

关键词：

北京匡时　稳步前行　价值取胜　文人情怀

北京匡时国际拍卖有限公司成立于 2005 年 10 月，主要拍卖中国古代、近现代书画，中国现当代油画，中国古董、雕塑等，同时承办资产拍卖以及各类慈善拍卖。自成立那天起，北京匡时始终坚持以“诚信、专业”为企业定位，秉承“服务、全心全意”的基本工作准则，依托遍及海内外的客户资源和雄厚的专家队伍，开拓创新，一路高歌猛进，成为艺术品拍卖行业的翘楚。

一　势如破竹，稳步前行

1. 厚积薄发，平地飞升

2006 年 4 月 22 日，北京匡时的首次拍卖即春季拍卖会一亮相便取得了亮眼的成绩，以 2. 15 亿元的总成交额和 67. 5% 的总成交率宣告了这一艺术品拍

卖公司新秀的“开门红”。紧接着，匡时乘胜追击，在随之而来的秋拍会上，推陈出新，开设了6个专场，其中佛教文物拍卖专场和历代玺印专场无疑是其备受瞩目的项目。匡时秋拍中如此大规模的佛教艺术品拍卖在内地可谓是首次，匡时的专业团队凭借自己多年的累积及对市场的准备把握，再借助香港苏富比拍卖行的“重要明初铜鎏金佛像收藏专拍”取得不俗成绩的这股东风，引发了各界对这次佛教文物专场的高度关注。印章在近些年可谓艺术品拍卖中的冷门类别，匡时的历代玺印专场则是篆刻艺术十年来首次以专场的形式进入国内外拍卖行业。最终，拍卖中这两个备受关注的专场取得了圆满的成功，历代玺印专场96件拍品全部成交，成交率达100%，拍卖师因此按照拍卖业的惯例荣获了象征100%成交荣誉的白手套。佛教文物专场更是大放异彩、独领风骚，八成艺术品都受到买家的争相竞夺，最后以高价成交，在内地市场打响了第一炮，奠定了匡时在国内金铜佛像拍卖中的稳固地位。通过这两次拍卖会，仅成立一年的匡时以惊人的速度立足并迅速占领拍卖市场，其行业优势也初露端倪。

由于2006年秋拍佛教文物专场大获成功带来的良性效益，匡时募集到了不少明清金铜佛像和法器，其中不乏精品。匡时在2007年继续开设佛教文物专场，充分挖掘这个方兴未艾的市场。2007年春拍中的佛教文物专场持续火热，刷新了内地佛像拍卖市场的多项纪录。这一专场创下了内地佛教文物专场的最高成交纪录。匡时推出的其他专场同样活力四射，延续2006年秋拍首推的玺印专场的佳绩，2007年设立的“大匠之门”———齐白石书画篆刻专场，再次创下100%的成交率。其书画专场、油画雕塑专场及瓷器工艺品专场更是在之后的精品荟萃云集的秋拍中屡创佳绩。

2008年，全球经济动荡不安，金融市场的风暴席卷了世界的每个角落，艺术品市场也被推向风口浪尖，面对这样的金融形势，匡时调整秋拍策略，归纳为两个转变：减少普通拍品征集量，转而在精品征集上加大力度；根据市场变化压缩当代艺术板块中高价拍品的征集幅度，转而攻向挖掘新生代艺术家作品的市场潜质上。2008年的秋拍最终以总成交额1.75亿元圆满落幕，被持续严峻的经济形势逼近寒冬的中国艺术市场因此也迎来久违的一片阳光。

2009年，匡时与亲和株式会社签订了合作协议。亲和株式会社作为日本

最大的拍卖公司，拥有众多日本藏家的精品之作，其征募的艺术品来路清楚，质高而价廉。匡时的这一创造性的举措在这年的春拍上卓有成效，一批日本回流的吴昌硕、齐白石、启功、郭沫若等近现代大师作品颇受青睐。大部分作品都以高出底价一倍以上的价格成交。以拍卖古代书画见长的匡时，在其他专场（如宫廷书画专场、古代文房专场、油画专场等）因拍品质量上乘、准备工作充分，成果斐然。承接春拍优异的表现，这年的秋拍以7亿元的总成交额完美收官。至此，匡时取得了成立4年来最好的成绩，也因此摘得2009年北京文化创意产业“最具成长性企业”年度大奖。

2010年，匡时继续秉承“量少而精”的原则，为庆祝公司成立五周年而举行了精品全国巡演，获得了国内外藏家的肯定。匡时首次举行的紫砂艺术品专场，自构思伊始，经策划、遴选，历时数月。值得一提的是，海外专场成交率100%，总成交额超1.45亿元。匡时秋拍首日便斩获近5亿元，以86.83%的成交率、高达15.6亿元的总成交额，创历年最高单季成交纪录。

北京匡时在2011年初先后成立当代工艺品部与北美代表处，奔赴北美首次举行公开征集，其专业团队奔赴我国港台及美国、加拿大、日本等地，拓展国际市场，征募海外藏品资源，并在网上提供春拍精品3D预展，令人翘首以盼。这一年匡时首次推出了夏季艺术品拍卖会，并以2.55亿元的好成绩收槌。

2012年“过云楼藏书”的成功拍卖更是引发了前所未有的话题探讨，这次拍卖所带来的意义甚至超过拍卖本身，业界对艺术品的文化价值有了新的定义，对非业界也是一次文化普及，匡时也逐步确立了以“文化”为金字招牌的特色。2012年12月25日，北京匡时正式对外宣布与上海恒利拍卖有限公司合并。上海恒利以中国古代、近现代书画和中国现当代油画等为主要的拍卖方向，尤以近现代书画拍卖见长。一个是北方大腕，一个是南方黑马，北京匡时有了恒利的加盟后，将整合双方优势，进一步巩固匡时的专业实力，增强核心竞争力，从而提升匡时在艺术品拍卖领域的综合影响力。

2013年匡时首推书画夜场，选件突出重要性、代表性以及内在价值，兼顾地区间的均衡，为藏家提供全面的收藏选择。打造精品活动品牌“艺术体验季”，将艺术体验互动与大众文化传播有机结合，让更多热爱者走近拍卖，走近艺术。

2. 尊重文化，尽显人文关怀

匡时自成立以来，每年的高成交率和高成交额，无疑将艺术市场的商业属性发挥得淋漓尽致。而在高额数字之下，匡时对艺术市场的文化属性也同样重视。它举办的“ART BEIJING”艺术博览会关注当代艺术新人。2008 年举行“为了孩子”的赈灾义拍活动，这次以“无佣金、无底价”为标签的义拍共筹得 982 万元善款，用于灾后文化教育设施重建。

在“过云楼藏书”拍卖以前对其所进行的学术性开发更是彰显了其大企风范，匡时就“过云楼藏书”组织了一系列活动。首先，召集全国著名的古籍专家展开专题研讨会，对藏书进行系统的学术梳理，高度肯定其文化价值和市场价值。其次，摄制了关于“过云楼藏书”的专题片，另外设计了一本图文并茂的拍卖图录，在其中加入了论文集，其厚重程度堪比学术著作。最后，组织了全国巡展，通过媒体宣传，最大限度地将这批“过云楼藏书”的价值呈现给社会大众。拍卖结束后，匡时决定“国有单位购买过云楼藏书，将捐出买方佣金”，再次凸显了其对文化、学术的尊重和重视。

二　另辟蹊径，特色取胜

1. 专家团队是核心

北京匡时国际拍卖有限公司的核心团队是其一路高歌前行的坚实后盾，其成员大多是具有多年从业经验的资深人员，在从业经验、专业能力、业界口碑上都毋庸置疑，这也是匡时的核心竞争力。其主创人员在中国书画领域是行家，在艺术品拍卖业拥有广泛的人脉和丰富的从业经验。匡时依托核心领导的海外资源，在 2009 年与日本亲和拍卖行达成合作，这意味着匡时可以通过日本亲和在日本进行中国艺术品的征集，合作三年来取得了不错的效果。

北京匡时“过云楼藏书”的天价拍卖曾震动了整个春拍，甚至成为一种文化现象。匡时团队对藏品的学术挖掘及其围绕古籍进行的一系列活动功不可没。匡时征集到“过云楼藏书”的时候，曾想过将图录的制作工作交给专业院校去完成，但员工自告奋勇坚持自己研究。之后不到三个月的时间，梁启超档案从征集到拍卖，查找资料、策划活动都由匡时的员工独立完成。他们对

《梁启超年谱长编》熟稔于胸，在研讨会上与学者们对答如流。专业的团队和负责任的员工是北京匡时可信度的保障。

至此，北京匡时专业团队的专业分量一览无余。匡时的团队建构和业务拓展秉持“立足国内、面向国际”的准则，实行兼并重组、行业资源整合，开拓海外市场等，夯实了匡时的坚实基础。

2. 特色专场是精髓

相对于中国嘉德、中国保利，或许匡时在资金和集团资源上并不占足够的优势，但匡时另辟蹊径，以特色专场引领风潮，场场完美收官。纵观匡时的每场拍卖，设置的专场以及拍件数量不多，但每场重量级拍物频出，佳作不断。

首拍的佛教文物专场一炮打响，把印章作为一个单独的门类专拍更是体现了匡时对专场的细致划分。2007 年的一大创举是将雕塑和摄影独立成篇，新增了“中国当代艺术·雕塑摄影专场”。2008 年秋拍突出精品，在原有基础上继续大幅减量，新开辟的法书专场和清代宫廷艺术品专场独领风骚，之后的海外回流专场、宫廷艺术品专场、犀角雕刻专场独特新颖，吸睛无数。原有优势专场如瓷杂专场、书法专场继续发扬其专场优势，占据半壁江山，同时又有创新，例如在瓷玉专场中新增紫砂壶品类。开辟新专场，优势专场稳中求进就是匡时专场细分具体措施的简洁概括。

一个公司、一场拍卖不仅仅依靠数字、成交额或者是在行业的排名来衡量好坏，更多地体现在具体的工作当中。匡时调整了拍品数量的做法，可能会导致成交额降低，但是拍品的质量、单件成交额会提升。这便是“量少而精”的精髓所在。

3. 文化价值是关键

文化与商业的关系是微妙的，作为经济利益角逐的一个战场，拍卖行业充斥了某些黑暗的内幕，被社会所诟病。文化与商业需要沟通，这一点匡时谙熟于心。回顾匡时的成长轨迹，不难看出它一直坚持走文化路线，致力于实现拍件文化价值的最大化。2012 年的“过云楼”拍卖事件，让质疑商业价值最大化之风甚嚣尘上的人们看到了一抹文化的亮色。这场沸沸扬扬的拍品争夺战，也将古籍的收藏价值推到了万众瞩目的高度。匡时对这批珍宝所产生的责任感、自豪感，及其竭尽全力把文化价值做大做强的精神，在中国的文物拍卖史上具有里程碑的意义。随后匡时举行的“寻城记”活动，出乎所有人的意料。这场活动从北京出发，途经上海、广州、杭州、西安等9城，每一站邀请的主角，大多不是具有雄厚资金实力的收藏家或企业家，而是当地的文化名人。匡时将一场场对于拍卖公司司空见惯的征集现场改作了文化论坛，一切似乎与拍卖保持着适当的距离，又在这样的距离之下，重绘拍卖界以往备受诟病的种种形象。匡时“寻城记”的初衷，是想通过文化活动来共同探讨该地区的历史文化和收藏文化，进而让人们更多地思考收藏的意义，关注拍件背后的文化价值，而不是只看到拍卖成交后以金钱堆砌出来的枯燥数字。无论是已成为文化现象的“过云楼”拍卖，还是匡时正推广的各项文化活动，可以嗅出匡时特有的并且越来越浓郁、深邃的文化品牌，这样的品牌大大超出了从拍卖中获得佣金的价值。

拍卖公司作为中介机构，提供的主要是服务，匡时也将这个作为自己的品牌核心。对于客户而言，最好的服务无非是拍卖公司的业务人员对于市场的精准判断，竞买人和委托人则希望拍卖公司能提供给他们最为准确的趋势判断、市场信息以及与艺术品交易相关联的专业服务。对文化价值的高度重视让匡时有了更好理解市场风向标的能力，专业团队对市场的精准定位缔造了匡时传奇。

三　匡时济世，文人情怀

匡时名字的由来是出自“陵夷则濡迹以匡时”，意为“匡时济世”，无论穷达，兼善天下，胸怀忧患，匡时济世，一直是圣贤之人的人生理想，匡时的这一文人情怀也延续到它的拍卖之路。自成立那天起，北京匡时坚持一贯路线，以深度发掘拍品文化内涵的思路做拍卖。深入挖掘艺术品背后蕴藏的文化价值是匡时坚持不变的原则。

中国文物拍卖市场从1992年到现今整整过了21年。艺术品市场发展的21年是买家和市场逐步走向成熟的过程。现在的艺术品市场发展到了第二个阶段，即以专业主导市场的阶段。专业成为主导市场的力量，更多的专业人士参与到拍卖公司的经营，更多的艺术家关注、参与到市场中来。从第二阶段再往上走，是文化主导市场，也就是艺术品市场的最高阶段。文化价值高、真正代表与传承中华文明的重要拍品将会受到越来越多的关注，从这一点看，未来的艺术品市场已经朝向这一阶段发展，匡时 2012 年的“南长街 54 号”藏梁启超重要档案和“过云楼”古籍拍卖都得到市场的广泛关注并取得了很好的成绩。

艺术品市场就像爬山，需要披荆斩棘的决心和从容不迫的耐心，至于市场上的潮起潮落，就像爬山过程中的缺氧，累了就停下来稍做休息，然后继续攀爬，轨迹是向前向上的。匡时拍卖凭着良好的信誉和强大的专业队伍在这条艺术与商业完美契合的道路上将越行越远。

·文化园区品牌·

B.27

中新天津生态城：生态城市，宜居家园

张 婷

摘 要：

2009年，由中新两国合作的天津生态文化城破土动工，并计划用10年左右的时间建成一个人口达到35万人、绿色建筑比例达到100%的国际生态城样板。经过五年的发展，生态城抓住机遇，不但在建设全球宜居家园的道路上敢为人先，成为领跑者，也为自己开辟了一条以文化产业为支撑的特色经济发展方式。相信到2020年生态城建成的时候，它能成为世界的榜样、国家的骄傲。

关键词：

中新天津生态文化城 文化产业 现代宜居城

一 天时地利，合理规划

在现代工业革命和信息革命同时进行的当今社会，全球正面临着人类发展的困境：一方面，传统的工业革命以牺牲环境为代价带来的各种问题已经愈演愈烈；另一方面，金融危机的影响迟迟未退，全球经济继续低迷。由此观之，探索一条绿色、高速的新型经济发展方式刻不容缓。虽然物质有限，但创意无限，文化创意产业作为以人的创造性和智慧为主要生产要素的产业，借此机会开始大放异彩。文化创意产业成为当今世界产业格局重组和战略升级的方向，各国政府把发展文化创意产业视为文化振兴的重要手段，制订了产业发展战略和中长期发展计划。我国对文化创意产业也给予了高度重视，在不断投入的同时也积极寻求国际合作。

2007 年 11 月 18 日，时任国务院总理温家宝和新加坡总理李显龙共同签署《中华人民共和国政府与新加坡共和国政府关于在中华人民共和国建设一个生态城的框架协议》。经过精心对比、选择、研究，最后确定了生态城的选址——京津冀发展主轴和环渤海产业带。中新天津生态城是中国、新加坡两国政府继苏州工业园之后合作的新亮点，孕育之初就占尽了“天时”。

生态城的建设显示了中新两国政府应对全球环境恶化和探索新的经济发展方式的决心，为两型社会的建设树立了典范。不仅如此，生态城的选址滨海新区位于京津城市带和环渤海湾城市带的交汇点，拥有“三北”辽阔的辐射空间，是我国经济发展战略之一——“环渤海经济开发圈”的中心地带，也是全国唯一聚集了港口、开发区、保税区、海洋高新技术开发区和大型工业基地的地区，因此也占尽了“地利”。

从 2009 年 9 月破土动工到现在，生态城的建设已经走过了 5 个年头。5 年的时间能改变什么？生态城给出的答案是：从一片带有重度污染区域的盐碱荒滩，蜕变为初具规模并仍在加紧建设中的“生态新城”。“生态新城”与工业区以及在城市快速扩张下以房地产为主要依托建设的新城有着本质上的区别。作为一座新型城市，它的发展离不开产业支撑，不耗资源、少耗资源、没有污染的楼宇经济、都市工业等将成优先发展的产业。目前，生态城已初步形成文化创意、信息技术、科技研发、节能环保、现代服务 5 个产业集群，其中，以最具活力的文化创意产业为主导，产业之间的循环互补实现了区域所设想的经济可持续发展。下一阶段，按照“文化造城”的发展新理念，中新天津生态城将加快打造绿色产业聚集的生态宜居新城区。

二　创新理念，成效彰显

经过 5 年的开发建设，中新天津生态城新城形象初步显现。截至 2013 年 10 月，生态城已完成 30 平方公里征地拆迁和土地平整，8 平方公里南部片区基本建成，共计 2000 余户 6000 多居民入住生态城。在城市建设和社会事业方面，累计完成道路建设 60 余公里，累积项目开工 609 万平方米，207 万平方米已经竣工，100% 为绿色建筑。在基础设施建设取得突破性进展的同时，生态城在文化产业发展方面也令人瞩目：文化创意产业以国家动漫园等为载体快速聚集，迅速成长为首个主导产业，包括天津华强3D影视基地等一批项目也正在快速建设中；招商引资方面，生态城也取得了阶段性成果，截至2013年10月，生态城累积注册企业超过1000家、累积注册资金700多亿元，仅产业税收就占到了整体税收的一半左右。

1. 四大集群，强强联合

这5年里，生态城的文化创业产业发展良好，势头迅猛。目前这里已聚集了900家文化创意企业，2013年文化产业产值达18亿元，税收比2012年增长40%，并初步形成了动漫影视、新闻出版、广告传媒和互联网四大绿色产业聚集区。下面以已经初具规模的国家动漫园和3D影视创业园区为代表详细介绍产业集群的形成。

动漫园是文化部认定的第一个国家级的综合示范园，占地1万平方公里，规划建设面积77万平方米，空间布局按功能区划分包括门户区动漫大厦、研发与孵化区、智能衍生品区等。

华强3D影视产业基地旨在打造拥有自主知识产权，集研究、创意、生产、销售于一体的具有国际影响力和竞争力的3D立体影视产业基地。基地内包括技术研究院、创意基地、生产基地、体验区等功能分区，一期工程“方特欢乐世界”着力打造“东方迪士尼乐园”。3D影视创业园区不仅为文化创意产业打开了新的大门，还使生态城成为创意高端人才发展的新摇篮、中国3D影视技术研发的新坐标、中国文化向全球展示的新窗口以及中国文化企业扬帆远航的新港口。

经济效益是企业最关注的。以动漫园为例，到目前为止，动漫园已累计注册企业超过1000家，总注册资金达到700多亿元，吸引了卡通先生、华漫兄弟、博纳影业、华谊兄弟、酷六网、读者集团等一批行业翘楚，成为生态城重要的产业聚集和产业发展平台。可见，四大产业的聚集带来了空前的规模，他们共用公共技术平台、共同适应生态城的工作模式，在学习借鉴和资源共享等方面也产生了“强强联合”的效果。

2. 文化融合，凸显亮点

滨海新区又有着河口文化突出的特征，这为生态城文化体系的构建提供了现成的依托。一方面，在城市规划和建筑设计上传承文化，突出特色，保护民

族、文化遗产和风景名胜资源；另一方面，在不同地域逐步建设演艺中心、工人文化宫、图书档案馆、规划展览与科技馆、市民文化中心等一批公共文化设施，着力构建以生态文化为主导，融合移民文化、河口文化、国际文化、创意文化、旅游文化的区域文化体系，提升公共文化服务能力。这样一来，生态城不但将城市规划建设与区域文化发展相融合，保护了有代表性的历史遗迹，突出河口文化特色，营造出和谐的社会文化氛围，而且能达到使生态城发展与社会文化相协调、使经济效益和生态文明共同发展的指标。

文化体系建设的明确方向为文化创意产业的发展提供了有力的支撑。生态城充分利用国家动漫产业综合示范园、中国天津3D影视创意园区国家级平台大力发展文化创意产业，招商引资工作取得了显著的成效，四大产业集群在短时间内取得了三大成绩。

一是龙头企业聚集，带动产业发展。随着博纳影业、华谊兄弟、盛大文学、读者集团等龙头企业相继落户，包括他们的上下游伙伴随之加入，生态城文化产业呈现“大”规模和“全”产业链的特点，带动行业内企业加速在生态城聚集和发展。在这些企业眼中，生态城不仅环境优美、交通便利，而且充满创业的朝气和动力，在这样的气氛下，传统的产业都在不断自我完善和挑战，创造着新的产业模式。

二是精品迭出，形成较大影响。《圣龙奇兵大冒险》、《魁拔之大战元泱界》、《我爱灰太狼2》都是2013年暑期档叫好又叫座的动画电影，其中，《魁拔》系列动画还一举拿下“白玉兰”大奖，并成功入围多伦多电影节长片单元，成为我国首部登陆北美市场的动画电影，并在厦门国际动漫节上获得“金海豚”最佳影视动画长片金奖。动漫园已累计先后参与了150多个项目的制作，包括日本3D立体动画电影《铁拳》，国产动画电影《赛尔号》、《摩尔庄园2》等众多知名动画影视项目的制作。2013年还包揽并圆满完成了天津市重大项目——第六届东亚运动会整个会场的视频包装工作，充分展现了国家动漫园在影视特效制作方面的实力。诸多精品的推出将给生态城带来广泛的影响，促进产业更快聚集、加速发展，从而形成“产业催生内容，内容提升产业”的良性循环。

三是经济效益显著，推动绿色发展。生态城已经注册文化龙头企业167家，预计到“十二五”末，文化创意产业增加值将超过25亿元，成为生态城的支柱产业。截至目前，纳入新区基本单位名录库管理的文化产业单位共

2846家，资产过10亿元的文化创意类公司19家，资产为5亿~10亿元的公司10家。预计到2015年，新区将培育2~3家上市文化科技公司、30家左右资产过10亿元的骨干文化科技企业、10个以上国内外具有吸引力和影响力的名牌文化产品、15个以上专业文化产业园区，逐步将滨海新区打造成为中国文化科技融合发展领航区。

3. “人和”助推，孵化新园

2013年，新区先后出台了《滨海新区加快文化产业发展的支持意见》、《新区文化产业投资指导目录》等政策文件，并每年设置文化产业发展引导资金5亿元，专项支持文化产业大项目、好项目。为了更好地“引凤落地”，生态城出台了《中新天津生态城人才引进、培养与奖励的暂行规定》，将每年拿出财政收入的1%用于支持和鼓励人才的引进、培养和奖励。

通过政策给予的自主权，入驻企业实现了自主管理和自我服务。历经近4个月的精心筹备，由盛大文学、光线传媒、星美传媒、磨铁图书、青青树、酷六网、读者新媒体、建银文化等10余家入区企业发起的“天津生态城文化创意产业协会”成立。此次文化创意产业协会成立，吸纳34个文化企业为会员单位。该协会将发挥地方协会纽带、协调、服务的职能，为会员单位搭建政企沟通的平台、资源共享平台、投资融资渠道，同时凝聚会员企业力量，促进产业共生与项目对接，打造生态城文化创意类企业“绿色生态圈”。

三　不懈探索，憧憬未来

随着生态城的建设，越来越多的企业慕名而来，越来越多的居民住进了新房。生态城的任务除了探索经济发展道路，也要把越来越多的精力投入到探索现代宜居家园的道路上来，虽然任重而道远，但我们已经站在了更高的起始点上，曙光已经越来越近。

1. 健全一站式产业链服务

生态城探索建立了一套新的产业链服务模式，把对企业的服务从初级提升到了高级阶段，真正把利润落到实处才是服务的终极目标。例如，在企业落户后生态城会提供从融资、公共技术、版权交易、人才培训等方面为企业搭建更

高级的服务，而不只是简单提供场地和税收优惠；除了政策服务平台之外，新区还成立了天津海泰数字版权交易服务中心和天津文化艺术品交易所，搭建了展示交易平台；成立滨海新区文化创意产业协会，为全区行业内开展交流、协作活动搭建服务平台；在国家动漫产业综合示范园建设了目前国内投资规模最大的动漫技术服务平台；研究制定人才引进实施办法和创建文化创意产业人才交流中心，搭建人才交流平台；成立了注册资本达 1 亿元的滨海新区先锋文化传媒投资有限公司，从事文化产业投融资服务和项目运作。

2. 强力打造新的增长极

我们必须看到，在原有的城市格局上发展经济困难重重，并不宜动大的“手术”；相比之下，中新天津生态文化城作为拔地而起的新城打消了这层顾虑，从生态城的定位到采用新的经济发展方式在规划之初就略高一筹，成为新增长极并引领全国区域经济发展指日可待。

中新天津生态文化城的地理位置十分优越，从战略眼光来看，生态城的建设已经不仅停留在把这 30 平方公里建成现代化新区的高度，而是要使生态城成为环渤海经济圈甚至是亚太经济圈一个新生的强力增长极。在打造新增长极的路上，生态城已经开始了探索。例如到 2015 年，力争形成 10 个以上在国内外具有影响力的名牌文化产品、15 个以上专业文化产业园区，文化产业增加值力争占地区生产总值的 6%，打造中国文化科技融合发展领航区。

3. 引领现代宜居潮流

作为中新两国合作的“实验性”项目，可再生能源使用、绿色建筑、绿色出行方式、盐碱地绿化等方面都是生态城在建城过程中要解决的重要课题。2013 年 5 月 4 日，习近平同志视察生态城时指出，生态城要兼顾好先进性、高端化和能复制、可推广两个方面，在体现人与人、人与经济活动、人与环境和谐共存等方面给出有说服力的回答，为建设资源节约型、环境友好型社会提供示范。按照规划，到 2020 年规划期末，生态城将圆满实现中新两国政府确定的发展定位和目标要求，指标体系基本落实；国家动漫园等 5 个园区全部建成，绿色低碳产业形成规模；城市载体功能较为完备，社会事业蓬勃高效发展。届时，一个现代化、国际化的生态宜居新城将展现在渤海之滨，引领全球现代宜居的新潮流。

B.28

喀纳斯湖：高原“湖怪”，生态净土

周 恒

摘 要：

喀纳斯湖景区因其优美纯净的自然生态景观和原始独特的人文景观，被誉为“人间净土”，获得国内外专家及游客的一致赞美和好评。景区更因盛传已久的“湖怪”之说，吸引着越来越多喜爱探秘的游客前来观光，成为我国西北边陲一处享誉世界的旅游胜地。

关键词：

喀纳斯湖　生态旅游　自然景观　图瓦民俗　湖怪传说

喀纳斯湖景区内风光旖旎、景观奇特，北国风光与江南秀色兼具，森林草原湖泊相间，自然垂直带谱分布明显，现代冰川完整壮观，生态系统庞大多样，动植物群落层次分明，图瓦民俗悠久独特。别具异彩的自然风光和人文资源，日渐受到政府和人们的重视与青睐，在 2007 年 3 月正式通过国家 AAAAA 级旅游景区验收。

一　生态旅游，景区名片

生态旅游最早由世界自然保护联盟（IUCN）于 1983 年提出，泛指具有保护自然环境和维护当地人民生活双重责任的旅游活动，是以可持续发展为理念，以保护生态环境为前提，以统筹人与自然和谐发展为准则，并依托良好的自然生态环境和独特的人文生态系统，采取友好的生态体验、生态教育、生态

认知并获得心身愉悦的旅游方式。生态旅游的核心是以自然为基础，强调旅游资源不受损害，注重生态系统的完整性建设。新疆喀纳斯湖国家自然保护区旅游资源丰富，有着优美的自然风光和独特的地方民族风情，集奇山秀水、佛光湖怪等奇景为一体，是亚洲唯一的瑞士风光景区，更是我国北方最古老神秘的游牧民族图瓦人唯一的聚居地，具备开发生态旅游得天独厚的条件。喀纳斯湖景区顺应当下备受欢迎的“生态旅游”热潮，多措并举，发挥自身优势，整合自然与人文资源，成功打造出景区独有的“生态景区”名片。

1. 高山湖泊享誉“东方瑞士”

“喀纳斯”取义于蒙语“汗纳斯”，意为“美丽富饶、神秘莫测”。喀纳斯湖如其名，风光旖旎，拥有亚洲唯一的瑞士风光，被称为“圣洁之水”、“东方瑞士”。湖面海拔 1375 米，湖形如弯月，南北长 24.5 公里，平均宽 1.9 公里，面积 46.55 平方公里，是天池的 11 倍，蓄水量 40 亿立方米，为我国深水湖之一，是喀纳斯国家级自然保护区的核心，自然生态环境保持着原始的状态。冰川 U 形谷构造，四周群山环抱、森林密布，湖面碧波荡漾，山湖相互映衬，碧水蓝天、雪岭草甸浑然一体，湖光山色美艳迷人。湖泊形似弯月，湖水清澈湛蓝，水色随季节、天气，倏忽万变，七彩斑斓，素有“变色湖”美称。湖边景色四季怡人，美不胜收，站在湖滨还可看到河谷云海、“佛光”日出等壮丽景色。

2. 山体垂直带谱发育完整

喀纳斯国家级自然保护区地处阿尔泰山的西段山区，受第四纪冰川和北冰洋气候的影响，形成特殊的自然景观和植被类型。区内森林、草原、草甸相间交错，垂直分布明显，整个生态系统基本未遭破坏，是我国唯一的西伯利亚生物区系保护分布区，具有重要的保护价值和科研价值。喀纳斯的气候、土壤和生物都呈现垂直分布的特点，具有明显的自然垂直带谱，主要分为 7 个垂直自然带，从下往上依次是山地草原带、山地森林带、草甸带、亚高山草甸、高山草甸、山地冻原带和冰川恒雪带。从旅游开发的角度来看，这样完整的山体垂直带谱在国内实属罕见。

3. 动植物旅游资源丰富多样

喀纳斯自然保护区内共有大小湖泊 319 个，均为冰川刨蚀而成，区内有 210

条保存完整的第四世纪冰川，生长着798种植物和99种真菌类，如冬虫夏草、花杉灵芝等，是我国新疆五针松、新疆冷杉唯一分布区，具有极高的自然保护价值和科学研究价值。有鸟类117种、兽类39种、两栖爬行类4种、鱼类7种，其中有雪豹、雪兔、棕熊等7种野生动物被列为国家重点保护对象。

正是因为自身拥有得天独厚的自然资源优势，维护和保持喀纳斯湖原有的自然风貌便成为旅游开发必须遵从的首要原则。当地政府将“生态旅游”作为自己的王牌打造和保护，以优美独特的自然风光吸引游客，以便捷的交通设施迎接游客，以绿色健康的食宿款待游客，以优质贴心的服务留住游客，带动了喀纳斯景区及周边各项产业的发展。

二　借力图瓦民俗，树立文化特色

喀纳斯景区是我国图瓦人唯一的聚居地，图瓦部落主要分布在喀纳斯湖岸、白哈巴村和禾木村三处，现有2500多图瓦人，属于中国北方最古老的游牧民族之一。图瓦人久居山林，世代以放牧和狩猎为生，被称为“林中百姓”或“云间部落”。由于依山傍水，长期过着游牧生活，图瓦人保留着古老完整的部落文化和较强的氏族血缘观念，形成了特色显著的民族文化与民俗风情，因此这里成为海内外游客慕名踏访体验的目标所在，对喀纳斯景区的推广意义重大。

在喀纳斯，远道而来的游客不仅能欣赏到神奇秀丽的自然风光，还能够探访当地土著居民图瓦人村落，领略图瓦人与众不同的民俗风情，如住在图瓦人山间的小木屋，盘腿坐于牧人家的炕头，喝着牧民用马奶酿制的奶酒，品尝具有民族特色的新疆美食，感受图瓦人的能歌善舞和热情好客。这些对于喀纳斯湖景区的旅游知名度和美誉度的提高、旅游文化内涵的提升起到了强有力的推动作用。

三　营销有道，缔造品牌

1. 自然人文，资源整合

突出自然资源特色，再辅以民俗文化特征。喀纳斯风景区旅游资源独特，具有其他景区不可比拟的自然资源优势，加上极具魅力的图瓦人和哈萨克的游

牧文化和民俗风情，二者联合起来共同构成喀纳斯湖景区神秘奇特的旅游资源，被称为“地球上最后一个没有被开发利用的景观资源”。

2. 交通便利，客源稳定

喀纳斯景区交通较为便利，有 216 和 217 两条国道，构成环线连接乌鲁木齐市和阿尔泰市；此外，景区还开通了乌鲁木齐市至阿尔泰市的直飞航班，在阿尔泰市的游客可乘直升机直接到达喀纳斯景区；景区内部交通也有较大改善，车辆可以进入景区售票口。

3. 政府扶持，迅速成长

喀纳斯景区从开发伊始就受到新疆维吾尔自治区政府的高度重视，如政府在 1999 年就将 217 国道在和丰县的营牧场处改道，使原来走向为福海县的国道改向布尔津县。布尔津县政府已经制订了喀纳斯湖区旅游发展总体规划和开发的优惠政策，并得到了自治区政府和中央政府对景区的资金支持。

4. 科学规划，长远发展

科学规划是做大、做强、做优旅游产业的基础。喀纳斯景区在立足当前、着眼长远的过程中，研究制订切实可行的实施方案和行动计划，建立健全严格的规划执行机制，抓好各类规划的落地实施，对可能出现的破坏规划的违法行为坚决打击，切实维护规划的严肃性和权威性。

5. 举办传统赛事，打造“雪之王国”

阿尔泰山素有“人类滑雪最早起源地”之称，喀纳斯景区位于阿尔泰山西段，是阿尔泰山自然与文化的精华，景区利用得天独厚的冰雪资源和古老的滑雪历史，设计出四项驰名海外的品牌活动：每年元旦的喀纳斯冰雪旅游节、旅游节的禾木古老狩猎滑雪比赛、每年春节的图瓦民俗文化节、每年 3 ~ 4 月的喀纳斯单板野雪邀请赛。四个活动相互呼应，拉动了喀纳斯景区的冬季旅游，加之喀纳斯冬季的冰雪童话和水墨风光，为其“雪之王国”的品牌打下了坚实基础，吸引越来越多的游客和滑雪爱好者前来体验。

6. 盛传湖怪传说，氤氲神秘色彩

喀纳斯湖驰名中外，还与一个神秘的传说有关，这个传说吸引着全球各地的人们来此一探究竟。自 20 世纪 80 年代起，相传当旭日东升或夜幕降临时，乘船或站在喀纳斯湖第四道湾的平台上，可以看到时隐时现像“大红鱼”一

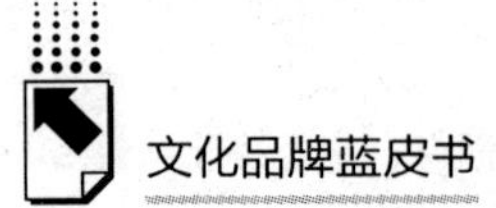

样的神秘“湖怪”。据说湖怪身长可达到 10 米，有科学家推测为大型淡水食肉鱼类哲罗鲑，但该猜测备受质疑，尚未得到实际观测支持，湖怪真相仍扑朔迷离。关于湖怪，在图瓦人的传说里，成吉思汗西征途中驾崩，遗体沉落喀纳斯湖中，图瓦人作为当年成吉思汗的亲兵，留在了喀纳斯湖中，世代守卫王陵。“湖怪”就是保卫成吉思汗亡灵不受侵犯的“湖圣”。喀纳斯湖湖怪至今无法考证，关于湖怪的传说也多种多样，但正因如此，喀纳斯景区的神秘魅力才永葆生命，令往来游人如织。

“清水出芙蓉，天然去雕饰”，或许是对喀纳斯景区最好的形容，她犹如一位天生丽质、清新脱俗的仙子，无须任何的雕琢妆饰。我们需要做的就是尽可能地维持、保护她本来的面貌，不被俗世沾染和破坏，与此同时，努力完善景区基础设施，让更多的人可以来此欣赏她的美丽。保护便是对她最好的品牌打造。

B.29

颐和园：皇家园艺，文化宝藏

吴钊 谷媛

摘　要：

经历了晚清的没落、民国的动荡，颐和园保存至今，成为中国古典皇家园林的杰出代表。颐和园特有的皇家文化优势成为文化创意的沃土，原汁原味的文化遗产、深厚的历史积淀是文化产业创新不竭的源泉，同时也决定了文化产业日益突出的地位。颐和园依托皇家园林的历史文化资源，并结合高科技先进手段，打造出富有特色的颐和园文化产业链。

关键词：

文化遗产　颐和园　发展理念　产业定位　经营管理

一　资源蕴藏：皇家遗产，创意沃土

颐和园原名清漪园，始建于乾隆十五年，占地面积300.8公顷。咸丰十年被英法联军焚毁。光绪十二年，慈禧太后借建造水操学堂的名义，重建清漪园，光绪十四年将其更名为颐和园。由于慈禧长居于此，这里成了晚清中国重要的政治中心。经历了晚清的没落、民国的动荡，颐和园保存至今，成为中国古典皇家园林的杰出代表。

颐和园是中国园林艺术史上的里程碑和世界级的文化瑰宝，是北京古都风貌的重要组成部分和标志性人文景观之一，以巍峨的古建筑、精美的文物和优美的山水园林著称，其优秀的文化传统、卓越的文化遗存以及值得后人研究、发扬、拓展、创新的文化精神及实质，无不成为宝贵的遗产，在后人的手中源源不断地转化为丰富的精神和物质财富。

追溯颐和园的发展史，其诞生的过程正是各种文化形式不断渗入和熔铸推动的过程。道家、儒家和佛家的思想观念，都为园林的创作注入了深厚的理念。颐和园所蕴含的丰富历史人文、自然生态、建筑科技等内容包罗万象，集历代中国皇家园林之大成，全面反映了中国在现代建筑园林兴起以前所取得的建筑园林技术成就，是对中国风景园林造园艺术的一种杰出展现，也是中国造园思想和实践的集中体现。在这座“活的博物馆”和“科学大殿堂”中，掩藏在历史长河中祖先鬼斧神工般的建筑智慧、天人合一的造园艺术、珍贵的历史文物遗存、深厚的文化底蕴和种类丰富的动植物资源，正通过各种载体向人们发出召唤的信息。

二　理念先行：文化建园，科技兴园

当今，“文化”不仅是衡量一个社会发展水平的重要指标，也是进一步推动社会发展的重要力量。近 20 年来，颐和园立足其深厚的文化底蕴和悠久的历史，提出了“文化建园”的发展战略，将“文化建园”作为新时期开展首都园林建设的指导原则，这也反映了这一时代发展的迫切要求。

“文化建园”不是对传统造园理论的简单继承，不是一个封闭自足的结论，而是一个不断反映和体现时代要求的创新过程。“文化建园”宗旨至少融入了以下新的时代内容。第一，古为今用，“洋”为中用。注重从自身实际出发，下大力气从博大精深的中国传统造园艺术中汲取营养并不断借鉴吸收世界各民族优秀的园林艺术内容，强调在传统文化与现代文明良好结合的基础上创造出富有时代气息、适应时代需要的园林形态。第二，强调遵循可持续发展的原则。园林的发展要注重资源、环境和人的关系，处理好三个效益的关系，反对急功近利，杀鸡取卵，强调要有长远目光。第三，有机依靠现代科技文明。园林从来都是一个多学科综合的领域，传统园林中处处都闪耀着古代科技文明的光辉，在科学技术已经成为社会发展主要推动力的当代，以科技兴园林更是“文化建园”的重要内容。第四，引入了市场机制和市场经济观念，强调发挥市场对资源配置的基础性作用，逐步建立和完善适应市场经济需求的园林管理、服务、人事任用、利益分配等体制，推动首都园林事业的良性发展。

三　产业定位：有所为有所不为

原汁原味的文化遗产、深厚的历史积淀是文化产业创新不竭的源泉，颐和园特有的皇家文化优势终将成为文化创意的沃土，结合高科技先进手段，打造富有特色的颐和园文化产业链，突出文化品牌。颐和园文化产业坚持“有所为有所不为”的原则进行产业定位，致力于将几大板块特有优势最大化发挥。

1. 实体文化产品

在产品开发上，颐和园积极打造商业文化功能区和听鹂馆宫廷寿筵品牌，创造皇家园林特色商业文化，激发潜在消费群体，不断提升文化性经营档次。通过深入挖掘颐和园历史文化内涵，及时把握市场脉搏，结合园内开放展陈的内容，精心设计文化创意产品，开发了以“颐和园铜牛”、“颐和园古建内檐隔扇心仿制品”、“耕织图织绣手卷”、“颐和园长卷”、“百福捧寿挂轴”、“错金鸟形尊”等为代表的文物仿制品；以德和园宫廷戏曲文化为主题，进行了系列文化商品的开发；以宫廷寿膳、“百年颐和”酒为代表逐步拓展颐和园特色食品；与北京京作家具非物质文化遗产传承公司联合打造古典家具文化创意产品的定制化营销，成功举办首届北京“京作”家具文化节暨颐和园·龙顺成合作臻品鉴赏及拍卖会。

在激发商业企业方面，积极调整内部经营形式，注重文化创意产品的研发，成立北京颐和园文化发展有限责任公司，为颐和园无形资产的保护和利用搭建了新的平台；在仁寿南殿设立北京礼物旗舰店，将具有颐和园特点和北京特色的旅游纪念品进行开架式展销；在园内其他区域进行分众化、特性化商业网点的设置，推动园内商业营销的布局向合理化、特色化方向迈进。在保持和发展皇家园林传统餐饮文化方面，持续打造听鹂馆宫廷餐饮文化品牌，将“寿”文化元素与听鹂馆经营、环境有机结合，将企业经济效益与文化创新融合，加强品牌宣传，着力推进“颐和园听鹂馆寿文化研究和展示”项目，促使颐和园宫廷餐饮文化经营更具市场竞争力。

2. 文化及娱乐服务

近几年，颐和园立足本园的文化特性和文化资源，进一步挖掘传播多元文化。展示服务项目，对综合文化展示、文娱服务活动进行定性定位，确定以内展为主、外展为辅，主题展览、原状展陈、影音视频、文化书籍、戏曲演出与文创销售有机融合的多元化文展、文创工作思想，力争使颐和园的传统文化展示和创意性文化活动衍生成为精品、成为品牌。

颐和园形成四种文物文化展览类型：一是原状陈列，展示清代帝后在颐和园政务和生活宫殿区陈设起居的原始状态；二是文物专题展览，即深入研究和展示颐和园的文物藏品；三是文化展陈，借助于图片、文字和实物等媒介，对颐和园的历史和艺术价值进行系统化揭示；四是外展和引进展，采用走出去、引进来方式，发挥颐和园园林博物馆的作用，扩大颐和园的文化影响力。目前，颐和园内先后建有澹宁堂、文昌院、德和园三处文物专题展览的场所，设有铜器、玉器、瓷器、精品、家具、书斋、杂项等专题展厅，颐和园的文物专题展览日趋发展成熟，文物保护和展示的水准、文物欣赏的环境逐步提高，受到了广大游客的赞许。

值得一提的是，2013 年颐和园着力进行了德和园宫廷戏曲文化主题景区的打造，将古建与现代博物馆展陈技术相结合，形成了具有颐和园特色的高档次德和园扮戏楼古建展厅。同期，在德和园景区建成了古建筑声学科技再现视听室，展示声学科技知识、京剧乐器模型；拍摄了以京剧在清廷的发展演变和颐和园宫廷观剧活动为史实的《颐和京韵》纪录片；编排了以颐和园历史为内容的《百年颐和》戏曲演出。

同时，颐和园大力推进文娱活动的创新，结合春节、清明节、端午节、中秋节等传统节日，推出“苏州街春节宫市”、“颐和秋韵桂花节”、“梅花腊梅迎春文化展”等主题活动，开展“湖光山色绣颐和”四季摄影比赛活动，推出“我与古建零距离”文化遗产科普品牌活动，使颐和园成为广大群众培养感受中华文化、培育民族精神的良好阵地。此外，颐和园还充分利用自身的文物资源，先后在宁波、长春两地举办了颐和园文物珍宝展，参与了在意大利举办的“从努尔哈赤到溥仪”文物展，引进了法国文物、故宫、伪满皇宫文物入园展览，“走出去，引进来”，颐和园无疑是在不断提升其在中国乃至世界

的知名度。

3. 文化研究及管理服务

近些年，颐和园借助颐和园学会平台，对园林文化进行深入挖掘、整理研究和传承发扬，开展多体系、多门类颐和园文化的深入研究，实现了颐和园文化事业和文化产业的同步前进。

在文化研究方面，每年开展资源保护、人文历史的挖掘和理论研讨活动，进行文化典籍的研究整理工作，先后对"三山五园"、颐和园景区功能、殿堂陈设、福寿文化、戏剧文化、档案资料、管理沿革等进行了系统研究；出版了一批有影响力的文化科技专著，如《颐和园文化研究》、《颐和园明清家具》、《颐和园砖雕艺术》、《北京志·世界遗产卷·颐和园志》、《北京公园志·颐和园志》、《颐和园建筑彩画艺术》、《颐和园德和园大修实录》、《皇家大戏楼·德和园与慈禧演剧史话》等；发行了多种版本的文化传播制品，如《颐和园画册》、《颐和园导览》、《颐和园》杂志、中英文双语双轨《颐和园》精装纪录片等；完成清漪园（颐和园）历史编年纪事工程；成功举办了北京历史名园品牌培育与首都旅游文化创意产业发展论坛和"三山五园"历史文化保护与发展专题研讨会。具有重要研究意义和史学价值的《颐和园清宫档案汇编》大系也即将出版发行。

四　经营之道：科学管理，数字支撑，品牌提升

文化产业的发展需要坚实的文化做积淀，也需要科学的、现代的日常经营管理，颐和园经营管理在文物及遗产资源的保护与传承、现代科技手段的支撑与运用和文化旅游品牌的铸造与发展等方面也具有独到之处。

1. 资源保护与传承

室内外文物和山形水系、古树名木是颐和园文化资源和遗产构成的主体，也是一直以来花大力气保护的对象。颐和园以有效保护历史文化资源和自然生态资源为重点，每年制定环境和资源保护的明确目标，持续对古树名木、绿地植被、景观水体、文物古建等实施一级管理标准，并将环境和资源保护目标的完成情况纳入各级管理考核之中，使景区资源得到有效保护和合理利用。具体

到保护和挖掘历史文化资源工作中，一是在自然生态资源保护方面，以保护古树名木为重点，按照“规划建绿”、“科技兴绿”的方针，建设生态型文化园林。二是坚持“修旧如故”的原则，稳步推进古建修缮复原工程，并配合古建筑修缮全面开展绿化景观调整，逐步恢复颐和园的建筑风格和历史原貌。特别是在古建修缮中，积极使用环保材料，加大环保设施的建设，在佛香阁修缮中，采用了具有可逆性的贴金工艺，避免了鎏金工艺汞污染问题。三是通过可移动文物的科学化管理、文物保护规划的制订，加强颐和园周边地区的建设控制；引进国内外先进技术开展文物保护，例如与荷兰文物修复机构合作修复慈禧油画像等举措，推动颐和园文物保护水平逐步走向专业化、国际化。

2. 智慧颐和园建设

在引进数字化的文化产业创新模式方面，颐和园积极促进现代化科技在颐和园建设管理中的应用，不断深化科技管理建设进程，以高新技术优化管理，全力打造安全、便捷、高效的智能化园林。近年来，本着“总体规划，分步实施”的原则，颐和园实施了“智慧颐和园”建设，将信息数字化管理、电子票务信息系统建设、智能化办公、科研管理研发和高效化公众服务作为重点工作推进，日益促进了颐和园办公的网络化、管理服务的精细化和遗产保护的信息化。现今，“智慧颐和园”一期工程已经完成并有效利用，构建完成“智慧颐和园”总体框架，建成颐和园信息基础设施、数据基础设施及颐和园信息共享服务平台，开发出基于平台的古建、园林、文物三个业务系统，以园区“一张图”模式进行资源整合与共享，实现了园区资源时空可视化展现与精细化管理，总体达到了国内领先、国际先进水平，对国内的文化遗产保护、智慧园区建设具有示范意义和推广价值。同时，颐和园电子门票信息系统建设取得了明显成效，7 个门区、4 个园中园和游船码头全部使用电子票务系统工作，实现了颐和园电子票务的综合控制和严格管理功能。此外，颐和园景区门户网站达到中文简体、中文繁体、英、韩、日、德、俄、西班牙语和阿拉伯语等 9 个语言版本，为中外游客服务的受众面进一步增加。目前，国家旅游局已将颐和园列为全国第一批智慧旅游试点单位。

3. 文化旅游品牌塑造

在颐和园文化旅游品牌的铸造方面，作为 AAAAA 景区、世界文化遗产和国家第一批重点文物保护单位，“颐和园”本身就是一个响亮的文化品牌，而要进行文化产业创新，对“颐和园”这一文化品牌的有机经营势在必行，这包括品牌整体形象的塑造、品牌产品形象的突出和品牌管理的强化三方面内容。2005 年，颐和园开始设计品牌形象标志和中英文标识等视觉识别系统，历时两年多设计出了“专家满意、群众鼓掌、领导认可”的标志，该标志是颐和园文化理念的具体表征。大到道路标志、景区牌示，小到工作服、笔记本，都统一使用颐和园标志，从整体上对颐和园形象进行打造。同时，对颐和园标志进行了版权注册，此举不仅保护了知识产权和品牌形象，也对品牌的可持续发展起到了良好的扩充作用。

此外，颐和园圆满完成了“第 14 届北京国际旅游节”开幕式和“2013 北京新年倒计时”活动保障工作，这使颐和园文化和品牌形象得到了宣传与弘扬。深受大众喜爱的大黄鸭在 2013 年 9 月 26 日也“游”进颐和园昆明湖，大黄鸭在昆明湖的展出是现代元素和中国古典园林的一次有力碰撞，充分折射出古典园林的艺术特色。诸多契机使颐和园成为吸引全世界目光的聚焦之地，颐和园也因此而成为彰显北京世界城市风采的绝佳名片。这一系列塑造、突出、管理品牌的举措都旨在大力经营“颐和园”这一响亮的文化品牌，使游客从更高层次上接受颐和园、认同颐和园，推动文化产业的创新，促进公园的发展。

B.30

《水舞间》：水舞澳门，动容世界*

贺予飞

摘　要：

作为全球最大的以水为主题的会演剧目，《水舞间》历经5年筹备、制作，耗资超过20亿港元，于2010年9月在澳门新濠天地盛大开演。这场被誉为超越拉斯维加斯制作的惊世巨献，以文化为魂，以科技和艺术为体，中西协奏，亮点纷呈，谱写了一曲浪漫的爱情华章，短短3年已吸引超过200万世界各地的观众前来欣赏，被誉为是澳门演艺业的金字招牌。

关键词：

《水舞间》　爱情传奇　视觉盛宴

《水舞间》剧场坐落于澳门新濠天地，这场号称超越拉斯维加斯制作的演艺剧目融合中西文化精髓，以无与伦比的视觉震撼上演了一段水上浪漫的爱情传奇。剧目策划筹备历时5年，其演员来自世界25个国家，耗资超过20亿港元，具有全球最顶尖的科技设施、独具匠心的舞台设计、精英水准的演出团队以及瑰丽炫目的服装道具，给观众朋友们带来了超越感官极限的惊世会演。

一　中西协奏，演绎浪漫爱情传奇

《水舞间》的剧情设计巧妙地将中国元素与西方文化融合，给来自世界各

* 本文的材料数据来源于水舞间官网，http：//thehouseofdancingwatermedia. com。

国的观众献上了一场穿越时空的水上盛宴。故事发生在澳门的路环海岸，一个打鱼人在茫茫大海之中悠闲地驾着一叶小舟，忽然间狂风大作，风暴中遇上了故事的男主角——一个英俊帅气的年轻人。他们一同漂流到神秘的国度。在这个王国里，恶毒的蛇蝎王后为了独占大权，将美丽的公主囚于牢笼之中。英勇的年轻人对公主一见钟情，决心冒死营救美丽的心上人。在渔夫的帮助下，年轻人历尽艰辛将公主救出，他们一起覆灭王后的政权，最终公主将王位让给渔夫，英俊的小伙与美丽的公主开始了平凡幸福的生活。演出以史诗般的恢宏场景、高潮迭起的剧情紧扣观众的心弦。

《水舞间》的演员们来自 25 个国家，他们构成了一个小型的联合王国，异域风情在这里完美地融合。水的魔力使观众们穿越时空，在暴风骤雨的大海中目睹了水手们高空跳水的矫健雄姿，在微波荡漾的湖面上欣赏着水之精灵翩翩起舞，感受欧美宫廷式的优雅高贵，领略非洲部落的奔放野性，被美不胜收的歌舞剧乱花迷眼，于幽默搞笑的滑稽剧里开怀大笑。《水舞间》将西方文化渗透剧中，剧情以冒险为主旋律，矛盾冲突鲜明，处处展现着正义与邪恶的较量。它继承了西方的爱情童话精髓，男主角一路跋山涉水，不畏艰险地拯救美丽善良的公主，角色塑造饱含骑士精神和英雄主义色彩。蛇蝎王后的角色取自童话故事里恶毒的王后和继母等原型人物，沉迷于金钱权势，囚禁非自己所生的女儿，对她进行百般刁难和折磨。令人称赞的是，《水舞间》非常注重剧目的张弛有道。为缓解紧张的剧情，编剧在骄傲虚荣的王后身边设置了一个滑稽的丑角作为她的跟班出现，两个角色的巨大反差常惹得观众捧腹大笑。

文化是艺术作品的灵魂。《水舞间》不同于以往澳门会演的大型舞台剧，它更注重受众的地域文化差异，不是一味地追求国际化，而是把中国文化融入其中，正是由于这个创意之举，《水舞间》轻松赢得了亚洲人的共鸣。导演佛朗哥·德拉戈（Franco Dragone）先生是国际知名的灵感创作大师，他在创作《水舞间》时曾说，在森林中寻找树木容易，在沙漠中寻找花朵艰难，而《水舞间》这部水上浪漫爱情传奇正宛如沙漠中盛放的娇艳之花，唤醒了风餐露宿踽踽独行的行者心灵中那份最原始的感动与温情。为了使《水舞间》能够更自然地贴近中国观众，佛朗哥·德拉戈先生游历大江南北，于中国文化根脉中寻找灵感之泉。《礼记·礼运》说："喜、怒、哀、惧、爱、恶、欲七者弗学而能。”佛朗哥·德拉戈先生很清楚如何才能打动观众，他巧妙地将儒家所提的“七情”融入剧中，伴随着剧情的跌宕起伏，我们的观众为有情人终成眷属而欢欣，为蛇蝎王后的专横阴险而愤怒，时而领略狂喜的高峰，时而陷入欲望的深渊，在恐惧中徘徊踱步，在悲伤的谷底呐喊嘶叫，最终用爱的博大和宽容救赎迷失的心灵。老子曰：“上善若水”，它包含有海纳百川的宽容，善利万物的德行，心如止水的从容……管子言水乃“万物之本源，诸生之宗室也”，“水”在中国有极为深广的文化内涵。整个剧目中充满了大自然的神秘色彩，春夏秋冬的四季变换为这对恋人的坎坷情路定下了基调，水的元素贯穿整部剧中。两岸青山下的一叶扁舟、水中升起的亭台楼阁、霓虹闪烁的夜上海……浓郁的中国元素在水的变幻下飘然溢出，布景极富审美意蕴。故事内容紧凑，剧情高潮迭起，悬念频出，最后以大团圆式的喜剧结尾，深谙中国人的看剧心理。

二　亮点纷呈，打造水上视觉盛宴

台上一分钟，台下十年功。《水舞间》全程演出时长为 90 分钟，它为观众们呈现的每一分钟精彩演出背后所凝聚的是几千个日夜的构思、筹划和排练洒下的辛勤汗水。《水舞间》的舞台设计、表演团队、服装制作等在国内都达到了顶尖水平。

1. 舞台设计，匠心独运

《水舞间》所在的剧院设计独具匠心，普通剧院无可替代。剧院由贝氏建筑事务所根据《水舞间》剧目要求量身打造，采用 270 度立体回环设计，可容纳 2000 名观众。剧院最别出心裁的舞台设计是水舞池，它将科技与创意融合的魅力展现得淋漓尽致。

水舞池设计来源于法国国际水秀公司，该公司曾为上海世博会开闭幕的音乐喷泉制造商，具备世界一流的水秀制作技术。舞池采用全球顶尖的科技设备，直径 160 尺，水深约 26 尺，常年保持 30℃恒温，可容纳 370 万加仑水，是奥林匹克标准泳池容量的 5 倍，是世界上最大的商用水池。舞台建有 239 个喷水口和 11 个 10 吨水压升降台，可以制造出暴雨、海浪、喷泉、烟雾等多种舞台布景效果，喷泉水柱最高可达 18 米。在水压升降台的运作下，370 万加仑的水营造出狂风暴雨、波涛汹涌的海面可以在顷刻间烟消云散变为陆地，陆地舞台时方时圆，时升时降，水池与舞台间灵活变换，融为一体，将《水舞间》打造成史上最大型最具特色的以水为主题的剧院之一。演员们表演时舞池中四溅的水花给观众朋友们带来了前所未有的 4D 感受，剧院还贴心地为前排观众准备了毛毯避免湿身。此外，剧院备有 2000 盏舞台灯、40 台吊机、45 辆机械绞车方便舞台布景。倘若没有水舞池的精妙设计，这场以水为主题的大型会演将会黯然失色。

2. 豪华阵容，卧虎藏龙

《水舞间》的演员团队选拔历时两年，面试了 700 多名来自全球的表演人员、音乐家和杂技师。在严格的考核和精挑细选之下最终约有 80 名入选成为《水舞间》的演员，其中包括 45 名专业杂技表演者、6 名软骨艺术师、7 名舞技精湛的舞蹈演员、4 名音乐大师、7 名电单车特技演员。他们个个艺高人胆大，在舞台上表演水上芭蕾、体操杂技、高空跳水、特技飞车、空中飞人、人造吊灯及俄式秋千等高难度表演节目，给观众们献上了一场惊心动魄的视觉盛宴。

在高空跳水项目中，有一群身形健硕的跳水演员摆出各种高难度姿势为观众们轮番表演跳水节目。有一名演员从剧院顶端 24.5 米的高空垂直入水，他曾是一名获得世界跳水比赛第三名的优秀跳水运动员。事实上，完成这么惊险的动作需要非常高的安全保障和专业技术，在跳水演员入水的瞬间会有潜水员马上给他吸氧。《水舞间》的演出团队包括制作人员、技术人员、潜水员等约 160 名，其中有 36 名潜水员在水下控制运作，包括五条凶猛的鲨鱼的操控、长达 15 米的桅杆折叠工作等，此外还有 20 名专业潜水员负责演员表演时不同的接应和安全保障工作。

在表演团队中，还有一群身怀绝技的演员。饰演智者角色的是一名软骨艺术师，他身高约一米八，一日三餐需进行严格食量控制，演出时将自己缩在长 56 厘米、宽 43 厘米、高 40 厘米电视机大小的箱子里；蛇蝎王后的扮演者安娜·阿罗约（Ana Arroyo）是一位舞技精湛的西班牙舞蹈家，曾参演《飞跃墙外》、《无主之地》、《寂寞之形》等众多著名剧目；饰演公主的水上芭蕾舞者梁菲曾获得过上海国际芭蕾舞大赛少年组女子金奖、香港舞蹈年奖等多项知名舞蹈大奖。她的舞姿轻盈灵动，将中国古典美女的柔美气质展现得淋漓尽致。最引爆全场气氛的特技莫过于高空飞车，7 名专业车手跨越 20 米宽的跳台，腾空飞跃 15 米的高空，其惊险程度令在场观众无不咋舌。

3. 服饰道具，瑰丽炫目

《水舞间》演出服装出自世界知名电影服装设计师苏西·本宁格（Suzy Benzinger）之手，面料采用潜水服材质氯丁橡胶，以 500 多个皮带扣饰、15000 余颗施华洛世奇水晶和十几万颗饰钉作为服装配饰，为演员量身定制专业舞鞋 275 双。演出服装不仅华美炫目，而且防水性能极高，更便于长期在水池中练习和演出的演员。在美妆方面，剧团为演员采购了法国进口的专业防水化妆品，设计了 13 款发型和 80 个假发，多变的造型令人目不暇接、眼花缭乱。造型师的技艺超群，演员的服装和妆容与人物角色的个性特点十分契合。梁菲饰演的公主身着一袭白裙，头化淡妆，昭示着公主纯洁、善良、淡泊名利的品性，这与身着金色短裙、黑色长皮靴浓妆艳抹的蛇蝎王后形象形成鲜明的视觉冲击，不仅有益于提高舞台效果，而且增强了人物性格的表现力。

演出中最具炫目效果的就是“人造吊灯”，仅灯饰就采用了 12 款不同样式的水晶总共 3000 多枚装饰而成，演员们有层次、有规律地攀附于镂空的吊灯骨架上做出各种高难度人体杂技表演，给原本固定的吊灯增添了灵动之美。在灯光的映衬下，荧光材质的服装呈现五彩渐变的炫目效果，彩色的人造吊灯不断变幻，将力与美的结合完美呈现。

三　营销制胜，成就演艺金字招牌

近年来，在文化产业发展的策略方面，澳门政府一直致力于寻求延长游客旅游日程和开拓多元文化领域项目的方案。澳门凭借独特的地理位置和制度政策成了世界著名的旅游胜地和博彩中心，由旅游业、博彩业带动演艺、住宿、餐饮、购物、休闲、会展、拍卖等各类产业的文化产业发展态势，有益于实现优势互补、协同发展，充分发挥产业叠加效应和连带效应。这种跨界发展、组建产业链、提供一条龙服务的娱乐场经营模式在澳门已较为普遍，为澳门打造亚洲顶尖的旅游度假休闲中心奠定了基础。《水舞间》正是践行澳门文化产业发展战略的优秀案例，是来澳门旅游必赏的大型会演。目前《水舞间》所属的新濠天地业务覆盖博彩、演艺、餐饮、购物、住宿等各行业。新濠博亚娱乐有限公司联席主席、董事兼行政总裁何猷龙先生坦言，公司投资了400亿港元打造新濠天地，预计十年内即可收回成本。

《水舞间》是投资超过20亿港元打造的亚洲第一个水上大型演艺品牌，于2010年9月启动运营，历经了五年的筹划时间才得以与观众见面，上座率高达90%以上，目前已有超过200万的观众体验这场惊世之作。在多元渠道的营销之下，郑秀文、郭富城、吴佩慈、李云迪等众多演艺明星和艺术大师助阵《水舞间》为其提高知名度和影响力。《水舞间》的主题曲 *water for love* 由著名歌手郑秀文倾力演唱。时尚达人吴佩慈已是第二次观看《水舞间》演出，她说《水舞间》能给她带来震撼心灵、独一无二的美的享受，值得一看再看。①

除了雄厚的资金支持、顶级的制作团队、明星的宣传造势，《水舞间》还推出探索体验营等互动交流项目。招募活动历时一个月，入选的体验者可以在专业老师的指导和训练下于17米的高空亲身体验空中飞人和15米的高空跳水，在370万加仑的水池中潜水，踩5米的高跷扮作长颈鹿进行表演等，并可以参观道具部、化妆间、服装间、潜水部、舞台机械控制部，与《水舞间》的幕后工作进行零距离接触。

在网络技术发展日新月异的局势之下，《水舞间》的经营者准确地把握时代脉搏，建立了《水舞间》官网，发布演出的详细介绍、购票信息，设置了《水舞间》网上新闻发布中心，及时发布最新动态。在新媒体平台的助力下，《水舞间》大大拓宽了营销渠道和客源市场。此外，在产业链运作方面，《水舞间》还与新濠天地内酒店、餐饮等一同推出一体式套票优惠，推出了《水舞间》的卡通玩偶、服装等诸多衍生品。

在多元渠道营销之下，《水舞间》凭借自身的精良制作，招牌越打越响，

---

① 《水舞间》新闻发布中心：《澳门新濠天地〈水舞间〉掀亚洲看“秀”风，时尚达人吴佩慈澳门游力荐热点》，http：//thehouseofdancingwatermedia. com/？ p = 648&lang = tc。

夺得2011年国际主题娱乐协会颁发的杰出大奖、胡润百富颁发的2011年澳门最佳娱乐表演大奖的最震撼视觉大奖、亚洲最具影响力设计大奖、2011～2012年度中国杰出营销奖及杰出品牌奖等多项殊荣。与此同时，《水舞间》也不忘回馈社会，在会演一周年慈善盛典上成立了新濠博亚娱乐李云迪奖学金，培养澳门青年音乐人才。

《水舞间》历经短短三年的发展就已成为澳门当之无愧的演艺行业金字招牌，并反哺澳门文化产业的发展。《水舞间》让中西交融的文化于激烈的市场竞争中迎风起舞，实践了不出国门便能出口世界的“走出去”战略，在国内外享有极高的品牌影响力。“水，让世界起舞。”正如《水舞间》的宣传语所言，在专业化的市场运作和多渠道的产业营销下，《水舞间》定将成为领跑世界的演艺品牌。

B.31

诚品书店：好书不寂寞，阅读不打烊

李 珏

摘 要：

作为全球第一家24小时不打烊的实体书店，台湾诚品书店以“书本百货公司”、“阅读与生活的博物馆”等美誉被全球各地爱书之人口口相传，曾在2004年被美国《时代》杂志评为亚洲最佳书店。通过高品质阅读空间的营造、复合式的商场经营、“诚品意见”的建立、“连锁而不复制”的商业模式等创新，诚品书店生根发芽、茁壮成长，成了业界的领导品牌。如今的诚品，已成为一种氛围与风尚的代表，带来了一股不可忽视的“诚品现象”。

关键词：

诚品书店 人文关怀 创新模式 创意营销 阅读空间

一 坚持诚品理念

自1989年在台北市仁爱路创立第一间诚品书店起至今，经过20多年的发展，诚品书店目前已在台湾地区拥有40余间分店，并将触角延伸到香港、大陆，成为业内一家著名的实体书店，也创造了实体书店业界的奇迹。诚品在发展过程中，始终秉持其确定书店名称时的理念。所谓“诚”是一份诚恳的心意，一份执着的关怀；“品”则是一份专业的素养，一份严谨的选择。取名“诚品”则代表着其对美好社会的追求与实践。①

① http：//www. eslitecorp. com/TW/.

1. 诚恳心意，执着关怀

诚品的“诚”字代表着诚恳的心意和执着的关怀，这真实传达了诚品“为人”的经营方针。其从消费者的角度出发用心去体会，诚心诚意地提供商品和服务。在诚品看来，心的交流是一切的原点，它希望能够回归到人性良善的一面。诚品的终极关怀是人。其创办人吴清友先生创立诚品时的初衷并非源自单纯的商业动机，而是怀着更深的梦想与憧憬，他从爱自己的土地出发，希望能够把生命观和事业观结合起来。因此，诚品最初的面貌，就有别于当时主流社会中大量复制书籍的连锁书店，而呈现一种对于阅读的关怀、文化的推动与艺术的鉴赏精神。诚品在经营理念中明确指出，生活、人文、艺术、创意是最核心的元素。它由“人的生活”出发，结合人文的人性、自我，艺术的知性、美感，以及创意的想象力、创造力，丰富“人”的每一个层面。正因为拥有清楚的价值体系——关怀人、阅读与生命，正因为希望将人文、艺术与创意融入生活，诚品才成为今天的诚品。

2. 专业素养，严谨选择

诚品的“品”字代表着书店专业的素养和严谨的选择。这是一项承诺与保证，书店的商品是经过缜密的思考和计划，重重的筛选后选择的，要坚持做到最好、唯一，使其散发出与众不同的品位。因此，诚品一开始所走的就是精英路线，专攻人文与艺术类图书。它的设计和精品、艺廊结合，空间配置兼具设计感和美感。这些令诚品散发出一股高度知性的精英气息，目标客户也定位于金字塔顶端的消费者。

为了满足这部分精英读者的阅读需求，诚品尽其所能提供丰富、多样化的书种组合。它率先大量引进外文或专业冷门书籍。诚品甚至会违反商业效率的原则，在架上摆放一些周转率相当低的经典书籍，例如《红楼梦》。诚品认为，读者或许不会购买这些经典，但却无法忍受诚品架上没有摆放，故这是为了坚持品牌价值与理想所需额外付出的努力。诚品秉承“好书不寂寞”的原则开办了“诚品推荐”，经由诚品挑选出一些好书推荐给社会大众，希望通过这样的方式塑造更深度、多元的阅读风尚。其遴选标准并非从商业利益出发，而主要是衡量这本书的内涵与价值，即使是冷门的书籍，只要质量上乘也会给予推荐的机会。因而这也促成了一些书大爆冷门，卖出好成绩。

二　创新诚品模式

第一家诚品书店是以经营人文、艺术、建筑类图书为主，主要由 230 ~ 270 平方米的书店，加上精品贩卖、艺文空间、艺廊等约 660 平方米的附属区域构成。这种“书店不只是卖书”的结构、独创的复合式经营传达了吴清友先生所坚持的创新理念，成功开创出一股新兴的文化革命。二十几年的时间里，诚品书店由单纯的实体书店逐渐发展成为一家结合商场、餐饮、旅游、房地产等经营的集团公司，并以“生活与文化场域”的复合经营模式促使其品牌价值得到了进一步的提升。

1. 连锁而不复制

“连锁而不复制”是诚品书店在规模拓展过程中所创立的独特的商业模式。即是说，每一家诚品书店虽然带有相同的基本风格，但会因地制宜发展，不同地区的分店会带有不一样的自我气息。诚品连锁店的目的一方面在于降低采购成本，更重要的是可以充分体现连锁店与地区位置结合上的弹性化特征。不同于麦当劳、7-eleven 的连锁模式，诚品给予每个店不同的定位。它从建筑、当地文化、地区角色、历史背景、新想法、老经典等元素中，撷取、混合、建构、涂抹、装点出新的书店。同时诚品借在各地的深度经营，与当地居民、文化艺术活动进行尽可能多的联系，通过寻找合适的策划人、组织主题活动，与当地的文化人士、文化资源合作，针对当地区域特性与文化特色，建立互动关系。因而，每一个诚品某种程度上都是一个新的作品。这也让诚品在扩大经营的同时，保持了独特的品牌意义不被稀释，并持续创造出新的特色和话题。例如诚品“台大店”，这家店装修用的是便宜的水泥砖，目的是告诉青年学子，有气质不一定要浓妆艳抹。而在尝试融入青少年次文化的“西门店”里，设计师选用了一排排不染色的枕木，托拱在黝黑的天花板之下，仿佛纽约鸽舍（loft）建筑的重现。此外，由于西门店坐落在台湾曾遭“祝融”肆虐的今日百货旧址，西门店焦黑的边墙也刻意不上漆，以保留历史感。

2. 复合式经营

书店的复合式经营模式也是诚品首创。进入 21 世纪，传统书店因为网络书店及电子图书的兴起而逐渐没落，很多规模较大的书店为了维持运营而开始在店内增加销售其他非书籍类的延伸商品。诚品书店也从一开始为读者提供一些文具用品、音乐唱片等延伸产品，逐步将经营方向调整为“完整生活体验”的提供者转变。书店依循着“艺术、人文、创意”三大核心价值，从阅读、艺术、饮食、生活等诸多方面进行整合，为不同领域加入创新、深度元素。2007 年，吴清友之女吴旻洁接任诚品执行副总后，展开了一系列的企业策略转变活动，正式提出以“复合式商场”的概念为主要经营模式。至此，诚品脱离了传统书店的框架，不再单纯只是书店，而是经营了影音制品、文具玩具乃至家具、瓷器、珠宝等多样文化产品。它成功地吸引了顾客购买其品牌旗下的其他延伸商品，创造了无限商机的同时也在业内形成了差异化竞争，更进一步提高了企业自身的竞争力。

最能代表诚品创新模式的莫过于位于台北敦化南路的“诚品敦南店”。首先，敦南店是诚品书店首家书店，也是一个完整的复合型商场。除了地下 2 层的音乐馆及地上 2 层的综合书区提供了多样化的音乐与书籍外，敦南店还在其他楼层设置了许多其他品牌与美食馆。其次，诚品正式在敦南店首创了“全天候营业，24 小时不打烊”的模式。这个诚品书店 1999 年开办的创新营业模式，是敦南店之所以能够成为台湾文化地标的关键因素。1999 年 3 月，诚品试办 24 小时不打烊的全天候书店，原本预计为期三个月，但没想到引起相当大的反响，消费者反应热烈，于是敦南店自此便维持 24 小时不打烊的营运方式。这项在亚洲首见的创举，创造了台北的“阅读零时差”，许多国家的记者都曾专程赴台加以报道。诚品的知名度自此迈向国际，“到台北，逛诚品”已成为许多游客的一句口头禅。它是台北文化的地标、夜生活的代表、阅读的栖息之地。

三　创意诚品营销

诚品之所以能成为业内的领导品牌，具备优质的文化形象，其开创的独具人文创意且极具执行绩效的营销策划是一大主因。诚品通过幕后强大的营销团队互相支撑、相互合作，不断为诚品注入活力。诚品书店的五大营销项目如表 1 所示。

表 1　诚品书店的五大营销项目

营销项目	内　　容
品牌营销	创造品牌价值，将诚品塑造为文化产业的领导品牌，与阅读、文化艺术、创意有关
活动营销	文化艺术活动经营创意，各项展览、演出活动筹办单位的统筹，包括活动场地、总店、独立店、商场店、百货店、特殊书店的活动策划
商品营销	提供创意观点、资讯，包括书讯中心、书籍促销组合、文具自制品、好读月报、网络规划
渠道营销	营业的后勤支援，各个类型店面的促销策略统筹中心，包括拟定营销策略、大型跨店活动与开闭幕活动
媒体营销	掌握运用各类媒体，达到最大推广效益，进行宣传规划执行、资料保存管理、媒体研究/分析、媒体关系合作

资料来源：改编整理自台湾地区的非艺术空间网。

从表 1 可以看到，诚品紧紧围绕品牌核心，通过活动、商品、渠道和媒体的整合营销，不断强化其品牌形象。借助各家诚品店主题和空间的不同，诚品有针对性地推广文化艺术活动，加强新知识的学习。书店与整个社会的脉动结合紧密，持续邀请文化创意界与学术界人士参与讲堂、展览、座谈、出版等文化活动，成功地制造社会话题，定义每一波的文化潮流走向。2009 年，诚品与台北市立美术馆合办了“蔡国强泡美术馆”当代艺术个展，成功展现了诚品的国际艺术策展力，并达到了文化交流目的。超过 22 万人次参观这次艺术展览，创下台湾当代艺术展览史上参观人数的新高点。据报道，诚品现在每年有 3000 场以上的主题企划和文化营销活动，总共邀请过 400 多位讲师，举办过 2000 场课程讲座，共有 17 万会员付费参加，形成了“诚品文化生活圈”，也成就了亚洲地区最具指标意义的文化企业之一。

四　体验诚品空间

现在，独特的“诚品空间”已经成为诚品不可动摇的品牌识别之一，甚至成为一种消费符号、品位的代表，也成为消费者“为何要进诚品”的主要原因之一。甚至很多顾客一开始其实并不打算消费，而只是为了享受诚品的空间感与阅读体验而进入诚品。于是诚品空间也变成被消费的主体，带有隐形的文化与风格意义。这又赋予了这个空间中的产品以更深层次的价值，于是一本装在诚品纸袋里的书便带有“这本书购自诚品”的无形价值，代表了一种优雅的品位与精致的风格。

1. “五觉化”享受

诚品着重全面阅读体验的营造，因此在空间设计上讲究“五觉”的满足，强调给顾客每一个感官层面上尽善尽美的体验：视觉——书店内的装潢优雅，光影变化不断，干净、雅致的书店布置，各类书籍艺术化的陈列；听觉——幽静的空间室，流动的音乐；嗅觉——空气中书香的气息、漂浮的花草、咖啡香气；触觉——人们行走在室内的原木地板之上，所触之处皆为各种最接近自然的材料质感；味觉——书店内的咖啡厅、美食馆不时挑逗着读者的味蕾。

诚品的空间设计本身就带有艺术气息，再配合符合人性的“五觉”摆设，为诚品打造出一股独特的氛围。进入其中的读者会受到强烈的感染，也会被这种生活风格（lifestyle）所影响。

2. 多层次互动

诚品讲求空间与读者的对话，在一间店内会有多层次空间的安排，让读者觉得逛书店本身似乎就是在阅读一篇文章，层层叠叠、起承转合，有平缓、有高潮。于是在这个空间内，人与人、人与书、人与空间、书与空间都是流动的。读者在逛书店的过程无时无刻不是在参加一个创造的过程，他就像是在诚品这个舞台上进行演出，来到这里就要穿戴整齐，身体也在诚品的上下空间随高度和方向转，发生交集和接触，心灵在这种多层次的互动中延伸新的境界，享受到艺术的魅力。

五　传播诚品态度

诚品一直致力于以严谨的态度、专业的素养，引导和培育读者的阅读品位，最终影响整个地区的文化氛围。为了能使自己的意见被注意到，1991 年诚品开始发行《诚品阅读》书讯，杂志内容涵盖文、史、哲、人文艺术、政治经济、文化、音乐美术领域，主轴偏向“人文精英”走向，虽在小众阅读市场获得了高度推崇，但因与主流市场距离较远，于 1995 年被迫停刊。但诚品并未因此放弃对经营杂志的努力，2000 年诚品将书讯改版为杂志，取名为《诚品好读》。内容与《诚品阅读》相比增加了对文化现象的观察，更加切入生活、都市文化、流行现象，将现今欧美盛行的都会写作、精致文化下的各种文化议题都融入其中，将严肃的读书转换成一种容易吸收的知识力量，深得读者的喜欢。

除此之外，诚品书店也开始规划往书店的上游——出版业延伸，希望借助现有的品牌形象，配合严谨的制作团队，在强大数量品牌忠诚者的基础上打造出更完整的阅读文化价值链。从诚品对杂志与书籍出版的努力，可以看出其对文化创造、人文艺术推广的用心，如同一个创造者对自身艺术价值的坚持，以及追求通过作品改造社会的理想与愿景。

过去的二十几年来，诚品书店已在全球华人的心目中创造了一个读书文化的传奇。2013 年 8 月 15 日，经过 4 年筹备规划，坐落于台北松山文创园区的诚品松烟店开张，总共包括四个楼层的商场（含地下一层）。它以文化创意为特色，以此为标志，诚品也首度跨足电影及表演等新业态，显示着诚品正朝着更综合、更多元的国际化文化产业集团迈进。

业态报告

Industry Formats Reports

B.32

中国电影业品牌报告（2014）

谢青芸　魏 颖

摘　要：

2013年，中国电影市场不断发展，继续保持良好的发展态势。2013年，全国电影票房为217.69亿元，其中，国产影片票房127.67亿元，进口影片票房90.02亿元。国产影片得到全面发展，国产片市场份额高达58.65%。2013年，我国电影业结构不断优化，运行模式得到进一步的完善，整个电影业发展到了一个崭新的阶段，与国外电影行业相比，竞争实力也不断增强，以《致我们终将逝去的青春》、《小时代》为代表的青春片为电影市场注入了新鲜活力，掀起青春热潮；警匪影片水平不断提升，有了长足进步；类型电影继续繁荣，新题材电影展露锋芒；区域放映模式逐渐成为中小成本电影的选择。

关键词：

电影业　电影品牌　电影市场

一 2013 年中国电影产业总体发展概况

（一）2013 年中国电影业概况

根据国家新闻出版广播电影电视总局的统计，2013 年前三季度，全国城市影院票房就已经达到 164.2545 亿元，接近 2012 年的全年票房（170.73 亿元）。2013 年 12 月 8 日，这一数据突破了 200 亿元的大关。截至 2013 年 12 月底，全年票房累计达到 217.69 亿元，其中，国产影片票房 127.67 亿元，进口影片票房 90.02 亿元。根据业内数据显示，全国已经有 56 部影片的票房过亿元，远远超过 2012 年的 40 部。其中票房最高的是《西游：降魔篇》，票房为 12.46 亿元。从票房已经过亿元的 56 部影片的分布来看，国产片 29 部，进口片 27 部。可见，国产影片保持着强劲的发展势头。数据显示，2013 年的 217.69 亿元的票房中，国产影片票房 127.67 亿元，占比 58.65%，进口影片票房 90.02 亿元，占比接近 42%；前者比后者高出大约 16 个百分点。再看票房区间，2013 年已经过亿元的影片中，国产片票房在 1 亿～5 亿元的有 24 部，进口片 25 部，几乎不分伯仲；但在 5 亿～10 亿元这个区间，国产片有 6 部，进口片却只有 2 部；10 亿元以上的国产片有 1 部，进口片则没有。2013 年，国产电影票房前十名的电影分别是：《西游：降魔篇》（124604 万元）、《致我们终将逝去的青春》（71901 万元）、《狄仁杰之神都龙王》（60220 万元）、《私人订制》（58929 万元）、《中国合伙人》（53926 万元）、《北京遇上西雅图》（51967 万元）、《小时代》（48810 万元）、《警察故事 2013》（34538 万元）、《风暴》（30913 万元）、《天机·富春山居图》（30014 万元）。反观同时期的进口影片，《钢铁侠 3》（76844 万元）、《环太平洋》（69583 万元）、《地心引力》（43644 万元）、《速度与激情 6》（41385 万元）、《疯狂原始人》（39488 万元）、《超人：钢铁之躯》（39464 万元）、《007：大破天幕杀机》（37678 万元）、《星际迷航：暗黑无界》（35390 万元）、《侏罗纪公园》（34896 万元）、《雷神 2：黑暗世界》（34350 万元）。可见，进口片与国产片各自占据着中国电影市场的半壁江山。从银幕数量上看，2012 年，我国全国银幕数量已经突破了13000块，而2013年，全国银幕数量已经接近了18000块，总量达到美国的1/2。这些新增银幕数量多集中在二三线城市，这说明，我国电影产业的辐射区域不断扩大。电影院线也有了不错的发展，根据国家新闻出版广播电影电视总局资料显示，2013年前三季度票房前十名的电影公司分别是万达（316149万元），上海联和（188261万元）、中影星美（183824万元）、广东大地（159035万元）、深圳中影南方新干线（154341万元）、广州金逸珠江（154136万元）、浙江时代电影大世界（90637万元）、北京新影联影业（87559万元）、浙江横店（77805万元）、中影数字院线（北京）（75029万元），可见，有6条院线票房超过了10亿元。

2013年中国电影市场态势喜人，但仍存在着不少的问题。国产电影在数量上虽然占据着绝对的优势，但与数量较少的进口电影相比，竞争力稍显不足。在未来的日子，中国电影业仍要继续努力。

（二）中国电影业2013年度热点事件

2013年1月17日，广电总局电影局公布了《关于加强海峡两岸电影合作管理的现行办法》。根据办法，凡取得《电影片公映许可证》的台湾影片，作为进口影片在大陆发行，不受进口影片配额限制；同时大陆与台湾合作摄制的影片在大陆发行方面，享受国产影片相关待遇。

2013年3月18日，根据国务院机构改革和职能转变方案，撤销新闻出版总署、广电总局，组建国家新闻出版广播电影电视总局。

2013年3月18日，香港国际电影节“第七届亚洲电影大奖”举行颁奖典礼，《浮城谜事》获最佳电影、最佳编剧以及最佳新人三项大奖，《泰囧》获“2012年亚洲最高票房电影大奖”，杨紫琼获“卓越亚洲电影人大奖”。

2013年4月13日，第32届香港电影金像奖颁奖典礼在香港文化中心落下帷幕。《寒战》获得最佳影片奖，梁家辉获最佳男主角奖，杨千嬅获最佳女主角奖。

2013年4月16日，第三届北京国际电影节开幕，第三届北京国际电影节在前两届电影节电影展映、电影论坛、电影洽商、电影嘉年华等主体活动的基础上，增设“天坛奖”，“天坛奖”共包括最佳影片奖、最佳导演奖、最佳男主角奖、最佳女主角奖、最佳男配角奖、最佳女配角奖、最佳编剧奖、最佳摄影奖、最佳音乐奖、最佳视觉效果奖等 10 个奖项。《一九四二》获最佳影片，颜丙燕凭借《万箭穿心》获最佳女主角。

2013 年 5 月 13 日，第 20 届北京大学生电影节闭幕，《一九四二》获最佳影片，管虎凭借《杀生》获最佳导演奖，影帝、影后分别被黄渤和颜丙燕获得。徐峥、王宝强和张雨绮分获最受大学生欢迎的导演及男女演员奖。《万箭穿心》和《神探亨特张》获电影节评委会大奖。

2013 年 5 月 26 日，贾樟柯的《天注定》获第 66 届戛纳国际电影节最佳编剧奖。此次戛纳国际电影节首设"年度最佳国际艺人奖"，范冰冰是获得此奖的首位艺人。

2013 年 6 月 23 日，第 16 届上海国际电影节落幕，10 岁的李馨巧凭借《激战》获上海电影节金爵奖，成为有史以来最年轻的"影后"，影帝则由张家辉摘得。徐克获华语电影杰出贡献奖。在此前 21 日晚揭晓的亚洲新人奖中，中国导演刘娟凭借《初恋未满》获得分量最重的"评委会特别奖"。

2013 年 8 月 1 日起，广播影视服务将作为部分现代服务业税目的子目，一次性全部纳入营业税改征增值税（又称营改增）试点范围，在全国推开。改革后，广播影视业将采用 6% 的低档税率。以影院为例，其采购的设备很多缴纳了 17% 的增值税，抵扣进项税额可以给企业带来更大实惠。随着影院采购设备支出增多，或者营改增范围继续扩大到房租等其他领域，影院的税负还将不断下降。"营改增"还将对农村地区的广播影视业给予特殊支持：2013 年 12 月 31 日之前，转让发行电影和在农村地区放映电影，将免征增值税。

2013 年 9 月 17 日，第 70 届威尼斯国际电影节在意大利威尼斯丽都岛举行。自 2013 年起，威尼斯电影节将增设一项"评委会大奖"，这与原来已有的"评委会特别奖"有所区别，更加注重导演、演员等综合素质非常优秀的影片。台湾导演蔡明亮凭借《郊游》获首次"评委会大奖"。

2013 年 9 月 28 日，第二十九届金鸡百花电影节在武汉闭幕。电影《中国合伙人》与《周恩来的四个昼夜》获最佳故事片奖，陈可辛凭借《中国合伙人》获最佳导演奖，张国立与黄晓明同获最佳男主角奖，宋佳获最佳女主角奖。

2013 年 11 月 23 日，第 50 届台湾电影金马奖于台北中山纪念馆举行。蔡明亮凭《郊游》获最佳导演奖，李康生、章子怡分获金马奖影帝、影后殊荣。

2013 年 12 月 26 日，第 15 届华表奖颁奖，本届华表奖频下双黄蛋。章子怡和颜丙燕分别凭借《一代宗师》和《万箭穿心》获优秀女演员奖；黄晓明和刘之冰分别凭借《中国合伙人》和《忠诚与背叛》获得优秀男演员奖；冯小刚则凭《一九四二》与拍摄《周恩来的四个昼夜》的导演陈力共同获得优秀导演奖。

二　电影品牌年度发展盘点

据国家新闻出版广播电影电视总局统计，2013 年全年排前十名影片的票房均达到 3 亿元，其中 2 部影片达到 7 亿元以上的票房，整体票房超过历年。票房前十名的国产影片见表 1。

表 1　票房前十名的国产影片

排名	电影片名	类型	首映时间	票房(万元)	发行单位
1	《西游:降魔篇》	喜剧/奇幻/冒险	2013. 2. 10	124604	华谊兄弟传媒股份有限公司
2	《致我们终将逝去的青春》	爱情/剧情	2013. 4. 25	71901	光线传媒有限公司/中国电影集团公司
3	《狄仁杰之神都龙王》	动作/犯罪	2013. 9. 28	60220	华谊兄弟股份传媒有限公司
4	《私人订制》	剧情/喜剧	2013. 12. 19	58929	华谊兄弟,中国电影,中影数字发展
5	《中国合伙人》	剧情	2013. 5. 17	53926	中国电影,北京光线影业,星美
6	《北京遇上西雅图》	爱情/喜剧	2013. 3. 21	51967	安乐(北京)电影发行有限公司
7	《小时代》	剧情/爱情	2013. 6. 27	48810	乐视影业(天津)有限公司
8	《警察故事 2013》	剧情/动作/	2012. 12. 24	34538	中国电影,万达,星光灿烂
8	《风暴》	动作/犯罪	2013. 12. 12	30913	西安银都,安乐
10	《天机·富春山居图》	动作	2013. 6. 9	30014	派格太合泛在文化传媒,中国电影,寰亚

权威·前沿·原创

SSAP

社会科学文献出版社

皮书系列

2014年

盘点年度资讯　预测时代前程

社会科学文献出版社 学术传播中心 编制

社会科学文献出版社
SSAP SOCIAL SCIENCES ACADEMIC PRESS (CHINA)

社会科学文献出版社成立于1985年，是直属于中国社会科学院的人文社会科学专业学术出版机构。

成立以来，特别是1998年实施第二次创业以来，依托于中国社会科学院丰厚的学术出版和专家学者两大资源，坚持“创社科经典，出传世文献”的出版理念和“权威、前沿、原创”的产品定位，社科文献立足内涵式发展道路，从战略层面推动学术出版的五大能力建设，逐步走上了学术产品的系列化、规模化、数字化、国际化、市场化经营道路。

先后策划出版了著名的图书品牌和学术品牌“皮书”系列、“列国志”、“社科文献精品译库”、“中国史话”、“全球化译丛”、“气候变化与人类发展译丛”“近世中国”等一大批既有学术影响又有市场价值的系列图书。形成了较强的学术出版能力和资源整合能力，年发稿3.5亿字，年出版新书1200余种，承印发行中国社科院院属期刊近70种。

2012年，《社会科学文献出版社学术著作出版规范》修订完成。同年10月，社会科学文献出版社参加了由新闻出版总署召开加强学术著作出版规范座谈会，并代表50多家出版社发起实施学术著作出版规范的倡议。2013年，社会科学文献出版社参与新闻出版总署学术著作规范国家标准的起草工作。

依托于雄厚的出版资源整合能力，社会科学文献出版社长期以来一直致力于从内容资源和数字平台两个方面实现传统出版的再造，并先后推出了皮书数据库、列国志数据库、中国田野调查数据库等一系列数字产品。

在国内原创著作、国外名家经典著作大量出版，数字出版突飞猛进的同时，社会科学文献出版社在学术出版国际化方面也取得了不俗的成绩。先后与荷兰博睿等十余家国际出版机构合作面向海外推出了《经济蓝皮书》《社会蓝皮书》等十余种皮书的英文版、俄文版、日文版等。

此外，社会科学文献出版社积极与中央和地方各类媒体合作，联合大型书店、学术书店、机场书店、网络书店、图书馆，逐步构建起了强大的学术图书的内容传播力和社会影响力，学术图书的媒体曝光率居全国之首，图书馆藏率居于全国出版机构前十位。

作为已经开启第三次创业梦想的人文社会科学学术出版机构，社会科学文献出版社结合社会需求、自身的条件以及行业发展，提出了新的创业目标：精心打造人文社会科学成果推广平台，发展成为一家集图书、期刊、声像电子和数字出版物为一体，面向海内外高端读者和客户，具备独特竞争力的人文社会科学内容资源供应商和海内外知名的专业学术出版机构。

社长致辞

我们是图书出版者，更是人文社会科学内容资源供应商；

我们背靠中国社会科学院，面向中国与世界人文社会科学界，坚持为人文社会科学的繁荣与发展服务；

我们精心打造权威信息资源整合平台，坚持为中国经济与社会的繁荣与发展提供决策咨询服务；

我们以读者定位自身，立志让爱书人读到好书，让求知者获得知识；

我们精心编辑、设计每一本好书以形成品牌张力，以优秀的品牌形象服务读者，开拓市场；

我们始终坚持“创社科经典，出传世文献”的经营理念，坚持“权威、前沿、原创”的产品特色；

我们“以人为本”，提倡阳光下创业，员工与企业共享发展之成果；

我们立足于现实，认真对待我们的优势、劣势，我们更着眼于未来，以不断的学习与创新适应不断变化的世界，以不断的努力提升自己的实力；

我们愿与社会各界友好合作，共享人文社会科学发展之成果，共同推动中国学术出版乃至内容产业的繁荣与发展。

社会科学文献出版社社长

中国社会学会秘书长

谢寿光

2014 年 1 月

“皮书”起源于十七、十八世纪的英国，主要指官方或社会组织正式发表的重要文件或报告，多以“白皮书”命名。在中国，“皮书”这一概念被社会广泛接受，并被成功运作、发展成为一种全新的出版形态，则源于中国社会科学院社会科学文献出版社。

皮书是对中国与世界发展状况和热点问题进行年度监测，以专家和学术的视角，针对某一领域或区域现状与发展态势展开分析和预测，具备权威性、前沿性、原创性、实证性、时效性等特点的连续性公开出版物，由一系列权威研究报告组成。皮书系列是社会科学文献出版社编辑出版的蓝皮书、绿皮书、黄皮书等的统称。

皮书系列的作者以中国社会科学院、著名高校、地方社会科学院的研究人员为主，多为国内一流研究机构的权威专家学者，他们的看法和观点代表了学界对中国与世界的现实和未来最高水平的解读与分析。

自 20 世纪 90 年代末推出以经济蓝皮书为开端的皮书系列以来，至今已出版皮书近 1000 余部，内容涵盖经济、社会、政法、文化传媒、行业、地方发展、国际形势等领域。皮书系列已成为社会科学文献出版社的著名图书品牌和中国社会科学院的知名学术品牌。

皮书系列在数字出版和国际出版方面成就斐然。皮书数据库被评为“2008~2009 年度数字出版知名品牌”；经济蓝皮书、社会蓝皮书等十几种皮书每年还由国外知名学术出版机构出版英文版、俄文版、韩文版和日文版，面向全球发行。

2011 年，皮书系列正式列入“十二五”国家重点出版规划项目，一年一度的皮书年会升格由中国社会科学院主办；2012 年，部分重点皮书列入中国社会科学院承担的国家哲学社会科学创新工程项目。

经　济　类

经济类皮书涵盖宏观经济、城市经济、大区域经济，
提供权威、前沿的分析与预测

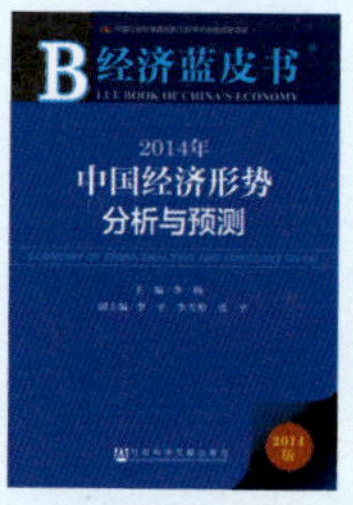

经济蓝皮书

2014年中国经济形势分析与预测（赠阅读卡）

李　扬/主编　2013年12月出版　估价:69.00元

◆　本书课题为“总理基金项目”，由著名经济学家李扬领衔，联合数十家科研机构、国家部委和高等院校的专家共同撰写，对2013年中国宏观及微观经济形势，特别是全球金融危机及其对中国经济的影响进行了深入分析，并且提出了2014年经济走势的预测。

世界经济黄皮书

2014年世界经济形势分析与预测（赠阅读卡）

王洛林　张宇燕/主编　2014年1月出版　估价:69.00元

◆　2013年的世界经济仍旧行进在坎坷复苏的道路上。发达经济体经济复苏继续巩固，美国和日本经济进入低速增长通道，欧元区结束衰退并呈复苏迹象。本书展望2014年世界经济，预计全球经济增长仍将维持在中低速的水平上。

工业化蓝皮书

中国工业化进程报告（2014）（赠阅读卡）

黄群慧　吕　铁　李晓华　等/著　2014年11月出版　估价:89.00元

◆　中国的工业化是事关中华民族复兴的伟大事业，分析跟踪研究中国的工业化进程，无疑具有重大意义。科学评价与客观认识我国的工业化水平，对于我国明确自身发展中的优势和不足，对于经济结构的升级与转型，对于制定经济发展政策，从而提升我国的现代化水平具有重要作用。

金融蓝皮书

中国金融发展报告（2014）（赠阅读卡）

李　扬　王国刚 / 主编　2013 年 12 月出版　定价 :69.00 元

◆　由中国社会科学院金融研究所组织编写的《中国金融发展报告（2014）》，概括和分析了 2013 年中国金融发展和运行中的各方面情况，研讨和评论了 2013 年发生的主要金融事件。本书由业内专家和青年精英联合编著，有利于读者了解掌握 2013 年中国的金融状况，把握 2014 年中国金融的走势。

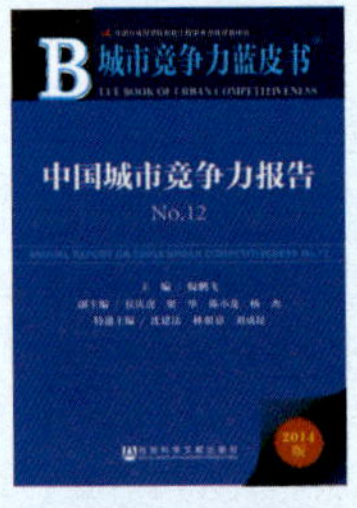

城市竞争力蓝皮书

中国城市竞争力报告 No.12（赠阅读卡）

倪鹏飞 / 主编　2014 年 5 月出版　估价 :89.00 元

◆　本书由中国社会科学院城市与竞争力研究中心主任倪鹏飞主持编写，汇集了众多研究城市经济问题的专家学者关于城市竞争力研究的最新成果。本报告构建了一套科学的城市竞争力评价指标体系，采用第一手数据材料，对国内重点城市年度竞争力格局变化进行客观分析和综合比较、排名，对研究城市经济及城市竞争力极具参考价值。

中国省域竞争力蓝皮书

中国省域经济综合竞争力发展报告（2012~2013）（赠阅读卡）

李建平　李闽榕　高燕京 / 主编　2014 年 3 月出版　估价 :188.00 元

◆　本书充分运用数理分析、空间分析、规范分析与实证分析相结合、定性分析与定量分析相结合的方法，建立起比较科学完善、符合中国国情的省域经济综合竞争力指标评价体系及数学模型，对 2011~2012 年中国内地 31 个省、市、区的经济综合竞争力进行全面、深入、科学的总体评价与比较分析。

农村经济绿皮书

中国农村经济形势分析与预测 (2013~2014)（赠阅读卡）

中国社会科学院农村发展研究所　国家统计局农村社会经济调查司 / 著

2014 年 4 月出版　估价 :59.00 元

◆　本书对 2013 年中国农业和农村经济运行情况进行了系统的分析和评价，对 2014 年中国农业和农村经济发展趋势进行了预测，并提出相应的政策建议，专题部分将围绕某个重大的理论和现实问题进行多维、深入、细致的分析和探讨。

西部蓝皮书

中国西部经济发展报告（2014）（赠阅读卡）

姚慧琴　徐璋勇 / 主编　　2014 年 7 月出版　　估价 :69.00 元

◆　本书由西北大学中国西部经济发展研究中心主编，汇集了源自西部本土以及国内研究西部问题的权威专家的第一手资料，对国家实施西部大开发战略进行年度动态跟踪，并对 2014 年西部经济、社会发展态势进行预测和展望。

气候变化绿皮书

应对气候变化报告（2014）（赠阅读卡）

王伟光　郑国光 / 主编　　2014 年 11 月出版　　估价 :79.00 元

◆　本书由社科院城环所和国家气候中心共同组织编写，各篇报告的作者长期从事气候变化科学问题、社会经济影响，以及国际气候制度等领域的研究工作，密切跟踪国际谈判的进程，参与国家应对气候变化相关政策的咨询，有丰富的理论与实践经验。

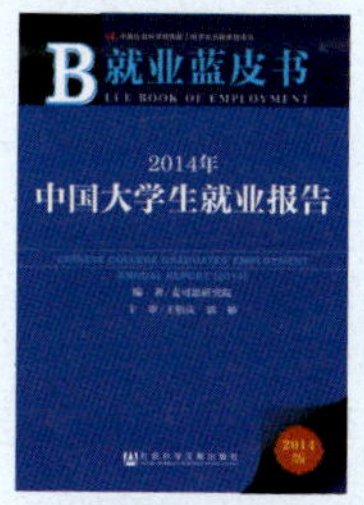

就业蓝皮书

2014 年中国大学生就业报告（赠阅读卡）

麦可思研究院 / 编著　王伯庆　郭　娇 / 主审
2014 年 6 月出版　估价 :98.00 元

◆　本书是迄今为止关于中国应届大学毕业生就业、大学毕业生中期职业发展及高等教育人口流动情况的视野最为宽广、资料最为翔实、分类最为精细的实证调查和定量研究；为我国教育主管部门的教育决策提供了极有价值的参考。

企业社会责任蓝皮书

中国企业社会责任研究报告（2014）（赠阅读卡）

黄群慧　彭华岗　钟宏武　张　蒽 / 编著
2014 年 11 月出版　估价 :69.00 元

◆　本书系中国社会科学院经济学部企业社会责任研究中心组织编写的《企业社会责任蓝皮书》2014 年分册。该书在对企业社会责任进行宏观总体研究的基础上，根据 2013 年企业社会责任及相关背景进行了创新研究，在全国企业中观层面对企业健全社会责任管理体系提供了弥足珍贵的丰富信息。

社会政法类

社会政法类皮书聚焦社会发展领域的热点、难点问题，
提供权威、原创的资讯与视点

社会蓝皮书

2014年中国社会形势分析与预测（赠阅读卡）

李培林　陈光金　张　翼 / 主编　2013年12月出版　估价 :69.00 元

◆　本报告是中国社会科学院“社会形势分析与预测”课题组2014年度分析报告，由中国社会科学院社会学研究所组织研究机构专家、高校学者和政府研究人员撰写。对2013年中国社会发展的各个方面内容进行了权威解读，同时对2014年社会形势发展趋势进行了预测。

法治蓝皮书

中国法治发展报告 No.12（2014）（赠阅读卡）

李　林　田　禾 / 主编　　2014年2月出版　　估价 :98.00 元

◆　本年度法治蓝皮书一如既往秉承关注中国法治发展进程中的焦点问题的特点，回顾总结了2013年度中国法治发展取得的成就和存在的不足，并对2014年中国法治发展形势进行了预测和展望。

民间组织蓝皮书

中国民间组织报告（2014）（赠阅读卡）

黄晓勇 / 主编　　2014年8月出版　　估价 :69.00 元

◆　本报告是中国社会科学院“民间组织与公共治理研究”课题组推出的第五本民间组织蓝皮书。基于国家权威统计数据、实地调研和广泛搜集的资料，本报告对2012年以来我国民间组织的发展现状、热点专题、改革趋势等问题进行了深入研究，并提出了相应的政策建议。

社会保障绿皮书

中国社会保障发展报告（2014）No.6（赠阅读卡）

王延中 / 主编　2014 年 9 月出版　估价 :69.00 元

◆　社会保障是调节收入分配的重要工具，随着社会保障制度的不断建立健全、社会保障覆盖面的不断扩大和社会保障资金的不断增加，社会保障在调节收入分配中的重要性不断提高。本书全面评述了 2013 年以来社会保障制度各个主要领域的发展情况。

环境绿皮书

中国环境发展报告（2014）（赠阅读卡）

刘鉴强 / 主编　2014 年 4 月出版　估价 :69.00 元

◆　本书由民间环保组织“自然之友”组织编写，由特别关注、生态保护、宜居城市、可持续消费以及政策与治理等版块构成，以公共利益的视角记录、审视和思考中国环境状况，呈现 2013 年中国环境与可持续发展领域的全局态势，用深刻的思考、科学的数据分析 2013 年的环境热点事件。

教育蓝皮书

中国教育发展报告（2014）（赠阅读卡）

杨东平 / 主编　2014 年 3 月出版　估价 :69.00 元

◆　本书站在教育前沿，突出教育中的问题，特别是对当前教育改革中出现的教育公平、高校教育结构调整、义务教育均衡发展等问题进行了深入分析，从教育的内在发展谈教育，又从外部条件来谈教育，具有重要的现实意义，对我国的教育体制的改革与发展具有一定的学术价值和参考意义。

反腐倡廉蓝皮书

中国反腐倡廉建设报告 No.3（赠阅读卡）

中国社会科学院中国廉政研究中心 / 主编
2013 年 12 月出版　估价 :79.00 元

◆　本书抓住了若干社会热点和焦点问题，全面反映了新时期新阶段中国反腐倡廉面对的严峻局面，以及中国共产党反腐倡廉建设的新实践新成果。根据实地调研、问卷调查和舆情分析，梳理了当下社会普遍关注的与反腐败密切相关的热点问题。

行业报告类

行业报告类皮书立足重点行业、新兴行业领域，
提供及时、前瞻的数据与信息

房地产蓝皮书

中国房地产发展报告 No.11（赠阅读卡）

魏后凯　李景国 / 主编　2014 年 4 月出版　估价 :79.00 元

◆　本书由中国社会科学院城市发展与环境研究所组织编写，秉承客观公正、科学中立的原则，深度解析 2013 年中国房地产发展的形势和存在的主要矛盾，并预测 2014 年及未来 10 年或更长时间的房地产发展大势。观点精辟，数据翔实，对关注房地产市场的各阶层人士极具参考价值。

旅游绿皮书

2013~2014 年中国旅游发展分析与预测（赠阅读卡）

宋　瑞 / 主编　2013 年 12 月出版　定价 :69.00 元

◆　如何从全球的视野理性审视中国旅游，如何在世界旅游版图上客观定位中国，如何积极有效地推进中国旅游的世界化，如何制定中国实现世界旅游强国梦想的线路图？本年度开始，《旅游绿皮书》将围绕“世界与中国”这一主题进行系列研究，以期为推进中国旅游的长远发展提供科学参考和智力支持。

信息化蓝皮书

中国信息化形势分析与预测（2014）（赠阅读卡）

周宏仁 / 主编　2014 年 7 月出版　估价 :98.00 元

◆　本书在以中国信息化发展的分析和预测为重点的同时，反映了过去一年间中国信息化关注的重点和热点，视野宽阔，观点新颖，内容丰富，数据翔实，对中国信息化的发展有很强的指导性，可读性很强。

企业蓝皮书

中国企业竞争力报告（2014）（赠阅读卡）

金　碚 / 主编　　2014 年 11 月出版　　估价 :89.00 元

◆　中国经济正处于新一轮的经济波动中，如何保持稳健的经营心态和经营方式并进一步求发展，对于企业保持并提升核心竞争力至关重要。本书利用上市公司的财务数据，研究上市公司竞争力变化的最新趋势，探索进一步提升中国企业国际竞争力的有效途径，这无论对实践工作者还是理论研究者都具有重大意义。

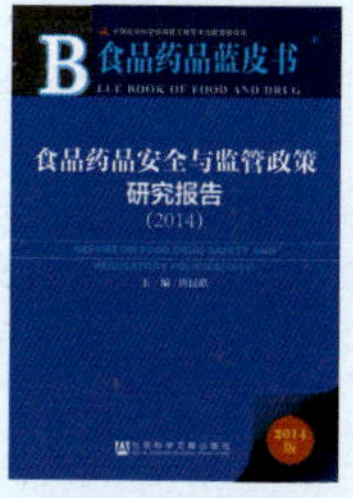

食品药品蓝皮书

食品药品安全与监管政策研究报告（2014）（赠阅读卡）

唐民皓 / 主编　　2014 年 7 月出版　　估价 :69.00 元

◆　食品药品安全是当下社会关注的焦点问题之一，如何破解食品药品安全监管重点难点问题是需要以社会合力才能解决的系统工程。本书围绕安全热点问题、监管重点问题和政策焦点问题，注重于对食品药品公共政策和行政监管体制的探索和研究。

流通蓝皮书

中国商业发展报告（2013~2014）（赠阅读卡）

荆林波 / 主编　　2014 年 5 月出版　　估价 :89.00 元

◆《中国商业发展报告》是中国社会科学院财经战略研究院与香港利丰研究中心合作的成果，并且在 2010 年开始以中英文版同步在全球发行。蓝皮书从关注中国宏观经济出发，突出中国流通业的宏观背景反映了本年度中国流通业发展的状况。

住房绿皮书

中国住房发展报告（2013~2014）（赠阅读卡）

倪鹏飞 / 主编　　2013 年 12 月出版　　估价 :79.00 元

◆　本报告从宏观背景、市场主体、市场体系、公共政策和年度主题五个方面，对中国住宅市场体系做了全面系统的分析、预测与评价，并给出了相关政策建议，并在评述 2012~2013 年住房及相关市场走势的基础上，预测了 2013~2014 年住房及相关市场的发展变化。

国别与地区类

国别与地区类皮书关注全球重点国家与地区，提供全面、独特的解读与研究

亚太蓝皮书

亚太地区发展报告（2014）（赠阅读卡）

李向阳 / 主编　　2013 年 12 月出版　　定价 :69.00 元

◆　本书是由中国社会科学院亚太与全球战略研究院精心打造的又一品牌皮书，关注时下亚太地区局势发展动向里隐藏的中长趋势，剖析亚太地区政治与安全格局下的区域形势最新动向以及地区关系发展的热点问题，并对 2014 年亚太地区重大动态作出前瞻性的分析与预测。

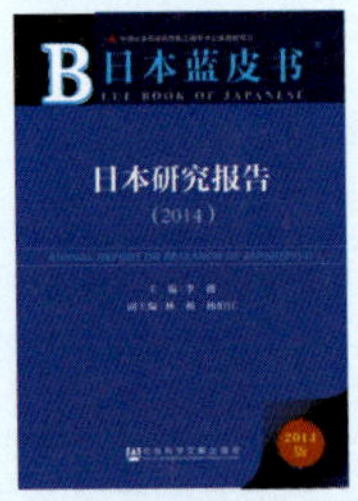

日本蓝皮书

日本研究报告（2014）（赠阅读卡）

李　薇 / 主编　　2014 年 2 月出版　　估价 :69.00 元

◆　本书由中华日本学会、中国社会科学院日本研究所合作推出，是以中国社会科学院日本研究所的研究人员为主完成的研究成果。对 2013 年日本的政治、外交、经济、社会文化作了回顾、分析与展望，并收录了该年度日本大事记。

欧洲蓝皮书

欧洲发展报告 (2013~2014)（赠阅读卡）

周　弘 / 主编　　2014 年 3 月出版　　估价 :89.00 元

◆　本年度的欧洲发展报告，对欧洲经济、政治、社会、外交等面的形式进行了跟踪介绍与分析。力求反映作为一个整体的欧盟及 30 多个欧洲国家在 2013 年出现的各种变化。

拉美黄皮书

拉丁美洲和加勒比发展报告（2013~2014）（赠阅读卡）

吴白乙 / 主编　2014 年 4 月出版　估价 :89.00 元

◆　本书是中国社会科学院拉丁美洲研究所的第 13 份关于拉丁美洲和加勒比地区发展形势状况的年度报告。本书对 2013 年拉丁美洲和加勒比地区诸国的政治、经济、社会、外交等方面的发展情况做了系统介绍，对该地区相关国家的热点及焦点问题进行了总结和分析，并在此基础上对该地区各国 2014 年的发展前景做出预测。

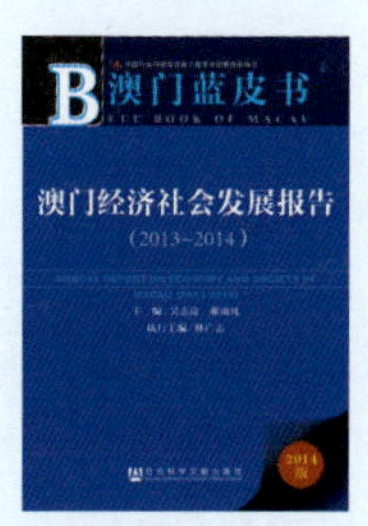

澳门蓝皮书

澳门经济社会发展报告（2013~2014）（赠阅读卡）

吴志良　郝雨凡 / 主编　2014 年 3 月出版　估价 :79.00 元

◆　本书集中反映 2013 年本澳各个领域的发展动态，总结评价近年澳门政治、经济、社会的总体变化，同时对 2014 年社会经济情况作初步预测。

日本经济蓝皮书

日本经济与中日经贸关系研究报告（2014）（赠阅读卡）

王洛林　张季风 / 主编　2014 年 5 月出版　估价 :79.00 元

◆　本书对当前日本经济以及中日经济合作的发展动态进行了多角度、全景式的深度分析。本报告回顾并展望了 2013~2014 年度日本宏观经济的运行状况。此外，本报告还收录了大量来自于日本政府权威机构的数据图表，具有极高的参考价值。

美国蓝皮书

美国问题研究报告（2014）（赠阅读卡）

黄　平　倪　峰 / 主编　2014 年 6 月出版　估价 :89.00 元

◆　本书是由中国社会科学院美国所主持完成的研究成果，它回顾了美国 2013 年的经济、政治形势与外交战略，对 2013 年以来美国内政外交发生的重大事件以及重要政策进行了较为全面的回顾和梳理。

地方发展类

地方发展类皮书关注大陆各省份、经济区域，
提供科学、多元的预判与咨政信息

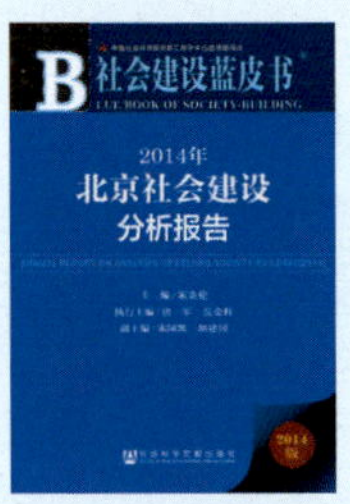

社会建设蓝皮书

2014年北京社会建设分析报告（赠阅读卡）

宋贵伦 / 主编　2014年4月出版　估价:69.00元

◆　本书依据社会学理论框架和分析方法，对北京市的人口、就业、分配、社会阶层以及城乡关系等社会学基本问题进行了广泛调研与分析，对广受社会关注的住房、教育、医疗、养老、交通等社会热点问题做了深刻了解与剖析，对日益显现的征地搬迁、外籍人口管理、群体性心理障碍等进行了有益探讨。

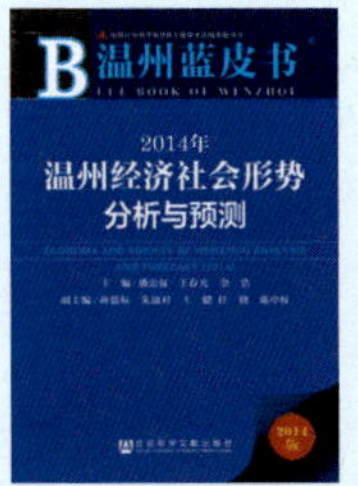

温州蓝皮书

2014年温州经济社会形势分析与预测（赠阅读卡）

潘忠强　王春光　金　浩 / 主编　2014年4月出版　估价：69.00元

◆　本书是由中共温州市委党校与中国社会科学院社会学研究所合作推出的第七本"温州经济社会形势分析与预测"年度报告，深入全面分析了2013年温州经济、社会、政治、文化发展的主要特点、经验、成效与不足，提出了相应的政策建议。

上海蓝皮书

上海资源环境发展报告（2014）（赠阅读卡）

周冯琦　汤庆合　王利民 / 著　2014年1月出版　估价：59.00元

◆　本书在上海所面临资源环境风险的来源、程度、成因、对策等方面作了些有益的探索，希望能对有关部门完善上海的资源环境风险防控工作提供一些有价值的参考，也让普通民众更全面地了解上海资源环境风险及其防控的图景。

广州蓝皮书

2014 年中国广州社会形势分析与预测（赠阅读卡）

易佐永　杨　秦　顾涧清 / 主编　　2014 年 5 月出版　　估价 :65.00 元

◆　本书由广州大学与广州市委宣传部、广州市人力资源和社会保障局联合主编，汇集了广州科研团体、高等院校和政府部门诸多社会问题研究专家、学者和实际部门工作者的最新研究成果，是关于广州社会运行情况和相关专题分析与预测的重要参考资料。

河南经济蓝皮书

2014 年河南经济形势分析与预测（赠阅读卡）

胡五岳 / 主编　2014 年 4 月出版　估价 :59.00 元

◆　本书由河南省统计局主持编纂。该分析与展望以 2013 年最新年度统计数据为基础，科学研判河南经济发展的脉络轨迹、分析年度运行态势；以客观翔实、权威资料为特征，突出科学性、前瞻性和可操作性，服务于科学决策和科学发展。

陕西蓝皮书

陕西社会发展报告（2014）（赠阅读卡）

任宗哲　石　英　江　波 / 主编　2014 年 1 月出版　估价 :65.00 元

◆　本书系统而全面地描述了陕西省 2013 年社会发展各个领域所取得的成就、存在的问题、面临的挑战及其应对思路，为更好地思考 2014 年陕西发展前景、政策指向和工作策略等方面提供了一个较为简洁清晰的参考蓝本。

上海蓝皮书

上海经济发展报告（2014）（赠阅读卡）

沈开艳 / 主编　2014 年 1 月出版　估价 :69.00 元

◆　本书系上海社会科学院系列之一，报告对 2014 年上海经济增长与发展趋势的进行了预测，把握了上海经济发展的脉搏和学术研究的前沿。

广州蓝皮书

广州经济发展报告（2014）（赠阅读卡）

李江涛　刘江华 / 主编　2014 年 6 月出版　估价 :65.00 元

◆　本书是由广州市社会科学院主持编写的“广州蓝皮书”系列之一，本报告对广州 2013 年宏观经济运行情况作了深入分析，对 2014 年宏观经济走势进行了合理预测，并在此基础上提出了相应的政策建议。

文化传媒类

文化传媒类皮书透视文化领域、文化产业，
探索文化大繁荣、大发展的路径

新媒体蓝皮书

中国新媒体发展报告 No.4(2013)（赠阅读卡）

唐绪军 / 主编　2014 年 6 月出版　估价 :69.00 元

◆　本书由中国社会科学院新闻与传播研究所和上海大学合作编写，在构建新媒体发展研究基本框架的基础上，全面梳理 2013 年中国新媒体发展现状，发表最前沿的网络媒体深度调查数据和研究成果，并对新媒体发展的未来趋势做出预测。

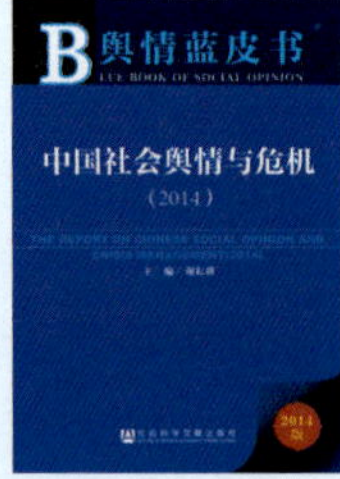

舆情蓝皮书

中国社会舆情与危机管理报告（2014）（赠阅读卡）

谢耘耕 / 主编　2014 年 8 月出版　估价 :85.00 元

◆　本书由上海交通大学舆情研究实验室和危机管理研究中心主编，已被列入教育部人文社会科学研究报告培育项目。本书以新媒体环境下的中国社会为立足点，对 2013 年中国社会舆情、分类舆情等进行了深入系统的研究，并预测了2014年社会舆情走势。

经济类

产业蓝皮书
中国产业竞争力报告（2014） No.4
著(编)者:张其仔　2014年5月出版 / 估价:79.00元

长三角蓝皮书
2014年率先基本实现现代化的长三角
著(编)者:刘志彪　2014年6月出版 / 估价:120.00元

城市竞争力蓝皮书
中国城市竞争力报告No.12
著(编)者:倪鹏飞　2014年5月出版 / 估价:89.00元

城市蓝皮书
中国城市发展报告No.7
著(编)者:潘家华 魏后凯　2014年7月出版 / 估价:69.00元

城市群蓝皮书
中国城市群发展指数报告(2014)
著(编)者:刘士林 刘新静　2014年10月出版 / 估价:59.00元

城乡统筹蓝皮书
中国城乡统筹发展报告（2014）
著(编)者:程志强、潘晨光　2014年3月出版 / 估价:59.00元

城乡一体化蓝皮书
中国城乡一体化发展报告（2014）
著(编)者:汝信 付崇兰　2014年8月出版 / 估价:59.00元

城镇化蓝皮书
中国城镇化健康发展报告（2014）
著(编)者:张占斌　2014年10月出版 / 估价:69.00元

低碳发展蓝皮书
中国低碳发展报告（2014）
著(编)者:齐晔　2014年7月出版 / 估价:69.00元

低碳经济蓝皮书
中国低碳经济发展报告（2014）
著(编)者:薛进军 赵忠秀　2014年5月出版 / 估价:79.00元

东北蓝皮书
中国东北地区发展报告（2014）
著(编)者:鲍振东 曹晓峰　2014年8月出版 / 估价:79.00元

发展和改革蓝皮书
中国经济发展和体制改革报告No.7
著(编)者:邹东涛　2014年7月出版 / 估价:79.00元

工业化蓝皮书
中国工业化进程报告（2014）
著(编)者: 黄群慧 吕铁 李晓华 等
2014年11月出版 / 估价:89.00元

国际城市蓝皮书
国际城市发展报告（2014）
著(编)者:屠启宇　2014年1月出版 / 估价:69.00元

国家创新蓝皮书
国家创新发展报告（2013~2014）
著(编)者:陈劲　2014年3月出版 / 估价:69.00元

国家竞争力蓝皮书
中国国家竞争力报告No.2
著(编)者:倪鹏飞　2014年10月出版 / 估价:98.00元

宏观经济蓝皮书
中国经济增长报告（2014）
著(编)者:张平 刘霞辉　2014年10月出版 / 估价:69.00元

减贫蓝皮书
中国减贫与社会发展报告
著(编)者:黄承伟　2014年7月出版 / 估价:69.00元

金融蓝皮书
中国金融发展报告（2014）
著(编)者:李扬 王国刚　2013年12月出版 / 定价:69.00元

经济蓝皮书
2014年中国经济形势分析与预测
著(编)者:李扬　2013年12月出版 / 估价:69.00元

经济蓝皮书春季号
中国经济前景分析——2014年春季报告
著(编)者:李扬　2014年4月出版 / 估价:59.00元

经济信息绿皮书
中国与世界经济发展报告（2014）
著(编)者:王长胜　2013年12月出版 / 定价:69.00元

就业蓝皮书
2014年中国大学生就业报告
著(编)者:麦可思研究院　2014年6月出版 / 估价:98.00元

民营经济蓝皮书
中国民营经济发展报告No.10（2013～2014）
著(编)者:黄孟复　2014年9月出版 / 估价:69.00元

民营企业蓝皮书
中国民营企业竞争力报告No.7（2014）
著(编)者:刘迎秋　2014年1月出版 / 估价:79.00元

农村绿皮书
中国农村经济形势分析与预测（2014）
著(编)者:中国社会科学院农村发展研究所
国家统计局农村社会经济调查司 著
2014年4月出版 / 估价:59.00元

企业公民蓝皮书
中国企业公民报告No.4
著(编)者:邹东涛　2014年7月出版 / 估价:69.00元

企业社会责任蓝皮书
中国企业社会责任研究报告（2014）
著(编)者:黄群慧 彭华岗 钟宏武 等
2014年11月出版 / 估价:59.00元

气候变化绿皮书
应对气候变化报告（2014）
著(编)者:王伟光 郑国光　2014年11月出版 / 估价:79.00元

区域蓝皮书
中国区域经济发展报告（2014）
著(编)者:梁昊光　2014年4月出版 / 估价:69.00元

人口与劳动绿皮书
中国人口与劳动问题报告No.15
著(编)者:蔡昉　2014年6月出版 / 估价:69.00元

生态经济（建设）绿皮书
中国经济（建设）发展报告（2013~2014）
著(编)者:黄浩涛　李周　2014年10月出版 / 估价:69.00元

世界经济黄皮书
2014年世界经济形势分析与预测
著(编)者:王洛林 张宇燕　2014年1月出版 / 估价:69.00元

西北蓝皮书
中国西北发展报告（2014）
著(编)者:张进海　陈冬红　段庆林　2014年1月出版 / 定价:65.00元

西部蓝皮书
中国西部发展报告（2014）
著(编)者:姚慧琴 徐璋勇　2014年7月出版 / 估价:69.00元

新型城镇化蓝皮书
新型城镇化发展报告（2014）
著(编)者:沈体雁 李伟 宋敏　2014年3月出版 / 估价:69.00元

新兴经济体蓝皮书
金砖国家发展报告（2014）
著(编)者:林跃勤 周文　2014年3月出版 / 估价:79.00元

循环经济绿皮书
中国循环经济发展报告（2013~2014）
著(编)者:齐建国　2014年12月出版 / 估价:69.00元

中部竞争力蓝皮书
中国中部经济社会竞争力报告（2014）
著(编)者:教育部人文社会科学重点研究基地
南昌大学中国中部经济社会发展研究中心
2014年7月出版 / 估价:59.00元

中部蓝皮书
中国中部地区发展报告（2014）
著(编)者:朱有志　2014年10月出版 / 估价:59.00元

中国科技蓝皮书
中国科技发展报告（2014）
著(编)者:陈劲　2014年4月出版 / 估价:69.00元

中国省域竞争力蓝皮书
中国省域经济综合竞争力发展报告（2012~2013）
著(编)者:李建平 李闽榕 高燕京　2014年3月出版 / 估价:188.00元

中三角蓝皮书
长江中游城市群发展报告（2013~2014）
著(编)者:秦尊文　2014年6月出版 / 估价:69.00元

中小城市绿皮书
中国中小城市发展报告（2014）
著(编)者:中国城市经济学会中小城市经济发展委员会
《中国中小城市发展报告》编纂委员会
2014年10月出版 / 估价:98.00元

中原蓝皮书
中原经济区发展报告（2014）
著(编)者:刘怀廉　2014年6月出版 / 估价:68.00元

社会政法类

殡葬绿皮书
中国殡葬事业发展报告（2014）
著(编)者:朱勇 副主编 李伯森　2014年3月出版 / 估价:59.00元

城市创新蓝皮书
中国城市创新报告（2014）
著(编)者:周天勇　旷建伟　2014年7月出版 / 估价:69.00元

城市管理蓝皮书
中国城市管理报告2014
著(编)者:谭维克 刘林　2014年7月出版 / 估价:98.00元

城市生活质量蓝皮书
中国城市生活质量指数报告（2014）
著(编)者:张平　2014年7月出版 / 估价:59.00元

城市政府能力蓝皮书
中国城市政府公共服务能力评估报告（2014）
著(编)者:何艳玲　2014年7月出版 / 估价:59.00元

创新蓝皮书
创新型国家建设报告（2014）
著(编)者:詹正茂　2014年7月出版 / 估价:69.00元

慈善蓝皮书
中国慈善发展报告（2014）
著(编)者:杨团　2014年6月出版 / 估价:69.00元

法治蓝皮书
中国法治发展报告No.12（2014）
著(编)者:李林　田禾　2014年2月出版 / 估价:98.00元

反腐倡廉蓝皮书
中国反腐倡廉建设报告No.3
著(编)者:李秋芳　2013年12月出版 / 估价:79.00元

非传统安全蓝皮书
中国非传统安全研究报告（2014）
著(编)者:余潇枫　2014年5月出版 / 估价:69.00元

妇女发展蓝皮书
福建省妇女发展报告（2014）
著(编)者:刘群英 2014年10月出版 / 估价:58.00元

妇女发展蓝皮书
中国妇女发展报告No.5
著(编)者:王金玲 高小贤 2014年5月出版 / 估价:65.00元

妇女教育蓝皮书
中国妇女教育发展报告No.3
著(编)者:张李玺 2014年10月出版 / 估价:69.00元

公共服务满意度蓝皮书
中国城市公共服务评价报告（2014）
著(编)者:胡伟 2014年11月出版 / 估价:69.00元

公共服务蓝皮书
中国城市基本公共服务力评价（2014）
著(编)者:侯惠勤 辛向阳 易定宏
2014年10月出版 / 估价:55.00元

公民科学素质蓝皮书
中国公民科学素质调查报告（2013~2014）
著(编)者:李群 许佳军 2014年2月出版 / 估价:69.00元

公益蓝皮书
中国公益发展报告（2014）
著(编)者:朱健刚 2014年5月出版 / 估价:78.00元

国际人才蓝皮书
中国海归创业发展报告（2014）No.2
著(编)者:王辉耀 路江涌 2014年10月出版 / 估价:69.00元

国际人才蓝皮书
中国留学发展报告（2014） No.3
著(编)者:王辉耀 2014年9月出版 / 估价:59.00元

行政改革蓝皮书
中国行政体制改革报告（2014）No.3
著(编)者:魏礼群 2014年3月出版 / 估价:69.00元

华侨华人蓝皮书
华侨华人研究报告（2014）
著(编)者:丘进 2014年5月出版 / 估价:128.00元

环境竞争力绿皮书
中国省域环境竞争力发展报告（2014）
著(编)者:李建平 李闽榕 王金南
2014年12月出版 / 估价:148.00元

环境绿皮书
中国环境发展报告（2014）
著(编)者:刘鉴强 2014年4月出版 / 估价:69.00元

基本公共服务蓝皮书
中国省级政府基本公共服务发展报告（2014）
著(编)者:孙德超 2014年1月出版 / 估价:69.00元

基金会透明度蓝皮书
中国基金会透明度发展研究报告（2014）
著(编)者:基金会中心网 2014年7月出版 / 估价:79.00元

教师蓝皮书
中国中小学教师发展报告（2014）
著(编)者:曾晓东 2014年4月出版 / 估价:59.00元

教育蓝皮书
中国教育发展报告（2014）
著(编)者:杨东平 2014年3月出版 / 估价:69.00元

科普蓝皮书
中国科普基础设施发展报告（2014）
著(编)者:任福君 2014年6月出版 / 估价:79.00元

口腔健康蓝皮书
中国口腔健康发展报告（2014）
著(编)者:胡德渝 2014年12月出版 / 估价:59.00元

老龄蓝皮书
中国老龄事业发展报告（2014）
著(编)者:吴玉韶 2014年2月出版 / 估价:59.00元

连片特困区蓝皮书
中国连片特困区发展报告（2014）
著(编)者:丁建军 冷志明 游俊 2014年3月出版 / 估价:79.00元

民间组织蓝皮书
中国民间组织报告（2014）
著(编)者:黄晓勇 2014年8月出版 / 估价:69.00元

民族发展蓝皮书
中国民族区域自治发展报告（2014）
著(编)者:郝时远 2014年6月出版 / 估价:98.00元

女性生活蓝皮书
中国女性生活状况报告No.8（2014）
著(编)者:韩湘景 2014年3月出版 / 估价:78.00元

汽车社会蓝皮书
中国汽车社会发展报告（2014）
著(编)者:王俊秀 2014年1月出版 / 估价:59.00元

青年蓝皮书
中国青年发展报告（2014）No.2
著(编)者:廉思 2014年6月出版 / 估价:59.00元

全球环境竞争力绿皮书
全球环境竞争力发展报告（2014）
著(编)者:李建平 李闽榕 王金南 2014年11月出版 / 估价:69.00元

青少年蓝皮书
中国未成年人新媒体运用报告（2014）
著(编)者:李文革 沈杰 季为民 2014年6月出版 / 估价:69.00元

区域人才蓝皮书
中国区域人才竞争力报告No.2
著(编)者:桂昭明 王辉耀 2014年6月出版 / 估价:69.00元

人才蓝皮书
中国人才发展报告（2014）
著(编)者:潘晨光 2014年10月出版 / 估价:79.00元

人权蓝皮书
中国人权事业发展报告No.4（2014）
著(编)者:李君如 2014年7月出版 / 估价:98.00元

世界人才蓝皮书
全球人才发展报告No.1
著(编)者:孙学玉 张冠梓 2013年12月出版 / 估价:69.00元

社会保障绿皮书
中国社会保障发展报告（2014）No.6
著(编)者:王延中 2014年4月出版 / 估价:69.00元

社会工作蓝皮书
中国社会工作发展报告（2013~2014）
著(编)者:王杰秀 邹文开 2014年8月出版 / 估价:59.00元

社会管理蓝皮书
中国社会管理创新报告No.3
著(编)者:连玉明 2014年9月出版 / 估价:79.00元

社会蓝皮书
2014年中国社会形势分析与预测
著(编)者:李培林 陈光金 张翼 2013年12月出版 / 估价:69.00元

社会体制蓝皮书
中国社会体制改革报告（2014）No.2
著(编)者:龚维斌 2014年5月出版 / 估价:59.00元

社会心态蓝皮书
2014年中国社会心态研究报告
著(编)者:王俊秀 杨宜音 2014年1月出版 / 估价:59.00元

生态城市绿皮书
中国生态城市建设发展报告（2014）
著(编)者:李景源 孙伟平 刘举科 2014年6月出版 / 估价:128.00元

生态文明绿皮书
中国省域生态文明建设评价报告（ECI 2014）
著(编)者:严耕 2014年9月出版 / 估价:98.00元

世界创新竞争力黄皮书
世界创新竞争力发展报告（2014）
著(编)者:李建平 李闽榕 赵新力 2014年11月出版 / 估价:128.00元

水与发展蓝皮书
中国水风险评估报告（2014）
著(编)者:苏杨 2014年9月出版 / 估价:69.00元

危机管理蓝皮书
中国危机管理报告（2014）
著(编)者:文学国 范正青 2014年8月出版 / 估价:79.00元

小康蓝皮书
中国全面建设小康社会监测报告（2014）
著(编)者:潘璠 2014年11月出版 / 估价:59.00元

形象危机应对蓝皮书
形象危机应对研究报告（2014）
著(编)者:唐钧 2014年9月出版 / 估价:118.00元

政治参与蓝皮书
中国政治参与报告（2014）
著(编)者:房宁 2014年7月出版 / 估价:58.00元

政治发展蓝皮书
中国政治发展报告（2014）
著(编)者:房宁 杨海蛟 2014年6月出版 / 估价:98.00元

宗教蓝皮书
中国宗教报告（2014）
著(编)者:金泽 邱永辉 2014年8月出版 / 估价:59.00元

社会组织蓝皮书
中国社会组织评估报告（2014）
著(编)者:徐家良 2014年3月出版 / 估价:69.00元

政府绩效评估蓝皮书
中国地方政府绩效评估报告（2014）
著(编)者:贠杰 2014年9月出版 / 估价:69.00元

行业报告类

保健蓝皮书
中国保健服务产业发展报告No.2
著(编)者:中国保健协会 中共中央党校
2014年7月出版 / 估价:198.00元

保健蓝皮书
中国保健食品产业发展报告No.2
著(编)者:中国保健协会
中国社会科学院食品药品产业发展与监管研究中心
2014年7月出版 / 估价:198.00元

保健蓝皮书
中国保健用品产业发展报告No.2
著(编)者:中国保健协会 2014年3月出版 / 估价:198.00元

保险蓝皮书
中国保险业竞争力报告（2014）
著(编)者:罗忠敏 2014年1月出版 / 估价:98.00元

餐饮产业蓝皮书
中国餐饮产业发展报告（2014）
著(编)者:中国烹饪协会 中国社会科学院财经战略研究院
2014年5月出版 / 估价:59.00元

测绘地理信息蓝皮书
中国地理信息产业发展报告（2014）
著(编)者:徐德明 2014年12月出版 / 估价:98.00元

茶业蓝皮书
中国茶产业发展报告 （2014）
著(编)者:李闽榕 杨江帆 2014年4月出版 / 估价:79.00元

产权市场蓝皮书
中国产权市场发展报告（2014）
著(编)者:曹和平 2014年1月出版 / 估价:69.00元

产业安全蓝皮书
中国出版与传媒安全报告（2014）
著(编)者:北京交通大学中国产业安全研究中心
2014年1月出版 / 估价:59.00元

产业安全蓝皮书
中国医疗产业安全报告（2014）
著(编)者:北京交通大学中国产业安全研究中心
2014年1月出版 / 估价:59.00元

产业安全蓝皮书
中国医疗产业安全报告（2014）
著(编)者:李孟刚 2014年7月出版 / 估价:69.00元

产业安全蓝皮书
中国文化产业安全蓝皮书(2013~2014)
著(编)者:高海涛 刘益 2014年3月出版 / 估价:69.00元

产业安全蓝皮书
中国出版传媒产业安全报告（2014）
著(编)者:孙万军 王玉海 2014年12月出版 / 估价:69.00元

典当业蓝皮书
中国典当行业发展报告（2013~2014）
著(编)者:黄育华 王力 张红地
2014年10月出版 / 估价:69.00元

电子商务蓝皮书
中国城市电子商务影响力报告（2014）
著(编)者:荆林波 2014年5月出版 / 估价:69.00元

电子政务蓝皮书
中国电子政务发展报告（2014）
著(编)者:洪毅 王长胜 2014年2月出版 / 估价:59.00元

杜仲产业绿皮书
中国杜仲橡胶资源与产业发展报告（2014）
著(编)者:杜红岩 胡文臻 俞瑞
2014年9月出版 / 估价:99.00元

房地产蓝皮书
中国房地产发展报告No.11
著(编)者:魏后凯 李景国 2014年4月出版 / 估价:79.00元

服务外包蓝皮书
中国服务外包产业发展报告（2014）
著(编)者:王晓红 李皓 2014年4月出版 / 估价:89.00元

高端消费蓝皮书
中国高端消费市场研究报告
著(编)者:依绍华 王雪峰 2013年12月出版 / 估价:69.00元

会展经济蓝皮书
中国会展经济发展报告（2014）
著(编)者:过聚荣 2014年9月出版 / 估价:65.00元

会展蓝皮书
中外会展业动态评估年度报告（2014）
著(编)者:张敏 2014年8月出版 / 估价:68.00元

基金会绿皮书
中国基金会发展独立研究报告（2014）
著(编)者:基金会中心网 2014年8月出版 / 估价:58.00元

交通运输蓝皮书
中国交通运输服务发展报告（2014）
著(编)者:林晓言 卜伟 武剑红
2014年10月出版 / 估价:69.00元

金融监管蓝皮书
中国金融监管报告（2014）
著(编)者:胡滨 2014年9月出版 / 估价:65.00元

金融蓝皮书
中国金融中心发展报告（2014）
著(编)者:中国社会科学院金融研究所
中国博士后特华科研工作站 王力 黄育华
2014年10月出版 / 估价:59.00元

金融蓝皮书
中国商业银行竞争力报告（2014）
著(编)者:王松奇 2014年5月出版 / 估价:79.00元

金融蓝皮书
中国金融发展报告（2014）
著(编)者:李扬 王国刚 2013年12月出版 / 估价:69.00元

金融蓝皮书
中国金融法治报告（2014）
著(编)者:胡滨 全先银 2014年3月出版 / 估价:65.00元

金融蓝皮书
中国金融产品与服务报告（2014）
著(编)者:殷剑峰 2014年6月出版 / 估价:59.00元

金融信息服务蓝皮书
金融信息服务业发展报告（2014）
著(编)者:鲁广锦 2014年11月出版 / 估价:69.00元

抗衰老医学蓝皮书
抗衰老医学发展报告（2014）
著(编)者:罗伯特·高德曼 罗纳德·科莱兹
尼尔·布什 朱敏 金大鹏 郭弋
2014年3月出版 / 估价:69.00元

客车蓝皮书
中国客车产业发展报告（2014）
著(编)者:姚蔚 2014年12月出版 / 估价:69.00元

科学传播蓝皮书
中国科学传播报告（2014）
著(编)者:詹正茂 2014年4月出版 / 估价:69.00元

流通蓝皮书
中国商业发展报告（2014）
著(编)者:荆林波 2014年5月出版 / 估价:89.00元

旅游安全蓝皮书
中国旅游安全报告（2014）
著(编)者:郑向敏 谢朝武 2014年6月出版 / 估价:79.00元

旅游绿皮书
2013~2014年中国旅游发展分析与预测
著(编)者:宋瑞 2013年12月出版 / 估价:69.00元

旅游城市绿皮书
世界旅游城市发展报告（2013~2014）
著(编)者:张辉 2014年1月出版 / 估价:69.00元

贸易蓝皮书
中国贸易发展报告（2014）
著(编)者:荆林波 2014年5月出版 / 估价:49.00元

民营医院蓝皮书
中国民营医院发展报告（2014）
著(编)者:朱幼棣 2014年10月出版 / 估价:69.00元

闽商蓝皮书
闽商发展报告（2014）
著(编)者:李闽榕 王日根 2014年12月出版 / 估价:69.00元

能源蓝皮书
中国能源发展报告（2014）
著(编)者:崔民选 王军生 陈义和
2014年10月出版 / 估价:59.00元

农产品流通蓝皮书
中国农产品流通产业发展报告（2014）
著(编)者:贾敬敦 王炳南 张玉玺 张鹏毅 陈丽华
2014年9月出版 / 估价:89.00元

期货蓝皮书
中国期货市场发展报告（2014）
著(编)者:荆林波 2014年6月出版 / 估价:98.00元

企业蓝皮书
中国企业竞争力报告（2014）
著(编)者:金碚 2014年11月出版 / 估价:89.00元

汽车安全蓝皮书
中国汽车安全发展报告（2014）
著(编)者:赵福全 孙小端 等 2014年1月出版 / 估价:69.00元

汽车蓝皮书
中国汽车产业发展报告（2014）
著(编)者:国务院发展研究中心产业经济研究部
中国汽车工程学会 大众汽车集团（中国）
2014年7月出版 / 估价:79.00元

清洁能源蓝皮书
国际清洁能源发展报告（2014）
著(编)者:国际清洁能源论坛（澳门）
2014年9月出版 / 估价:89.00元

人力资源蓝皮书
中国人力资源发展报告（2014）
著(编)者:吴江 2014年9月出版 / 估价:69.00元

软件和信息服务业蓝皮书
中国软件和信息服务业发展报告（2014）
著(编)者:洪京一 工业和信息化部电子科学技术情报研究所
2014年6月出版 / 估价:98.00元

商会蓝皮书
中国商会发展报告 No.4（2014）
著(编)者:黄孟复 2014年4月出版 / 估价:59.00元

商品市场蓝皮书
中国商品市场发展报告（2014）
著(编)者:荆林波 2014年7月出版 / 估价:59.00元

上市公司蓝皮书
中国上市公司非财务信息披露报告（2014）
著(编)者:钟宏武 张旺 张蒽 等
2014年12月出版 / 估价:59.00元

食品药品蓝皮书
食品药品安全与监管政策研究报告（2014）
著(编)者:唐民皓 2014年7月出版 / 估价:69.00元

世界能源蓝皮书
世界能源发展报告（2014）
著(编)者:黄晓勇 2014年9月出版 / 估价:99.00元

私募市场蓝皮书
中国私募股权市场发展报告（2014）
著(编)者:曹和平 2014年4月出版 / 估价:69.00元

体育蓝皮书
中国体育产业发展报告（2014）
著(编)者:阮伟 钟秉枢 2013年2月出版 / 估价:69.00元

体育蓝皮书·公共体育服务
中国公共体育服务发展报告（2014）
著(编)者:戴健　2014年12月出版 / 估价:69.00元

投资蓝皮书
中国投资发展报告（2014）
著(编)者:杨庆蔚　2014年4月出版 / 估价:79.00元

投资蓝皮书
中国企业海外投资发展报告（2013~2014）
著(编)者:陈文晖　薛誉华　2013年12月出版 / 估价:69.00元

物联网蓝皮书
中国物联网发展报告（2014）
著(编)者:龚六堂　2014年1月出版 / 估价:59.00元

西部工业蓝皮书
中国西部工业发展报告（2014）
著(编)者:方行明 刘方健 姜凌等
2014年9月出版 / 估价:69.00元

西部金融蓝皮书
中国西部金融发展报告（2014）
著(编)者:李忠民　2014年10月出版 / 估价:69.00元

新能源汽车蓝皮书
中国新能源汽车产业发展报告（2014）
著(编)者:中国汽车技术研究中心
日产（中国）投资有限公司
东风汽车有限公司
2014年9月出版 / 估价:69.00元

信托蓝皮书
中国信托业研究报告（2014）
著(编)者:中建投信托研究中心　中国建设建投研究院
2014年9月出版 / 估价:59.00元

信托蓝皮书
中国信托投资报告（2014）
著(编)者:杨金龙　刘屹　2014年7月出版 / 估价:69.00元

信息化蓝皮书
中国信息化形势分析与预测（2014）
著(编)者:周宏仁　2014年7月出版 / 估价:98.00元

信用蓝皮书
中国信用发展报告（2014）
著(编)者:章政 田侃　2014年4月出版 / 估价:69.00元

休闲绿皮书
2014年中国休闲发展报告
著(编)者:刘德谦　唐兵　宋瑞
2014年6月出版 / 估价:59.00元

养老产业蓝皮书
中国养老产业发展报告（2013~2014年）
著(编)者:张车伟　2014年1月出版 / 估价:69.00元

移动互联网蓝皮书
中国移动互联网发展报告（2014）
著(编)者:官建文　2014年5月出版 / 估价:79.00元

医药蓝皮书
中国药品市场报告（2014）
著(编)者:程锦锥 朱恒鹏　2014年12月出版 / 估价:79.00元

中国林业竞争力蓝皮书
中国省域林业竞争力发展报告No.2（2014）（上下册）
著(编)者:郑传芳 李闽榕 张春霞 张会儒
2014年8月出版 / 估价:139.00元

中国农业竞争力蓝皮书
中国省域农业竞争力发展报告No.2（2014）
著(编)者:郑传芳 宋洪远 李闽榕 张春霞
2014年7月出版 / 估价:128.00元

中国信托市场蓝皮书
中国信托业市场报告（2013~2014）
著(编)者:李旸　2014年10月出版 / 估价:69.00元

中国总部经济蓝皮书
中国总部经济发展报告（2014）
著(编)者:赵弘　2014年9月出版 / 估价:69.00元

珠三角流通蓝皮书
珠三角商圈发展研究报告（2014）
著(编)者:王先庆 林至颖　2014年8月出版 / 估价:69.00元

住房绿皮书
中国住房发展报告（2013~2014）
著(编)者:倪鹏飞　2013年12月出版 / 估价:79.00元

资本市场蓝皮书
中国场外交易市场发展报告（2014）
著(编)者:高峦　2014年3月出版 / 估价:79.00元

资产管理蓝皮书
中国信托业发展报告（2014）
著(编)者:智信资产管理研究院　2014年7月出版 / 估价:69.00元

支付清算蓝皮书
中国支付清算发展报告（2014）
著(编)者:杨涛　2014年4月出版 / 估价:45.00元

文化传媒类

传媒蓝皮书
中国传媒产业发展报告（2014）
著(编)者:崔保国　　2014年4月出版 / 估价:79.00元

传媒竞争力蓝皮书
中国传媒国际竞争力研究报告（2014）
著(编)者:李本乾　　2014年9月出版 / 估价:69.00元

创意城市蓝皮书
武汉市文化创意产业发展报告（2014）
著(编)者:张京成　黄永林　　2014年10月出版 / 估价:69.00元

电视蓝皮书
中国电视产业发展报告（2014）
著(编)者:卢斌　　2014年4月出版 / 估价:79.00元

电影蓝皮书
中国电影出版发展报告（2014）
著(编)者:卢斌　　2014年4月出版 / 估价:79.00元

动漫蓝皮书
中国动漫产业发展报告（2014）
著(编)者:卢斌　郑玉明　牛兴侦　　2014年4月出版 / 估价:79.00元

广电蓝皮书
中国广播电影电视发展报告（2014）
著(编)者:庞井君　杨明品　李岚
2014年6月出版 / 估价:88.00元

广告主蓝皮书
中国广告主营销传播趋势报告N0.8
著(编)者:中国传媒大学广告主研究所
中国广告主营销传播创新研究课题组
黄升民　杜国清　邵华冬等
2014年5月出版 / 估价:98.00元

国际传播蓝皮书
中国国际传播发展报告（2014）
著(编)者:胡正荣　李继东　姬德强
2014年1月出版 / 估价:69.00元

纪录片蓝皮书
中国纪录片发展报告（2014）
著(编)者:何苏六　　2014年10月出版 / 估价:89.00元

两岸文化蓝皮书
两岸文化产业合作发展报告（2014）
著(编)者:胡惠林 肖夏勇　　2014年6月出版 / 估价:59.00元

媒介与女性蓝皮书
中国媒介与女性发展报告（2014）
著(编)者:刘利群　　2014年8月出版 / 估价:69.00元

全球传媒蓝皮书
全球传媒产业发展报告（2014）
著(编)者:胡正荣　　2014年12月出版 / 估价:79.00元

视听新媒体蓝皮书
中国视听新媒体发展报告（2014）
著(编)者:庞井君　　2014年6月出版 / 估价:148.00元

文化创新蓝皮书
中国文化创新报告（2014）No.5
著(编)者:于平　傅才武　　2014年7月出版 / 估价:79.00元

文化科技蓝皮书
文化科技融合与创意城市发展报告（2014）
著(编)者:李凤亮　于平　　2014年7月出版 / 估价:79.00元

文化蓝皮书
2014年中国文化产业发展报告
著(编)者:张晓明　胡惠林　章建刚
2014年3月出版 / 估价:69.00元

文化蓝皮书
中国文化产业供需协调增长测评报（2013）
著(编)者:高书生　王亚楠　　2014年5月出版 / 估价:79.00元

文化蓝皮书
中国城镇文化消费需求景气评价报告（2014）
著(编)者:王亚南　张晓明　祁述裕
2014年5月出版 / 估价:79.00元

文化蓝皮书
中国公共文化服务发展报告（2014）
著(编)者:于群 李国新　　2014年10月出版 / 估价:98.00元

文化蓝皮书
中国文化消费需求景气评价报告（2014）
著(编)者:王亚南　　2014年5月出版 / 估价:79.00元

文化蓝皮书
中国乡村文化消费需求景气评价报告（2014）
著(编)者:王亚南　　2014年5月出版 / 估价:79.00元

文化蓝皮书
中国中心城市文化消费需求景气评价报告（2014）
著(编)者:王亚南　　2014年5月出版 / 估价:79.00元

文化蓝皮书
中国少数民族文化发展报告（2014）
著(编)者:武翠英 张晓明 张学进
2014年3月出版 / 估价:69.00元

文化建设蓝皮书
中国文化建设发展报告（2014）
著(编)者:江畅　孙伟平　　2014年3月出版 / 估价:69.00元

文化品牌蓝皮书
中国文化品牌发展报告（2014）
著(编)者:欧阳友权　　2014年5月出版 / 估价:75.00元

文化软实力蓝皮书
中国文化软实力研究报告（2014）
著(编)者:张国祚　　2014年7月出版 / 估价:79.00元

文化遗产蓝皮书
中国文化遗产事业发展报告（2014）
著(编)者:刘世锦　　2014年3月出版 / 估价:79.00元

文学蓝皮书
中国文情报告（2014）
著(编)者:白烨　　2014年5月出版 / 估价:59.00元

新媒体蓝皮书
中国新媒体发展报告No.5（2014）
著(编)者:唐绪军　　2014年6月出版 / 估价:69.00元

移动互联网蓝皮书
中国移动互联网发展报告（2014）
著(编)者:官建文　　2014年4月出版 / 估价:79.00元

游戏蓝皮书
中国游戏产业发展报告（2014）
著(编)者:卢斌　　2014年4月出版 / 估价:79.00元

舆情蓝皮书
中国社会舆情与危机管理报告（2014）
著(编)者:谢耘耕　　2014年8月出版 / 估价:85.00元

粤港澳台文化蓝皮书
粤港澳台文化创意产业发展报告（2014）
著(编)者:丁未　　2014年4月出版 / 估价:69.00元

地方发展类

安徽蓝皮书
安徽社会发展报告（2014）
著(编)者:程桦　　2014年4月出版 / 估价:79.00元

安徽社会建设蓝皮书
安徽社会建设分析报告（2014）
著(编)者:黄家海 王开玉 蔡宪　　2014年4月出版 / 估价:69.00元

北京蓝皮书
北京城乡发展报告（2014）
著(编)者:黄序　　2014年4月出版 / 估价:59.00元

北京蓝皮书
北京公共服务发展报告（2014）
著(编)者:张耘　　2014年3月出版 / 估价:65.00元

北京蓝皮书
北京经济发展报告（2014）
著(编)者:赵弘　　2014年4月出版 / 估价:59.00元

北京蓝皮书
北京社会发展报告（2014）
著(编)者:缪青　　2014年10月出版 / 估价:59.00元

北京蓝皮书
北京文化发展报告（2014）
著(编)者:李建盛　　2014年5月出版 / 估价:69.00元

北京蓝皮书
中国社区发展报告（2014）
著(编)者:于燕燕　　2014年8月出版 / 估价:59.00元

北京蓝皮书
北京公共服务发展报告（2014）
著(编)者:施昌奎　　2014年8月出版 / 估价:59.00元

北京旅游绿皮书
北京旅游发展报告（2014）
著(编)者:鲁勇　　2014年7月出版 / 估价:98.00元

北京律师蓝皮书
北京律师发展报告No.2（2014）
著(编)者:王隽　周塞军　　2014年9月出版 / 估价:79.00元

北京人才蓝皮书
北京人才发展报告（2014）
著(编)者:于淼　　2014年10月出版 / 估价:89.00元

城乡一体化蓝皮书
中国城乡一体化发展报告·北京卷（2014）
著(编)者:张宝秀 黄序　　2014年6月出版 / 估价:59.00元

创意城市蓝皮书
北京文化创意产业发展报告（2014）
著(编)者:张京成 王国华　　2014年10月出版 / 估价:69.00元

创意城市蓝皮书
青岛文化创意产业发展报告（2014）
著(编)者:马达　　2014年5月出版 / 估价:69.00元

创意城市蓝皮书
无锡文化创意产业发展报告（2014）
著(编)者:庄若江　张鸣年　　2014年8月出版 / 估价:75.00元

服务业蓝皮书
广东现代服务业发展报告（2014）
著(编)者:祁明 程晓　2014年1月出版 / 估价:69.00元

甘肃蓝皮书
甘肃舆情分析与预测（2014）
著(编)者:陈双梅 郝树声　2014年1月出版 / 估价:69.00元

甘肃蓝皮书
甘肃县域社会发展评价报告（2014）
著(编)者:魏胜文　2014年1月出版 / 估价:69.00元

甘肃蓝皮书
甘肃经济发展分析与预测（2014）
著(编)者:魏胜文　2014年1月出版 / 估价:69.00元

甘肃蓝皮书
甘肃社会发展分析与预测（2014）
著(编)者:安文华　2014年1月出版 / 估价:69.00元

甘肃蓝皮书
甘肃文化发展分析与预测（2014）
著(编)者:周小华　2014年1月出版 / 估价:69.00元

广东蓝皮书
广东省电子商务发展报告（2014）
著(编)者:黄建明 祁明　2014年11月出版 / 估价:69.00元

广东蓝皮书
广东社会工作发展报告（2014）
著(编)者:罗观翠　2013年12月出版 / 估价:69.00元

广东外经贸蓝皮书
广东对外经济贸易发展研究报告（2014）
著(编)者:陈万灵　2014年3月出版 / 估价:65.00元

广西北部湾经济区蓝皮书
广西北部湾经济区开放开发报告（2014）
著(编)者:广西北部湾经济区规划建设管理委员会办公室
广西社会科学院 广西北部湾发展研究院
2014年7月出版 / 估价:69.00元

广州蓝皮书
2014年中国广州经济形势分析与预测
著(编)者:庾建设 郭志勇 沈奎　2014年6月出版 / 估价:69.00元

广州蓝皮书
2014年中国广州社会形势分析与预测
著(编)者:易佐永 杨秦 顾涧清　2014年5月出版 / 估价:65.00元

广州蓝皮书
广州城市国际化发展报告（2014）
著(编)者:朱名宏　2014年9月出版 / 估价:59.00元

广州蓝皮书
广州创新型城市发展报告（2014）
著(编)者:李江涛　2014年8月出版 / 估价:59.00元

广州蓝皮书
广州经济发展报告（2014）
著(编)者:李江涛 刘江华　2014年6月出版 / 估价:65.00元

广州蓝皮书
广州农村发展报告（2014）
著(编)者:李江涛 汤锦华　2014年8月出版 / 估价:59.00元

广州蓝皮书
广州青年发展报告（2014）
著(编)者:魏国华 张强　2014年9月出版 / 估价:65.00元

广州蓝皮书
广州汽车产业发展报告（2014）
著(编)者:李江涛 杨再高　2014年10月出版 / 估价:69.00元

广州蓝皮书
广州商贸业发展报告（2014）
著(编)者:陈家成 王旭东 荀振英
2014年7月出版 / 估价:69.00元

广州蓝皮书
广州文化创意产业发展报告（2014）
著(编)者:甘新　2014年10月出版 / 估价:59.00元

广州蓝皮书
中国广州城市建设发展报告（2014）
著(编)者:董皞 冼伟雄 李俊夫
2014年8月出版 / 估价:69.00元

广州蓝皮书
中国广州科技与信息化发展报告（2014）
著(编)者:庾建设 谢学宁　2014年8月出版 / 估价:59.00元

广州蓝皮书
中国广州文化创意产业发展报告（2014）
著(编)者:甘新　2014年10月出版 / 估价:59.00元

广州蓝皮书
中国广州文化发展报告（2014）
著(编)者:徐俊忠 汤应武 陆志强
2014年8月出版 / 估价:69.00元

贵州蓝皮书
贵州法治发展报告（2014）
著(编)者:吴大华　2014年3月出版 / 估价:69.00元

贵州蓝皮书
贵州社会发展报告（2014）
著(编)者:王兴骥　2014年3月出版 / 估价:59.00元

贵州蓝皮书
贵州农村扶贫开发报告（2014）
著(编)者:王朝新 宋明　2014年3月出版 / 估价:69.00元

贵州蓝皮书
贵州文化产业发展报告（2014）
著(编)者:李建国　2014年3月出版 / 估价:69.00元

海淀蓝皮书
海淀区文化和科技融合发展报告（2014）
著(编)者:陈名杰 孟景伟 2014年5月出版 / 估价:75.00元

海峡经济区蓝皮书
海峡经济区发展报告（2014）
著(编)者:李闽榕 王秉安 谢明辉（台湾）
2014年10月出版 / 估价:78.00元

海峡西岸蓝皮书
海峡西岸经济区发展报告（2014）
著(编)者:福建省人民政府发展研究中心
2014年9月出版 / 估价:85.00元

杭州蓝皮书
杭州市妇女发展报告（2014）
著(编)者:魏颖 揭爱花 2014年2月出版 / 估价:69.00元

河北蓝皮书
河北省经济发展报告（2014）
著(编)者:马树强 张贵 2013年12月出版 / 估价:69.00元

河北蓝皮书
河北经济社会发展报告（2014）
著(编)者:周文夫 2013年12月出版 / 估价:69.00元

河南经济蓝皮书
2014年河南经济形势分析与预测
著(编)者:胡五岳 2014年3月出版 / 估价:65.00元

河南蓝皮书
2014年河南社会形势分析与预测
著(编)者:刘道兴 牛苏林 2014年1月出版 / 估价:59.00元

河南蓝皮书
河南城市发展报告（2014）
著(编)者:林宪斋 王建国 2014年1月出版 / 估价:69.00元

河南蓝皮书
河南经济发展报告（2014）
著(编)者:喻新安 2014年1月出版 / 估价:59.00元

河南蓝皮书
河南文化发展报告（2014）
著(编)者:谷建全 卫绍生 2014年1月出版 / 估价:69.00元

河南蓝皮书
河南工业发展报告（2014）
著(编)者:龚绍东 2014年1月出版 / 估价:59.00元

黑龙江产业蓝皮书
黑龙江产业发展报告（2014）
著(编)者:于渤 2014年10月出版 / 估价:79.00元

黑龙江蓝皮书
黑龙江经济发展报告（2014）
著(编)者:曲伟 2014年1月出版 / 估价:59.00元

黑龙江蓝皮书
黑龙江社会发展报告（2014）
著(编)者:艾书琴 2014年1月出版 / 估价:69.00元

湖南城市蓝皮书
城市社会管理
著(编)者:罗海藩 2014年10月出版 / 估价:59.00元

湖南蓝皮书
2014年湖南产业发展报告
著(编)者:梁志峰 2014年5月出版 / 估价:89.00元

湖南蓝皮书
2014年湖南法治发展报告
著(编)者:梁志峰 2014年5月出版 / 估价:79.00元

湖南蓝皮书
2014年湖南经济展望
著(编)者:梁志峰 2014年5月出版 / 估价:79.00元

湖南蓝皮书
2014年湖南两型社会发展报告
著(编)者:梁志峰 2014年5月出版 / 估价:79.00元

湖南县域绿皮书
湖南县域发展报告No.2
著(编)者:朱有志 袁准 周小毛 2014年7月出版 / 估价:69.00元

沪港蓝皮书
沪港发展报告（2014）
著(编)者:尤安山 2014年9月出版 / 估价:89.00元

吉林蓝皮书
2014年吉林经济社会形势分析与预测
著(编)者:马克 2014年1月出版 / 估价:69.00元

江苏法治蓝皮书
江苏法治发展报告No.3（2014）
著(编)者:李力 龚廷泰 严海良 2014年8月出版 / 估价:88.00元

京津冀蓝皮书
京津冀区域一体化发展报告（2014）
著(编)者:文魁 祝尔娟 2014年3月出版 / 估价:89.00元

经济特区蓝皮书
中国经济特区发展报告（2014）
著(编)者:陶一桃 2014年3月出版 / 估价:89.00元

辽宁蓝皮书
2014年辽宁经济社会形势分析与预测
著(编)者:曹晓峰 张晶 张卓民 2014年1月出版 / 估价:69.00元

流通蓝皮书
湖南省商贸流通产业发展报告No.2
著(编)者:柳思维 2014年10月出版 / 估价:75.00元

内蒙古蓝皮书
内蒙古经济发展蓝皮书(2013~2014)
著(编)者:黄育华　2014年7月出版 / 估价:69.00元

内蒙古蓝皮书
内蒙古反腐倡廉建设报告No.1
著(编)者:张志华　无极　2013年12月出版 / 估价:69.00元

浦东新区蓝皮书
上海浦东经济发展报告（2014）
著(编)者:左学金 陆沪根　2014年1月出版 / 估价:59.00元

侨乡蓝皮书
中国侨乡发展报告（2014）
著(编)者:郑一省　2013年12月出版 / 估价:69.00元

青海蓝皮书
2014年青海经济社会形势分析与预测
著(编)者:赵宗福　2014年2月出版 / 估价:69.00元

人口与健康蓝皮书
深圳人口与健康发展报告（2014）
著(编)者:陆杰华　江捍平　2014年10月出版 / 估价:98.00元

山西蓝皮书
山西资源型经济转型发展报告（2014）
著(编)者:李志强 容和平　2014年3月出版 / 估价:79.00元

陕西蓝皮书
陕西经济发展报告（2014）
著(编)者:任宗哲　石英　裴成荣　2014年3月出版 / 估价:65.00元

陕西蓝皮书
陕西社会发展报告（2014）
著(编)者:任宗哲 石英 江波　2014年1月出版 / 估价:65.00元

陕西蓝皮书
陕西文化发展报告（2014）
著(编)者:任宗哲 石英 王长寿　2014年3月出版 / 估价:59.00元

上海蓝皮书
上海传媒发展报告（2014）
著(编)者:强荧 焦雨虹　2014年1月出版 / 估价:59.00元

上海蓝皮书
上海法治发展报告（2014）
著(编)者:潘世伟　叶青　2014年1月出版 / 估价:59.00元

上海蓝皮书
上海经济发展报告（2014）
著(编)者:沈开艳　2014年1月出版 / 估价:69.00元

上海蓝皮书
上海社会发展报告（2014）
著(编)者:卢汉龙 周海旺　2014年1月出版 / 估价:59.00元

上海蓝皮书
上海文化发展报告（2014）
著(编)者:蒯大申　2014年1月出版 / 估价:59.00元

上海蓝皮书
上海文学发展报告（2014）
著(编)者:陈圣来　2014年1月出版 / 估价:59.00元

上海蓝皮书
上海资源环境发展报告（2014）
著(编)者:周冯琦　汤庆合　王利民　2014年1月出版 / 估价:59.00元

上海社会保障绿皮书
上海社会保障改革与发展报告（2013~2014）
著(编)者:汪泓　2014年1月出版 / 估价:65.00元

社会建设蓝皮书
2014年北京社会建设分析报告
著(编)者:宋贵伦　2014年4月出版 / 估价:69.00元

深圳蓝皮书
深圳经济发展报告（2014）
著(编)者:吴忠　2014年6月出版 / 估价:69.00元

深圳蓝皮书
深圳劳动关系发展报告（2014）
著(编)者:汤庭芬　2014年6月出版 / 估价:69.00元

深圳蓝皮书
深圳社会发展报告（2014）
著(编)者:吴忠 余智晟　2014年7月出版 / 估价:69.00元

四川蓝皮书
四川文化产业发展报告（2014）
著(编)者:向宝云　2014年1月出版 / 估价:69.00元

温州蓝皮书
2014年温州经济社会形势分析与预测
著(编)者:潘忠强 王春光　金浩　2014年4月出版 / 估价:69.00元

温州蓝皮书
浙江温州金融综合改革试验区发展报告（2013~2014）
著(编)者:钱水土　王去非　李义超
2014年4月出版 / 估价:69.00元

扬州蓝皮书
扬州经济社会发展报告（2014）
著(编)者:张爱军　2014年1月出版 / 估价:78.00元

义乌蓝皮书
浙江义乌市国际贸易综合改革试验区发展报告（2013~2014）
著(编)者:马淑琴 刘文革 周松强
2014年4月出版 / 估价:69.00元

云南蓝皮书
中国面向西南开放重要桥头堡建设发展报告（2014）
著(编)者:刘绍怀　2014年12月出版 / 估价:69.00元

长株潭城市群蓝皮书
长株潭城市群发展报告（2014）
著(编)者:张萍　2014年10月出版 / 估价:69.00元

郑州蓝皮书
2014年郑州文化发展报告
著(编)者:王哲　　2014年7月出版 / 估价:69.00元

中国省会经济圈蓝皮书
合肥经济圈经济社会发展报告No.4(2013~2014)
著(编)者:董昭礼　　2014年4月出版 / 估价:79.00元

国别与地区类

G20国家创新竞争力黄皮书
二十国集团（G20）国家创新竞争力发展报告（2014）
著(编)者:李建平 李闽榕 赵新力
2014年9月出版 / 估价:118.00元

澳门蓝皮书
澳门经济社会发展报告（2013~2014）
著(编)者:吴志良 郝雨凡　　2014年3月出版 / 估价:79.00元

北部湾蓝皮书
泛北部湾合作发展报告（2014）
著(编)者:吕余生　　2014年7月出版 / 估价:79.00元

大湄公河次区域蓝皮书
大湄公河次区域合作发展报告（2014）
著(编)者:刘稚　　2014年8月出版 / 估价:79.00元

大洋洲蓝皮书
大洋洲发展报告（2014）
著(编)者:魏明海 喻常森　　2014年7月出版 / 估价:69.00元

德国蓝皮书
德国发展报告（2014）
著(编)者:李乐曾 郑春荣等　　2014年5月出版 / 估价:69.00元

东北亚黄皮书
东北亚地区政治与安全报告（2014）
著(编)者:黄凤志 刘雪莲　　2014年6月出版 / 估价:69.00元

东盟黄皮书
东盟发展报告（2014）
著(编)者:黄兴球 庄国土　　2014年12月出版 / 估价:68.00元

东南亚蓝皮书
东南亚地区发展报告（2014）
著(编)者:王勤　　2014年11月出版 / 估价:59.00元

俄罗斯黄皮书
俄罗斯发展报告（2014）
著(编)者:李永全　　2014年7月出版 / 估价:79.00元

非洲黄皮书
非洲发展报告No.15（2014）
著(编)者:张宏明　　2014年7月出版 / 估价:79.00元

港澳珠三角蓝皮书
粤港澳区域合作与发展报告（2014）
著(编)者:梁庆寅 陈广汉　　2014年6月出版 / 估价:59.00元

国际形势黄皮书
全球政治与安全报告（2014）
著(编)者:李慎明 张宇燕　　2014年1月出版 / 估价:69.00元

韩国蓝皮书
韩国发展报告（2014）
著(编)者:牛林杰 刘宝全　　2014年6月出版 / 估价:69.00元

加拿大蓝皮书
加拿大国情研究报告（2014）
著(编)者:仲伟合　唐小松　2013年12月出版 / 估价:69.00元

柬埔寨蓝皮书
柬埔寨国情报告（2014）
著(编)者:毕世鸿　2014年6月出版 / 估价:79.00元

拉美黄皮书
拉丁美洲和加勒比发展报告（2014）
著(编)者:吴白乙　刘维广　　2014年4月出版 / 估价:89.00元

老挝蓝皮书
老挝国情报告（2014）
著(编)者:卢光盛 方芸 吕星　2014年6月出版 / 估价:79.00元

美国蓝皮书
美国问题研究报告（2014）
著(编)者:黄平 倪峰　　2014年5月出版 / 估价:79.00元

缅甸蓝皮书
缅甸国情报告（2014）
著(编)者:李晨阳　　2014年4月出版 / 估价:79.00元

欧亚大陆桥发展蓝皮书
欧亚大陆桥发展报告（2014）
著(编)者:李忠民　　2014年10月出版 / 估价:59.00元

欧洲蓝皮书
欧洲发展报告（2014）
著(编)者:周弘　　2014年3月出版 / 估价:79.00元

葡语国家蓝皮书
巴西发展与中巴关系报告2014（中英文）
著(编)者:张曙光 David T. Ritchie
2014年8月出版 / 估价:69.00元

日本经济蓝皮书
日本经济与中日经贸关系发展报告（2014）
著(编)者:王洛林 张季风 2014年5月出版 / 估价:79.00元

日本蓝皮书
日本发展报告（2014）
著(编)者:李薇 2014年2月出版 / 估价:69.00元

上海合作组织黄皮书
上海合作组织发展报告（2014）
著(编)者:李进峰 吴宏伟 李伟 2014年9月出版 / 估价:98.00元

世界创新竞争力黄皮书
世界创新竞争力发展报告（2014）
著(编)者:李建平 2014年1月出版 / 估价:148.00元

世界能源黄皮书
世界能源分析与展望（2013~2014）
著(编)者:张宇燕 等 2014年1月出版 / 估价:69.00元

世界社会主义黄皮书
世界社会主义跟踪研究报告（2014）
著(编)者:李慎明 2014年5月出版 / 估价:189.00元

泰国蓝皮书
泰国国情报告（2014）
著(编)者:邹春萌 2014年6月出版 / 估价:79.00元

亚太蓝皮书
亚太地区发展报告（2014）
著(编)者:李向阳 2013年12月出版 / 估价:69.00元

印度蓝皮书
印度国情报告（2014）
著(编)者:吕昭义 2014年1月出版 / 估价:69.00元

印度洋地区蓝皮书
印度洋地区发展报告（2014）
著(编)者:汪戎 万广华 2014年6月出版 / 估价:79.00元

越南蓝皮书
越南国情报告（2014）
著(编)者:吕余生 2014年8月出版 / 估价:65.00元

中东黄皮书
中东发展报告No.15（2014）
著(编)者:杨光 2014年10月出版 / 估价:59.00元

中欧关系蓝皮书
中国与欧洲关系发展报告（2014）
著(编)者:周弘 2013年12月出版 / 估价:69.00元

中亚黄皮书
中亚国家发展报告（2014）
著(编)者:孙力 2014年9月出版 / 估价:79.00元

中国皮书网
www.pishu.cn

栏目设置：

- □ 资讯：皮书动态、皮书观点、皮书数据、 皮书报道、皮书新书发布会、电子期刊
- □ 标准：皮书评价、皮书研究、皮书规范、皮书专家、编撰团队
- □ 服务：最新皮书、皮书书目、重点推荐、在线购书
- □ 链接：皮书数据库、皮书博客、皮书微博、出版社首页、在线书城
- □ 搜索：资讯、图书、研究动态
- □ 互动：皮书论坛

皮书大事记

☆ 2012年12月，《中国社会科学院皮书资助规定（试行）》由中国社会科学院科研局正式颁布实施。

☆ 2011年，部分重点皮书纳入院创新工程。

☆ 2011年8月，2011年皮书年会在安徽合肥举行，这是皮书年会首次由中国社会科学院主办。

☆ 2011年2月，“2011年全国皮书研讨会”在北京京西宾馆举行。王伟光院长（时任常务副院长）出席并讲话。本次会议标志着皮书及皮书研创出版从一个具体出版单位的出版产品和出版活动上升为由中国社会科学院牵头的国家哲学社会科学智库产品和创新活动。

☆ 2010年9月，“2010年中国经济社会形势报告会暨第十一次全国皮书工作研讨会”在福建福州举行，高全立副院长参加会议并做学术报告。

☆ 2010年9月，皮书学术委员会成立，由我院李扬副院长领衔，并由在各个学科领域有一定的学术影响力、了解皮书编创出版并持续关注皮书品牌的专家学者组成。皮书学术委员会的成立为进一步提高皮书这一品牌的学术质量、为学术界构建一个更大的学术出版与学术推广平台提供了专家支持。

☆ 2009年8月，“2009年中国经济社会形势分析与预测暨第十次皮书工作研讨会”在辽宁丹东举行。李扬副院长参加本次会议，本次会议颁发了首届优秀皮书奖，我院多部皮书获奖。

皮书数据库
www.pishu.com.cn

皮书数据库三期即将上线

- 皮书数据库（SSDB）是社会科学文献出版社整合现有皮书资源开发的在线数字产品，全面收录“皮书系列”的内容资源，并以此为基础整合大量相关资讯构建而成。

- 皮书数据库现有中国经济发展数据库、中国社会发展数据库、世界经济与国际政治数据库等子库，覆盖经济、社会、文化等多个行业、领域，现有报告30000多篇，总字数超过5亿字，并以每年4000多篇的速度不断更新累积。2009年7月，皮书数据库荣获“2008～2009年中国数字出版知名品牌”。

- 2011年3月，皮书数据库二期正式上线，开发了更加灵活便捷的检索系统，可以实现精确查找和模糊匹配，并与纸书发行基本同步，可为读者提供更加广泛的资讯服务。

更多信息请登录

中国皮书网的BLOG [编辑]
http://blog.sina.com.cn/pishu

中国皮书网	皮书微博	皮书博客	皮书微信
http://www.pishu.cn	http://weibo.com/pishu	http://blog.sina.com.cn/pishu	皮书说

请到各地书店皮书专架/专柜购买，也可办理邮购

咨询/邮购电话：010-59367028　59367070　　**邮　　箱**：duzhe@ssap.cn
邮购地址：北京市西城区北三环中路甲29号院3号楼华龙大厦13层读者服务中心
邮　　编：100029
银行户名：社会科学文献出版社
开户银行：中国工商银行北京北太平庄支行
账　　号：0200010019200365434
网上书店：010-59367070　qq：1265056568
网　　址：www.ssap.com.cn　www.pishu.cn

（一）青春派新导演闪亮登场，处女作成绩斐然

2013 年的中国影坛散发着一股青春的气息，以校园、青春为电影题材的新晋导演走出了一条崭新的道路。以往，名导演加大投资的组合是影片票房保证，但这一年，情况有所改变，新导演执导的影片同样赢得了不错的票房。这些集多重身份于一身的新导演虽然并非专业出身，手法也仍显稚嫩，但首次跨界操刀就收获不小。如执导《致我们终将逝去的青春》的导演赵薇，执导《小时代》第一部、第二部的郭敬明等。

由赵薇导演的《致我们终将逝去的青春》，改编自辛夷坞的同名小说，集合了赵又廷、韩庚、杨子珊、江疏影、张瑶、刘雅瑟、佟丽娅、包贝尔等大批两岸新生代青春偶像。影片还请来了香港著名导演关锦鹏担任监制。此外，王菲演唱了影片主题曲《致青春》。众多元素的结合成就了这部充满着感伤气息的青春电影。《致我们终将逝去的青春》用顺叙的手法，讲述了女大学生郑微从校园到社会的成长经历。整部影片先抑后扬，力图呈现时光易逝、青春不再的主题。影片格调符合当下大多数年轻人的口味，从而吸引了众多年轻人前去观看影片。《致我们终将逝去的青春》故事设定为 20 世纪 90 年代，企图重温 20 世纪 90 年代大学校园的记忆，使影片洋溢着浓郁的怀旧气息。这也吸引了为数不少的中年观众到影院去追忆青春。可以说，《致我们终将逝去的青春》的市场定位较为准确，有效地满足了观众的需求，截至 2013 年 9 月，影片票房总计 71895 万元。

《小时代》第一部、第二部同样改编自小说，讲述了 4 个女生从校园到职场的感情、生活经历。《小时代》系列小说早在面世之初就已经积累了大量人气，再加上小说的作者郭敬明亲自担任该片的导演，因此，电影《小时代》受到了极大的关注。与此同时，这部影片汇集了杨幂、郭采洁、郭碧婷、凤小岳等众多帅哥美女，又有谐星 hold 姐加盟，画面养眼、情节搞笑。唯美的林荫道、青涩的自行车爱情、闺密间的友谊等等，因此，《小时代》被评作“应该带着朋友一起去看的电影”，特别在正经历青春蜕变的年轻人心中激起共鸣。

（二）警匪动作片长盛不衰，铁骨柔情带来收视风暴

酷炫的打斗场景在荧幕上的频频出现已经不是什么新鲜事，动作片作为一

个极具分量的类型电影，一直保持着其霸主的地位。值得一提的是2013年国产动作片在众多外来大片的夹击下，不但没有衰退，反而突出重围，在市场中占据了重要的地位。其中的代表是警匪港产动作片，比如《风暴》、《扫毒》等。警匪斗争是港产片的主要题材，近年该类型电影更加注重回归人性，表现警察在危难时刻的艰难选择来突出警察的温情形象。从2012年的《寒战》，到2013年的《新警察故事2013》等，都是如此。

《警察故事2013》是《警察故事》系列的第六部，该片讲述了某天晚上繁华街区一座大型酒吧内，所有客人被酒吧老板武江劫持为人质。其中，包括刑警钟文（成龙饰）和女儿苗苗（景甜饰），以及一群似曾相识的陌生人。成龙阔别多年，再次拍摄警察故事，与以往的《警察故事》相比，这次的警察形象多呈现的是其人性的一面，包含有更多的亲情。先前的《警察故事》着墨点在于打造"陈家驹"所向披靡、战无不胜的"神性"，本片则着力表现警察钟文的看似平常却意味深长的"人性"——因为工作忽视家庭，导致女儿苗苗的堕落，因而自己对女儿怀有愧疚，想尽力去弥补。该片在演员阵容上不仅有成龙大哥坐镇，而且有刘烨、景甜的加盟；故事情节讲述的是一个全新的平民警察的正能量故事，不仅有《警察故事》系列作铺垫，而且有悬疑作点缀，以上种种因素都满足了观众的期待与审美需求，因此该片仅上映三天便收获了1.1亿元的票房，成为国产影片的票房赢家。

拉近英雄与平民的距离，以点带面，触动集体情感，是2013年众多动作片较为突出的表现方式。观众在看惯了舞刀弄枪的动作把式之后，一种直达内心的温情让他们有了新鲜感，这也是警匪动作片在2013年获得成功的主要原因。

（三）类型电影遍地开花，新题材片小荷才露尖尖角

回顾过去电影市场中的国产片类型可以看到，数量最多的是爱情、喜剧两大传统类型片。2013年的国产片除了上述两种题材仍保持其锋芒之外，惊悚、动作、励志、动画类型均有所发展。同时，在此基础上发展起来的多元素融合的类型电影也频频出现，"N+N"的模式为影坛带来一股新鲜的血液。如惊悚喜剧片《盲探》、武打喜剧片《不二神探》、职场爱情片《私人订制》等。

因此，整个国内电影市场呈现一派欣欣向荣的面貌。

以周星驰的作品《西游：降魔篇》为例，这是一部集魔幻、动作、惊悚、悲喜剧于一身的多元素类型片，讲述了年少时期的唐僧与段小姐的相识经过及冒险故事。导演周星驰表示，他在拍这部片子的时候并不打算将其拍成喜剧，更多的是希望把片子演绎成悲剧。但在公映时，该片被观众当成是一部喜剧片——《大话西游》的续集来看，这种“误读”并非有意而为之，实则是视觉形象折射的多重意蕴所造成的。不论从情节设计、演员阵容上看，还是从电脑特效、动作编排上讲，《西游：降魔篇》在2013年的“N＋N”类型片阵营中都算是上乘之作。

在题材类型的创新上，《激战》和《天台爱情》是其中的翘楚，两部影片均收获了过亿元的票房和较好的口碑。中国的歌舞片起步较晚，缺乏竞争优势，前几年也有过《歌舞青春》等影片，但市场反响始终平平，此次周杰伦自编自导自演的《天台爱情》，融合了喜剧、歌舞、爱情、动作等多种元素，加上周杰伦的号召力，该片在市场中获得了不错的票房成绩。《激战》由张家辉、彭于晏领衔主演，是国内鲜有的格斗题材影片，该片包含惊心动魄的拳击格斗、历经困苦重构起来的家庭亲情、不怕艰难坚持到底的励志精神，既满足了观众希望看到激烈打斗场面的心理，又传递了积极向上的正能量，既热血沸腾又柔情无限，上映后得到了专业人士和观众的认可，其中主演张家辉、李馨巧获得了第16届上海国际电影节最具分量的奖项——金爵奖。

三　问题与对策

2013年国产电影取得累累硕果。这或许表明“大片独尊”时代的即将结束，国产电影可能进入一个更为理性的多元化时代。在欢喜过后，我们更应注意到这繁华背后的问题，中国电影创新性不强，跟风现象严重。在外来大片面前，竞争力不足。同一档期内上演的中西之争，往往是外来影片取胜。2013年的中国电影票房，进口电影占据半壁江山，而国产影片在数量上远远超过进口影片。两者的不对等，更加凸显了中国电影存在的问题。

首先，年轻一代的导演、编剧的“跟风”现象日益严重，以市场利益作为自己的创作准则，忽视了作品的艺术价值。2013 年的中国影坛，掀起了一阵“青春”旋风，《中国合伙人》、《致我们终将逝去的青春》等都赚了个盆满钵满，其中，小成本影片《青春派》在 2013 年的上海国际电影节上获得了华语电影传媒大奖最佳影片奖。一时间，许多追忆青春的同类型题材影片也纷纷出现。且抛开电影制作水平而论其他，这些影片在叙事结构、模式上的相似性容易使观众产生审美疲劳。青春固然要追忆，但一遍又一遍地抛开现实，回到虚幻的记忆之中，怕是本末倒置了。“跟风”并非长久之计，一道菜吃多了终究也会腻。相反，以打造优良的影片准则为出发点，提高电影的观赏性，创新题材，最终打磨出一部精致的电影才能牢牢地抓住观众的心，赢得口碑与票房，如王家卫倾力制作的影片《一代宗师》，讲述的是民国期间“南北武林”多个门派宗师级人物——一代武学宗师叶问先生的传奇一生。早在影片筹备初期，王家卫便收集了大量民国时期的珍贵资料，三年内走访了全国各地百余位门派传人。该片筹备长达八年，拍摄也用了三年，可谓是“十年磨一剑”。王家卫拍戏讲究慢工出细活，精益求精，觉得拍得不好的镜头要删掉重来。演员赵本山在《一代宗师》中戏份虽然不多，但也有进剧组十次只拍一场戏的经历。截至 2013 年 9 月，《一代宗师》票房累积接近 3 亿元，同时该片收获了如“第 50 届金马奖观众票选最佳影片奖”、“第 15 届华表奖优秀对外合拍片奖”、“第 85 届美国国家评论协会奖五佳外语片”等不少的荣誉。从《一代宗师》的成功来看，国产电影若想占据国际电影市场更大的份额，进而走出中国，走向世界，就必须提高制作技术，以“打铁还靠自身硬”来抓住观众的心，从而提高票房。

其次，档期拥挤，扎堆现象严重。一年只有 12 个月，2013 年的电影档期却有 14 个，名目众多，让人眼花缭乱，七夕档、清明档等新名堂层出不穷。2011 年自从一部《失恋 33 天》大受欢迎之后，光棍档也开始加入了这场惨烈的票房大战中来，接连两年，许多中小成本的国产爱情电影都扎堆地在这个档期中上映，但都是反响平平，有的甚至是全军覆灭，成了炮灰。2013 年 11 月初，光棍节档期前后七八部爱情片扎堆上映，可惜的是观众并不买账，比起这些甜腻腻的爱情片，好莱坞超级大片《雷神 2：黑暗世界》显然更能抓住观众眼球，《雷神 2：黑暗世界》上映首周票房就直逼 3 亿元，远远甩过同档期的

国产电影。造成这种现象的原因主要是现今市场竞争颇为激烈，特别是近年来，国家提高了外来片的引进配额，更多外来大片与国产片竞争，只要国产片实力稍逊一筹，就会很快地落败下来。在过去，中国电影市场传统的档期只有三个：贺岁档、暑期档和国庆档，这三个档期长，又恰逢放假时间，因而是电影市场的旺期，拥有强大的吸金能力。同时，这也意味着大片必定云集在这三个档期内，竞争非常激烈，诸多中小成本影片根本无法与之抗衡。中小成本电影为谋取生存空间，只能见缝插针地寻找适合自己的档期，三八档、端午档、七夕档等各种名目的新档期就是这样出现的，基本上沾个节日就有档期，让人应接不暇。这些档期内小成本电影有时候一天上好几部，水准不一，良莠不齐，扎堆的结果就是沦为当月“炮灰集中营”。国产中小成本电影要想突出重围，并非易事。这也代表着挤进档期并不意味着就可以赢得好票房，挤进了档期反而容易成了别人的嫁衣。实际上，有档期并不表示就能称王，宣传营销光靠个档期来做噱头，最终只能落败。档期是靠好电影撑起来的，而不是靠数量堆积而成的，档期不能成就好电影，一味迷恋档期往往事与愿违，虽不甘心，却做了绿叶。中小成本国产电影要想吃到这块票房蛋糕，需要制订合理的营销策略，找准合适的上映时期，或学习美国采取的类型化档期政策，如 5 月、6 月偏向家庭片和特效大片，7 月以后则开始以动作片和喜剧为主，10 月、11 月份转向艺术类型电影，万圣节档主打惊悚片，圣诞节则走温情和大投资路线。此外，影片艺术水平需有所提高，以优质影片取胜于市场才是关键。

最后，随着电影市场竞争的日益激烈，中小成本影片的压力也不断增加，排片难问题也日益凸显，区域放映或许将成为中小成本电影生存下去的最佳选择。所谓区域放映就是指影片仅在某些省市放映。据业内资料显示，如今每个月所要上映的影片多达 30 部，平均每一天半就有一部新电影上映。面对众多选择，影院为了自身利益，宁肯多给有票房号召力的商业大片安排场次，也不肯给中小成本电影排片。即使中小成本影片有幸排到了场次，也会遭遇“一日游”等排片期短、非黄金段时间的尴尬局面。加上中小成本影片宣传费用少，若要进入全国院线，则需要花费更多的宣传费用，甚至达到制作成本与宣传费用 1∶1 的比例，因此选择区域放映，或许能减少支出，尽快收回成本。选择区域放映，还要根据影片自身的特点来合理地进行配对，不同的区域有不同观影习惯。如果一部影片在某个区域获得了不错的票房，这对于片方接下来的宣传工作起到的是促进作用，借助此前打下的良好基础，会吸引更多的人来审视这部影片，创下更好的口碑。相反，如果电影在某个区域的上映效果并不理想，那么制作方也需要及时调整自身的营销策略，避免更多的经济损失。

综上所述，中国电影业的 2013 年是不平凡的一年。在国家政策的引领下，电影业不断发展，两岸三地合作不断深化，国产影片质量在不断提高，市场份额不断扩大。同时，我们还应注意繁荣发展背后存在的种种问题，国产影片若要保持与进口影片的竞争力，就必须努力提升影片的质量、人文内涵和艺术价值，同时，“酒香也怕巷子深”，只有不断完善营销模式，实力和营销双管齐下，才能占据国内和国际市场，使中国电影业走向更加美好的明天！

B.33

中国电视业品牌报告（2014）

严晓博　范明献

摘　要：

2013年，内地电视市场品牌竞争继续。品牌电视机构更重整体竞争战略，品牌节目优化升级，娱乐节目和电视剧领域依旧是兵家必争之地。《爸爸去哪儿》成功开拓出娱乐节目发展新方向，《中国汉字听写大会》的走红也显现出传统文化元素的荧屏魅力。“加强版限娱令”的颁发对电视媒体的原创能力提出更高要求，对电视市场竞争格局产生深远影响。

关键词：

电视业　品牌电视机构　电视节目

一　电视系统品牌发展概述

2013年，中国内地电视市场依旧硝烟四起、竞争激烈。中央电视台凭借超强的资源优势和广泛的影响力占据绝对领先地位，品牌省级卫视整体定位各具特色，品牌影响力不断提升。

1. 中央电视台——用最好的节目拥抱13亿人

2013年，中央电视台全面搬入新址办公，实现了节目制作流程、环境硬件、管理软件等方面的升级，各频道也应时而动，以此为契机进行改版。

新闻是中央电视台的立台之本。2013年，央视依旧占据着中国电视新闻的制高点。新闻节目不断升级改版，收视稳步提升。如《新闻联播》继续调整，在强化重大新闻“第一窗口”的同时，亦为做好“大众民生代言人”而努力，买菜大妈、北京雾霾、成都曹家巷拆迁等民生要事不时取代国家领导人的位置，成为联播头条，引发了社会热议。继“你幸福吗?”之后的“你的梦想是什么?”“2013年你缺什么?”等街头采访新话题也引领电视新闻采制新潮流。同时，《焦点访谈》年初也进行了19年来的首度改版，实施双选题，主持人全程站立播报，强化“有深度、有锐度”的新闻评论功能。迎来开播十周年的新闻频道在2013年更加注重新闻品质提升，对于四川雅安芦山地震、神舟十号飞船发射升空等诸多重大事件、活动，央视都进行了新闻、专题、直播相结合和跨栏目、跨时段的联动报道。

央视国际传播和新媒体传播能力继续加强。已建成覆盖全国及全球的新闻采编网络，拥有31个国内记者站、70个海外记者站、2个海外分台以及3000人的海外报道团队。7月23日“央视新闻”手机客户端正式推出，与电视屏、新闻门户网站、微博、微信以及上线搜狐新闻的客户端一起，建构起全媒体时代央视的“六大新闻平台”，进一步提升了央视新闻的影响力，“有大事，看央视”的观念已深入民心。

综合频道启动了全方位改版计划，变革力度为近年来最大，主要在三个方面。首先，着眼于与新闻频道的差异，更侧重新闻的深度、权威性和故事性，构建起频道全新的新闻栏目播出格局。其次，在晚间黄金时段启动“5+2”编播模式，周末推出《超级星光大道》、《为你而战》等地标式栏目。此外，晚间23:30打造精品主持人节目带，包括《撒贝宁时间——证据在说话》、《王刚时间——收藏传奇》、《柴静时间——看见》。

财经频道秉承“与全球市场同步，与经济运行同步”理念，增加直播窗口，致力于打造全链条财经服务平台。不仅凭借《经济半小时》、《经济信息联播》、《环球财经连线》等栏目形成了专业财经资讯流，而且推出了《是真的吗》、《滔滔不绝》等多档生活财经创新节目，同时，举办“中国创业榜样”和“3·15”晚会等大型公益活动。

综艺频道携手灿星、唯众等社会制作力量，栏目持续创新。升级改版《梦想合唱团》、《星光大道》等原有品牌栏目，推出《舞出我人生》、《开门大吉》、《黄金100秒》、《越战越勇》、《梦想星搭档》等全新综艺节目。

8月18日中央电视台体育赛事频道（简称CCTV-5+）正式开播。这是央视第二个开路播出的体育频道，以完整赛事直播、录像以及赛事集锦为基本节目形态，每天24小时全高清方式播出。CCTV-5+的开播无疑将进一步有利于央视更全面有效地使用已有体育赛事资源，巩固央视体育品牌。

2013年，中央电视台电视剧管理中心正式挂牌成立，中心对包括央视一套黄金档在内的全台电视剧进行统一规划、采购、运营和播出，更有利于整合电视剧资源。电视剧频道推出《首播盛典》、《星推荐》等新栏目，强化电视剧宣传推介。

2. 湖南卫视——继续领航中国娱乐电视品牌

2013年，湖南卫视依旧强调年轻定位，秉承“快乐中国”理念，为观众带来了一场场娱乐的饕餮盛宴。从CSM全国网数据来看，本年度湖南卫视以全天平均收视率0.5%，收视份额3.73%的表现守住了全国收视前三、地方卫视第一的位置，其观众规模已超过2.1亿人次，观众忠诚度更是直线上涨，观看时间延长到47分钟，忠实的“芒果粉”遍布全国各地，四处开花。

经典综艺节目继续保持收视高位，品牌价值不断提升。《快乐大本营》娱乐再度升级，加入全新板块“天才笨笨碰”；8月推出“女神季”；“快乐家族”不断拓宽主持团体发展领域，主演电影《快乐到家》，票房突破1.5亿元。

作为内地电视娱乐业的领跑者，湖南卫视拥有活跃的节目创新机制和创新生态，2013年推出的新款栏目频频引爆娱乐热潮。年初，《我是歌手》登陆芒果台，这档专业歌手音乐对决真人秀坚持“完完全全靠现场音乐冲击力征服观众”，集结乐坛资深唱将、中流砥柱和新生代佼佼者，为观众打造出顶级音乐盛宴。年末，亲子户外真人秀《爸爸去哪儿》横空出世，节目开播后收视率一路飙升，迅速成为热议的全民话题。《爸爸去哪儿》刷新中国节目制作纪录，共设45个机位，外出拍摄团队多达150人，近1000个小时的素材剪出一集节目。

本年度，湖南卫视平民音乐选秀继续发力。4月19日，《中国最强音》开播，陈奕迅、罗大佑、郑钧、章子怡四位重量级评委导师的加盟都令人叹服。暑期档，《快乐男声》再次拉开帷幕，“V神计划”、“热血复活”、“千位女性大众评审”等创新赛制的设立都令节目更具看点。

电视剧方面，金鹰独播剧场作为晚间王牌剧场大剧不断，《隋唐英雄》、《笑傲江湖》、《新天龙八部》、《陆贞传奇》、《璀璨人生》、《百万新娘之爱无悔》等都受到了广泛欢迎。自2012年底，湖南卫视与央视电视剧频道正式结成战略合作关系，在电视剧制作、采购、播出等方面展开通力合作，《咱们结婚吧》便是此强强联手的成功个案。

3. 浙江卫视——梦想的天空分外蓝

作为中国第一个以梦想为主题定位的频道，2013年，浙江卫视秉承“蓝无界，境自远”的理念，坚持大牌战略、大牌格局、大牌境界，引导力、传播力、品牌力不断提升，俘获了无数“蓝莓”的心。

本年度，浙江卫视携手灿星制作文化公司打造的《中国好声音（第二季)》再度来袭。两新两老的导师交替组合，既保证了节目的品牌连续性，也加入了新鲜元素。同时，节目秉承“真声音、真音乐、真故事”的宗旨，专注于对“好声音”的发掘，为更多不同年龄层的人建构起一方实现音乐梦想的舞台，实现品牌升级。另外，浙江卫视还推出了《对战最强音》、《王牌碟中谍》、《转身遇到TA》、《中国星跳跃》、《人生第一次》、《我不是明星》、《全民奥斯卡》、《星星知我心》等一大批季播节目，王牌栏目《我爱记歌词》全新改版。

浙江卫视品牌栏目的打造并未局限于娱乐综艺类，新闻、人文类节目也不乏亮点。在《浙江新闻联播》中被采访的“青春哥”火爆网络；“寻找可游泳的河”大型新闻行动彰显了媒体的社会责任感；人文类纪录片《北纬30度》完成拍摄，即将登陆荧屏。

电视剧方面中国蓝剧场布下“自信的天空分外蓝”奇阵，古装剧《楚汉传奇》、《兰陵王》、《凤凰牡丹》、《王的女人》、《精忠岳飞》，抗日剧《一个鬼子都不留》、《上阵父子兵》、《火线三兄弟》，都市生活剧《小爸爸》、《辣妈正传》等轮番登场，卫视自制剧《一克拉的梦想》、《幸福的面条》亦有不错的收视表现。

4. 江苏卫视——以情动人，幸福继续

2013年，以“情感世界·幸福中国”为定位的江苏卫视继续以情动人，把温情、幸福和鲜明的吴韵汉风文化特色传播至大江南北。本年度卫视的基本版面保持稳定，周末档王牌节目《非诚勿扰》收视坚挺，依然占据相亲节目的一线位置，《一站到底》、《非常了得》等节目也有较好的收视表现。同时，推出

周播新节目综艺脱口秀《德智体美劳》和大型闯关益智类节目《芝麻开门》。

季播节目带是本年度江苏卫视最亮丽的风景线。第二季度，国内首档明星体育竞技类节目《星跳水立方》开播；第三季度推出《赢在中国蓝天碧水间》，这是国内首档商业明星公益真人秀，节目中12位明星企业家通过12场商业实战赢取公益基金，获胜团队和总决赛冠军会捐赠千万公益奖金给公益组织。

电视剧方面，卫视自制大剧《新恋爱时代》由姚笛和任重领衔出演，号称电视剧版《非诚勿扰》。该剧在江苏卫视播出后不仅稳居收视冠军宝座，在乐视网上线5天播放量即破亿次，掀起网台同播收视风云。此外，赵本山的影视剧王牌系列《乡村爱情6》，杨幂、刘恺威“情侣档”出演的《盛夏晚晴天》，刘恺威、蔡少芬主演的《山河恋》，陈浩民、陈紫函合作出演的《刘海戏金蟾》，融入了歌剧、黄梅戏等新形式的古装剧《新洛神》等也陆续登上“幸福剧场”。第四季度，卫视开启“爱幸福季”，主打《爱闪亮》等清新暖剧，传递人与人之间的脉脉温情与满满正能量。

5. 其他卫视——强化特色　亮点频现

2013年，有市场观念的卫视仍不断创新，亮点频现。北京卫视坚持走“大剧看北京”和“文化栏目”的稳重路线，着力构建两条文化节目带。东方卫视以新鲜、新锐、都市、国际作为其风格定位，“栏目、电视剧、新闻”三驾马车合力并进，打造出《中国梦之声》、《妈妈咪呀》、《顶级厨师》等一系列王牌栏目。天津卫视主打“全民style”，旨在搭建全民参与的幸福平台，围绕“传递生活正能量”的品牌定位，在节目创新、频道经营、品牌打造等方面更加贴合百姓实际，侧重于生活服务。山东卫视直面卫视竞争，制订出“一要建立大中小型相结合的节目体系，二要巧打时间编排牌”的发展战略，推出了《中国星力量》、《精忠岳飞》等一系列大制作的品牌栏目和电视剧。安徽卫视继续以“剧”闯天下，以“剧星说剧”强化收视互动，以“贴剧节目”充分延展收视热度，以“地推活动”影响重点观众，并实现了“大剧接力”模式的常态化。

6. 地方性电视品牌发展

地方性电视频道因其灵活的节目编排、多变的节目制作和地域接近性在电视业中发挥着不可小觑的影响。浙江经视《消费能见度》、浙江电视台民生频道《1818黄金眼》、齐鲁电视台《小溪办事》、江西电视台都市频道《晚间800》、太原电视台百姓频道《我就是达人》、湖北经视《桃花朵朵开》、湖南经视《钟山说事》、荆州电视台垄上频道《垄上行》、兰州市广电总台新闻综合频道《兰州零距离》等一系列地面频道制作的民生类、接近性节目的成功，代表了地方性电视频道的市场地位及其频道竞争利器。

当前，贴近百姓生活的民生新闻和生活类节目依旧在地方性电视频道中扮演着重要角色，但亦存在同质化竞争加剧、创新不足等问题。因此，在内容选择和节目形式上更注重从当地风土人情和民生出发，着力打造品牌，尝试全媒体转型，才能实现地方性电视频道质的飞跃。

二　优秀电视节目品牌发展概述

2013年，有太多精彩的电视节目把人们拉回到电视机前，从《我是歌手》到《中国好声音（第二季）》，从《星跳水立方》到《爸爸去哪儿》，从《推拿》到《百万新娘之爱无悔》，收视纪录被频频刷新。在这个娱乐多元化的时代，优秀电视节目的崛起仿佛在向“传统媒体消亡论者”昭示：电视活着，且生猛而坚强。

（一）非剧情类节目品牌发展

1. 明星角色转换，开启娱乐节目新模式

2013年，明星作为选手参赛节目亮相荧屏，这种角色转换和创新的节目形态带来了不俗的市场表现。年初，湖南卫视推出了顶尖歌手音乐对决真人秀《我是歌手》，来自两岸三地的实力唱将现场演唱PK，接受由500名观众组成的“知音听审团”投票，现场真唱及殿堂级的音响设备使节目更具情感渗透力，老歌翻新也唤起了不同年龄层观众的集体记忆。许多二三线明星凭借节目中的出色表现再回公众视野，迎来事业第二春。如黄绮珊在《我是歌手》收官后商演价暴涨至50万，不仅组建起个人工作室，推出单曲《一起来》，还在准备个人演唱会，可谓收获颇丰。

江苏卫视的《星跳水立方》和浙江卫视的《中国星跳跃》都属明星参赛

的跳水竞技类节目，虽然节目看点较多，但非专业运动员挑战跳水仍存在一定危险性，韩庚、陈楚生、包小柏、黄征等明星的接连受伤也让此类节目的后续发展阴影重重。

2. 选秀节目再掀全民音乐狂欢

2012 年，浙江卫视的《中国好声音》一炮而红，开启了选秀节目 2.0 时代。2013 年暑期档，各大卫视 13 档音乐选秀节目热血出关，厮杀盛况空前。《中国好声音（第二季）》和《2013 快乐男声》狭路相逢，两大选秀巨头隔空喊话，火药味颇浓。其实两档节目着力点不同，各有千秋。《中国好声音（第二季）》专注于好声音的发掘，参赛选手的年龄跨度更大，第二季的舞台上有年届六十还怀揣着摇滚之心的 Simon 钟伟强，亦有人到中年继续在一起唱歌的毅光年组合；《2013 快乐男声》则更契合“听我青春”的宣言，直播、无赛制也显示出这档老牌选秀节目的实力与自信。其他选秀节目也各具特色，东方卫视《中国梦之声》着力于“打造偶像”，北京卫视《最美和声》通过导师与选手“和唱”的方式挖掘、培养音乐唱作新势力，广西卫视《一声所爱》是 2013 年度国内唯一一档新民歌选秀，山东卫视《中国星力量》、深圳卫视《中国音乐金钟奖》、江西卫视《中国红歌会》、青海卫视《花儿朵朵》、安徽卫视《我为歌狂》、湖北卫视《我的中国星》等参与了这场全民音乐狂欢。

3.《爸爸去哪儿》，引领亲子节目新方向

10 月，湖南卫视推出的亲子户外真人秀《爸爸去哪儿》一炮而红，这档从韩国 MBC 电视台引入的节目经过本土化改进后登陆芒果台，“星爸”、“萌娃”的组合制造了 2013 年度的新媒介景观和文化现象。节目中，五个爸爸带宝宝奔赴全国各地体验从未有过的乡村生活，6 场旅行里，孩子们呆萌状态和童稚话语引发无尽欢乐。星爸们在节目中与孩子一起成长，他们的表现引发了社会对孩子教育模式的广泛讨论。在“母爱”被各种亲子类电视节目炒得沸沸扬扬的今日，湖南卫视反其道而行之，将被市场忽视的“父爱”拾起，并一改往常亲子节目的煽情路线，凭借清新欢快的节目风格和颇具新意的户外体验节目模式登上收视冠军宝座。《爸爸去哪儿》的巨大成功预示着亲子节目发展的新方向，将引发新一轮“亲子综艺”风潮。2013 年度其他同类节目有浙江卫视《人生第一次》和《我不是明星》、山西卫视《好爸爸坏爸爸》等，

2014 年度将可能有更多的亲子娱乐节目亮相卫视荧屏。

4. 人文类节目悄然走红

在综艺选秀、相亲节目混战扎堆的时代，一些单纯、素朴、重内涵的原创人文类节目在 2013 年悄然走红。

7 月 11 日，河南卫视推出文化益智季播性节目《汉字英雄》，以游戏竞技的形式唤起人们对汉字书写的关注；8 月份，央视《中国汉字听写大会》开播，节目以“书写的文明传递，民族的未雨绸缪”为宗旨，在全国掀起汉字听写热潮，节目在开播 6 小时后登顶至微博话题电视节目排名的第一位，创造出收视率破 2 的奇迹。10 月 19 日，河北卫视以弘扬中国传统诗词文化为宗旨的《中华好诗词》开播，亦获得不错反响。没有炫彩的舞台，没有美妙的歌声，更没有明星导师，类似课堂“默写单词”形式的节目创造出收视奇迹，充分显现古老汉文化的电视荧屏魅力。

（二）电视剧品牌

2013 年，都市情感剧与生活剧逐渐成了电视剧舞台上的新主角，《新恋爱时代》、《百万新娘之爱无悔》、《最美的时光》、《咱们结婚吧》等剧中的情节和人物，成为观众们茶余饭后的热门话题。

1. “1314”真爱永恒

2013 年是充满爱的一年。年初，从由姚笛、任重等青年影星领衔主演的《新恋爱时代》开始，便开始了爱的旅程。《新恋爱时代》在江苏卫视播出，讲述了邓小可、沈画和魏山山 3 个性格迥异、成长在不同环境背景下的年轻女孩不同的择偶标准和情感主张，也反映出了三种不同的爱情观，在两代人的价值观差异与生活磨难的洗礼中，三人逐渐走向成熟，收获了各自不同的幸福。年尾，由青年导演刘江指导，国内一线影视明星高圆圆、黄海波领衔出演的《咱们结婚吧》为这段美好的爱的旅程画上了圆满的句号，影片触及恐婚、剩女、相亲等时下的社会热点话题，群像式地展示了现代人丰富而迥异的婚恋观，该剧接近 3 点的收视数据稳获年度收视冠军，在优酷等 12 家视频网站的总播放量也达到了 40 亿次，创下单剧网络点击纪录，成为 2013 年电视剧舞台上璀璨的明珠。

2. 武侠历史剧青春常驻，至情至性

武侠历史题材一直是电视剧领域的常青树，2013 年也不例外，但更多融入了真情与感动。由东王文化、柏合丽、上影英皇和上海耀客传媒联合出品的古装青春偶像大剧《兰陵王》，以北齐和北周的王朝相争为背景，讲述了北齐传奇英雄兰陵王金戈铁马的一生，及其与天女杨雪舞之间的一段感天动地的爱情故事。湖南卫视热播的由吴奇隆、马苏主演的《新白发魔女传》也重新讲述了一段凄美的爱情故事，更加至情至性，好评如潮，口碑极佳。

3. 2013 年，依然是激情燃烧的岁月

2013 年的电视荧屏上，主旋律电视剧仍是一大主角。不过曾经大热的战争剧和谍战剧热潮减退，《火线三兄弟》、《箭在弦上》、《X 特工》等剧收视均一般。红色经典剧《独狼》以 1937 年日军侵华为背景，歌颂了可歌可泣的英雄人物形象，在毛主席诞辰 120 周年的特殊年份中，留下了一段荡气回肠的佳话，带领观众去感受那个激情燃烧的岁月。

4. 聚焦《推拿》，口碑、收视双丰收

由著名导演康洪雷执导，改编自毕飞宇 2011 年茅盾文学奖同名获奖作品的电视剧《推拿》，是 2013 年杰出的电视剧之一。该剧聚焦盲人推拿师的生活，从感人的爱情、细腻的画面、深刻的人性拷问等方面，用完全平等的视角，精准展示盲人内心深处的世界。此剧在网络上好评如潮，堪称 2013 年零差评电视剧。

三　年度热点和未来趋势分析

1. 引进娱乐节目版权，韩流来袭

近年来，各大卫视纷纷加入国外节目版权“引进潮”大军，如《中国好声音》源于荷兰电视节目 *The Voice of Holland*，被誉为“美国真人秀之王”的 *American Idol* 是东方卫视《中国梦之声》的原型，湖南卫视《我们约会吧》则是购买的英国电视交友节目 *Take Me Out* 的版权。2013 年，随着从韩国引进版权的《我是歌手》、《爸爸去哪儿》等节目的热播，韩国“小清新”的节目模式似有汹涌来袭之势。

以往引进的欧美节目模式中，海外版权方通常会提供几百页的节目“宝典”，从情节设计、灯光、音乐、舞美到地点、流程，连一封邀请函的写法都一一详细说明。同时，版权方还会派出专人进行现场指导，参与节目的制作和营销等环节。与欧美节目版权引进不同，韩国节目更注重核心创意和策划，突出环节、任务的设置，节目嘉宾的无台本出演，强调以真实的力量打动人。再加上中韩之间地缘文化的亲近感，引进韩国综艺节目将成为国内娱乐节目形态演进的一大新景观。

2. 加强版“限娱令”将引发行业变局

2013 年 10 月 12 日，国家新闻出版广电总局下发了《关于做好 2014 年电视上星综合频道节目编排和备案工作的通知》（即“加强版限娱令”），对各大上星频道节目结构、节目类型以及节目编排上又做了具体规范。该限令的下发或将再次牵动电视行业发展格局，给各大卫视带来深远影响。

在当今激烈的电视业市场竞争中，从海外引进节目版权已成为各大电视台竞相使用的手段之一，据不完全统计，如今全国有 60 余档引进版权类节目。但“加强版限娱令”中明确规定，“2014 年各电视上星综合频道每年播出的新引进境外版权模式节目不得超过 1 个，当年不得安排在 19：30 ~ 22：00 之间播出”。该规定引发了业界对国内电视节目走向的担忧，但从积极面来看，此举或将激发各家电视台节目品牌自主创造力。

“加强版限娱令”还规定，“2014 年安排在黄金时段播出的歌唱类选拔节目不得超过 4 档”，这意味着音乐选秀节目扎堆混战现象明年将得到抑制。对此项规定，各大卫视已做出部署和安排，推出一些替代性娱乐节目，如大型科学类真人秀节目《最强大脑》、户外女兵真人秀《超级女兵》、真人秀节目《I can do that》等将亮相 2014 年电视荧屏。

B.34

中国新媒体业品牌发展报告（2014）

聂庆璞

摘　要：

2014年新媒体重新得到资本市场的青睐，不但有许多新媒体企业在股票市场上市，而且国内外中国概念的新媒体股票都有较好的涨幅；但其中最受青睐的是移动新媒体，许多强势新媒体企业持续布局移动新媒体。“终端+应用”驱动移动互联网新媒体强劲发展；产业跨界融合渐成趋势；4G将引领移动互联网行业新变革。在品牌成长方面，本年度出现的余额宝与苏宁云商是最大的亮点。中小企业长成依然困难重重，国有及国有控股新媒体企业依然没有强势新媒体品牌出现。

关键词：

新媒体　移动智能　跨界融合　存在问题

一　行业发展概况

2013年新媒体业发展的所有亮点基本都与移动互联网相关。“终端+应用”驱动移动互联网强劲发展；互联网产业跨界融合渐成趋势，产业互联网进入新阶段。互联网将与传统行业加速融合、4G将引领移动互联网行业新变革。自2013年始，新媒体的发展方向已经发生了革命性的改变，移动终端成为新媒体的第一大接入端。这一现象尽管在2012年已经露出端倪，但2013年的发展使这一拐点已经不可逆转地形成。

中国互联网已形成了具备一定国际竞争力和影响力的互联网产业体系，一大批具有较强竞争实力的知名企业、上市公司不断涌现，如腾讯、阿里巴巴、百度等。2013 年，资本市场对互联网企业重新焕发出新的热情，国际资本市场广泛看好中国互联网企业，一批互联网企业在海外上市（58 同城、去哪儿网、3G 门户、汽车之家等）；该年，腾讯市值曾突破 10000 亿港元；其他一些企业的市值也大幅增长，其中唯品会增长 6 倍以上，奇虎 360、携程网与搜房网也增长 2 倍以上。国内资本市场，对与互联网特别是与手机游戏相关的企业也大加青睐，股票遭到爆炒，人民网创出历史新高，中青宝更是暴涨 10 倍以上。互联网快速发展带动信息消费稳步增长，成为提振经济的新引擎。在互联网高速发展的带动下，中国信息消费规模不断扩大，2013 年信息消费规模超过 2 万亿元，增长 25% 左右。特别是基于移动互联网的信息消费已成为最具活力、增长空间最大的领域。①

据中国互联网信息中心统计，截至 2013 年 12 月，我国（指大陆地区）网民规模达 6.18 亿，较 2012 年底提升 3.7%，互联网普及率为 45.8%。手机网民规模达到 5 亿人，年增长率为 19.1%，继续保持上网第一大终端的地位。网民中使用手机上网的人群比例由 2012 年底的 74.5% 提升至 81.0%，远高于其他设备上网的网民比例，手机依然是中国网民增长的主要驱动力。

在网络的基础构架方面，截至 2013 年 12 月，我国 IPv4 地址数量为 3.30 亿，基本维持不变，拥有 IPv6 地址 16670 块/32，呈快速增长趋势。我国域名总数为 1844 万个，其中“.CN”域名总数较上年同期增长 44.2%，达到 1083 万，在中国域名总数中占比达 58.7%；“.COM”域名数量为 631 万个，占比为 34.2%；“.中国”域名总数达到 27 万人。网站总数为 320 万个，较上年同期增长 19.4%。网页数量为 1500 亿，相比 2012 年同期增长了 22.2%。国际出口带宽为 3406824Mbps，较上年同期增长 79.3%。

在网络新媒体的应用方面，由于 3G 网络进一步普及，智能手机和无线网络持续发展，视频、音乐等高流量手机应用拥有越来越多的用户。截至 2013 年 12 月，我国手机端在线收看或下载视频的用户数为 2.47 亿，与 2012 年底相比增长了 1.12 亿，增长率高达 83.8%，在手机类应用用户规模增长幅度统

① 新浪科技：《2013 年中国互联网产业发展综述：跨界融合渐成趋势》，http://tech.sina.com.cn/t/2014-01-08/14349078718_2.shtml。2014 年 1 月 21 日。

计中排名第一。

2013 年微博、社交网站、论坛等互联网应用的使用率较 2012 年有所下降。类似即时通信等以社交元素为基础的平台应用则发展稳定：在 2013 年，整体即时通信用户规模在移动端的推动下提升至 5.32 亿，较 2012 年底增长 6440 万，使用率达 86.2%。与传统及时通信工具、社交网站相比，以社交为基础的综合平台不仅拥有更强的通信功能，还增加了信息分享等社交类应用，并为用户提供了诸如支付、金融等内容的综合服务，最大限度地增加了用户黏性，保证了用户规模的持续增长。

2013 年我国网络游戏用户增长速度明显放缓。使用率从 2012 年的 59.5% 降至 54.7%。网络游戏用户规模为 3.38 亿，增长数量仅为 234 万。与网络游戏市场整体增长乏力现状形成鲜明对比的是，手机网络游戏用户的增长十分迅速：截至 2013 年 12 月，我国手机网络游戏用户数为 2.15 亿，较 2012 年底增长了 7594 万，年增长率达到 54.5%。传统的 PC 端网络游戏增长乏力，面临手机网络游戏高速增长的挑战。

以网络购物、团购为主的商务类应用保持较高的发展速度。2013 年，中国网络购物用户规模达 3.02 亿，使用率达到 48.9%，相比 2012 年增长 6 个百分点。在商务类应用中，团购市场的增长最为迅猛：2013 年团购用户规模达 1.41 亿，团购的使用率为 22.8%，相比 2012 年增长了 8 个百分点，使用率年增速达 54.3%，成为商务类应用的最大亮点。对比高速增长的网络购物和团购类商务应用，企业电子商务应用仍然存在提升空间。2013 年，中国企业在线采购和在线销售的比例分别为 23.5% 和 26.8%，利用互联网开展营销推广活动的企业比例为 20.9%。不同行业的电子商务应用普及率差距较大，其中制造业、批发零售业电子商务应用较为普遍。在企业电子商务应用的规模方面，与大中型企业相比，微型企业对电子商务的应用普及还需要进一步加强。①

从产业规模看，中国电子商务市场交易规模达 9.9 万亿元，增长 21.3%。中小企业 B2B 电子商务市场营收规模达到 210.2 亿元，增长 25.8%。中国网络购物市场交易规模超过 1.85 万亿元，同比增长 42.0%。中国移动购物市场

① 以上数据来自中国互联网信息中心 2014 年 1 月 16 日发布的《中国互联网络发展状况统计报告》。

交易规模达到1676.4亿元，同比增长165.4%。中国在线旅游市场交易规模达到2204.6亿元，同比增长29.0%。

2013年，中国网络游戏行业总营收891.6亿元，同比增长32.9%，其中移动端游戏营收148.5亿元，同比增长69.3%，占总体收入的16.6%。客户端游戏市场规模达584.3亿元，同比增长20.5%。网页端游戏市场规模达158.7亿元，同比增长61.8%。中国在线视频市场规模达128.1亿元，同比增长41.9%。中国网络广告市场规模为1100亿元，同比增长46.1%；搜索引擎企业收入规模为393.2亿元，同比增长40.1%。第三方互联网支付市场交易规模达53729.8亿元，同比增速46.8%。第三方互联网支付市场规模为168.9亿元，同比增速最快，为53.9%。

2013年，移动互联网方面，同比增速最快的细分行业是移动搜索。移动搜索市场规模为45.5亿元，同比增长率达到264.1%。移动支付市场规模同比增速位居第二，为220.8%。

总体看来，移动互联网主要细分行业的交易/营收规模同比增长率明显高于PC互联网主要细分行业，移动互联网在互联网经济中渗透率进一步提升。

2013年中国移动互联网市场规模为1059.8亿元，突破千亿元大关，同比增长81.2%；

移动互联网市场进一步发展，进入高速发展通道。①

本年度，政府对新媒体的发展更加重视，管理也更加严格。8月19日，全国宣传思想工作会议在北京召开，习近平总书记到会做了重要讲话。他在谈到正面宣传和舆论斗争时指出，要健全基础管理、内容管理、行业管理以及网络违法犯罪防范和打击等工作联动机制，健全网络突发事件处置机制，形成正面引导和依法管理相结合的网络舆论工作格局。他强调，互联网已经成为舆论斗争的主战场，要把网上舆论工作作为宣传思想工作的重中之重来抓，使网络空间清朗起来。11月9~12日，中共十八届三中全会在北京召开，全会决定要求，加大依法管理网络力度，完善互联网管理领导体制，形成从技术到内

---

① 以上产业数据来自艾瑞咨询，见 http://www.iresearch.com.cn/coredata/2013q4.shtml，2014年1月26查询。

容、从日常安全到打击犯罪的互联网管理合力，确保网络正确运用和安全。习近平总书记在关于全会决定的说明中，再一次强调网络和信息安全牵扯国家安全和社会稳定，是我们面临的新的综合性挑战。

9 月 30 日上午，中共中央政治局举行第九次以实施创新驱动发展战略为主题的集体学习，采取走出中南海把“课堂”搬到中关村进行调研、讲解、讨论相结合的形式进行。中央领导了解了包括云计算、大数据、高端服务器等在内的发展情况，听取了包括联想公司的柳传志、百度公司的李彦宏、小米公司的雷军在内的科技界领军人物的汇报。10 月 31 日，国务院总理李克强在中南海主持召开了他就任总理以来由专家学者和企业家代表参加的第三次经济形势座谈会。阿里巴巴公司的马云受邀参会。

国务院 8 月 1 日印发了《“宽带中国”战略及实施方案的通知》，提出了宽带普及提速发展时间表，2014 ~2015 年为推广普及阶段，重点解决网络覆盖，包括固定网络覆盖和 3G、4G 的移动网络的覆盖；推动用户的普及，提高用户的普及率，尤其是关注农村和中西部地区的用户普及问题。因此，随着“宽带中国”战略持续推进，宽带网络将进入大规模普及阶段。城市地区光纤到户网络覆盖范围和规模将加速扩大；农村地区将采用无线技术加快宽带网络向行政村延伸，有条件的农村地区将推进光纤到村；3G 覆盖范围和深度将持续扩大，并将推动 TD-LTE 规模化商用；下一代广播电视网建设将继续推进，覆盖范围进一步扩大，加速互联互通；国家骨干网络将得到进一步优化。12 月 4 日工信部宣布向中国移动、中国电信、中国联通颁发 4G 牌照，意味着中国正式迈入 4G 时代。

与此同时，媒介融合从媒介的自身行动变成了国家政策。1 月 4 日，国家广播电影电视总局下发 2013 年 1 号文，要求将网络广播电视台提升到与电台、电视台发展同等重要的地位。鼓励电台、电视台与宽带互联网、移动通信网等新兴媒体结合，发展新形态广播电视播出机构——网络广播电视台，经过 3 ~5 年的努力，确立网络广播电视台在新媒体传播格局中的主流地位。传统纸媒也不断向新媒体渗透，向全媒体方向发展。浙报集团、上海报业集团、广报集团等已全面向新媒体渗透，努力打造全媒体信息平台、娱乐平台。另据统计，截至 11 月底，在新浪、腾讯两个平台上开设的媒体机构微博账号已超过 3. 7 万个。

在大力发展和推进新媒体各项建设的同时，对互联网的监管也进一步加强。5月9日起，规范互联网新闻信息传播秩序的专项行动在全国展开，8月23日，网络大V薛蛮子被公安机关拘捕，网络信息整治达到高潮。9月9日，最高人民法院和最高人民检察院公布《关于办理利用信息网络实施诽谤等刑事案件适用法律若干问题的解释》（9月10日起施行）。在监管趋严的背景下，网络微博的使用率与用户活跃度开始下降。微博这一还没有赢利的新媒体应用有衰亡的征兆。

大规模在线开放课程MOOC（Massive Open Online Courses）是由美国顶尖大学设立的网络学习平台发展而来，主要是通过信息网络技术提供免费的教育资源和完整的学习体验，致力于打造涵盖平台、大学、教师、学习者以及企业的教育生态体系，建立适合个性化学习和终身教育的在线教育教学管理制度。2013年以来，MOOC在全球遍地开花，从欧洲到亚洲，基于MOOC模式的在线教育联盟不断成立，中文MOOC平台建设如火如荼。北京大学、清华大学、复旦大学、上海交通大学纷纷宣布加入MOOC主流机构后，相继建立高水平在线课程平台，其中北京大学全球共享课上线一天已有2万人选修；上海市成立“高校课程共享中心”，来自市内30多所高校的学生都可选修平台上所提供的通识类课程并计入学分。预计2014年，随着机器学习、大数据等技术在MOOC中应用，以及优质教育资源进一步整合，个性化、定制化学习服务将不断涌现，推动互联网教育加速发展，进而刺激信息内容消费快速增长。

随着互联网的深入发展，新媒体企业自身，对自己的知识产权保护越来越自觉。11月13日，搜狐、腾讯、优酷土豆、乐视等公司以“中国网络视频反盗版联盟”名义召开发布会，指责百度、快播存在视频侵权行为，向百度索赔由此带来的损失。①

二　品牌发展亮点

新媒体业是我国第一个真正充分竞争的行业，发展的时间还不是很长（刚20年），但业内企业排序已基本稳定，行业内品牌起伏年度变化不是很大。突然

① 闵大洪：《2013年的中国网络媒体与网络传播》，人民网，http://media.people.com.cn/n/2013/1224/c40628-23933016.html，2014年1月21日。

冒出大企业的机会很小。其原因在于新媒体的用户黏度很高，用户大规模转移的可能性很小；新应用、新技术很容易被老企业模仿和收购。因此，近年来新媒体业的品牌发展，主要是老企业在稳住自己阵脚的同时，相互间以参股、收购等方式渗透或扩展业务为主。2013 年中比较典型的事例有：4 月 29 日，阿里巴巴集团以 5.86 亿美元购入新浪微博公司股票，占到了微博稀释后总股份的约 18%，成了新浪微博第一大单一机构股东；5 月 7 日，百度宣布以 3.7 亿美元收购 PPS 视频业务；5 月 10 日，高德地图宣布，通过增发股份获得阿里巴巴集团 2.94 亿美元投资，阿里巴巴将持有高德约 28% 的股份，成为公司第一大股东；7 月 16 日，阿里巴巴宣布战略投资中文旅游资讯和在线增值服务提供商穷游网；8 月 14 日，百度宣布以 18.5 亿美元完成收购 91 无线，91 无线将成为百度的全资附属公司，该交易成为中国互联网有史以来最大的收购案；9 月 6 日，腾讯 4.48 亿美元战略投资搜狗，占股比例为 36.5%。与此同时，这些巨头还纷纷与传统金融机构合作进军金融领域。从这几宗较大的参股、并购案来看，百度、阿里巴巴和腾讯（有人简称为 BAT）是我国新媒体业内最活跃的企业，同时也是最响亮的品牌。除此之外，新浪、京东、苏宁等互联网企业在金融创新领域也表现得十分活跃。“阿里小额贷款”、“余额宝”、“百发”、“微银行”、“众安保险”等新名词成了 2013 年中国互联网发展炙手可热的新亮点。

自 2010 年工信部会同发改委、财政部开展云计算服务创新发展试点示范工作以来，我国在高端服务器、网络设备、海量存储设备以及虚拟化软件、云操作系统、管理工具等领域形成一批具有自主知识产权的产品，具备了打造安全可靠云计算整体解决方案的能力。如浪潮集团建设基于自主安全可控技术构建的济南市云计算中心已开始运营；陕西省基于云计算技术的电子政务公共平台所有软硬件均采用自主可控产品进行了优化组合，实现了全部国产化目标；阿里巴巴去 IOE 实践获得成功，并在宁波东海银行、江苏吴江农村商业银行、天弘基金等金融领域应用自主知识产权云计算产品和服务。预计 2014 年，随着行业云计算应用不断深化，国产安全可靠云计算整体解决方案将在电子政务、金融、医疗、教育等领域不断推广应用。①

① 赛迪网 - 赛迪智库《2014 年中国互联网发展形势展望》，http：//www.isc.org.cn/zxzx/qyxx/listinfo-28486.html，2014 年 1 月 21 日。

在日常应用方面，根据 iWebChoice 的监测数据，日均覆盖人数最多的几大网站为腾讯、百度、360 安全中心、淘宝网、新浪、网易 163、凤凰网、搜狐、网址之家、新浪微博等。门户网站中，排名靠前的依旧是腾讯网、新浪网、搜狐网、网易网、凤凰网、新华网等。单以新闻论，排名靠前的是网易新闻、新浪新闻中心、腾讯新闻、百度新闻、凤凰资讯、搜狐新闻等。社区网站排名中，百度贴吧大幅领先，天涯社区、我爱购物网、凯迪网络、猫扑等排名靠前；综合购物网站排名中，淘宝网大幅领先，天猫、京东商城、亚马逊中国、苏宁易购等紧随其后。微博博客到达率最高的是新浪微博、新浪博客、腾讯微博、搜狐微博等。SNS 社交网站中，QQ 空间遥遥领先，百度空间、人人网、开心网等排名靠前。综合搜索中，百度遥遥领先，搜搜、谷歌中文繁体、搜狗等在其后。在线视频中，优酷、搜狐视频、酷 6 网、凤凰宽频、新浪视频，爱奇艺等排名靠前。小说读书类网站中，新浪读书、凤凰读书、起点中文、豆瓣读书等排名靠前。手机应用类中，百度应用遥遥领先，91 无线、网易应用中心等有一定的使用量。

在 2014 年 1 月 8 日召开的中国互联网年会上，评选出了 2013 年的“金手掌奖”，包括 2013 中国互联网十大价值产品，它们是微信（版本 5. 0. 3）、高德地图客户端（版本 6. 1. 0）、京东商城（家电三保服务）、360 手机卫士（版本 4. 3. 8）、新浪微博手机客户端（版本 4. 1. 5）、百度手机浏览器、酷狗音乐客户端、网易新闻客户端、搜狐视频客户端、酷讯机票。2013 年中国互联网优秀创新产品，它们是小米电视、大众点评移动客户端、康康血压、易信、联想看家宝、帮 5 买购物搜索平台、百度金融中心—理财平台、果壳手表—GEAK Watch、多米音乐客户端（V5. 3. 5）、七牛云存贮、盛大 Bambook Bright 电子书、大街网—公司点评、手机迅雷客户端、360 随身 WiFi、爱投资互联网投资平台、新华炫播报、同城消费网 020 服务、Latin（智能体脂测量仪）、人民日报客户端、铜板街（移动理财交易平台）。

三　品牌发展中的问题

竞争有余，合作不够。移动智能终端操作系统已成为移动互联网产业竞争制高点。目前，国内几大互联网巨头都纷纷投入巨资研发具有自主知识产权

的移动智能终端操作系统，力图抢占移动互联网时代的入口。但值得注意的是，国内互联网巨头间缺乏技术合作和产业分工，都想打造以自己为核心的移动互联网产业生态圈，导致重复投入和应用难上规模。分析 Android 操作系统和 iOS 操作系统的成长史，可以发现：我国移动互联网产业发展，也必须以操作系统为核心，整合产业链上下游企业，走协同服务化的发展模式，任何单个企业孤军奋战，都无法撑托起整个国家移动互联网产业的发展和繁荣。

国家互联网金融政策与监管都没有跟上发展步伐，带来发展的制约与隐患。目前，互联网企业向金融领域进军已经摆出了一副强势态度，但是从政策层面来看，互联网企业开展金融业务还处在起步阶段。当前互联网企业经营金融理财产品没有获得国家相关的资质许可，必须与传统的金融机构合作，以提供网上金融理财产品销售的网络渠道和平台支持方式开展金融业务。但是，随着国家互联网金融发展与监管研究小组成立以及相关监管措施的出台，预计 2014 年互联网企业向金融领域进军的道路将会更加宽广，涉及的业务更为多样化，营销方式将突破与传统金融企业合作这一单一模式。

互联网金融监管管理规范目前尚属空白。一方面，国内的互联网金融行业尤其是网络借贷行业基本处在无门槛、无标准、无监管的“三无状态”。互联网金融多对多、设置资金池、金额和期限错配等存在严重隐患的模式容易引发流动性风险。另一方面，从事互联网金融的信息技术和互联网运营企业面临企业信息技术开发能力参差不齐、与金融业务融合度不高、风险控制混乱、信息安全隐患等重大问题。目前，一部分企业依靠自身技术、数据、资金、市场等优势运转良好，但大部分中小企业缺乏运营金融业务平台相关条件，其中隐藏的技术风险、市场风险和业务操作风险极大，一旦风险事件发生，将造成严重的社会经济影响。应尽快进行规范，才能让互联网金融行业健康持久发展。互联网金融的发展需要政府支持、给予创新空间的同时，更亟待统一监管和统一规范。

行业集中度在不断加剧，中小企业品牌难以成长。中小企业是互联网产业的重要主体，也是我国创新最为活跃、发展势头最快的企业群体之一。当前，我国互联网中小企业发展依旧面临诸多困难，主要体现在以下三方面：一是创新环境亟待规范。我国一些大型互联网企业凭借市场优势，采用“高薪挖人”、“模仿照搬”等手段使得有独特商业模式和特色业务的中小企业发展举步维艰，极大遏制了互联网企业创新。二是贷款融资难。互联网中小企业往往属于轻资产公司，融资贷款抵押担保较难，且在引入风险投资方面，国内风投资金量小且回收期要求短，使得国内有潜力的创新中小企业只有选择国外风投注资。三是扶持政策少。我国目前对互联网产业还没有制定出台专门的产业扶持政策，对互联网中小企业的鼓励措施和优惠政策散布在多个政策文件中，互联网中小企业难以获得相关扶持和资助。

“国家队”依旧没有强势品牌。从综合实力看，国有控股企业没有一家能够进入10强。从国家强力控制的新闻领域看，人民网、新华网虽不错，但也不是最强的，访问量往往落到新浪新闻、腾讯新闻、网易新闻、凤凰新闻的后面，这个非常值得反思。

附：2013网络新媒体品牌实力排行榜

表1　2013年新媒体实力综合排名[①]

排名	企业名	排名理由	备注
1	腾　讯	国内知名综合性门户网站，全球第一大即时通信媒体，注册用户超过7亿；游戏收入遥遥领先其他同类企业；市值约10000亿港元（1260亿美元）[②]，中国新媒体企业中第一；平台开放，应用广泛，微博用户多，影响巨大，排第一	
2	阿里巴巴	国内最大的电子商务运营平台，2012年从港交所退市后正积极谋划整体上市。公司实力强大，业务众多，运营活跃，被普遍认为是除腾讯外国内最具实力互联网公司，排名第二	
3	百　度	国内第一大搜索引擎，占市场份额75%以上；市值526亿美元，综合排名第三	
4	网　易	国内知名综合性门户网站和游戏网站，用户数量众多，影响巨大；游戏收入仅次于腾讯，为国内第二；微博用户多，影响力大；市值93亿美元，国内新媒体企业排第三，综合排名第四	
5	奇虎360	国内用户数量最多的杀毒软件公司，影响巨大，基本挤垮了其他杀毒软件公司；目前正向互联网其他应用领域如搜索、导航等领域突进；市值115亿美元，本年度综合排名第八	

续表

排名	企业名	排名理由	备注
6	新　浪	国内知名综合性门户网站，用户数量众多，影响巨大；微博影响力遥遥领先其他平台；市值42亿美元，综合排名第六	
7	搜　狐	国内知名综合性门户网站，用户数量众多，影响巨大；微博用户众多，影响很大；游戏频道畅游单独上市，市值41亿美元，综合排第七	搜狐市值为搜狐与畅游市值之和
8	优酷土豆	合并后为国内第一视频网站，用户数量众多，影响很大；广告收入遥遥领先同类网站；市值45亿美元，综合排名第八	
9	苏宁云商	新晋电子商务新贵，020的典型代表，由苏宁电器转型而来，目前市值约760亿人民币（125亿美元），排名第九	
10	携程网	国内最有实力的在线旅游服务公司，占据国内50%以上市场份额，注册用户超过5000万，员工超过万人，也是中国最早在纳斯达克上市的互联网企业之一，曾入选商务部“中国现代服务十大创新企业”，市值48亿美元，综合排名第十	

注：①本排名的依据主要有市值、经济效益、用户数、流量等指标，排名不一定非常准确，但基本反映了我国新媒体企业实力。一些新媒体企业如新华网、天涯社区等，社会影响很大，但从产业上说，因为它们没有具体的收入数据公布，或公布的数据偏小，无法用数据衡量，所以，无法进入排名。

②市值以2014年1月28日查询日数据为准，因为股价随时变动，这一数值会有变化。

B.35

中国报业品牌报告（2014）

钟虎妹

摘　要：

2012年底，随着十八大的胜利召开以及第二批非时政类报刊体制改革的基本完成，中国报业进入新一轮的改革与发展期。2013年我国报业仍以转型升级为主，但取得了阶段性成效：一是大数据成为报业全媒介融合与数字化转型的新亮点；二是党报党刊信息传播力与舆论引导力获得立体构建与持续提升；三是报业集团兼并重组及产业运作取得实质进展；四是报业党委领导与公司治理有机结合得到深化。十八届三中全会的召开，标志着我国报业进一步推进由报业大国向报业强国的转变。

关键词：

大数据　报业重组　正能量　报业强国

2013年，中国报业发展宏观上仍是在我国新闻出版业“十二五”发展规划的战略目标与方法指导下展开的，其核心问题仍是转型与升级，包括改制、数字化、集团化、集约化、产业化，以及现代传播体系的构建与主流舆论引导力的提升。但与2011年、2012年相比，其发展的重心、目标及关键环节都取得了阶段性的成果并深化成报业强国新的使命。其经验与方法正描绘出2013年中国报业品牌构建的成效以及未来做优做强做大的可行性。

一　年度发展环境与任务：前途更加光明，现状更加紧迫

（一）新媒介对报业经营的影响进一步加深

2013年，报业发展的环境危机主要仍来自网络与新媒介的冲击，突出表

现为移动终端使用增长态势强盛。2013 年中国网民规模达 6.18 亿，互联网普及率为 45.8%，增长率为 3.7%，相比 2012 年 3.8% 的增长率，其增长幅度仍延续了自 2011 年来的放缓趋势。然而形成一定反差的是，整体网民中手机网民达 5 亿，年增长率为 19.1%，所占总网民的比例由 2012 年的 74.5% 上升至 81.0%；若结合 2011 年、2012 年同比增长 17.5%、18.1% 等几组数据，在整体网民规模增速持续放缓的同时，手机网民增长态势却持续上扬且以 10% 以上的比例远高于其他网民比例。2013 年，手机作为第一上网终端的地位更加稳固，而随着 3G 技术与智能接收终端的进一步普及，以及 4G 等新技术的发展，未来手机网民规模仍将保持稳定增长。

经过 5～6 年的迅猛发展，互联网的应用开始从普及进入平台的新阶段。2013 年，国务院连续印发了《关于促进信息消费扩大内需的若干意见》、《“宽带中国”战略及实施方案》等一系列文件，随着网络通信技术的不断创新、网络运营商与各种网络设备（含智能移动设备）生产商的不懈努力，以及人们对网络应用，尤其是移动网络特性越来越广泛的认可，互联网在整体经济社会中的地位还将日益重要和显著，数字化生存已然是不可阻挡的时代大潮。而这无疑使传统报业的生存面临巨大的压力，其最直接的体现就是报纸发行与广告的持续下滑。根据艾瑞咨询的研究数据，仅 2013 年第二季度，中国网络广告市场规模达到了 232.6 亿元，较上一季度增长 17.4%，而来自中国广告协会报刊分会、央视市场研究媒介智讯的数据则显示，2013 年报纸广告呈现全方位、全地区的衰退，总体降幅达 8.1%，超过了 2012 年的 7.5%，相应地，报业新闻纸的采购量与价格也都持续走低。尽管这其中有宏观经济与报业自身的影响因素，但如何面对新媒介、新环境的挑战，再次凸显我国报业生存与发展的基本命题。

（二）主流媒介舆论引导与国际影响情势严峻

新媒体时代也是自媒体时代。所谓自媒体，是相对于传统大众媒介而言的，通俗地理解就是自我的小媒体，它是伴随网络技术而出现的一种新媒介现象，主要也是通过网络技术来实现。其媒介载体为互联网和手机等智能移动终端，传播手段主要是微博、微信的转发以及各种帖子与跟帖，传播内容则是新闻与相应的观点或态度。相比传统媒介，自媒体不仅使个体能前所未有地实现社会范围内信息与观点的自由交流与传播，更能迅速深广地推进信息与观点的互动、黏合以及大范围的集聚与扩散，在成千上万的微博或微信转发下，民间舆情在网络上可以形成强大的舆论场并迅即引起社会的广泛关注，而这是传统媒介目前无法比拟的，由此网络舆论开始占据着社会舆论的重要一席，这对由党报党刊党台单向引导且构筑的传统舆论格局形成了微妙的瓦解与直接的冲击。自2010年起，在舆论监督与社情民意的反映上，重大的舆论事件基本是由自媒体发起并促成的，传统的党报党刊则相形见绌，作为主流媒介，这种状况自然不容报业乐观。

文化“走出去”是实现中华民族伟大复兴的重要构成，而要能向全世界发出自己的声音，并引起人们的关注与认可，不是主观想象就能实现的事情，因此文化软实力的竞争，一直就是各国综合国力竞争的重要方面，而新闻媒介，在其中又尤为重要。显然，与《纽约时报》、《华盛顿邮报》等全球公认的一流大报相比，我国的报纸，包括《人民日报》、《光明日报》等中央级权威大报，或者《南方周末》等凭深度取胜的精英大报，在国际上发出的声音都很有限。更紧迫的是，2013年，西方大报进一步加速转型升级的步伐，例如《纽约时报》网络发行量开始超过网络广告，其“付费墙”的成功打破了之前人们关于报纸数字化后经营方式的主要担心，《华盛顿邮报》被亚马逊收购后也开始了新的数字化探索，而大数据的发明与应用则开始提供报业转型更为合理的模式与方向。随着新一轮技术革命的到来，西方报业在数字转型的时代使命中已占据了先机。

2013年，全球范围内，西方国家文化产业的并购重组仍将加强，我国新闻出版业参与国际竞争的环境更加复杂，技术创新、标准制定、新业态培育等领域也将面临更激烈的竞争。我国报业的国际影响力，面临的挑战无疑是日益严峻的。

（三）报业转型的条件与基础进一步夯实

2013年，我国报业所面临的主要环境问题仍是新媒介发展带来的传媒生态更为深层的变革，信息传播、舆论引导等社会使命与发行广告等主要业务受

其冲击和影响更为猛烈，但该年我国报业也面临着一系列更有利的发展条件与机遇，其转型所需的相关条件与基础在2013年得到了初步的奠定，主要包括媒介条件、报业体量以及政策支撑等。

1. 媒介条件与技术手段

在带来更为严峻的危机和挑战的同时，新媒介也一直给报业提供着革新的动力、途径与手段。应该说，报业的全媒介融合已经不是新话题，关键是怎么融合，而其实质就是对新媒介的利用与改造。2013年，随着新媒介技术的演进，其条件与机遇也越来越多、越来越好。

2013年大数据受到人们的重视，它提供了全球报业加速转型的一个重要技术契机。大数据是“云计算”时代来临的伴随物。其字面意义是指海量、高增长率和多样化的信息资产，也可称为巨量资料，然而其意义却绝不仅指庞大的数据信息，更涵盖了对这些庞杂信息的处理速度与精确度，它要求全新的信息加工处理模式，因此大数据实际上是大技术的代名词，换言之，从各类型数据中快速获得有价值信息的能力就是大数据，其特点可以概括为4个“V”，即Volume（大量）、Velocity（高速）、Variety（多样）、Veracity（精确）。大数据是计算机网络技术发展的最新成果，而物联网、移动互联网、PC、手机、平板电脑以及各种各样的传感器，都是大数据的数据来源或承载方式。因此，在报业的数字化转型中，大数据便提供了极其有利的分析手段，比如对新闻网址点击率的跟踪分析、对全媒介信息处理中心的搭建与监控、对读者用户信息库的处理与更新等。

2013年，我国移动互联网的发展十分显著，微信这一社交软件的崛起尤其为微型数字报业形态的发展提供了适宜的媒介条件。市场研究机构（GlobalWebIndex）8月份的研究指出，2013年排名前十的智能手机流行应用中，微信位列第五，不仅成为中国唯一上榜的APP应用软件，而且在全球智能手机使用者中占据了27%。微信主要在中国内地使用，其用户规模与人们的使用习惯无疑为我国手机报及其他移动报纸的发展提供了强有力的技术支点。如前所述，随着中国手机网民规模的持续扩大，以及移动网络技术与智能终端的普及，报纸创新业态形式也将面临更好的条件与机遇，而人们也会更自觉地探讨网络技术在拉动传统行业转型升级上的作用。

2. 报业体量与政策优势

2013 年对中国的改革开放具有里程碑的意义，它是十八大召开后的开局之年，标志着我国新一轮深化改革的到来。自十一届三中全会以来的 35 年，也是中国报业不断变革创新做大做强的 35 年，而以 2002 年启动文化体制改革至 2013 年初的 10 年间尤为重要。简要概括，其成就主要表现为如下几个方面：一是基本完成报业转企改制，报业体制机制创新持续推进；二是报业集团初现规模，大力走产业化发展之路；三是逐渐适应新媒介环境，全媒介融合不断深化；四是坚持三贴近方针，新闻报道与舆论引导质量和水平不断提升；五是采取多元化经营，报业经济获得大发展；六是上市融资，大胆进入资本市场；七是加强行业自律，进入、退出机制与外部监督得到完善；八是跨越式发展，打造大型综合性文化传媒集团；九是以党报为龙头，囊括都市报、晚报、行业报、商报、生活服务类报纸的报业综合体系已经建成；十是初步构建现代全息传播体系，积极探索与践行公共文化服务。

以上任务包括公益性事业与经营性产业两大块，“十一五”规划完成时它们已初具规模。例如：与 2005 年相比，2010 年我国报纸出版总印张数由 1613.1 亿印张上升为 2153.8 亿印张，报纸千人拥有量由 86.5 份上升为 102.2 份，报纸普及率由 0.27% 上升为 0.37%。从 2011 年开始，虽说我国报业的发行与广告情势都不容乐观，但其总量仍在增长：2012 年底，全国共出版报纸 1918 种，平均期印数 22762.00 万份，总印数为 482.26 亿份，共计 2211.00 亿个印张，雄居世界第一；3388 种非时政类报纸中，有 3271 种如期完成转企改制；以报业集团为主导，我国报业的产业化程度不断提高，市场集中度不断加强，经新闻出版总署批准的 40 家报业集团所拥有的报纸数量已占全国报纸总量的 17%；报业上市公司如博瑞传播、赛迪传媒、粤传媒、浙报传媒、新华传媒、华闻传媒、北青传媒以及人民网等，发展良好；数字报业建设引起重视，所有报业集团都有相应的网站，而手机二维码阅读已经普及，很多报业企业开始实施与新媒介企业或电信网络运营商等建立战略合作伙伴关系，《光明日报》、《浙江日报》已经办出了数字报业的一定特色；各类报纸中都出现了相对成功的强势报纸，《人民日报》、《浙江日报》、《广州日报》、《新民晚报》、《21 世纪经济报道》、《计算机世界》、《参考消息》、《南方周末》等共

31 家报纸跻身 2012 年中国 500 个最具价值品牌。

改革开放以来，我国报业发展一直沐浴在政策的春风中，自文化体制改革启动后，政策支持的力度与广度更是逐年增长，从大力发展文化产业演进为社会主义文化大发展大繁荣，再演进为文化强国的时代最强音，它以报业体制机制改革为重点，以培育市场主体、提升整体实力、强化舆论引导、构建和谐社会为主旨。2013 年 6 月，文化体制改革工作座谈会召开，提出要进一步推动文化改革发展取得新进展，包括文化企业加快公司制、股份制改造，完善法人治理结构，建立现代企业制度；逐步明确文化事业单位类别划分与改革要求，深化人事、收入分配等内部改革；坚持标准化、均等化，大力推进公共文化服务体系建设等。总之，新中国报业成立以来，其所取得的成就与经验，为报业 2013 年及之后新一轮的转型升级奠定了坚实的基础。

二　年度品牌构建的举措与特色：深化、加快、提升、跨越

2013 年是我国报业转型升级承上启下的一年，深化报业体制改革、加快转变发展方式、继续提升舆论引导、更大程度实现跨越发展是这一年我国报业品牌构建的主要任务与目的。它包括四个方面的推进：正能量报道、全媒介转型、重组兼并、产业发展。

（一）贯彻走转改，宣扬正能量

2013 年是新一届党中央执政的第一年，在宣传思想的战线与方法上，基本原则是坚持正面宣传为主，更多地关注民生。深入践行“走转改”，宣扬正能量成为该年新闻报道的主基调。

首先，主流媒体的新年献词呈现积极的变化。《人民日报》的《让我们一起成就梦想》最具代表性，它体现了党报评论话语体系的新的转变，即更加注重基于民情基础的真实感受，《人民日报》的新年献词开启了主流媒体更新话语系统的新的起点。

其次，结合中央的各项活动部署，全国范围内报业适时持续地展开正面的

重磅宣传。依次包括倡导节俭的“光盘行动”、“新春走基层”的系列民生报道、实现“中国梦”传递“正能量”的系列描绘与报道、坚持群众路线教育实践活动和中央八项规定的“反对‘四风’服务群众”、“整改进行时”等报道，社会反响都很强烈，在全社会聚集起了一股昂扬向上的正气。

例如《安徽日报》架起党群关系“连心桥”，长江日报报业集团设置了16个驻区记者站，福州日报社22名记者走进社区挂职，《检察日报》开展“走黄河·说法治·话成就”大型基层采访，《法制晚报》开展“法晚头条您做主”活动，《教育时报》推行“全员走基层、记录原生态”，人民网等12家中央重点新闻网站则联合号召用好新媒体、发挥正能量。除了新闻实践本身，报业业界与学界更在理论上自觉地思考主流媒介舆论引导力的提升，在履行新闻工作者的职责、切实维护新闻的真实公正、关注民生、快速及时介入公共事件以及加大数字化转型等方面都提供了富有建设性的建议。

2013年，报业还积极推进相关公益广告的制作，《人民日报》、《光明日报》、《经济日报》、《工人日报》、《中国青年报》、《中国妇女报》、《环球时报》、《新华每日电讯》、《参考消息》等主要报纸，都以彩色整版或半版篇幅刊出公益广告，5月全国平面媒体公益广告制作中心在人民日报社揭牌，并启动了“‘讲文明、树新风’全国平面公益广告大赛”。

与此同时，报业新闻出版的法制化建设也有了进一步提高。2013年我国五个省市试点设立的新闻道德自律委员会初见成效，中央新闻采编人员岗位培训也在推进，坚持最高标准规范中国记者的采编队伍，将会形成长效机制。

（二）主动出击，对接数字出版

2013年，我国报业在全媒介融合方面的举措，可以用加强数字出版来集中表述。2012年我国电子书、数字期刊、数字报纸的营业收入增长了52.6%，传统报业在其中的数字化探索主要体现为提供数字化内容资源、开发特色数据库、搭建聚合投送平台等，其中报业新闻网站的建设进一步立体化，手机报纸等移动报纸也有了新的发展，而媒体微博的领航作用尤其可圈可点：

11月，“李某某等5人强奸上诉案”、“美军机进入我国东海防空识别区”、“山西交口县一露天煤矿发生滑坡2人死亡”、“中石化黄潍输油管线爆

燃事故”等新闻事件发生后，“@人民日报”、“@新华社发布”、“@新京报”等媒体微博及时跟进，最大限度地还原事实真相，引导议题走向正面、良性的轨道。2013年，媒体微博的策划能力、突发事件反应能力大大增强。

2013年报业全媒介融合呈现深层推进的亮点：1月，南京报业转型发展新成果展示会举行，iPad《南京云报》移动客户端等一批数字产品为参观者带来了惊喜的体验，南京报业传媒集团和南京日报社也与江苏连邦信息技术有限公司、美国密苏里新闻学院、江苏鼎锋创业投资基金管理有限公司等签订了一系列战略合作协议；2月，《河南日报》新浪微博上线，6月，河南日报报业集团与中国联通河南省分公司签署全面战略合作协议，加快推动在移动互联网、云采编平台、大河物流移动信息化、新媒体业务等方面的合作；3月，《陕西日报》采用国际上先进的AR技术成为全国首家“会动的”视频化省级党报；5月，浙报集团宣布从“读者时代”迈入“用户时代”，致力于打造“新闻+娱乐+社区化”的全媒体平台，提供从新闻资讯到竞技、娱乐、阅读、时尚等的综合文化服务；7月，2013中国新媒体峰会在杭州举行，各新媒体创业者和专家学者共同探讨移动互联网时代的传媒变局与发展趋势；9月，内蒙古蒙文报网联盟报纸新闻出版系统和地方网站群建设工程通过验收，蒙文报纸进入全媒体时代。

此外，由京华时报社发起的全国云报纸技术应用平台签约仪式也于2013年5月在京举行，21家全国主流报纸正式开启云读天下时代；而中国新闻出版网也推进WAP版上线，以行业纸媒的身份领军移动互联网领域。

（三）大刀阔斧，组建报业航母

2013年10月28日，由解放日报报业集团和文汇新民联合报业集团合并重组的上海报业集团成立。这是我国报业发展史上浓墨重彩的一笔，它揭开了报业集团强强联合的大报业发展思路，即着眼于打造未来更具竞争力的我国大型传媒旗舰集团。新组建的上海报业集团主要承担解放日报社、文汇报社、新民晚报社国有资产的管理、运营以及监督考核等职责；而解放日报社、文汇报社、新民晚报社则设置为上海报业集团所属的独立建制的事业单位，主要承担媒体生产和舆论导向管理，以及媒体品牌拓展和传播运营等职责。两家报业原有的产业经营则将进行更优化的组合，同时上海报业集团以及解放日报社、文汇报社、新民晚报社的内设机构和事业编制，都按照精简、统一效能的原则另行核定。

上海报业集团的成立，率先启动了报业集团兼并重组的新一轮改革步伐，其意义关乎中国报业，乃至整个传媒业的一次破题尝试，其示范作用在于，报业改革的顶层设计日益重要，权责明晰日益重要，新媒体日益重要，法人地位日益重要，最后，意识形态高地日益重要。

报业重组兼并是报业产业化发展的必由之路，它既包括集团间的重组，也包括其他形式，诸如地域与业务上的合作。例如，2013 年 1 月 20 日，江西日报传媒集团、湖南日报报业集团和湖北日报传媒集团齐聚武汉，签署《中部传媒战略合作协议》，从而开启了国内媒体区域合作的新局面；3 月，大众报业集团半岛传媒股份有限公司与青岛报业传媒集团有限公司正式签署战略合作框架协议，双方将合作成立青岛新报传媒有限公司，以各占 50% 的股权管理运营《青岛早报》、《青岛晚报》，这是大众报业集团第 4 次与市级媒体携手合作，其与一些市报和行业报的合作也同时在积极筹划中。

4 月，国内首家由报刊发行单位发起设立的跨地区精准投递/直复营销平台在京成立，它是首家全国性报刊发行跨地区营销公司，可以看作报业重组兼并的又一种形式。该公司主要由北京青年报社旗下北京小红帽发行股份有限公司、河南日报报业集团旗下河南大河速递广告有限公司、杭州日报报业集团旗下每日送电子商务有限公司等发起，其“破界结网、升级转型”的创举，是否意味着统一报业市场的渐趋来临呢？不可否认，随着十八届三中全会阐明的全面深化改革精神的落实，报业兼并重组将日益显现，其方式与途径，值得探索与关注。

随着新闻出版总署与国家广电总局的合并，报业跨媒介重组的政策壁垒已经破除，4 月，中国新闻出版传媒集团与海南广播电视总台的合作，或许提供了又一种尝试。

（四）搏击资本市场，做强大产业

新一轮改革的特点是，文化产业正在更广泛的领域与社会经济各个板块进行着深层次的联动与融合，2013 年，报业在资本市场上开始叱咤风云。

该年文化传媒板块并购来势迅疾，共发生55起并购事件。就报业而言，10月，人民网以2.48亿元收购成都古羌科技有限公司69.25%的股权，11日开盘后，人民网数分钟内上升至每股90.81元，涨幅达到6%，虽因受传媒板块下跌大环境影响当日最终下跌4.55%，以每股81.83元收盘，但仍成为报业搏击资本市场的一大亮点。

作为党报第一大股，人民网上市后一系列资本运作都很漂亮：通过与中国移动、中国联通在手机业务上的合作，2013年上半年人民网移动增值业务同比增长121%，达到9989万元；而收购古羌科技有限公司，除了进军网络文学获取更大的增值内容资源外，进一步强化移动优势也是一个主要的考虑，收购成都古羌将从内容上拓展人民网移动业务的优势，并在精品阅读方面给公司带来新的业绩增长点。之前的8月，人民网还收购了彩票公司澳客网。

此外，2013年，浙报传媒以31.9亿元收购边锋、浩方，博瑞传媒则拟募资10.6亿元收购漫游谷70%的股权，新华网IPO也申请获证监会受理拟登陆A股市场等。该年浙报传媒的市盈率高达93.04。

在大文化、大产业、大传媒的理念下，不少报业集团纷纷加速推进报业的规模化、多元化与集约化发展。8月，南方报业传媒集团与贵阳云岩区政府在贵阳举行招商引资签约仪式，拟投资18亿~20亿元在贵阳云岩三马片区建设贵阳南方文化产业园，该产业园占地200多亩，涵盖媒体群、创意设计生产、网络新媒体和高端金融科技办公四大重点领域，建成后该产业园将不仅成为贵阳市的“文化客厅”，也将成为贵阳市的文化研发商业中心与西南地区的文化地标建筑。这是南方报业做大做强的又一大手笔。

类似的，10月，河南日报报业集团与郑州航空港实验区签署战略合作协议，启动航空港经济综合实验区户外广告产业、文化物流产业园建设、电子商务产业园、商业地产开发、酒店服务业等多个领域的战略合作项目。7月，河南日报报业集团已与国内成长最快、最具特色的燃气运营商天伦集团签署了协议，在广告营销、运营管理、人才培训、信息交流等方面开展多层次、全方位的合作。河南报业集团的一系列举措，为报业与其他产业的融合提供了很好的借鉴与启示。

三　报业发展的建议与展望：乘风破浪勇往直前　再创辉煌！

2013年，我国报业品牌建设可圈可点的事例还有很多，就最直接的经济体量来看，全国各地都出现了惊喜，有知名的报业，例如大众报业集团2013年利润达7.3亿元，刷新2012年创收7亿元的历史功绩，再次蝉联全国报业集团榜首；也有不知名的报业，例如西部的黔中报业五年内广告收入增长了5倍以上。就“走出去”而言，2013年我国报业也取得了不小的进步，《中国日报》（东南亚版）创刊；《云南信息报》（云南专版）落户泰国；《环球时报》正式推出美国版，成为首家在美国同时推出中英文版日报的中国媒体；而人民网除已在日本、美国、韩国、俄罗斯、英国、南非、澳大利亚等地设立了海外分支机构，也在我国香港开设了分公司，每天以15种语言、16种版本滚动播报新闻。

十八届三中全会以后，我国报业的核心命题仍是“抓住用好战略机遇期”和“全面深化改革”获得转型升级的跨越发展。进一步推进转企改制；进一步转变发展方式；进一步培育大型传媒集团；进一步加快数字化转型和传播平台建设；进一步应用新技术、新媒体传播先进文化、专业信息和积极情绪，以更好地引导社会思潮和社会舆论，是今后仍要努力的。虽然任务艰巨，但是形势已渐趋明朗，中国报人，只要以主动姿态热情拥抱新媒介，以坚定态度深化改革，以创新精神不断开拓，定会迎来报业强国的美好现实。

B.36

中国图书出版业品牌报告（2014）

陈敏利

摘　要：

2013年是全面贯彻落实党的十八大精神的开局之年，是实施“十二五”规划承前启后的关键一年。年初，新闻出版总署办公厅公布了2013年新闻出版改革发展的12项工作要点，要求坚定不移地在更高起点上加快新闻出版改革发展；年末，中共十八届三中全会在北京召开，涉及改革的深层次问题，“推进文化体制机制创新”。改革是不变的主题词，更是推动整个出版业升级发展的动力。

关键词：

出版业　概况　热点　趋势

一　2013年图书出版行业概况

1. 政府助推行业发展

2013年新年伊始，新闻出版总署发布“十二五”时期信息化发展规划，明确提出到2015年，要重点打造“新闻出版电子政务综合平台”、“新闻出版信息资源库”和“出版发行信息服务云平台”三大国家级信息化平台。3月22日，由原国家新闻出版总署和原国家广播电影电视总局合并而成的国家新闻出版广电总局正式挂牌，释放出的是进一步改革的信号，对于文化产业是长期利好。8月，国家新闻出版广电总局传出消息，全民阅读立法已列入2013年国家立法工作计划。11月，十八届三中全会召开，11月15日，《中共中央关于全面深化改革若干重大问题的决定》发布，在“推进文化体制机制创新”

中明确，继续推进国有经营性文化单位转企改制；推动文化企业跨地区、跨行业、跨所有制兼并重组；鼓励非公有制文化企业发展，支持各种形式小微文化企业发展等。

2. 数据证明行业成果

据国家新闻出版广电总局公布的《2012 年新闻出版产业分析报告》，2012 年全国出版、印刷和发行服务实现营业收入 16635.3 亿元，较 2011 年增加 2066.7 亿元，增长 14.2%；增加值 4617.0 亿元，较 2011 年增加 595.3 亿元，增长 14.8%。全国共出版图书 41.4 万种，较 2011 年增加 4.4 万种，增长 12.0%。全国图书总印数 79.3 亿册，较 2011 年增长 2.9%。印刷业方面，2013 年，我国印刷业总产值 9500 多亿元，已经居全球第二位，印刷企业超过了 10 万家。

二 2013 年图书出版业年度热点

1. 体制改革取得根本性突破

改革仍是进行时。国有新闻出版企业不断兼并重组，新的新闻出版骨干企业和文化领域战略投资者成批出现。到 2012 年，全国 500 多家经营性出版社全面完成转企改制，有 49 家出版传媒企业在境内外上市，全国组建各类出版、印刷基地和园区 27 个，新闻出版业正在全力打造出版航母。柳斌杰指出，新闻出版要建立现代企业制度，推进股份制改革、公司制改革，通过兼并重组建设大型出版集团①。

2. 产业合纵连横渐次深入

2013 年，面对图书出版行业日益凸显的大变革、大盘整、大融合趋势，出版机构没有停下合纵连横的步伐，组建集团公司、构想“子集团”战略、重组发行公司等，不断促进资源优化组合，打造新型市场主体。5 月，时代出版传媒股份有限公司旗下全资子公司北京时代华文书局有限公司成立，这是中

---

① 陈香、柳斌杰：《形成大型全媒体集团是下一步出版改革突破的关键》，《中华读书报》2013 年 4 月 26 日。

国出版业跨地区发展首家获批出版资质的出版机构。6 月 22 日，由人民教育出版社有限公司、人教教材中心有限责任公司、陕西人民出版社有限责任公司、陕西出版集团发展有限公司四家股东按比例出资、共同组建的国有股份制文化企业——陕西西北人教玉成文化传媒有限公司揭牌。8 月 8 日，中国出版传媒股份有限公司、江西新华发行集团有限公司、中国科技出版传媒股份有限公司、江苏凤凰出版传媒股份有限公司在北京签署合作协议，共同出资重组原中国出版传媒股份有限公司旗下新华联合发行有限公司。8 月 28 日，中国财经出版传媒集团在京挂牌。11 月 16 日，中国人力资源和社会保障出版集团有限公司在京召开成立大会。12 月 16 日，凤凰传媒以 4.95 亿元收购集团印务资产及传奇影业。12 月 18 日，由人民邮电出版社和电子工业出版社及其所属实体组成的企业联合体中国工信出版传媒集团有限责任公司获得工商营业执照并宣告成立。

3. 主旋律精品多维度出版

“中国梦”是2013 年的社会热词，以“中国梦”为主题的出版物成了不容忽视的力量，如北京大学出版社的《十问中国梦》、大众文艺出版社的《中国梦》、中国人民大学出版社的《青春共筑中国梦》、法律出版社的《软实力与中国梦（修订版）》、红旗出版社的《诗画中国梦》等作品。

2013 年是毛泽东同志“向雷锋同志学习”题词发表 50 周年，以“雷锋”为主题的策划也是 2013 年的又一现象。人民出版社、学习出版社的《雷锋精神学习读本》、生活·读书·新知三联书店的《革命说明书：雷锋 1940 ~ 1962》、华文出版社的《雷锋全集》、人民美术出版社的《学习雷锋好榜样》、陕西人民出版社的《告诉你一个真实的雷锋》、上海人民美术出版社的《中国经典连环画雷锋》、中国财政经济出版社的《中国榜样：永远的雷锋》等一批弘扬雷锋精神的出版物，在社会上产生了良好反响，社会效益和经济效益俱佳。

2013 年，我国多位卸任领导人出书，并受到市场追捧，包括李瑞环的《看法与说法》（中国人民大学出版社）、吴官正的《闲来笔潭》（人民出版社）、朱镕基的《朱镕基上海讲话实录》（人民出版社）、温家宝的《温家宝谈教育》（人民出版社）、江泽民的《江泽民文选（法文）》（外文出版社）、

李长春的《文化强国之路：文化体制改革的探索与实践》（人民出版社）、李肇星的《说不尽的外交》（中信出版社）等。

4. 政府主导绿色印刷全面推广

越来越多的地方政府主管部门针对绿色印刷提供的政策、资金、宣传等的全方位支持，用实际行动来推动印企变绿。通过各种活动宣传推广绿色印刷，在政府层面示范引导消费绿色印刷消费，拨专项资金用于优秀青少年读物绿色印刷示范项目的实施，在全国范围内积极推动九年义务教育阶段中小学教科书的绿色印刷等。从2013年秋季学期起，北京市中小学教科书全部实现绿色印刷；2013年5月，上海市新闻出版局与上海市教委联合发布通知，要求从2013年秋季学期起，所有教科书和教师参考资料全部实施绿色印刷，同时对教科书绿色印刷实施了一系列财政补贴措施。在这种政策主导下，绿色印刷在2013年的印刷业各领域都得以体现，也成为目前印企在转型中争取突围、实现企业及产品升级的重要商机。

5. 出版业智能化发展

一是试水APP。依托内容优势，出版社自己开发图书APP已经成为一种趋势。从2011年开始，时代华语出版公司、外研社、中华书局等机构纷纷推出单本图书的APP，各个出版社APP的发展策略也不尽相同。时代华语出版公司、外研社、中华书局、磨铁、凤凰传媒出版集团和中信出版社等先后上线阅读类APP，向业界释放了出版机构主动出击电子书市场的信号。

二是自建网络销售平台。2013年凤凰传媒出版集团开通了自己的网上商城，销售自有书店和出版社的书籍。随着互联网的发展和物流的逐渐成熟，人们越来越习惯从网上购书。而网络渠道被几大电商垄断，在网络书店日益壮大而实体书店业务日益萎缩的大环境下，出版社也不得不依靠网上书店“走量”。

三是试水网络教育出版。由于大众电子阅读未形成收费习惯以及与网络运营商的流量分成难以达成、广告收益不均衡等原因，国内出版社纷纷转向网络教育出版。中南传媒与湖南教育电视台成立合资公司，凤凰传媒收购从事虚拟现实教学业务的厦门创壹软件。还有多家出版社开展了电子书包业务，如高教出版社研发立体化教材、人民教育出版社开展“人教数字校园”工程、外研社推出移动英语播客等。“出版业依旧有很大的机会，但机会更大的是数字化教育出版。”① 目前教育部正在实施“教育信息化十年发展规划”，这意味着在未来的十年中，中国教育数字出版的空间更大。

6. 特色化实体书店迎来发展契机

实体书店的经营一直不容乐观，但是在2013年，实体书店迎来了一个发展的契机。3月初，财政部、新闻出版总署共同研究推动实体书店发展；7月12日，财政部文资办与国家新闻出版广电总局印刷发行管理司共同向试点省市财政厅（局）、新闻出版局发文，开展实体书店扶持试点工作；7月中旬，北京市新闻出版局通过媒体为实体书店发展扶持政策起草征求民众意见；11月18日，财政部发布消息，中央财政再拨48亿元扶持文化产业新增实体书店扶持试点；12月3日，上海5家有代表性的实体书店获2013年度中央文化产业发展专项资金支持。而2014年1月，财政部公布《关于延续宣传文化增值税和营业税优惠政策的通知》，提到至2017年12月31日，免征图书批发、零售环节增值税，对实体书店而言，无疑是一大利好。

在政策的鼓舞下，特色实体书店也在全国各地蓬勃发展：专门针对儿童的北京蒲蒲兰绘本馆被媒体评为“世界20家最美书店”之一，依附艺术影院而生、文艺范儿十足的北京库布里克（Kubrick）书店，位于北京光华路附近的北京时尚廊艺术书店是时尚传媒集团倾力打造的时尚平台，雨枫书店是一家会员制的女性专营书店，以“不埋没一本好书，不错过一个爱书人”为宗旨的隶属于中国图书网的七楼书店等。

7. 印刷探索新模式

一是按需印刷。到2013年，历年累积到近900亿册的库存，以及海量库存书退订、打折库存书处理和图书回流到造纸厂变纸浆等问题，成为出版业的重大压力。而按需印刷模式的推出，将有望打破出版过剩的现状。目前，按需印刷在中国的发展还仅仅限于个人消费者，一旦形成商业模式，将不再存在“起印量”等繁复的限制。②

---

① 罗小清：《争夺控制权　出版企业数字化突围》，《中国企业报》2013年9月10日。

② 陈熙涵：《全国图书库存迫近900亿元　出版业探索按需印刷新模式》，《文汇报》2013年7月3日。

二是众筹模式。继动漫、电影产业之后，出版业也开始试水众筹模式。众筹，翻译自 Crowdfunding，即大众筹资或群众筹资。众筹模式则是指用团购 + 预购的形式，向网友募集项目资金的模式。如《社交红利》一书，即通过众筹模式在短短两周时间便成功售出 3300 本，筹集资金 10 万元。众筹模式可以帮助出版社提前预测市场风向，降低风险，同时还将颠覆出版社售书模式。

8. 异业结盟扩大影响

随着市场竞争的日益加剧，不同行业、不同领域机构之间的相互渗透、相互融会趋势更为显著。2013 年，中国出版企业的合作意识不仅局限于国有与国有书业、国有与民营书业，而且寻求众多的非业内合作伙伴，发挥不同领域的协同效应。6 月 6 日，由中国出版集团、央视网、北京电视台、百度、新浪、金山、歌华等 70 余家国内知名机构发起，旨在加强版权保护、推动版权产业发展的首都版权联盟在京成立；同月，凤凰出版传媒集团与中国美术家协会陶瓷艺术委员会签订战略合作协议；7 月，江苏凤凰新华印务有限公司与北大方正电子有限公司在上海国际印刷周会场签署战略合作协议；8 月 23 日，中国科技出版传媒集团与绵阳市政府签署了《绵阳国际科技文化产业园》项目合作协议；9 月，中国出版集团公司与青岛市人民政府签署战略合作框架协议，重点打造山东省文化产品交易集聚区和“译云工程”青岛基地；11 月 28 日，中国出版集团公司及旗下中国出版传媒股份有限公司与中国工商银行、中国交通银行、中国农业银行、中信银行、北京银行签署战略合作协议；11 月 13 日，青岛出版集团有限公司与山东省邮政公司在青岛签署战略合作协议。合作包括商务图书、图书订阅式销售模式开发、个性化照片书等特色项目。

9. 版权保护步入新轨道

版权作为知识产权的重要组成部分，在加快转变经济发展方式，建设创新型国家中已发挥着越来越重要的作用。2013 年，我国的版权事业成果丰硕，倡导软件正版化，发布《教科书法定许可使用作品支付报酬办法》，开展版权示范城市活动，加强作品登记制度的执行，等等。年末，党的十八届三中全会审议通过了《中共中央关于全面深化改革若干重大问题的决定》，强调在“五位一体”的建设中，完善包括知识产权保护制度在内的产权保护制度，加强版权的创作、运用、保护和管理，再次强调了版权保护工作的重要意义。12

月 7 日全国版权标准化技术委员会的成立，则填补了我国版权标准化建设领域的一项空白，标志着我国版权标准化专家队伍初步建立，版权标准工作开始步入新轨道。

10. 全民阅读释放正能量

2013 年，全民阅读进入理性而深入的发展阶段。年初全国“两会”期间，115 名政协委员联名签署了《关于制定实施国家全民阅读战略的提案》，建议政府立法保障阅读，设立专门机构推动阅读，引起媒体和社会各界的广泛关注；3 月，国家新闻出版广电总局启动首届全国“书香之家”推荐活动，努力建设“书香中国”；4 月 11 日，中国全民阅读媒体联盟在武汉正式宣告成立；五四青年节之际，共青团上海团市委、上海市新闻出版局联合启动“书香上海悦读青春”2013 年上海青少年阅读推广计划；7 月 30 日至 8 月 1 日，2013 出版界、图书馆界全民阅读年会举办；8 月，全民阅读立法被列入 2013 年国家立法工作计划的消息，再次引发了关于阅读的讨论；9 月，中国全民阅读媒体联盟首站走进杭州；10 月 21 日，联合国教科文组织授予深圳“全球全民阅读典范城市”称号，成为迄今为止唯一获此殊荣的中国城市；11 月 22 日，中国全民阅读媒体联盟第一次代表大会在京召开，审议并通过了《中国全民阅读媒体联盟章程》，标志着联盟组织架构形成，正式开始运行。

11. 少儿出版治理与发展并重

9 月 12 日，中宣部、国家新闻出版广电总局等五部门联合发出《关于加强少儿出版管理和市场整治的通知》，要求加强少儿出版管理和市场整治，同时组织相关部门开展少儿出版管理和市场整治专项行动。之后，各地“扫黄打非”部门按照要求加强对出版物市场尤其是中小学校园周边出版物市场的清理检查，取得了成效。不少出版社在努力和尝试“分级阅读”：二十一世纪出版社重点推出的“世界经典文学分级阅读文库”，邀请大批具有丰富儿童文学创编经验的作家、研究者、编辑担纲这套文库的编译、修润、缩略、修改工作；湖北科学技术出版社引入“青少年科普分级阅读”的概念，推出“中国青少年科普分级阅读书系”；接力出版社致力于推广青少年分级阅读，为我国儿童分级阅读研究与实践提供了一个良好的开端。8 月，长江出版传媒公告，公司组建“长江少年儿童出版集团”获相关部门批复同意，成为国内首家少儿类出版集团；安徽少儿出版社计划从2013年开始运作，未来三年将自身打造成主业成绩突出、产业发展迅速、主业和产业协调发展的有代表性的儿童文化产业集团，表明少儿出版开始受到业界资本的重视。

三　出版业未来发展的重点方向

1. 出版集团将在更高层面全线升级

2014年，中国出版体制改革进入了第2个“黄金十年”。党的十八大、党的十八届三中全会、中央经济工作会议，以及正深入开展的党的群众路线教育实践活动，为出版业下一步的深化改革与繁荣发展进一步明确了总方向、确定了总基调。贯彻落实党的十八届三中全会精神，全力以赴推动集团公司的改革发展，其中最重要的一件事情是大力推进股改上市工作，使集团成为真正的市场主体。按照现代企业制度的要求，健全、完善董事会、监事会、经营管理层建设，明确所有者和经营者职责，提高管理效率。

2. 产业融合将不断推进

2013年，国家新闻出版广电总局正式挂牌，实现了全媒体覆盖，管理业务遍及全部传媒产业链。机构设置的变革，减少职责交叉，提高管理效率，落实管理责任，有利于促进出版物流通与交易，促进出版机构全国性、规模化运营，从而促进文化产业进一步改革发展。机构层面的改革完成后，必将助推产业层面的多重业务融合，跨区域、跨行业的发展，将为出版业发展注入新的活力。

3. 数字化转型拓展出版业发展新领域

出版业数字化转型已经从最初的尝试阶段，发展到成为出版转型的重要领域。探索新的数字出版模式、数字化绿色印刷以及电子书包等网络教育，都将成为出版业在数字化转型过程中的重要领域。同时，出版会在数字化的基础上向移动化发展，而电子书包将成为出版机构数字化转型的新“蓝海”。2014年，传统出版机构会真正从战略上重视数字出版，很多出版社都明确表示，2014年，数字转型会成为业务重点，因为数字转型已经成为统一的共识。

4. 版权资产管理将成重点

无论是传统出版业、广播电视，音乐影视、软件产业，还是新兴的数字出版产业，版权资产都是一个尚待发掘的富矿。版权作为资产进入政府和企事业单位的视野，主要得益于国家开展软件正版化工作。版权资产应该是文创企业的核心资源，版权资产的有效管理、开发、运用和维护，将是文创产业提升产业市场附加值和核心竞争力、是企业获得较快发展的重要推进剂。未来，版权资产管理将成为出版业的一项重要工作。

5. 公共文化服务体系建设的法律化带来机遇

2013 年 8 月，全民阅读立法列入 2013 年国家立法工作计划。同时，农家书屋、职工书屋、社区书屋、各类图书馆等阅读场馆的建设也都是政府关注的焦点。与之密切的出版业，必将在这个过程中获得充分的发展机会。

B.37
中国期刊业品牌报告（2014）

王晓生

摘　要：

2013年，中国期刊除平均期印数将继续微下降外，总印数、总定价都将有1%～2%的增长。该年度的中国期刊的品牌建设经验重点有四条：到国际市场去搏击的国际化道路、集中展示性的柴捆效应道路、架设多语种的立体大桥传播、利用中国传统资源实现本土化。

关键词：

国际市场　柴捆效应　立体大桥　传统资源

2013年，根据数据预测，中国期刊除平均期印数将继续微下降外，总印数、总定价都将有1%～2%的增长。2012年我国期刊已经取得了不俗的业绩：出版达9867种，总印数33.48亿册，共计196.01亿个印张，平均期印数16767万册，总定价252.68亿元；从进出口来看：全年期刊进口金额已达14120.03万美元，共490.33万册；与此相比，出口就显得有点“寒碜”，金额只有556.00万美元，册数只有220.31万册。可见，还很难说，我国已经成功加入期刊大国俱乐部。不但我国人均年占有期刊量离发达国家指标还有很大差距，而且更重要的是，在总数即将登“万”的期刊中，市场化率不到1/3。可以说，我国期刊业新旧格局的转换才刚刚开始，更激烈的生死大战还在后头。经历了20世纪80年代的迅猛增长后，我国虽然依然呈增长缓慢之势，但已疲惫难行。随着国家对非时政类期刊转企改制在2014年的基本完成，对它们来说，短暂的隆冬将不期而至，如何温暖前行？品牌也许是最好的“火把”。

一　搏击国际市场，烈火铸就品牌

中国期刊一直以来不但给人弱小之感，而且予人孤零之叹。尽管有《读者》等这样的期刊丰富市场，也有《求是》、《半月谈》这样的期刊影响政治，但只要对比中外整体期刊市场，“弱小之感”就油然而生；尽管早在2001年就诞生了中国最早成立的以党刊为核心的四川党建期刊集团，除16家报纸外，还拥有16家期刊（《四川党的建设》（城市版、农村版、藏文版）、《四川劳动保障》、《畅谈》、《西部旅游》、《汽车杂志》、《都市丽人》、《女刊》、《明日·快一周》、《生活之友》、《今日人像》、《格调》、《川菜》、《热道》、《关爱明天》），期刊的数量不可谓不多。然而这样一个“全国为数不多的集书报刊为一体的传媒集团”还属于“事业属性的期刊集团”。[①]“事业属性”的潜台词其实就是还没有很好地走向市场。由一本杂志起家的美国《读者文摘》如今已经成为世界知名的媒体集团，靠的是什么？经过1990年在纽约证交所上市，更依靠其市场内容影响力，经过90多年发展的《读者文摘》已经进入世界阅读市场，55%的收入来自美国以外的国际市场：发行60多个国家，以21种语言出版50个版本。[②] 国际的经验告诉我们：期刊的发展不但应该是集团化的，而且应该是市场化的，甚至是国际市场化的。这里面其实包含着三个发展步骤：集团化、市场集团化、国际市场集团化。如果说这条道路具有普遍性，那么我国的期刊集团整体上还处于初步的市场集团化。像四川党建期刊集团还处于从集团化向市场集团化努力转变之中，而读者出版传媒股份有限公司则处于市场集团化的较成熟阶段。即使是我国最成熟的期刊集团，离国际市场集团化也还有相当距离。

中国期刊要塑造自己的国际品牌，必须走国际市场集团化道路。即使是最弱小的期刊管理者对此也确信无疑。如果说这已经成为中国期刊人目标选择的集体无意识，一个最现实而重大的问题是：我们如何才能达致目标？在战略目

① 见四川党建期刊集团的“自我介绍”，http：//www. sppg. cn/News/NewsSingle. aspx？NId = 1。

② 徐升国、刘彦：《主业的基石与多点支撑——美国期刊多元化经营带给我们的启示》，《传媒》2008年9月号。

标已定的情况下，路径选择将是关键而基础的问题。没有切实可行的路径，选择的战略目标将坍塌无存。

二 创造柴捆效应，合力培育品牌

路径的选择永远依赖于中国的经济环境、文化环境，尤其是政治环境。中国的国内生产总值（GDP）虽然已位居世界第二，但人均国内生产总值仍然排在世界第85位左右。这严重制约着中国消费者对期刊的阅读需求。根据2012年国家统计局公布的统计数据，我国期刊每期出版平均印数为16767万册，期刊出版总印数为33.50亿册。[①] 我国公民平均期刊期购买量微超1册，年期刊购买总量不到3册。缺乏国内的经济基础和期刊文化的支撑，中国期刊要顺利走出国门存在着很大的困难。中国期刊国际市场集团化面临的另一个更大的困扰是，长期实践中形成的中国特色的期刊管理制度。我们的宣传方针是在激烈的国内斗争中逐步形成的，有鲜明的利益倾向和战斗倾向。从1942年的“务使报刊宣传服从于党的政策”[②]、1948年的“党报必须无条件地宣传中央的路线和政策”[③]，到1959年的“要政治家办报”，再到“文化大革命”的报刊是“阶级斗争的工具”，[④] 最后形成党的宣传工作的“喉舌论”。改革开放后，这些传统有的得到继承，有的得到修正，但报刊工作是“党的政治”工作的一部分，始终一以贯之。期刊出版除了旗帜鲜明地强调“必须坚持马克思列宁主义、毛泽东思想、邓小平理论和‘三个代表’重要思想，坚持正确的舆论导向和出版方向”外，某些地方又逐步地过渡到“坚持把社会效益放在首位”的温和提法。[⑤] 这些也许是中国在改革开放中取得巨大成就在舆论

① 中华人民共和国国家统计局国家数据，http://data.stats.gov.cn/workspace/index? m = hgnd。

② 毛泽东：《毛泽东新闻工作文选》，新华出版社，1983，第96页。

③ 毛泽东：《毛泽东新闻工作文选》，新华出版社，1983，第155页。

④ 方汉奇、陈业劭主编《中国当代新闻事业史》，新华出版社，1992，第185页。

⑤ 《期刊出版管理规定》第三条：“期刊出版必须坚持马克思列宁主义、毛泽东思想、邓小平理论和‘三个代表’重要思想，坚持正确的舆论导向和出版方向，坚持把社会效益放在首位、社会效益和经济效益相统一的原则，传播和积累有益于提高民族素质、经济发展和社会进步的科学技术和文化知识，弘扬中华民族优秀文化，促进国际文化交流，丰富人民群众的精神文化生活。”

宣传工作方面的重要经验。然而，特色的成功经验，在中国报刊集团走向国际市场时，往往带来某种下意识的国际“抵制冲动”。中国传媒集团来了，往往被等同于社会主义意识形态的入侵。新华网2012年曾经报道，美国国会面对华为和中兴的进入，一直在质疑“私企为什么有党委”，怀疑“威胁美国国家安全”。[①] 在这个基础上，理解中国期刊集团进入国际市场的特殊困难就一目了然了。

上面说到的困难，有的是一时克服不了的，比如人均经济的制约、公民期刊阅读兴趣的培养，有的是先天无法克服的，比如政治宣传文化。有意思的是，这些障碍并没有阻滞中国期刊走出去的冲动。这种冲动像中国其他方面走出去的冲动一样，是伴随着中国经济总量的持续增强而来的。中国人近现代在经济上的持续自卑，让中国人在持续的经济增长面前的自信反弹得特别强烈，有时候甚至显得特别过分。在这一点上，中国期刊人倒显得比其他业界人清醒些。他们知道要强势走出去，并不是短期内能够实现的。中国期刊人清醒地知道，中国缺乏一棵棵参天大树一样的期刊个体来支撑世界性的厚实天空。于是想出来一个新的办法：将一个个期刊集中到一起来展示，像樵夫捆柴一样。柴捆能支撑的重量一定会超过一根根柴棒支撑重量的总和。这就是柴捆效应。2013年9月在武汉举行的首届中国（武汉）期刊交易博览会就是在这种柴捆效应的推动下举办的，它将以一种特殊的方式塑造中国期刊的集体性品牌形象。

首届刊博会有40个国家和地区的100多家期刊出版单位的1.3万余种期刊参展。有来自英国、美国、德国、法国、日本、荷兰、瑞士等发达国家的，有来自韩国、新加坡等新兴国家的，也有来自印度、阿联酋、尼泊尔等次发达国家的。有《自然》杂志、《经济学人》，也有美国《国家地理》杂志、《国际先驱论坛》、《亚洲华尔街》等。范围之广，极一时之盛；品类之高，炫全国之目。值得具体考察的是：刊博会对中国期刊业产生的品牌效应是如何运作的？

---

① 《华为中兴出席美国会听证：美纠缠“私企为何有党委”》，http：//news. xinhuanet. com/finance/2012－09/27/c_ 123770799. htm，2014－01－06。

有意思的是这次刊博会的组织方式是各省集体组团。国家新闻出版广电总局下发文件要求各省新闻出版局统一组团参加刊博会，体现了社会主义国家集中力量办大事的一贯作风。在这种组团式的呈现中，几大地域性期刊板块引起了世界瞩目。湖北省作为东道主，12 家报刊传媒集团首次集体亮相，除了湖北日报传媒集团、长江日报报业集团等党报型集团外，还有知音传媒集团、今古传奇传媒集团等两家核心期刊发行量居世界前列的期刊传媒集团。① 在传统报刊发行量持续下滑处境艰难时，除总金额次于广东外，湖北全省期刊的总印张、总印数和平均期印数均雄居全国第一，密集地出现了几个百万级的期刊②。引人注目的还有作为首次刊博会主宾省的“吉林期刊现象”。《演讲与口才》是我国第一本专门致力于口语表达能力宣扬的期刊，期发行量达 40 多万册。不但老牌《杂文选刊》、《幽默与笑话》、《做人与处世》，而且后来陆续创办的《意林》、《儿童绘本》、《作文与考试》等，都达到几十万册的发行量。吉林期刊已经成为吉林的文化品牌名片。

中国刊博会已经永久性落户武汉，将每年举行一届。这样，中国期刊将持续不断地通过刊博会的“柴捆效应”塑造自己的品牌形象。未来的问题是：如何通过“柴捆效应”有效地孵化出自己的世界名刊。

三　架设立体大桥，多向延伸品牌

在 2014 年 1 月召开的全国新闻出版广播影视工作会议上，国家新闻出版广电总局党组书记蒋建国提出要在深化改革中开拓“两个市场”，即国内市场和国际市场。③ 中国期刊做大做强最终必然要走向国际市场，这是国家对外宣传的需要，也是自身资本积累的需要。更重要的是，期刊品牌的形成只有在外

---

① 《知音》杂志最高月发行量达 600 余万份，居世界综合性期刊排名第五位、全国各类杂志排名第二位。《今古传奇》于 1981 年 7 月创刊，至 1985 年期发行量已达 278 万册，位居全国大型文学期刊发行量之首。如今《今古传奇 · 武侠版》《今古传奇 · 故事版》《今古传奇 · 奇幻版》等传奇系列，刊发行量超过百万份；新创办的《新传奇》月发行量也突破百万。

② 它们分别是《知音》、《知音漫客》、《特别关注》、《新传奇》、《前卫》、《情感读本》、《小学生天地》、《初中生天地》。

③ 冯文礼：《全国新闻出版广播影视工作会议在京举行》，《中国新闻出版报》2014 年 1 月 6 日。

部市场的“斗争激流”中才能形成。可喜的是，中国期刊在这方面发展非常迅速。这一方面是自我内涵式发展的结果，另一方面也是中国经济高速发展从而带动国家形象增强的外溢性结果。

中国期刊走向国际，首要也是最便捷的一条就是将现有的期刊卖到国外去。2013 年，我国有 8000 多种期刊通过国图集团公司代理发行到海外。2012 年中国期刊共出口 220.31 万册，金额达 556.00 万美元，虽然与我国同期进口国外期刊（490.33 万册、14120.03 万美元）相比，还有相当大的差距，但是与 5 年前期刊出口相比，整体增长幅度还是不小。期刊出口的总数每年递减保持在 5%～12%，呈持续性特征；2008 年，受世界金融危机影响，出口数量和出口金额均大幅下降，2009 年又都有大幅恢复性增长。总体上看，出口数量有隔年增长、隔年下降的趋势，而 5 年内总体增幅还是达到 139%；出口金额 5 年内，中间连续 3 年保持 40% 的平均增速，5 年内总体增幅达到 154.89%。5 年间在我国期刊出口种数保持平均 8% 的速度递减时，出口数量和金额均保持大幅增速；其中出口金额的增幅又比出口数量的增幅高出不少。这说明：我国期刊出口获利正在大幅向一些期刊集中。优者更优、劣者更劣的趋势将使得一些期刊正在国外遇到极强的寒流，而一些则是暖流。这样，在一些期刊的死亡之路中，国际市场将孕育中国期刊国际集团市场化的极大机会。

这些出口的中文杂志最大的消费市场还是海外华人，包括早期海外华人移民和留学生，还有小部分的海外中国学研究者。因此，如果中国期刊要产生更广泛的影响力，还必须另寻他途：开办目标国语种的期刊。这又有两种具体的操作办法：或者在中国办刊然后发行到目标国，或者干脆到目标国办刊。

第一种情况中，中国外文出版发行事业局（中国外文局）的业绩最值得一说。这家历史悠久、规模宏大的中国最专业的对外传播机构，承担了我国绝大部分书刊、网络对外宣传任务。它编辑出版的国家级外宣期刊《人民画报》、《人民中国》、《北京周报》、《今日中国》等，已经成为海外受众瞭望中国的重要渠道。它们用包括中、英、西、法、俄、阿、韩、日、藏共 9 个语种 14 种文版，向 180 多个国家（地区）发行。其中《中国文摘》近两年的飞速发展已经成为它们的缩影。2013 年，《中国文摘》（iDigest）发布多语版，开始了新一轮世界范围的扩大目标读者的努力。此次《中国文摘》发布的外文版产品包括日文版、西班牙文版、阿拉伯文版三种。日文版主要面向日本受众，西班牙文版主要面向拉美受众，阿拉伯文版主要面向中东受众。如果说一种语言就是一座巨大的传播之桥，那么《中国文摘》已经构筑起了多层级的国际性的立体传播之桥。我们期待，中国外文出版发行事业局通过它的外宣期刊可以建构起巨无霸的国际传播之立交桥，使中国梦将产生更加广阔的国际传播效应。

第二种情况是直接到目标国家开办外文刊物。其实，中国外文出版发行事业局早在2004年就开始把期刊的策划、编辑、印刷、发行等环节前移到对象国家（地区）。当前已有《人民中国》（日文）、《北京周报》（英文）、《中国》（俄文、韩文）、《今日中国》（西文、阿文）等6种刊物都采用了这种国际办刊方式。这种国际化的具体方式其实是通过一种本土化的方式实现的。在这种外宣的国际化中，力求做到中国精神与“本土口味”的结合。2013年，中国期刊的国际本土化节奏越来越快。6月，中国新闻类杂志首次进入英国，中国新闻社举办的《中国新闻周刊》在英国推出《中国报道》月刊；[①] 10月，中国国际广播电台南亚地区广播中心创办的尼泊尔文《尼好》在尼泊尔首都加德满都出版，这是中国媒体开办的唯一尼泊尔文期刊。未来如何用国际目标国的“本土语言”讲好中国故事，还有待更多的期刊加入探索。

四　依靠传统资源，多元嫁接品牌

中国期刊走出国门的本土化策略，除了上面所谈的目标国的本土化外，还有一个含义就是中国本土化。这个话题本来无论是历史上，还是理论上，都是一个老内容。我们强调我们的社会主义是中国特色的社会主义，在这个大前提下，中国期刊面向国际的时候办出自己的中国特色，本是题中应有之义。要进一步辨析的是：什么是中国特色？或者说，中国特色应该体现在哪些方面？如果政治上的“中国特色”主要是指面向“当下实践”的，那么中国期刊国际化的“中国特色”主要是指面向“过去传统”的。这不简单是一个需要理论来回答的问题，而是当下实践已经充分回答了的问题。下面的数据充分说明了

① 《人民日报》2013年6月27日。

中国期刊走向国际化必然要向中国传统回归的事实。

2013 年 9 月 16 日，发布的首部《中国期刊海外发行报告》，以及同时发布的“年度最受海外图书馆青睐期刊排行榜 50 强”、“年度最受海外读者喜欢期刊排行榜 50 强”，集中展示了中国期刊实施走出去战略的成果。这些内容是国图集团公司作为中国期刊海外发行的总代理，综合稽核海外机构及读者的评价和发行数据而成的。报告显示：中国期刊的海外订户大部分集中在文史哲类期刊。份额构成是：历史地理类 15.2%，文学类 10.7%，社科总论类 7.1%，生活科普类 6.9%，政治法律类 6.2%，语言文字类 6.2%，经济类 5%，其他（文化、军事、体育、中医中药等）42.7%。综合来看，这些期刊绝大多数都是反映中国传统文化的，比如历史地理、文学、语言文字、中医中药等。据统计 2002～2012 年中文期刊海外的发行数据，最受海外机构客户喜欢的发行前 10 名的期刊是《文物》、《考古》、《中国语文》、《考古学报》、《考古与文物》、《历史研究》、《语言教学与研究》、《中国史研究》、《文学遗产》、《新华文摘》。可见，中国作为一个后发国家，期刊要走自己的品牌之路，注意内容选择上必须充分发掘具有中国文化特色的因素。发行前 10 名的海外机构客户最青睐的中国期刊明显地提示我们这一点。有一个分析对海外不同类型的读者对中国文化感兴趣的方面做了准确的说明：

> 从海外的客户群来看，以图书馆等为主的一些教学、科研单位主要对两类期刊感兴趣。一类是以文史哲为代表的学术类期刊，如考古、文物、哲学、民族、文学、艺术、教育、科技类期刊。这部分期刊代表了中国相关学科领域的学术发展水平，是海外研究中国的重要数据和观点来源。另一类就是传统文化类期刊，如中医中药、针灸理疗、中华烹饪、武术健身、国画书法、传统戏曲、风土人情等类期刊。这部分期刊为海外读者研究、了解中国历史和文化提供了丰富的资源。而普通读者则对生活类期刊需求较多，尤其是海外华人华侨等对这些反映中国普通人生活与习俗的期刊感兴趣。①

① 袁舒婕：《期刊走出去：成就辉煌任重道远》，《中国新闻出版报》2013 年 9 月 12 日。

然而，为什么是这样？有没有进一步在理论上解释？我们要思考的一个问题是中国期刊的这种面向传统文化的国际战略，是不是也适用于中国的报纸，甚至中国的网络？问题顿时变得复杂起来。从内容上来说，报纸呈现的主要是时事新闻，讲求的是速度，遑论网络了，而时政类期刊呈现的更强调时事新闻的背景，追求的是解读。统计说明，外国的读者订阅最多的往往不是时政类期刊，因为如果仅仅为获知事实性的新闻，那订报纸、看网络好了；如果要获知对新闻的深层解读，往往会因为文化的差异而卯榫不合。在这种情形下，生长于深厚文化传统中的中国期刊，最值得发掘的就是中华传统文化了。这就是海外订户大多集中在中国文史哲期刊的原因。可见，中国期刊塑造自己的品牌走本土化道路的主要就是内容的传统化。本土化道路就是传统化道路。

B.38

中国广告公关业品牌报告（2014）

黄 芸

摘 要：

2013年中国广告市场回暖，中国广告急速向海外扩张，中国品牌的国际影响力增强。广告行业进一步整合，行业格局变动明显，移动广告异军突起并引起国际瞩目。针对广告业的法律监管加强，但仍然跟不上新型广告的发展，自媒体软广告的监管尚无法律依据。

关键词：

市场回暖　海外扩张　行业整合　法律监管　植入广告

2013年中国的广告公关业可谓举世瞩目，在国际和国内都颇受关注。国际上，随着中国企业和中国品牌的强势扩张，中国广告也大举登陆海外市场。在国内，多屏时代来临，广告行业格局变动中移动广告的异军突起，针对广告公关业的法律监管和整顿，以及影视剧植入广告都是年度颇受热议的话题。

一　2013年中国广告公关业概况

1. 总体发展

2013年中国宏观经济增长放缓，但消费者对个人经济状况和消费意愿依然保持乐观态度，在这种背景下，2013年中国广告市场出现了恢复性增长。特别是上半年中国广告市场呈现反弹式增长，根据荣昌传媒发布的《2013中国广告市场回顾及下半年预测》，上半年中国广告市场增幅为9.5%，高于GDP7.6%的增幅，同时也远远超出2012年同期4.8%的增长。下半年广告市场的增幅和增速虽然不如上半年，但广告市场整体上仍然呈上升趋势。

2013 年前三季度，传统媒体的广告刊例收入同比增长 6.5%。电视广告是整体市场的稳定剂，增幅为 10%，高于 2012 年前三季度 6.3% 的增幅，拉动了整体市场。电台广告增幅为 2.4%，增速继续放缓。平面媒体全面缩减，报纸和杂志广告同比增幅分别为 -6.8% 和 -8.3%，传统户外（含地铁）广告增幅为 -3.6%。前三季度的数据显示，各媒体的广告空间出现不同程度的调整：电视、报纸、户外广告增速放缓，杂志和电台广告调整剧烈。[①] 以上数据显示，传统媒体广告虽有增长但增长乏力，部分媒体广告已经出现衰退。

新媒体广告中，互联网广告依然一枝独秀。互联网在 2012 年已经成为中国第二大广告媒体，2013 年互联网广告继续高速增长。根据艾瑞咨询发布的 2013 年度中国网络广告核心数据，2013 年国内网络广告市场规模达到 1100 亿元，同比增长 46.1%，与 2012 年保持相当的增长速度。在网络广告高速发展几年之后，网络媒体的营销价值已经得到广告主的较高认可。

2013 年中国仍是世界第三大广告市场（在美国和日本之后），并在全球十大广告市场中增长最快。

2. 多屏时代来临，行业格局变动

中国互联网络信息中心（CNNIC）《第 33 次中国互联网络发展状况统计报告》显示，截至 2013 年 12 月，中国网民规模达 6.18 亿，互联网普及率为 45.8%。其中，手机网民规模达 5 亿，继续保持稳定增长。中国手机网民规模达到 5 亿，年增长率为 19.1%，继续保持上网第一大终端的地位。网民中使用手机上网的人群比例由 2012 年底的 74.5% 提升至 81.0%，远高于其他设备上网的网民比例。用户上网设备向手机终端转移。

随着网络技术的发展和移动终端的普及，人们使用多个屏幕接收信息已经成为常态，电视、PC 和移动终端（包括平板电脑和智能手机）三足鼎立的局面初步形成，多屏时代来临。多屏时代使得广告行业格局出现明显的变动，主要表现在传统媒体广告资源向网络转移，以及互联网媒体分化。

在互联网摧枯拉朽的今天，传统媒体已经无法与新媒体匹敌。“中国互联

① CTR 媒介智讯：《2013 年前三季度中国广告市场回顾》，2013 年 10 月。

网第一媒体腾讯”就是典型代表。腾讯目前覆盖的用户数如下：QQ 用户累计 20.44 亿人、微信用户 6.5 亿人、QQ 邮箱用户 2.74 亿人、Qzone 空间用户 6.26 亿人、腾讯微博用户 2.2 亿人、腾讯新闻客户端用户 1.5 亿人。① 单纯从媒体覆盖上，腾讯的媒体系统已经远远超过了 CCTV、人民日报、人民网、新华网、新浪、搜狐、网易这些国内主流媒体的总和。除了用户覆盖之外，腾讯在内容到达和深度影响方面也远超传统媒体。腾讯的媒体平台包括：腾讯网、QQ 弹窗微门户、微信公众平台、腾讯微博、Qzone、QQ 邮箱、微信新闻插件、腾讯新闻客户端以及 12 个大 X 网，涵盖了新闻门户、BBS、邮箱、微博、社交、手机阅读等全部媒体形态。QQ 弹窗微门户可以到达 QQ 的 20.44 亿用户中的任何一个，是中国事实上用户到达率最高的新闻服务。而相比之下，传统媒体头把交椅的电视作为主要传播媒体的地位受到互联网的冲击而被动摇，广电总局 2013 年中期发布的《中国视听新媒体发展报告》显示，北京地区的电视机开机率已下降至 30%，上海则跌至 27% 以下。电视尚且如此，其他传统媒体的注意力资源更是严重下降。在这种情况下，越来越多的广告从传统媒体转向网络投放。网络广告开始蚕食传统媒体的广告市场，连目前仍占广告市场份额第一的电视也不能幸免。电视广告额的总量在增加，但增加的幅度逐年减少。更重要的是，优质广告客户在流失，电视广告收入的可持续性堪忧。即使电视能够借力互联网发展而与网络共生，其传统优势地位也在丧失。此外，网络大大降低了广告的费用。网媒的进入成本低，还有数据反馈，还可以互动，比起昂贵的电视广告，网络广告自然更有优势。

网络技术的迅猛发展不但迫使传统媒体改变，而且也影响到门户网站和大批网络社区，到 2013 年，一些网站已经被称为“传统网络媒体”，网络媒体也不能再一概而论地说是“新媒体”了。智能手机的普及和移动用户的增加，人们越来越依靠手机等移动网络媒体获取信息，使得以新浪为首的门户网站那种赢利靠流量、内容靠编辑的模式受到了极大的冲击，自媒体的出现大大弱化了门户网站的权威性，也带走了门户网站大量的用户。过去 PC 互联网网络

---

① 《腾讯和 CCYV 谁是中国媒体真一哥》，中国广告网，http：//news.cnad.com/html/Article/2013/1126/20131126104434920.shtml。

媒体的老大是新浪，但现如今根据手机新浪客户端的排次搜狐新闻第一，腾讯新闻第二，网易新闻第三，新浪新闻仅排第四。在微博当道，微信盛行的形势下，大批社交网站魅力边缘化，这其中就包括昔日赫赫有名的海内网、聚友网、饭否网、139. com、ChinaRen 社区、杭州 19 楼、猫扑网、51. com 和开心网，这些网站的用户活跃度大幅下降，若不转型就将被人遗忘。

随着移动互联网的迅速发展和 APP 广告流量的激增，越来越多的广告主开始从传统的渠道向移动端投放广告。在业内人士看来，传统 PC 互联网广告模式或将被智能手机 APP 营销模式颠覆。

3. 移动广告行业集中度迅速提高

传媒业的改革并购和互联网技术的迅猛发展是 2013 年影响移动广告两个主要因素。中国传媒业的改革向深水区迈进，改革和发展需要大量的资源整合，跨地区、跨行业的并购就成为重要趋势。在互联网领域，2013 年几乎每个月都会发生金额过亿元的互联网行业并购案，百度收购 PPS 并合并爱奇艺旗下的视频业务，随后收购 91 无线，腾讯入股搜狗，阿里巴巴先后入股新浪微博和高德地图……传媒业的改革和并购，对广告公关业有巨大影响，特别是影响移动网络广告。

移动广告平台发展迅猛，保持每年 300% 的营收增长，但它也是一个竞争惨烈、持续动荡的行业。移动广告行业自 2010 年以来连续三年持续洗牌，移动广告平台的数量从 2010 年的上百家，到 2011 年的一百家以内，再到 2013 年末只剩下十几家。2012 ~ 2013 年，曾经居于前列的有米广告、哇棒广告等的声音越来越弱，至 2013 年末，只有多盟、力美、安沃、有米以及点入等几家独立广告平台存活下来。小开发者加速退出市场的同时，巨头进场，腾讯、百度、阿里等公司开始在移动广告平台上发力争夺广告主资源。大平台的进入加速了移动广告行业的规范化，同时凭借自身的资源优势吸引品牌广告主进入，有利于探索适合移动广告的发展路径。平台数量大减表明行业集中度迅速提高，而网络巨头已经通过并购整合了多方面的资源，

在行业集中度提高的同时，移动广告平台的竞争格局也在变化。一个变化是广告平台的分工越来越细，各家广告平台之间形成了差异化的竞争。

在多屏时代，用户大规模向移动客户端转移已成不争的事实。但移动广告

作为新发展起来的营销模式，还存在着诸多瓶颈，例如广告形式有限、难以变现、移动广告与 PC 广告没有互通、只触达无互动、广告效果难以衡量等问题。所以相较于传统广告投放，中国的品牌广告主们对移动广告的态度还比较保守。

二　年度品牌建设重要事件

1. 中国广告和品牌的海外扩张

随着近年来中国企业的海外扩张和中国文化影响力的增强，中国制造和中国品牌也得到越来越多的认可，被许多国家的民众接受。在这个过程中，中国广告也逐渐走出国门。2013 年，中国广告和品牌向外走的步伐明显加快，形成爆发期。

一方面是国内企业主动到海外打广告。最引人注目的案例是移动广告。中国互联网企业和移动开发者的广告投入不容小觑，尤其在移动广告平台一掷千金。腾讯、小米、阿里巴巴和百度这些中国科技企业在 2013 年如雨后春笋般进入国际视野，特别是在第三季度，中国移动广告的投入首次超过了美国。基于 AppFlood 平台海内外近万名 Android 开发者，以及覆盖的 1.47 亿用户数据显示：2013 年 3 ~9 月份，中国广告商的移动广告投入金额增长 151%。截至 2013 年 9 月份，中国开发者在 AppFlood 平台上的广告投放额已经超过了美国，占据 AppFlood 平台上广告投放总额的 35%。2013 年第三季度，为了获取更多用户，中国开发者们在 AppFlood 平台上的广告投放额比美国高出 25%。到了 9 月，在 AppFlood 平台上，中国正式取代美国，坐上了移动广告支出的头把交椅，而且中国广告商的流量购买重心在海外。2013 年第三季度，中国移动开发者在 AppFlood 平台上的广告预算中只有 0.6% 是用来购买国内用户的，其余都投放到了海外市场上。另外，中国移动开发者的广告投入地域有别。AppFlood 平台上的数据显示，2013 年第三季度，中国移动开发者全球移动广告支出中的 33% 用于获取亚洲地区的用户，22% 用于获取中东地区的用户。中国移动开发者在北美和西欧地区的移动广告投入，仅占其在亚洲地区广告投入的一半。中国移动开发者开始意识到，西方移动市场的流量在 2012 年已经趋于饱和，亚洲的新兴市场才存在更大商机。中国的移动广告国际化战略布局初显端倪。[①] 另一个可圈可点的案例是2013年末，大连机场“72小时过境免签政策”广告宣传片登陆美国纽约时代广场，这个来自中国大连的“旅游明信片”出现在时报广场1号楼的全彩LED广告大屏上，向全世界人民发出邀请。中国广告已经具有国际意识，中国企业面向海外做广告将成为常态。

另一方面是中国品牌的国际认可度显著提高。这些品牌包括科技、文化和实体产品。2013年，微信的海外版用户突破1亿，微信在意大利、阿根廷、墨西哥、南非和土耳其等国家都成为APP STORE下载数量最多的移动通信应用程序。[②] 在2013年第三季度，大多数AppFlood平台上的移动用户都安装了中国移动开发者的APP。中国移动开发者们成功俘获了55% AppFlood用户的芳心，使其成为自家产品的忠实用户，而美国移动开发者的产品只吸引到平台上10%的用户来使用。[③] 电视剧《后宫·甄嬛传》在美国和日本的主流电视台播出，获得观众热议，演员孙俪凭借此剧入围第41届国际艾美奖最佳女主角提名；张裕葡萄酒入驻英国皇家酒商BBR销售，受到《时代周刊》、《金融时报》等国际主流媒体的赞誉；“老干妈”辣椒酱在美国大受欢迎，好评超过著名的墨西哥辣酱；圣象在多个国家设立分公司和品牌形象店，并在世界各地布局原料基地、制造基地、研发基地、营销网络，成为名副其实的国际品牌。

2. 植入广告在争议中走向“无缝营销”

影视剧植入广告并非新事物，但在2013年却受到了比以往更多的关注。植入广告主要在三个方面引起关注：量大收入高、官司出现和“无缝营销”。

在中国影视剧票房和收视率飞速提升的同时，植入广告也借此商机大量增加。热播电视剧《咱们结婚吧》则成为植入广告“大杂烩”，桌子、日历、购物袋上到处都印着广告，无论主角、配角还是路人甲，嘴里吐出来的都是广告词，很多观众调侃是在看“广告联播”。而电影《我愿意》由于植入广告众

① 《中国移动广告投入今年Q3首超美国》，中国广告网，http：//news. cnad. com/html/Article/2013/1220/20131220101511140. shtml。

② 《2013年震惊国外的“中国制造”》，中国广告网，http：//news. cnad. com/html/Article/2014/0103/20140103105646229. shtml。

③ 《中国移动广告投入今年Q3首超美国》，中国广告网，http：//news. cnad. com/html/Article/2013/1220/20131220101511140. shtml。

多，干脆被观众称为“广告片”。植入广告大量出现带来了可观的收入，也有效分摊了制作成本，所以植入广告成为影视剧降低投资风险的重要手段。华谊兄弟公司董事长王中军透露，冯小刚贺岁喜剧《私人订制》植入广告收入超过8000万元，创冯氏电影新高，对比2003年的《手机》700万，10年之间涨了10倍还多，而且业内人士分析，该片仅靠植入广告就能收回成本。① 2013年，中国电影植入广告市场总额超过10亿元，比2012年翻了一番，可以说中国影视剧植入广告增长迅猛，不过这还不及美国市场6年前规模的1/15（2006年美国植入式广告市场达到33亿美元），市场仍待进一步开发。

中国内地的植入广告也在2013年首次惹出了官司。11月底，正在央视一套和湖南卫视热播的剧集《咱们结婚吧》制作方华录百纳和赞助商黄老五公司就因植入广告是否到位一事，对簿公堂，等待裁决，被观者称为中国广告植入第一案。这件事让人看到主管部门对国内影视剧植入广告的监管还不到位。中国内地对影视剧广告植入尚无具体的法律规定，广电总局对电视剧的广告植入也没有相关规定，而电视台对于电视剧中的广告植入一般不会多加干涉，因为电视剧在播出之前已经通过了广电总局的审核。相比之下，日本、韩国等国和中国香港等地区对影视剧广告植入都有明确的监管和规定，而香港对影视剧广告植入的规定又比其他国家和地区更为严格。2013年12月初，曾在夏季重振港剧声威的TVB剧集《冲上云霄Ⅱ》，因剧内维生素饮料及手表植入式广告频频违反香港《电视节目守则》及《电视广告守则》，而被香港通讯事务管理局裁定罚款10万港元。《冲上云霄Ⅱ》中对于维生素饮料和手表的植入被香港通讯事务管理局批评为“干扰观赏趣味”、“觉得牵强，等同间接宣传”。同样是植入广告的官司，在香港就有明确的法律依据。

尽管植入广告引起颇多争议，但在影视剧制作成本逐年升高而商家对植入广告热情不减的背景下，影视剧植入广告已经势不可挡，那么如何协调品牌展示与影视艺术之间的关系，就变得越来越重要。2013年，植入广告走到了“无缝营销”的路口。所谓的“无缝营销”是指植入广告能够融入电影或电视

① 《2013中国电影植入广告收入10亿》，中国广告网，http://news.cnad.com/html/Article/2013/1202/20131202111627331.shtml。

的叙事之中，与影视剧的情节、人物、主题相得益彰，在展示产品的同时不损害影视剧的审美品质，达到品牌传播与影视艺术的双赢。这其实是要求提高广告植入的水平。尽管国内尚未形成植入广告无缝营销的成熟模式，2013 年已经有剧作确实做到了无缝营销，在剧情中“润物细无声”地传递品牌的形象和文化。这样的剧作不少，有代表性的例子包括电影《中国合伙人》中一汽－大众奥迪品牌与电影“进取精神”的主题融合；电影《钢铁侠 3》把中联重科的技术创新和产品优势与钢铁侠的高科技和使命感的特质联系在一起，成功地实现了中联重科与钢铁侠之间的品牌构建；还有电影《北京遇上西雅图》中联想 K900 手机几乎成为贯穿首尾的道具，并促进了电影情节的发展，在每次出现的场景里都不显得突兀，这款手机在电影公映之后迅速火热起来并受到女孩们的追捧。

3. 加强监管与软广告带来的新问题

2013 年，国家下大力气加强对广告公关业的监管。首先是严惩发布虚假广告的行为。针对年初各地公安机关发现，一些不法分子通过互联网倒卖假药的情况十分突出，互联网已逐渐成为非法经营药品、制售假药犯罪的重要手段和渠道，公安部部署“云端行动”，重拳打击利用互联网发布虚假广告，非法经营药品、制售假药的犯罪活动，截至 12 月 16 日已组织全国 29 个省区市公安机关连续开展了三次集中破案行动。12 月，商务部、工业和信息化部、公安部、工商总局、质检总局、新闻出版广电总局、食品药品监管总局等 7 部门联合发布《关于开展电视购物专项整治工作的通知》，自 2013 年 12 月至 2014 年 6 月将在全国集中开展电视购物专项整治行动，发布严重虚假广告将被追究刑事责任。《通知》指出，电视媒体在发布电视购物广告前，应当依法查验有关证明文件，核实广告内容。不得发布未提供产品质量检验合格证明产品的电视购物广告。

其次是打击网络造谣团体和有偿删帖，整顿互联网公关。炒作是品牌营销过程中的惯用手法，制造舆论或利用触犯道德底线的内容吸引关注是互联网公关常见的方式，但是这种网络公关衍生出水军、删帖公司、黑公关等利益团体，不仅将品牌传播引入歧途，还破坏了良性竞争的商业环境。2013 年 5 月起，互联网信息办部署了打击网络谣言的行动，关闭了一批造谣传谣的微博账

号，对相关人员予以处罚。8月21日，全国公安机关集中打击网络有组织制造传播谣言等违法犯罪专项行动拉开帷幕。曾策划出为小女孩儿撑伞、雷锋过奢侈生活等众多热门事件的“秦火火”、“立二拆四”等人，因涉嫌寻衅滋事罪和非法经营罪被北京警方刑事拘留。为了强调网络造谣行为的严重后果，在秦火火团体受处罚后，最高人民法院、最高人民检察院随后又规定：微博造谣诽谤被转发500次即可判刑。此次公安机关对于网络造谣团体的打击，也直接掀起了政府对互联网公关的整顿风潮，公关公司、网络营销公司不可避免地受到影响。在全国公安机关集中打击网络有组织制造传播谣言等违法犯罪专项行动中，北京警方主动出击、缜密侦查，成功摧毁北京口碑互动营销策划有限公司等6个公关公司勾结部分中介和网站工作人员，从事有偿提供删除信息服务的非法经营犯罪网络，抓获违法犯罪嫌疑人数十名，涉案金额1000余万元。①

一边是国家重拳出击整顿广告公关业，另一边新的广告形式带来的新问题在2013年也集中出现，这主要表现为软广告的日趋活跃。互联网技术和微信、微博等社交媒体发展之快，出乎很多人的预料，它们给广告传播管理带来的新问题也呼唤法律法规的继续完善和新法律的制定。名人发布体验式微博进行产品推广的行为被称为“大V”软广告，这种行为已经成为处于灰色地带的软广告。微博软推广目前已形成了完备的产业链，并与微信等炙手可热的社交工具形成了推广联盟：北京讯达网脉科技有限公司称，一些明星单条微博发布价格为20万元左右，有的更是高达28万元左右。即便按每条微博都发满140字计算，明星每字售价也在1500元左右，一般明星很难拒绝这种“一字千金”的诱惑。②

目前，我国还没有针对微博等新媒体营销推广的专门法律法规，现行《广告法》中也尚未纳入新媒体中明星代言的内容。所以发微博表达心得体验和经验交流的“大V”软广告能不能算广告，误导了消费者算不算虚假宣传，都还很难界定。名人微博私自发布的内容并不在广告监管范围之内，除个别关

① 新京报：《网络公关公司收费删帖涉案千万19人被批捕》，新华网，http：//news. xinhuanet. com/fortune/2013 - 12/05/c_ 125809070. htm。

② 《“大V”软广告升温专家建议尽快纳入监管》，中国广告网，http：//news. cnad. com/html/Article/2013/1219/2013121912061069. shtml。

键词可以被发现外，基本无法及时监测到名人发布软广告的行为，更无法对其推广的产品进行监管。一旦微博软广告中推广的产品出现问题，也很难追究内容发布方的连带责任。所以，专家呼吁尽快完善相关法律法规，明确监管责任与义务，让微博软广告在监管之下运行。

三　中国广告公关业品牌发展趋势

随着中国经济平稳发展和改革深入，2014 年中国广告市场将继续恢复性增长，市场规模继续扩大。同时，广告行业的集中度也将进一步提高。资源整合与业务集中并行将是广告市场的未来发展趋势。

新媒体尤其是网络媒体将占有更加重要的地位，移动网络媒体将在 2014 年继续迅猛发展。未来的广告营销将更多地通过论坛、微信、微博等网络方式打造品牌。同时，品牌营销也会走线上线下营销结合的道路。

媒体融合趋势将进一步发展，广告营销向多终端整合。信息传递的主渠道已经由单一的传统媒体垄断发展为传统媒体与新媒体互相融合、互相影响形成了网状媒体。多屏时代的意义不仅在于变革了传播方式，同时在极大地改变购买方式、消费方式和商业模式。可以预见，在互联网大数据的整体覆盖下，屏幕间的交互将变得更加简单和多样，多屏投放也会成为广告主视频战略的基本原则。

B.39

中国演艺业品牌发展报告（2014）

贺予飞

摘　要：

2013年，我国文化体制改革挺进深水区，政府颁布了一系列相关政策推进国有文艺院团体制改革，我国演艺业转企改制取得丰硕成果，形成了以企业为主体的演艺体制新格局，演出市场呈现良性发展态势，涌现了一大批演艺精品力作。打造演艺业品牌发展之路是未来演艺业发展的重要课题。

关键词：

演艺业　品牌报告　品牌盘点　品牌之路

一　2013年演艺业发展概况：政策推力，开创演艺新气象

近年来，随着物质消费水平的提高，人民对文娱产业的支出逐渐增多，对高品质的精神文化需求日趋明显。演艺业是文化产业中的重要领域，它集创意、文化、经济、娱乐、休闲、旅游、服务等于一体，辐射面广，拉动性强，是提升国家文化软实力的重要组成部分。在《文化产业振兴规划》、《国家“十二五”规划》中，演艺业作为文化产业重点发展行业培养。在政策的阳光雨露滋润下，国内演出团体如雨后春笋般蓬勃发展，呈现一片欣欣向荣之势。

继党的十八大召开以来，我国文化体制改革挺进深水区。2013年3月6日，为推进国有文艺院团体制改革，文化部在《2013年文化系统体制改革工作要点》中明确提出深化国有文艺院团体制改革，构建演艺业科学发展的体

制和机制的工作任务。旧体制下依靠政府资金支持的文艺院团已纷纷转企改制，在市场竞争中散发活力。目前，2103 家承担改革任务的国有文艺院团已全部完成既定任务，这标志着以企业为主体的演艺体制新格局已全面成型。2013 年 6 月 5 日，文化部、中组部等 9 个部门下发《关于支持转企改制国有文艺院团改革发展的指导意见》，进一步将演艺业文化体制改革与发展道路对接，系统地、有针对性地为院团体制改革中存在的问题指明了方向，这标志着国有文艺院团在完成转企改制后将以全新的姿态迎接更大的发展与挑战。

一些最先转企改制的国有文艺院团实行资源重组，陆续组建演艺集团公司。民营演艺公司也干劲十足，在市场竞争中如鱼得水，呈现良好发展态势。文化部颁布的《文化部“十二五”时期文化产业倍增计划》提出了将演艺业集约化、规模化、品牌化的具体目标。北京演艺集团、东方演艺集团、江苏演艺集团等龙头演艺企业强强争霸，保利院线、中演院线、万达演艺等演艺院线方兴未艾，《印象·刘三姐》、《水舞间》、《丽水金沙》、《长恨歌》、《藏迷》等旅游演艺热火朝天，湖南红太阳集团、琴岛文化等娱乐演艺风生水起，打造出北京、上海、广州、杭州、成都、张家界、西安等演艺之都，云南、陕西、湖南、浙江、江苏、安徽等演艺聚集群。整个演艺业朝着集约化、品牌化、专业化、规模化的趋势发展。

二　2013 年演艺业品牌亮点：多元发展，因地制宜展特色

2013 年的演艺业品牌总体呈多元发展趋势。《印象·刘三姐》、《水舞间》、《丽水金沙》、《长恨歌》、《藏迷》、《宋城千古情》、《张家界·魅力湘西》、《天门狐仙·新刘海砍樵》、《禅宗少林·音乐大典》、《云南映象》、《龙舞京城》、《梦回长安》、《敦煌女神》、《大宋·东京梦华》、《香格里拉》等众多知名演艺品牌都因地制宜，在芬芳竞放的演艺百花园里拿出了各自的看家本领。

（一）自然山水与人文情怀完美呈现

纵览国内涌现的大批制作精良的演艺品牌，大部分都坐落在旅游胜地。游

客们在此一边欣赏美丽的风景，一边观赏演艺节目。演艺节目大多展现的是当地风土人情，以便更好地展现地域文化的魅力。许多实景演艺品牌将地域美景与人文情怀相融合吸引了大量游客的观赏，成了近年来演艺品牌发展的一大特色和趋势，其中开创时间最早、最为人熟知的是《印象·刘三姐》。《印象·刘三姐》坐落于素有“山水甲天下”的桂林漓江之上，是我国首部全新概念的山水实景演出剧。它由知名导演张艺谋、王潮歌、樊悦和中国实景演出开山人梅帅元亲自操刀，67 位中外艺术家参与创作，600 多名演员组成庞大的演出团队，历经五年多的精心编排才得以与观众们见面。《印象·刘三姐》2003 年试演，2004 年 3 月公演，以红、绿、金、蓝、银作为五大主题色彩，以“山水传说”、“对歌”、“家园”、“渔火”、“情歌”、“盛典”、“天地唱颂”为剧目，将刘三姐的动人传说与桂林山水的自然风光巧妙结合，达到了实景演出中自然与艺术的“天人合一”之境。它不同于以往剧目以情节发展为线索，而是采用印象的表现手法，于山水之间、生活之中拾起刘三姐的点点滴滴。在 600 余位演员中，大部分是当地渔民本色出演，还有一些来自大山里的少数民族居民演绎原生态风土人情，民族风俗、自然景观、山歌文化等在这里得到完美呈现。剧场占地面积百亩，以 12 座山峰、1.654 平方公里水域为背景，场地绿化度超过 90%，是全世界最大的山水实景剧场。灯光、音响采用立体环绕的隐蔽设计，与桂林山水融为一体，如诗如画。在《印象·刘三姐》出演大获好评后，张艺谋、王潮歌、樊悦导演在杭州西湖、云南丽江、普陀山、武夷山、海南岛等地继续发力，推出了《印象·西湖》、《印象·丽江》等一系列印象演出，“印象”这一品牌成了演艺市场的香饽饽，也推动了中国实景演艺项目的发展。

（二）民族风情与地域文化水乳交融

文化魅力是一台演艺节目的核心，许多演艺节目在文化这一内核上别出心裁地打造品牌特色。其中，最为亮眼的是《丽水金沙》、《云南映象》、《香格里拉》、《藏迷》、《张家界·魅力湘西》等少数民族风情演艺，它们将民族风情与地域文化完美融合，这些演艺品牌具有不可复制性。例如，《丽水金沙》以神秘的纳西古国为文化资源，撷取彝族、纳西族、藏族等 8 个少数民族最具

代表的文化意象，以舞蹈诗画形式呈现了一场云南少数民族风土人情的视觉盛宴。演出选取旅游胜地丽江作为表演地，以古老的东巴文化为序曲，将民族文化与自然山水融合得天衣无缝，描绘了一幅“水”、“山”、“情”为主题的民族风俗画卷。“棒棒会”、“找姑娘”、“火把节”、“赶猪调”等习俗节庆将民族风情展现得淋漓尽致，摩梭人的“走婚”、纳西族的殉情通过演员们的动情演绎，传神地再现了滇西北的婚恋文化，开创了民族歌舞演艺的新形式。《藏迷》则以一位藏族老阿妈带着一头小羊羔在朝圣路上的见闻为主线，从藏族歌舞、民俗习惯、宗教信仰、日常生活等多个角度为观众朋友们揭开了神秘的藏族文化之谜，将藏族文化精髓动情演绎。踢踏舞、长袖舞、牦牛舞等舞蹈展现了藏族民间歌舞的深厚艺术魅力，打青稞、打阿嘎、沐浴节、赛装节等剧情将藏族人民的丰收劳作、节庆的隆重场面生动再现，其演出道具、服装、乐器达3000余件，皆出自西藏本地，有80余位演员均是土生土长的藏区农牧民，其乐曲、歌舞也是各地藏族中脍炙人口、广为流传的代表性作品。除了驻场演出外，《藏迷》还在北京、上海、成都、武汉等10余个城市巡回演出并赴日本海外演出，以其独特的艺术魅力和民族文化感染力获得空前反响，收到国内外观众追捧。

（三）动人剧情与高科技制作双面开花

许多演艺品牌深谙观众朋友们的看剧心理，以故事剧情和高科技制作为特色，以引人入胜的剧情打动人心，并紧跟时代步伐引进先进的舞台技术，由内而外地在软、硬件各个方面完成了品牌特色的打造。例如，历史舞剧《长恨歌》以白居易的名作《长恨歌》为蓝本，于华清池九龙湖畔还原了一段千古流传的动人爱情故事。该剧分为“杨家有女初长成”、“一朝选在君王侧”、“夜半无人私语时”、“春寒赐浴华清池”、“惊破霓裳羽衣曲”、“玉楼宴罢醉和春”、“仙乐风飘处处闻”、“三千宠爱在一身”、“渔阳鼙鼓动地来”、“花钿委地无人收”、“天上人间会相见”11幕，将唐玄宗与杨贵妃之间缠绵悱恻的爱情悲剧传神再现，流畅而精练的剧情演绎打破了以往众多历史舞台剧的片段式表演模式。剧场以骊山为背景，在九龙湖畔建造近千平方米的水上立体舞台，灵活多变。剧院配备的可折叠隐蔽式LED仿真色彩软屏，堪称亚洲之最，

采用国内先进的星星灯和雾森技术营造出星辰闪烁、森林雾瀑的奇幻效果，引进美国拉斯维加斯火海特技，水面燃烧的熊熊火海给观众们带来了前所未有的视觉震撼，更有香雾技术以及车载式移动看台带来全新4D体验，营造身临其境的舞台效果。澳门演艺品牌《水舞间》继承了西方爱情童话故事的精髓，英俊勇敢的男主角为了拯救美丽的公主，不远万里跋山涉水，与王后的恶毒势力展开了一段正义与邪恶的较量，演绎了一部穿越时空的水上浪漫爱情传奇。观众们于跌宕起伏的剧情中体会“喜、怒、哀、惧、爱、恶、欲”7种情感的变化。《水舞间》剧院采用高科技设备，剧场由贝氏建筑事务所根据剧目要求量身打造，采用270度立体回环设计，剧院舞台由上海世博会的音乐喷泉制造商法国国际水秀公司采用世界顶尖的科技设备制作而成。水舞池常年保持30℃恒温，水容量达370万加仑，是奥林匹克标准泳池容量的5倍。有239个喷水口和可以制造出暴雨、海浪、喷泉、烟雾等的多种舞台布景效果，11个10吨水压升降台可使水池顷刻变为陆地舞台。像《长恨歌》、《水舞间》、《天门狐仙·新刘海砍樵》等这类演艺品牌都根据自身地域优势，以神话或历史文化故事为背景，将故事的开端、发展、高潮、结局以串线方式衔接，剧情跌宕起伏，同时有先进的科技设备提供强大的技术后盾，品牌特色鲜明，给观众朋友们带来了一场超越感官极限的盛宴。

三　2013年演艺业品牌发展之路：运筹帷幄，会挽雕弓射天狼

2013年的演艺业回归市场活力，生机勃发，新的演艺体制和格局基本形成。在此基础上，我们需运筹帷幄总结经验，取其精华弃其糟粕，以坚定的信念、稳健的姿态、有力的步伐将演艺业品牌做大做强。

1. 内容为王，打造品牌

近年来，演艺市场不断涌现精品力作，品牌化趋势明显。据不完全统计，早在2011年我国投资百万以上的知名演艺品牌已超过200个，每日各地的实景演出累计高达上千台，由此可见演艺节目想要在群星闪耀的演艺行业中大放光彩必须以内容为王，镀量品牌。

打造一台知名演艺节目必须在内容上具备辨识度，突出个性发展、打出特色亮点是品牌之路不可复制的法宝。《妈妈咪呀》在引进西方版权后并没有进行全剧复制，而是以中国方式进行演绎，打破了音乐剧票房纪录。《印象·刘三姐》、《长恨歌》、《丽水金沙》、《藏迷》、《张家界·魅力湘西》、《天门狐仙·新刘海砍樵》等演艺品牌以独特的人文地理蕴含，用原生态的演绎方式为我国多彩灿烂的文化描绘了一幅幅美丽画卷，深受观众朋友们青睐。事实证明，盲目照搬西方舶来品进行汉化移植并非长久之策，演艺市场需要本土原创力才能获得持久发展动力。

打造一台知名演艺节目更需在内容上具备含金量，提升品牌质量，做大品牌内容是演艺业品牌发展之路的关键。“打铁还需自身硬”，文化蕴含、视听审美、制作技术等都是考核演艺节目内容水准的硬性指标。文化为魂，演艺节目吸引眼球不能靠迎合低俗趣味走旁门左道，而提升自身文化艺术魅力需练就真功夫。在此基础上，演艺企业可拓宽品牌内容，丰富品牌蕴含，进一步将品牌做大。深圳华侨城在近20年的发展中推出近60台不同类型演艺项目，这种分众化的演艺拓宽了品牌之路，便于打造综合性演艺品牌。内容是打响招牌的基础，没有内容，演艺品牌就如无根之木、无源之水。有了过硬的内容品质，演艺品牌就具备了核心竞争力。

2. 借力市场，转型升级

自2002年党的十六大首次提出了遵循市场经济发展规律推进文化体制改革后，10年来我国演艺业打开市场之门阔步前行，于2013年完成了全国性转企改制，往日由政府为主导的演艺业态一去不返，以企业为主体的全新格局业已成型。同时，在2013年国家频频颁布的节俭令之下，许多靠政府资金养活的文艺院团面临严峻考验，在政策的健康引导下演艺业转型升级势在必行。

市场是搅动企业发展的一湾春水，给演艺业带来了无限生机。被誉为“中国演艺第一股”的杭州宋城旅游公司于2010年在深圳证券交易所上市，凭借《宋城千古情》打响名号，在市场上大做文章，推出吴越、丽江、三亚、九寨、阿诗玛、泰山、武夷千古情系列演出，将“千古情”品牌做大做强，并开展了“看千古情”、“玩主题公园”、“住主题酒店”、“乐缤纷活动”、“享游客服务”等一条龙式服务，将演艺文化与旅游经济相结合，这一华丽转型

升级之举将品牌之路越走越宽，辐射周边区域，拉动了杭州的经济发展。

组建产业链、进行跨界发展是未来演艺业品牌之路值得借鉴的发展模式。演艺业产业链包括演出团体、经纪机构、表演场地、票务销售、演出受众等重要环节。演艺品牌在资源、制作、流通、市场方面形成良性产业化运作，有助于提升品牌竞争力，是一种将演艺品牌做强的有效手段。当企业具备一定竞争力时，跨界发展有助于拓宽市场，是一种将演艺品牌做大的发展方式。“跨界”是目前许多行业的时尚热词，演艺与旅游、餐饮、住宿、购物、音像、图书、会展、休闲等行业联系紧密，演艺业跨界发展大有前景，打造“中国式迪士尼”王牌产业不无可能。

3. 合纵连横，营销制胜

《文化部“十二五”时期文化产业倍增计划》中明确提出了建设跨区域文艺演出院线和知名演艺产业聚集区的计划，这是演艺业朝品牌化、规模化发展的必由之路。众多演艺企业纷纷尽显合纵连横之道，呈现鲜明的跨地区、跨行业发展趋势。保利院线、中演院线，中国北方剧院联盟、东部剧院联盟等院你方唱罢我登场，纷纷以院线、联盟形式进行资源整合，降低运营成本，拓宽市场营销渠道。

营销是打出品牌的关键环节，各路演艺企业在此尽显神通。亚洲第一水上演艺品牌《水舞间》在品牌营销策略上有诸多值得借鉴之处。该剧的导演是全球著名的灵感创意大师，具备顶级的制作团队，在练好品牌内功后，制作方力邀郑秀文、郭富城、李云迪等众多演艺巨星和著名音乐家、艺术家助阵宣传，并推出与观众朋友们互动的项目“探索体验营”，集结了一大批忠实粉丝，并紧跟时代脉搏，运用新媒体技术建立《水舞间》官网，设置网上新闻发布中心，拓宽了市场客源，还开设了礼品店出售《水舞间》系列纪念品，其营销之道可谓集结十八般武艺，样样精通。

4. 社会助力，培养人才

演艺业的品牌之路需要一批“踏石留印、抓铁有痕”的中坚力量作为发展的持续动力。知名演艺品牌的光环背后离不开一群有创意、懂技术、善管理、会经营的人才。例如《印象·刘三姐》的诞生集结了张艺谋、王潮歌、樊跃、梅帅元等著名导演、策划精英以及大批中外艺术家为其创作团队，具备极高的艺术素养、创新能力和从业经验。行业的竞争实际上也是人才的竞争。2013 年文化部下发的《关于支持转企改制国有文艺院团改革发展的指导意见》明确提出了人才培养计划，全国演艺企业经营管理人才培训班将持续 5 年进行，至今已举办两届。纵览我国演艺业人才状况，专业人才、创新人才、精英人才相对缺乏，需要社会助力，加大人才培养计划。政府、高校、演艺院团企业可以针对管理运作、学术研究、创意策划等方面对演艺从业人员进行专业培训，多方助力为演艺业培养后备军团。

5. 走出国门，拓宽市场

近年来，中国演艺业通过中外文化交流年、演艺节展峰会、国际巡演等方式迈开“走出去”步伐，已初显成效，《少林武魂》、《功夫传奇》、《海上风韵》、《头顶技巧》、《胡桃夹子 · 海上梦》等演艺精品在国外上演大获好评。其中，《功夫传奇》是实现品牌输出的优秀案例。2009 年天创国际演艺制作交流有限公司以 354 万美金重磅收购美国的布兰森市白宫剧院作为《功夫传奇》驻场演出地，于 2010 年 7 月在美国公演，反响热烈，好评如潮。《功夫传奇》自上演以来足迹遍至亚洲、美洲、欧洲，海外演出达 1100 多场，将中国品牌推出了国门走向世界。未来演艺业需坚定“走出去”步伐，把更多的优秀作品传播到世界各地，让东方艺术在世界舞台上绽放光芒。

B.40

中国动漫游戏业品牌报告（2014）

纪海龙

摘　要：

2013年，中国动漫游戏产业发展态势良好，政府、行业协会、企业自身都进一步增强了自身的品牌战略意识，产业精品化路线更为深入，品牌建设、运营、保护都取得了一定进步。不过，产品内容质量不高、缺乏品牌运营经验、盗版侵权问题等严重影响着产业品牌发展，是未来亟须解决的重要问题。

关键词：

动漫游戏　品牌建设　品牌运营

2013年，作为文化产业重要组成部分的动漫游戏产业，其发展继续保持了良好的态势，产业规模持续扩大，产业结构不断优化，市场主体成长快速。与此相关，动漫游戏产业的品牌化建设得到了进一步发展，无论是政府部门还是企业自身，都明显增强了对品牌战略的认知，精品化路线也走得更为深入，市场上出现了更多的优质动漫游戏产品，既扩大了产业知名度，也推动了我国由动漫游戏大国向强国的转变。

一　动漫游戏产业年度发展态势

近年来，在相关产业政策以及市场因素的引导、推动下，动漫游戏产业整体一直发展迅速，成为文化产业诸领域中增长速度最快的一个领域。2013年，这种态势得以保持。

就动漫产业而言，文化部文化产业司动漫处处长宋奇慧2013年12月接受媒体采访时说："目前我国从事各种动漫经营和兼营的企业有10000余家，其中主营动漫的就有5000家。"[①] 2012年，通过文化部、财政部和国家税务总局认定的动漫企业有500家，重点动漫企业34家。在这一基础上，2013年，通过国家认定的动漫企业数量又新增87家，重点动漫企业有9家，它们将享受国家给予的动漫企业相关税收优惠政策。这些"国家队"中的企业已经逐渐成长为国内动漫产业的主力军。市场主体壮大的同时，动漫产业市场规模也在不断增长。有数据显示，2013年我国动漫产业收入超过了800亿元。不过，值得一提的是，自2012年来，全国制作完成的动画片产量却呈现下滑趋势，2012年完成全国共制作完成222938分钟动画片，较2011年下降了14.66%，也是其产量经历了五年连续增长后首次出现下滑。2013年，有预计称国产动画片产量仍会骤减，下降至15万分钟左右。[②] 另一方面，2012我国动漫产业总产值为795.94亿元，尽管同比增长达到22.23%，但较2010年、2011年等年均增长率超过30%的年份，增速有所放缓。可以说，中国动漫产业正处于转型升级时期，不盲目追求数量，而注重质的提升。

游戏产业2013年则收获颇丰，可谓多端开花，百家争鸣。据2013年12月27日于武汉召开的第十届中国游戏产业年会发布的《2013年中国游戏产业报告》显示，2013年中国游戏市场实际销售收入达到了837.1亿元，较2012年增长38%。其中，端游市场销售收入为536.6亿元，同比增长18.9%，占市场份额的64.5%。不过端游市场已经相对成熟，虽仍是市场主力，近年来却一直缓步增长，增速不断下滑。网页游戏销售收入为127.7亿元，同比增长57.4%。移动游戏表现最为抢眼，销售收入达到112.4亿元，同比增长246.9%。社交游戏、单机游戏分别收入54.1亿元、0.89亿元。中国自主研发网络游戏海外销售收入为18.9亿美元，同比增长达到了219.3%，"走出去"的步伐继续加快。游戏市场的迅猛发展吸引了大量的资本涌入。2013年，游戏资本市场异常活跃，投资、收购、上市等活动接连不断，游戏概念股也成

---

① 《中国动漫的下一个机会：新媒体——专访文化部文化产业司动漫处处长宋奇慧》，《杭州日报》2013年12月26日。

② http://www.askci.com/news/201305/30/3011462482685.shtml.

为 A 股市场最火爆的部分。

2013 年，动漫游戏产业另一个显著特征是，以智能手机、平板电脑为代表的新媒体对其影响巨大，手机动漫、移动游戏成为产业新的、巨大的增长点。试运营于 2011 年的中国移动手机动漫基地 2011 年收入为 6000 万元，2012 年正式投入商用后收入 3 亿元，这一数字在 2013 年突破了 10 亿元，带动产业收入约 200 亿元。2013 年 11 月 22 日，中国电信动漫运营中心与奥飞动漫等 100 余家动漫企业与机构，在厦门成立了“中国新媒体动漫联盟”，以适应新媒体对动漫业产生的影响。预计到 2014 年中国手机动漫市场规模将达到 30 亿元。[①] 2013 年，文化部还正式公布了《手机动漫文件格式》、《手机（移动终端）动漫内容要求》、《手机（移动终端）动漫用户服务规范》、《手机（移动终端）动漫运营服务要求》，打造手机（移动终端）动漫的标准体系，有利于推动新媒体动漫规范发展。相对于手机动漫，移动游戏的发展更加迅猛，较 2012 年市场收入大幅增加，2013 年甚至被称为是手游元年。移动游戏成为网络游戏市场的新亮点和游戏产业的新蓝海。移动游戏中的巨大市场潜力吸引了其他行业的巨头纷纷加入其中，包括华谊、软银、富士康、阿里巴巴等都开始跨界进入手游领域。

二　动漫游戏产业品牌年度发展盘点

动漫产业经过近十年的发展，经历了从小到大、由最初代工到今天原创阶段的转变。品牌建设、保护成为产业发展当务之急。2013 年 8 月 29 日，文化部文化产业司与天津市委宣传部联合主办了首届中国动漫品牌峰会，与会者就动漫品牌建设、运营、保护等展开讨论，纷纷肯定品牌在动漫产业中的重要地位。相对而言，游戏产业经过十余年发展，研发、管理、营销等各个环节更为成熟，其市场竞争已走过初期的价格竞争阶段进入品牌综合实力竞争阶段，品牌运营、保护等成为行业重点。2013 年，动漫游戏产业品牌发展中以下现象较为明显。

---

① http：//it. sohu. com/20131125/n390733539. shtml.

1. 政府持续发力，推动动漫游戏业品牌发展

中国动漫游戏产业近年来发展迅猛，这其中，政府的持续大力支持发挥了极为重要的作用。2006 年，国务院通过了《关于推动我国动漫产业发展的若干意见》；2007 年财政部设立了动漫产业发展专项资金，支持优秀原创动漫产品生产；2008 年 12 月，文化部等发布了《动漫企业认定管理办法》，对经过认定的国家动漫企业，给予税收等方面的支持；2012 年 7 月，文化部通过了《“十二五”时期国家动漫产业发展规划》，指出，“十二五”期间，我国将着力打造 5～10 个知名国产动漫品牌和骨干动漫企业。这些政策、规划为动漫产业的发展发挥了重要作用。在 2012 年首度成功开展国家动漫品牌建设和保护计划的基础上，2013 年文化部继续开展这项工作，有 20 个动漫品牌项目和 30 个动漫创意项目入选。2013 年，国家税务总局又明确了扶植动漫产业发展增值税与营收税政策。多地政府还主办了形式多样的动漫节等活动。游戏行业，2013 年影响重大的是，8 月份文化部出台了《网络文化经营单位内容自审管理办法》，对国产游戏不再实行实质性内容审查，而改由制作经营公司进行，文化部进行“后续监管”。以后，这种政策还将扩展到网络动漫等产品。这无疑简化了网络游戏审查程序，有利于刺激更加丰富多彩的游戏产品出现。

2. 从“一枝独秀”到“多花开放”：国产动漫品牌初具规模

自 1926 年中国第一部动画片《大闹画室》问世以来，中国动画创作至今已有近百年历史。20 世纪 60 年代曾产生了《小蝌蚪找妈妈》、《大闹天宫》等优秀作品。不过其后受“文化大革命”以及计划经济体制等影响，中国动画经历了相当长一段时间的断层与沉寂。近年来，国产动漫开始复苏，制作完成的国产电视动画片数量逐年递增，2010 年达到了 22 万分钟，甚至取代日本成为世界第一动画生产大国。2012 年虽然产量有所下降，却仍是日本的两倍有余。整体而言，中国动漫产业还处于起步阶段，庞大数量的背后，除《喜羊羊与灰太狼》外，鲜有能与海外动漫相抗衡的动画形象。量多质低成为中国动漫的尴尬现实，这是必须突破的瓶颈。因此，打造 5～10 个知名国产动漫品牌和骨干动漫企业成为“十二五”期间国家动漫产业发展的目标。但近两年尤其是 2013 年，市场上好看的国产动画较之以往有所增加，除《喜羊羊与灰太狼》之外，还出现了《熊出没》、《猪猪侠》、《开心宝贝》等收视率、新

媒体点击率均较高的动画片。《熊出没之过年》在2013年蛇年新春期间更是达到了3.85的超高收视率，创下了央视少儿频道开台以来的最高收视率。

相对于电视动画片，系列动画电影的表现更为抢眼。数据显示，截至8月末，2013年国产动画电影共有10部票房达到千万元，同比2012年增加1部。其中前5位全部为系列电影，包括《喜羊羊与灰太狼之喜气羊羊过蛇年》、《赛尔号大电影3：战神联盟》、《我爱灰太狼2》、《洛克王国2：圣龙的心愿》、《潜艇总动员3：彩虹宝藏》。位居榜首的“喜羊羊”，凭借之前积累下的品牌知名度与观众基础，票房再度强势过亿元。系列动画电影能够聚集其更多的人气，有利于品牌累积，不失为现阶段打造更多优秀动漫品牌的有力手段。从目前市场情况看，国内动画电影系列化、品牌化模式正在形成，品牌也在不断成熟的过程中。

3. 动漫品牌授权模式得到肯定

以动漫创作为源头打造衍生品，通过品牌授权方式赢利，这一模式在动漫产业发达国家（如美国、日本等国）非常流行。“米老鼠”形象每年的授权收入超过18亿美元，迪士尼的衍生品占其整个产业链的70%。很多成功案例表明，品牌授权是动漫产业最快也是最佳的赢利模式之一。国内动漫产品中，“喜羊羊”在品牌授权方面走在了前列，其衍生品有400余个门类、1000多个品种。不过，国内动漫品牌授权起步较晚，国外品牌在市场上占有很高的比例。而动漫产业的高增长率和庞大的消费市场吸引着越来越多的国产动漫企业投入资本与精力，动漫品牌授权模式受到了越来越多的认可。例如，在第九届中国国际动漫节上摘获“2012中国动漫十大企业”与“2012中国动漫十大人物”两项大奖的厦门大拇哥动漫股份有限公司，即通过动漫授权等方式积极推进全产业链建设。大拇哥动漫的代表动漫作品为《小瑞与大魔王》，这是其倾力打造的500集大型原创动画系列片，前三季连续获得广电总局推荐的优秀动画片，在央视、金鹰卡通卫视、优酷、土豆等电视台与新媒体热播。第四季也已于2013年9月在央视少儿频道首播。目前，大拇哥动漫已与丹尼玩具、杜邦实业、磨铁图书、豪胜文化等多家企业成功达成品牌授权合作，开发各类动漫衍生品达1000多种。其与丹尼玩具合作开发的小瑞与大魔王系列木制玩具2013年3月一经面世便受到热捧。不仅如此，在授权宣传方式上，国产动漫也尝试新手段。2013 年国产动画片首次尝试了动漫形象授权拍卖。《阿吉的中国之旅》一改业内先推广成功再进行商业授权的传统方式，在首播当天即举办动漫形象授权拍卖会，目的是让市场快速了解这个品牌。动漫品牌授权活动在国内动漫企业中日益获得更高的推崇。

4. 新媒体助力动漫游戏品牌跨媒体、多屏幕发展

新媒体尤其是智能手机、平板电脑的强势崛起为动漫游戏产业创造了新的增长点，未来 4G 的普及与发展也会给产业带来新的推力。目前，跨媒体发展成为打造动漫品牌的又一新追求。跨媒体与多媒体、跨平台方式不同，后者只是一个相同的故事出现在多个平台上。跨媒体不是简单地将漫画改编为电影、衍生出相关产品，而是在不同的领域分别进行动漫产品的规划，将角色和故事延伸到这些领域中，分别组成不同的主题。这方面当以上海淘米网络科技有限公司出品的《摩尔庄园》与《赛尔号》为代表。《摩尔庄园》本为淘米网开发的一款儿童网络社区游戏，在积累的庞大用户群基础上，《摩尔庄园》推出了动画片、电影，在电影、电视、图书、网络游戏等诸多方面都有着不俗的业绩，也以不同的形态出现在用户生活中。《赛尔号》有着类似的发展经历。未来，实现电脑、电视、电影三大屏幕跨媒体融合，将玩具、食品、游戏等多个领域关联在一起，将是打造动漫品牌的又一重要手段。2013 年，腾讯、盛大、完美时空等国内知名游戏企业均延续了一款游戏的“多屏”战略，《传奇》《星辰变》、《梦幻诛仙》等老牌游戏推出了手机版，而一些受欢迎的移动游戏如《我叫 MT》等则谋划着推出电脑版。此外，偏重于轻松、简单风格的页游、手游也出现了重度化倾向，如此，端游、页游、手游三者之间的界限变得越来越模糊。不过，一款游戏的多屏发展也对技术提出了更高要求，例如如何在电视上运行触屏游戏等。

5. 端游、页游精品化趋势明显，打造手游精品成为产业战略重点

2013 年是移动游戏尤其是手机游戏获得巨大发展的一年。相较而言，端游与页游的发展更为稳健。其中，端游在经历了十余年的发展后，近两年增速已逐步放缓。2011 年前后则是页游市场高度繁荣的时期，百度、腾讯、360 等巨头大举进入页游市场，带来了页游市场的激烈竞争，其后市场增速也开始有所下降。不过，端游、页游 2013 年的销售收入仍超过了手游，愈加朝精品化

方向发展。例如，2013 年端游新增游戏数量较往年已有所减少，有 250 余款，但质量却有所上升。

老牌端游厂商如盛大、完美世界等 2013 年纷纷进军手游领域，打造手游精品成为众多企业未来战略发展重点。完美时空 CEO 池宇峰表示手游将是其未来研发重点，并计划建立独立的手游运营平台。盛大游戏 CEO 张向东则指出，未来三年在保证大型游戏收入稳定的情况下，盛大将让手游占到 50% 以上，手游将会以精品发展为主。2013 年 8 月 20 日，盛大游戏推出了移动游戏运营平台“G +”，并集纳盛大集团旗下资源为该平台提供支持。奥飞动漫则收购了北京方寸科技、爱乐游两家移动游戏公司 100% 的股权，这两家公司均已经成功开发了多款经典移动游戏。

手游的迅猛发展也影响到对手游平台的激烈竞争。360、小米、腾讯、百度、触控、当乐、91、UC 被誉为移动游戏的“八大平台”，2013 年 8 月，百度以 18.5 亿美元收购了 91 无线，在手游分发渠道上无疑占据了更多优势。

6. 跨界合作受欢迎，渐成游戏推广新趋势

手游市场的激烈竞争促使企业投入相当大的精力与资本进行宣传。例如，为宣传游戏《捕鱼达人 2》，手游公司触控科技以 690 万元的天价获得《中国好声音》（第二季）巅峰之夜两条广告位。此外，跨界合作方式也被越来越多的企业运用。跨界合作即是将游戏与其他领域产品相结合，共同推广。这种方式能够有效地减少品牌投入费用，产生一种强强联合的效果。2013 年，颇多手游企业使用了这种方式推广游戏。休闲游戏《找你妹》与赵薇执导的电影《致我们终将逝去的青春》合作，推出了“找你妹致青春版”。触控科技则将魔漫相机植入其获得独家代理权的韩国 3DRPG 大作 *HelloHero* 中，此外，触控科技还投资百万拍摄了同名的微电影，用电影营销方式推广游戏。这种手法也使本来就大热的移动游戏市场竞争更加激烈。

三　存在的问题

尽管 2013 年国内动漫游戏产业品牌建设有一定的成绩与亮点，但问题仍不容小觑，突出表现在以下几个方面。

首先，内容质量不高严重制约品牌发展，产业品牌价值问题日益凸显。动漫游戏是以内容为核心的产业，如果没有优秀的动漫形象，吸引人的动画片、动画电影以及让用户感到好玩儿的游戏产生，吸引不到用户，产业的发展便无从谈起，更不用谈到衍生品生产、打造产业链。然而目前，国内动漫游戏产品存在着内容质量不高、高度同质化严重的问题。一度作为国内动画片标杆的《喜羊羊》与《熊出没》被央视批评语言粗俗、动作暴力，对儿童心理产生了不健康的影响。完美世界 CEO 萧泓指出，游戏市场的产品同质化倾向非常明显，“10 款产品至少 3 款是一个模子造出来的”。[①] 360 游戏中心总经理郭海滨也谈到了页游产品同质化现象严重的问题。内容缺乏导致了国内动漫游戏产品品牌过少，使产业品牌问题日益凸显，从而只能以量取胜。因此，国产动漫游戏必须增加更多原创性，提升质量才是市场制胜王道。

其次，品牌运营缺乏经验，品牌透支现象严重。创新能力的不足、优秀产品的缺乏导致目前动漫游戏市场能够提供给用户、并达到用户满意的国产动漫游戏产品并不多。这在动漫市场上尤为明显，又由于对品牌运营缺乏经验，国内一些知名品牌并不能很好地运行下去。2013 年 9 月，“喜羊羊”品牌和团队即被奥飞动漫从意马国际收购。事实上，这只“喜羊羊”赚钱并不容易，无论是在电视台还是电影院线，“喜羊羊”都备受限制。目前，电视台给予动画片的播映费非常低，央视和众多知名视频网站甚至并不支付播映费，而仅仅提供播出平台。“喜羊羊”最初就免费播映了两年。院线方面，去除院线分账、宣发费用及制作成本，“喜羊羊”制作方能够得到的钱并不多。动漫产业赢利模式的复杂使众多企业难以赢利，有数据称目前 85% 的国产动画公司入不敷出。[②] 此外，“喜羊羊”品牌还面临被透支的局面，尽管《喜羊羊与灰太狼之喜气羊羊过蛇年》获得了过亿元的票房，但较 2012 年《喜羊羊与灰太狼之开心闯龙年》，票房已降低近 4000 万元。“喜羊羊”的观众一直以低幼观众群为主，对大人缺乏吸引力，持续开发，必然会引起观众群的流失。

最后，知识产权问题仍然严峻，盗版侵权行为严重影响国产动漫游戏品牌

---

① http://news.17173.com/content/2008-03-22/20080322103802077.shtml.

② http://epaper.ynet.com/html/2013-11/03/content_20813.htm?div=-1.

正常运营。有数据显示，“喜羊羊”衍生品收入中，盗版收入占比超过 70%。“喜羊羊与灰太狼”形象被擅用甚至成为 2013 年合肥市高新区法院发布的十大知识产权典型案例之一。游戏产业方面，2013 年，“金庸维权事件”影响深远。据悉，目前国内武侠题材的游戏中，使用金庸作品的占到 40% 以上，而诸多使用者中，只有畅游与完美世界获得了金庸题材的游戏授权。正因内地诸多厂商并未取得授权而擅自开发以此为蓝本的游戏产品，金庸建议畅游、完美两家公司联合采取维权行动。消息传出后，涉事企业北纬通信的股票一度跌停。盗版、侵权行为横行严重影响了市场的正常秩序，使动漫游戏品牌运营受到巨大干扰。

B.41

中国数字出版业品牌报告（2014）

凌 菁

摘 要：

2013年中国数字出版业品牌建设取得了一系列新的进展，政府和企业都意识到品牌建设是数字出版业发展的关键，采取了多项措施，取得了显著的成绩。政府出台多项政策扶植数字出版业，规范数字出版业市场，统一行业标准，并加大对数字出版业知识产权的保护力度。数字出版企业重视产品开发，整合资源，更新技术，把打造差异化、个性化、智能化产品作为品牌建设的重点。另外，企业的营销意识日益增强，行业的整合并购之风加速，国际化程度日益加深。但目前产业链循环不畅、侵权手段复杂、高端人才短缺等成为数字出版企业品牌建设过程的几大瓶颈问题。

关键词：

数字出版　大数据　品牌建设　知识产权

一　数字出版业年度发展现状

2013年中国数字出版业借政策之风和技术力量稳步发展，仍保持强势增长的态势。2013年中国数字出版年会上发布的《2012～2013年中国数字出版产业年度报告》显示，我国数字出版规模再创新高，2012年数字出版产业整体收入规模达到1935.49亿元，比2011年增长40.47%。手机出版和网络游戏仍是数字出版产业的主力军，分别占数字出版总收入的25.13%和29.43%，共1056.1亿元，占据了数字出版业的半壁江山。传统的出版业加快数字化转

型的步伐，从被动到主动，成为2013年数字出版业的一大亮点。国家新闻出版广电总局举办的70家数字出版转型示范单位评选活动推动了传统出版业数字化转型的进程。传统出版业基本完成了对原有内容资源的数字化转换和整合，开发了各具特色的数字化平台。数字出版业从重技术回归到内容资源建设的原点，致力于优质数字内容的再生产，打造各具特色和个性的数字化内容，重视内容服务的功能。新型技术的开发、应用和转化使数字出版业推陈出新，出现了柔性平板电脑PaperTab、3D打印机等新产品。传播渠道更新换代，智能手机和平板电脑开始替代台式电脑，数字出版向移动互联网转移。数字标准体系建设取得重大进展，政府对数字出版业的扶植力度仍然很大，出台了一系列政策和法规推动数字出版业的发展，规范数字出版市场向健康有序的方向前进。

二　品牌建设的几大亮点

（一）政策扶植为品牌建设保驾护航

数字出版业已成为文化产业发展的重头戏，受到政府的高度重视，中央以及省市各级政府机构都纷纷出台相关政策扶植数字出版业的建设，重视数字出版行业标准的统一，规范数字出版业的发展环境，实施一系列优惠的税收政策，积极推动数字出版业的大力发展。2月，国家新闻出版总署发布了统一的《数字阅读终端内容呈现格式》行业标准，解决了数字阅读终端内容的格式纷乱现象，推动了数字阅读市场的良性发展。3月，国务院新修改的《计算机软件保护条例》、《中华人民共和国著作权法实施条例》、《信息网络传播权保护条例》三部重要的出版与数字出版版权法规的出台，加大了对侵犯版权行为的惩处力度，提高了罚款金额，从原来的可处5万～10万的罚款修改为可并处20万以下的罚款，这有利于净化数字出版的环境，保护企业的知识产权。8月14日国务院发布《关于促进信息消费扩大内需的若干意见》（以下简称《意见》）推动了数字出版业的发展。《意见》指出，要大力发展数字出版、互动新媒体、移动多媒体等新兴文化产业，促进数字文化内容消费。到2015年，信息消费规模超过 3.2 万亿元。《意见》提出加快信息基础设施的升级改造，全面推进“三网”融合，鼓励智能终端产品的创新发展，规范信息消费市场秩序和完善支持政策，加大财税政策支持力度，被认定为高新技术企业的互联网企业享有所得税优惠税率，加强知识产权保护力度和行业标准体系建设等。各省市都出台了相关的促进数字出版产业发展的意见，如湖北省、江苏省等政府都印发了《关于促进数字出版产业发展的意见》，在政策和法规等方面支持数字出版业的发展。11 月国务院发出《中共中央关于全面深化改革若干重大问题的决定》中指出，鼓励非公有制文化企业发展和民营资本进入文化行业，为数字出版业的发展注入更多活力。

（二）大数据精准营销　增强品牌运营能力

2013 年是大数据元年，大数据技术受到数字出版业的青睐，企业通过大数据的精准分析了解和把握消费者具体需求，生产满足消费者个性需求的产品，实现了产品精准化营销的目标，增强了品牌的竞争能力。麦肯锡在《大数据，是下一轮创新、竞争和生产力的前沿》专题研究报告中提出：“对于企业来说，海量数据的运用将成为未来竞争和增长的基础。”大数据技术提供的海量数据和精准分析成为企业进行未来产品内容设计以及品牌定位的重要依据。2013 年小米的成功就与大数据营销分不开。它通过微信、微博、QQ 等社交媒体的营销方式形成了一支庞大的小米粉丝队伍，并通过百万粉丝从网络上反馈回来的数据分析以及测算各种需求的比例，不断改进和研发新的产品，最大限度地满足“米粉”需求，创造了一个“销售传奇”，2013 年小米手机销售达 1870 万台，销售额 316 亿元，增长 150%，在市场上形成了一个“小米”品牌效应。碎片化已成为数字阅读的发展趋势，大数据技术可以实现数字内容产品和服务的私人化定制功能。中国知网就提出了“大数据出版”模式，将出版社的内容资源碎片化、数据化，融入网络大数据环境，根据用户行为分析数据，提供满足用户需求的个性化内容，这一模式将助力数字出版营销的精准化。Adobe 推出了“读者指标标准化”，让出版商能够清楚地了解读者阅读的时间、人数、节数等。改版后的新浪网通过大数据技术了解用户的访问习惯和兴趣偏好，为用户提供兴趣匹配度高的内容。腾讯微博在大数据挖掘的基础上推出微圈、微热点、微博管家等功能，大幅度提升用户体验感。数据正成为企业的重要资产，数据分析能力已成为企业的核心竞争力。

（三）移动互联网技术　拓展品牌传播渠道

2013 年是移动互联网年，工信部向中国移动、中国电信和中国联通发放 4G 牌照以及“宽带中国”、“促进信息消费”等国家战略的推进，标志着中国移动互联网新时代的到来。① 艾瑞咨询机构报告显示，2013 年第三季度，中国移动互联网市场规模达到 278.7 亿元，同比增长 66.7%。截至 2013 年 10 月，我国移动互联网用户总数达到 8.17 亿户。移动互联网平台已成为数字出版业拓展品牌知名度的重要传播渠道。目前，数字出版企业纷纷布局移动互联网，争夺互联网入口。8 月，百度以 19 亿元重金收购国内最大的应用商店“91”，截至 12 月底，百度 91 应用平台日均分发量突破 9000 万，以 40.6% 的市场份额高居榜首，成为国内第一移动分发平台。12 月又发布移动端安全产品“百度手机卫士”，进军移动安全领域，形成自己的移动互联网入口。新浪提出“移动为先”的核心战略，4 月对新浪网进行重大改版，强调移动化，全面开启和优化手机移动端的内容阅读服务。腾讯全面布局移动，微信和 QQ 成为其重头戏，新版 QQ 更加满足用户移动的需求。阿里巴巴借“双十二”时机，推出派发彩票、摇动手机抽奖等活动大力进军移动互联网，12 月又以千万美元投资 LBE 企业，全面进入移动互联网安全领域。

（四）强调内容为王　打造品牌个性文化

内容是数字出版业竞争的核心，内容为王，打造个性化产品，实行产品差异化竞争已成为业界品牌建设的共识。目前，数字出版业纷纷从重技术转向内容建设的原点，以内容优势取胜消费者。传统出版业在数字化的进程中，突出自身的优势，打造特色数字产品。人民军医出版社研发了一大批具有自身特色的数字化产品，如“健康卫士”、“数字医学图书馆”、“中华医学资源核心数据库群”等形成了自己特有的品牌，法律出版社与中华法律网联合打造了大

① 《移动互联网，进入大变革时代》，《经济日报》2013 年 12 月 11 日。

型全文检索应用型数据库——“法律数据库”，这个数据库收录数据权威、准确、全面，更新及时高效，在我国司法系统内已形成品牌，并在国际上产生一定影响。2013 年数字出版业一个亮点就是争夺互联网内容上游分支的网络文学市场，以文学来博得消费者的青睐，形成了腾讯、百度、新浪、盛大等几大互联网巨头混战的局面。腾讯力挺网络文学市场。起点中文网创始团队 3 月集体出走盛大文学后，5 月 30 日腾讯取得与其的合作权推出创世中文网。9 月“腾讯文学”系统亮相，包括创世中文网、云起书院和畅销图书三大板块，并通过 QQ 阅读以及手机 QQ 阅读中心等渠道向用户推广作品。12 月，腾讯又加大内容生产和扶持力度，旗下文学网站创世中文网与中文在线旗下 17K 小说达成内容合作。百度也加入网络文学市场的争夺战中。5 月，百度发布百度文库数字版权开放平台，并推出多酷文学网。12 月，百度又以 1.915 亿元收购完美世界旗下的文学网站纵横中文网，利用纵横中文网的原创内容实力与自身的渠道、流量优势，力图在网络文学市场上分得一杯羹。新浪也不示弱，6 月，宣布拆分读书频道成立文学公司。盛大文学面对各路商家的挑战，也积极采取措施进行应对，与中国网络白金作家唐家三少合作，成立国内首家网络作家全版权运营工作室。

数字出版企业在凸显内容优势的同时，也在积极整合内容资源，打造差异化个性产品。天翼阅读推出了国内首个线上数字图书馆——天阅图书馆，为用户提供在线图书馆式的借阅服务，与天翼阅读“书城”模式形成优势互补。网易新闻客户端推出的特色原创栏目和个性资讯，吸引了众多粉丝，成为最有影响力的移动资讯媒体，斩获多个行业大奖。江苏国家数字出版基地实施差异化发展的战略，以“一基地、多园区”的错位发展模式形成自己的特色，发挥了基地产业聚合优势，基地产值居全国第二。

（五）开展跨国、跨界合作　提升品牌含金量

数字出版业要做大做强，必须寻找优质合作伙伴，借对方资源和优势，拓展品牌市场，增强品牌影响力。2013 年数字出版业开始打破各行业之间的界线，整合优势资源，借力提升品牌效用。1 月青苹果数据中心与全球最大跨国电子商务亚马逊联姻，签订《亚马逊—青苹果战略合作协议》，亚马逊中国在

其销售平台上开辟“青苹果图书专区”，专门销售青苹果电子图书，青苹果数据中心利用亚马逊的平台和渠道拓展了其自身在市场上的知晓度。8 月中南传媒与全球最大的教育出版集团之一——圣智学习出版集团签订战略合作协议，借助圣智集团电子书平台把中南传媒旗下的优秀出版物、学术著作在全球推广和分销。盛大文学与上海图书馆合作打造移动端借阅平台“云中上图”，开创了文学网站新的电子商务模式。天翼阅读与中国好声音独家合作推出电子杂志《中国好声音 E 杂志》，借助中国好声音的品牌效应提升自身的品牌影响力。目前，这份杂志在天翼阅读平台同类杂志中遥遥领先，占据前五的位置。京东为加强其在数字阅读市场上运营能力，与中国最大的数字阅读平台之一——天翼阅读进行深度的合作，利用天翼阅读 1.3 亿以上的庞大用户群优势来推广其电子书，通过双方电子书均可登录对方平台分销的方式，解决其渠道不通、运营不便的问题，增强其与当当网和亚马逊网在电子书销售方面抗衡的能力。

（六）政企联手维护版权　构筑品牌安全墙

数字出版产品传播范围广，复制性强，形式多样化，所以版权问题一直是困扰数字出版业品牌建设和发展的一个难点。政府加强了对数字出版业版权的保护力度，健全数字版权法规体系净化数字出版业的环境，加大对数字盗版和侵权问题的执法力度，并积极开发版权保护技术。国家新闻出版广电总局正在加快修订《出版管理条例》、《互联网出版管理暂行规定》等法规，制订了关于手机媒体、数据库以及网络文学出版等管理条例。中央四部委联合开展第九次打击网络侵权盗版专项治理“剑网行动”，百度、快播等被责令停止盗版。数字出版业自身的版权保护意识和维权意识逐渐增强，通过联手同行以及政府打击盗版和侵权行为，推动正版数字阅读的发展，为品牌发展建构一个健康的生态环境。中文在线作为中国数字出版的开创者之一，一直对版权保护格外重视。公司在采取“先授权，后传播”方式合法使用数字版权的同时，对侵犯公司版权的行为也毫不手软，积极维权。从 2005 年成立“在线反盗版联盟”开展版权保护维权工作以来，维权案件已达 500 余起，涉案作品达上万部。5 月，公司起诉智珠网公司旗下网站擅自传播《后宫·甄嬛传》电子书一案，成为首例网站教唆侵权案。7 月，中文在线又胜诉迈奔灵动公司擅自传播余秋雨及二月河作品供手机阅读侵权案。在2013年第六届中国版权年会上，中文在线荣获“中国版权最具影响力企业奖”以及再度荣获“版权保护示范单位”的称号。优酷土豆集团、搜狐视频、腾讯视频、乐视网等联手组成“中国网络视频反盗版联盟”对百度、快播等网络视频盗版和盗链行为进行谴责，并向百度索赔3亿元。盛大文学配合公安机关成功破获一起以“快看天下”搜索引擎为主的200余家加盟网络文学网站的网络侵权集群案，这些合作都有力地打击了数字出版的盗版行为，为倡导正版提供了一个健康发展的氛围。

三　品牌建设存在的问题和对策

（一）建立行业标准，提升品牌竞争力

目前，我国数字出版业采用的大多是国外行业标准，国内行业标准混乱，带来了我国数字出版业产品质量参差不齐，市场占有率低，信息资源浪费严重、成果转化成本高等问题，严重影响到我国数字出版业的大力发展，使其参与国际市场竞争的能力差。目前，数字出版业产业链各方都对标准需求强烈，政府也在推动和引导数字出版标准的研制。标准已成为企业制定战略的核心问题。我国数字出版业的一些龙头企业已经积极参与到数字出版标准体系的建设中来，如方正阿帕比研发的CEBX技术，实现了“一次制作+一次发布=全终端应用”，极大地节省了产品在数字化过程中的人力、时间及经济成本。CEBX现已被纳入国家新闻出版总署发布的行业标准《数字阅读终端内容呈现格式》中。在发达国家，一流企业都是做标准，将自己的企业标准转换为行业标准来达到统治某个产品和市场的目的。为增强品牌的市场竞争力，龙头企业要在标准建设上领先一步，争夺数字出版业在标准制定上的话语权。

（二）加强行业整合，延伸品牌价值

目前我国数字出版业产业链尚未形成，产业存在资源浪费、恶性竞争、利益分配不均、信任机制缺乏等问题，国家数字出版基地的规模优势还没有转化

为聚集效应，在国际市场的竞争力较弱。我国数字出版业要走出去，必须做大做强，加强产业协作，完善产业链，走集团化、产业化的道路。移动互联网时代的到来，为数字出版业行业整合提供了很好的机遇。数字出版业上中下游各企业联手合作，整合优势资源，建立互惠互赢的出版模式，打造企业联盟实现效益最大化成为未来的发展趋势。北京大学新闻与传播学院副院长兼新媒体与网络传播系主任谢新洲认为，内容投送平台作为联结产业链上下的中间环节将受到格外的重视。

（三）培养高端人才，建设品牌人才队伍

数字出版业发展迅猛，技术改造升级快，知识更新频繁，数字出版业对专业人才，特别对既掌握数字多媒体技术又具备内容资源整合能力的复合型人才的需求量较大。目前，我国数字出版业作为新兴行业，人才缺口较大，培养专业人才是数字出版业品牌建设的重点。为了满足数字出版业的人才需求，目前全国有 5 所高校开设了数字出版专业，分别为北京印刷学院、天津科技大学、武汉大学、中南大学和湘潭大学。为了增强高校培养数字出版人才的实践能力，数字出版企业采取与高校联合培养专业人才的路径，实现“产学研管一体化”。方正阿帕比公司与北京印刷学院共建数字出版人才教育实践基地，方正阿帕比公司总经理赫思佳被聘任为北京印刷学院“兼职教授”。方正电子与北京科技大学携手共建就业实习基地。对人才的重视已成为数字出版业的共识。

B.42

中国会展业品牌报告（2014）

于海漫　欧小芳

摘　要：

2013年，我国会展业在原有基础上再创新高，进入新的发展阶段。随着会展业在推动经济发展中的作用越来越大，其地位也逐步提高，各地均将大力发展会展业作为一项重要任务，许多促进会展业发展的政策相继出台。在这承上启下的一年中，我国会展业内外兼修，既致力于场馆建设和完善配套设施，也在丰富会展内容、加强合作方面做足功课。同时，我国会展业也存在一些问题，只有解决好这些问题，才能使其发展之路更加平坦，发展进程更加顺利。

关键词：

会展业　会展盘点　会展品牌　反思

一　2013年中国会展业发展概况：深根固柢，再上层楼

会展业是反映一个地区、国家乃至全球经济、科学和文化的发展概况的晴雨表，同时它也是现代服务业的重要组成部分。从20世纪90年代开始，中国开始大踏步进军会展业，并很快进入世界会展大国的行列。可以说，会展业在我国取得了长足的发展。

2013年，我国会展业依然稳步前进，保持着良好的发展势头。作为“十二五”规划承上启下的一年，2013年我国的会展业发展进入稳固基础、再创新高的阶段。继中国共产党十八届三中全会胜利召开，《中共中央关于全面深化改革若干重大问题的决定》发布，党和国家提出要促进文化产业发展，建立健全现代文化市场体系，完善文化管理体制，提高文化开放水平，这为会展

业的发展提供了优良条件。从外部条件看，文化开放水平提高，我国的会展业正在进一步加深国际化程度，这同时也要求我们加强其国际传播能力和对外话语体系建设，推动具有中国特色的会展业走向世界。[①] 从内部条件看，文化产业规模化、集约化、专业化水平正在提高，在完善文化市场准入和退出机制的同时，也要鼓励各类市场主体公平竞争、优胜劣汰，促进文化资源在全国范围内流动。[②] 纵观2013年，中国的会展业国际化程度进一步加深，会展内容丰富多样，规模不断扩大，经济效益继续攀升，场馆及配套设施建设日趋完善，会展业已从规模化发展逐步转向专业化、品牌化、国际化，并显示出强大的关联效应和经济带动作用，为促进国民经济发展发挥了积极作用。同时，会展业经济越来越引起政府和相关部门的重视，相关政策和措施陆续出台，中国会展业将进入发展的快车道，并将有大的发展。但同时我们也要意识到，中国会展业也存在着地方特色不够明显、缺乏中国传统文化内涵、展会形式单一、人才专业素养不够等问题。正视并解决这些问题才能促进中国会展业进一步完善并走向成熟。

二　2013年会展品牌盘点：星罗棋布，精神盛宴

1. 第十一届中国国际影视节目展[③]

2013年8月24日，为期三天的中国国际影视节目展在北京展览馆圆满落幕。作为中国国际广播影视博览会的一部分，该展会自诞生之日起，规模便历居亚洲第一。中国国际影视节目展以“增进友谊、扩大交流、加强合作、共同发展”为宗旨，参展商来自国内外广电集团、电视台、制作发行公司、电影公司、音像公司、广播公司。2003～2011年，该展会展馆面积从20000平方米扩充至22000平方米，参展商从600余家增至1300家，参展节目从705部左右增加至8468部，交易金额由5.3亿元增加至30.12亿元。截至2013

① 新华网：http：//news. xinhuanet. com/politics/2013－11/15/c_ 118164462. htm，2013年11月20日查询。

② 新华网：http：//news. xinhuanet. com/politics/2013－11/15/c_ 118164502. htm，2013年11月20日查询。

③ 好展会网：http：//www. haozhanhui. com/exh/exh_ index_ gdlji. html，2013年10月18日查询。

年，场馆面积达到2.4万平方米，参展商达到1500余家。此次展览吸引了上千家影视剧制作公司、电视台、媒体等相关行业人士参加。2013年展会的最大亮点无疑是TVB，曾志伟、周海媚、黎耀祥、王祖蓝、黄宗泽、胡杏儿、佘诗曼等20多位大牌艺人大张旗鼓地宣传造势。①

2. 第二十届北京国际图书博览会②

第二十届北京国际图书博览会于2013年8月28日至9月1日在北京中国国际展览中心（新馆）开幕。北京国际图书博览会（简称“BIFF”）由国家新闻出版广电总局、国务院新闻办公室、教育部、科技部、文化部、北京市人民政府、中国出版协会、中国作家协会等8个部委主办，是国家“十一五”和“十二五”重点支持的会展项目。现每届均有来自英、法、美、日等70多个国家和地区的2000多家中外出版机构参展，参观人数约20万人次。本届图博会总面积53600平方米，共设四个展馆。其中，东1馆为国内出版物展示区，东2馆为海外出版物展示区和版权中心，西1馆主要为数字出版展示区、部分海内外出版物展区，西2馆为2013年特别策划设立的主题馆，集中了沙特主宾国、湖北主宾省、莫斯科特邀友好城市、海外期刊和图书馆现采专区、海外图书专题展区、中国图书对外推广计划展区等主题展示区域，以及新闻中心和功能区域。目前，图博会已安排海内外展2267个，参展国家和地区76个，参展商超过2000家。

3. 第六届海峡两岸文博会③

第六届海峡两岸文博会于2013年10月25日至28日在中国厦门国际会议展览中心隆重举行，总展览面积达9.5万平方米，共计4800个展位，主体展览2540个展位。本届海峡两岸文博会聚焦四大板块，强势推出工艺美术、创意设计、数字内容和影视演艺产业板块，并升级文创旅游展区、博物馆展区、非物质文化遗产展区、省市主题展区等。此次文博会产业投资签约项目126个，总签约额375.4亿元，签约项目整体质量有较大的提升，其中合同项目68个，合同金

---

① 北京网：http：//wtyl. beijing. cn/sszn/dssszn/n214148730. shtml，2013年10月18日查询。

② 好展会网：http：//www. haozhanhui. com/exh/exh_ index_ gcmjo. html，2013年10月18日查询。

③ 海峡两岸（厦门）文博会官网：http：//www. cccifair. org/China/News/NewsDetail. aspx? ID = 37409，2013年11月1日查询。

额达到169.8亿元，同比增长达66%。四天的展览现场成交活跃，文博会主会场与各分会场文化商品与文化服务现场交易（含现金交易、订单交易）总成交额为7.4亿元，同比增长22%。第九届海峡两岸图书交易会上，两岸共610家出版机构参展，参展图书20.4万种70余万册，现场订购销售图书4230万册，达成138项图书版权贸易，协议版权出版共6600万元；第六届厦门国际动漫节吸引了欧洲、新加坡、日本，以及中国香港和深圳等境内外123个组团（企业）前来参展，签约及合作意向金额11.6亿元；“2013中国厦门国际运动健身器材展”展会上，共有76家来自海峡两岸的体育用品企业参展，吸引了316名境内外专业客商莅临展会参观洽谈，达成的合同交易额和现场销售额总计1.86亿元，观展人数37万；两岸民间艺术节邀请两岸艺术表演团队及专家学者等共800多人参与艺术节活动。其中，台湾团队人员约280人、大陆团队人员约560人。

4. 第九届中国国际动漫节①

2013年4月26日，为期六天的第九届中国国际动漫节在杭州市滨江白马湖动漫广场盛大开幕。中国国际动漫节以“动漫的盛会、人民的节日”为宗旨，以“专业化、国际化、产业化、品牌化”为目标，以“动漫我的城市，动漫我的生活”为主题。本次国际动漫节设立了白马湖主会场及10个分会场，组织实施会展、论坛、赛事、活动四大板块46项内容。本届动漫节共吸引了68个国家和地区参与，472家中外企业、机构参展参会，123万人次参加了各项活动。

5. 第九届中国（深圳）国际文化产业博览交易会②

2013年5月20日，第九届中国（深圳）国际文化产业博览交易会在深圳落下帷幕。本届文博会以“贸易扬帆，文化远航”为主题，着力推动文化贸易。此次文博会展馆总面积达105000平方米，设置八大专业展览馆，其中首次设立的八号馆文化旅游馆7500米。在各方的共同努力下，本届文博会前3天总成交额比上一届同期增长15.85%，超亿元项目157个。展会前3天，本届文博会就收获颇丰：文博会43家分会场的成交额比上一届同期增长29.75%，占总成交额的50.93%；共有来自93个国家和地区的14622名海外采购商参加文

① 杭州网：http：//ori.hangzhou.com.cn/ornews/content/2013－05/01/content_4717969.htm，2013年11月1日查询。

② 光明网：http：//politics.gmw.cn/2013－05/22/content_7708458.htm，2013年11月1日查询。

博会。参观各展馆和分会场的海外专业观众达到5.225万人次，文化出口交易额同比增长9.72%。总成交额达1665.02亿元、出口成交额达123.82亿元、总参观人数达479.17万人次，分别比第八届文博会增长15.98%、7.46%和36.45%，揽下超亿元项目157个。本届文博会合同成交额占总成交额的63.98%，同比增长24.87%；意向成交额占总成交额的30.41%，同比下降0.92%；零售成交额占总成交额的4.28%，同比增长9.88%；拍卖成交额占总成交额的1.33%，同比增长169.51%。此次文博会吸引了欧洲设计展团、马来西亚展团、巴基斯坦展团、泰国展团等来自十几个国家和地区的超过40个海外机构参展。

6. 第十四届中国西部国际博览会①

第十四届中国西部国际博览会于2013年10月23日至27日在成都举办。本届西博会以“构建区域合作新格局、激发西部发展新活力”为主题，并首次在县级城市——汶川县设立分会场，举办系列活动。会期将举办开幕式、第六届中国西部国际合作论坛、第七届中国西部投资说明会暨重大经济合作项目签约仪式、2013中国西部国际采购商大会、第八届中国—欧盟投资贸易洽谈会、第四届中国西部金融论坛等重大活动和系列专项活动。第十四届西博会主展场设在成都世纪城会展中心，展览总面积18万平方米（主展场12万平方米、分展场6万平方米）。主展场设西部合作馆、电子信息馆、国际合作馆、高新技术馆、装备制造馆、农业产业馆六大类展馆和室外展区。此次西博会共签约投资项目462个，投资签约额5631.8亿元，其中四川省签约项目307个，投资额3688.2亿元，占据签约总额的65.5%。来自106个国家和地区的政府官员、商（协）会负责人、世界500强企业负责人等6万余名各界嘉宾参会，主展场吸引了超过40万人次观众前来观展。

纵观2013年我国会展业的发展，欣欣向荣，众星云集。优秀、成功的会展品牌，不仅致力于完善配套设施，扩大会展面积，同时也积极丰富会展内容、会展形式，重视跨行业、跨主体、跨地区合作。经过一系列的探索和借鉴，我国优秀的会展品牌日趋成熟，知名度大幅提升，在时空、市场、产品、管理等诸要素上的拓展能力大大提升，获得了巨大的经济效益和社会效益。

---

① 人民网：http：//sc.people.com.cn/GB/345545/357122/index.html，2013年11月1日查询。

三　2013 年会展业品牌之路：质量兼顾，互动共赢

会展业作为一个新兴的服务行业，正在逐步成为新的经济增长点，且潜力巨大。在新的发展时期，我们要善于总结优秀会展品牌的做法，积极学习国外会展业的优秀经验，兼容并包，走出一条适合中国会展业品牌发展的特色之路。

（一）在合理扩大建设规模的基础上丰富会展内容

会展场馆被誉为“会展经济发展的火车头”，是会展业发展的基础。会展场馆的区位布局对办展效率、办展效果、展会后场馆经济效益的发挥和会展经济的协调发展有着十分重要的意义。① 据有关部门统计，全国现有大中型会展场馆 150 多个，会展面积 300 万平方米以上，已经超过了号称“世界会展之国”德国的展馆面积，拥有一批具有国际水平的现代化会展场馆。②

建设规模的扩大为我国会展业的发展提供了良好的基础条件，同时，我国的会展内容也更加丰富多彩。我国共有 40 多种行业展会，展会主题超过 50 个；许多展会向着综合方向发展，主题多样，内容丰富，还具有“节会同办”的特征。如海峡两岸文博会同时包括了海峡两岸图书交易会、厦门国际动漫节、体育用品博览会，涉及工艺美术、创意设计、数字内容和影视演艺产业四大板块。但同时我们也要意识到，我国会展场馆的利用率还比较低，除了北京、上海、广州等几个城市可以达到 40% 左右，其他城市的会展场馆利用率则普遍低于 20%，全国会展场馆的平均利用率不到 25%。此外，展馆分布不均衡，北京、上海等城市会展活动频繁，场馆供不应求，而西北地区等一些经济欠发达城市的展馆则利用率低下，闲置率较高。

（二）在提升会展业自身专业性的基础上加强各主体间、行业间、地区间的合作

随着会展业的发展，提升会展业的专业性、打造各行业会展的品牌文化

① 中洁网：http：//www. jieju. cn/News/20080117/Detail23110. htm，2013 年 11 月 1 日查询。

② 好展会网：http：//www. haozhanhui. com/ask/40715. html，2013 年 11 月 1 日查询。

是新时期我国会展业的努力方向，并且我们已经取得了一定成就。一些综合性会展抓住机遇逐渐转型，将重心放在某一行业上，致力于打造该行业会展的品牌，如北京的机床展、纺机展、冶金铸造展和印刷展等已跻身国际同行展的前四名，珠海国际航空展成为亚洲第二大航展。会展业培育出的一批特色鲜明、国际化程度高、影响力巨大的会展知名品牌，不仅成为本行业的明星，更带动了其他行业的发展，这也就要求会展业在提升自身专业性的同时要加强会展主体间的沟通，争取与其他行业间的互助，加强不同地区间的合作。

在主体合作方面，目前我国组展主体主要有五类。一是政府机构，包括事业单位、政府部门，主要承担由政府主导的重要综合性展会和经贸洽谈会，这一类主体在我国会展业中占有举足轻重的地位；二是行业协会，各行业重要的专业性会展多由这类主体主办；三是国有企业，个别国有企业会举办展会；四是民营企业，仅北京、上海和广东三地，涉足会展业的民营企业就有上千家；五是外资企业，主要举办国内和海外的招商展会。中国国际影视节目展、北京国际图书博览会、海峡两岸文博会、西湖艺术博览会等许多展会在主体合作间为其他展会树立了良好的榜样。如北京国际图书博览会由新闻出版总署（国家版权局）、教育部、科学技术部、文化部、国务院新闻办公室、北京市人民政府、中国出版工作者协会主办，设立海外出版物展示中心和版权中心；海峡两岸文博会由国台办、民革中央、文化部、商务部、广电总局、新闻出版总署为指导单位，福建省人民政府、中华文化联谊会、中华广播影视交流协会、中国出版工作者协会、中国国际贸易学会、中华文化总会、亚太文化创意产业协会（中国台湾）、台北世界贸易中心、香港艺术发展局、澳门特别行政区文化局等单位联合主办，厦门市人民政府承办，其中第六届厦门国际动漫节更是吸引了欧洲、新加坡、日本，以及中国香港和深圳等境内外 123 个组团（企业）前来参展。这些知名展会充分利用政府机构对会展业的支持，在行业协会的指导下，联合海内外会展组织，加强各组展主体间的联系交流，相互促进，共同成长。

在行业合作方面，会展业门类齐全，贸易色彩鲜明，知名品牌集中，影响大，辐射广，已经日益成为地方经济的发展重点。在 31 个省（自治区、直辖

市）的2013年政府工作报告中，均提出要加快发展现代服务业，支持举办会展活动。据不完全统计，目前举办各类展会直接收入超过100亿元，间接带动的旅游、餐饮、交通、广告、娱乐、房产等行业收入高达数千亿元。① 在展会的筹办阶段，会展行业已经与房产业、广告业、公关业、安保业建立了紧密联系；在展会进行期间，一些经济发达城市或旅游城市开办的展会更是吸引了众多参展商，同时也吸引了游客，带动了当地的旅游业、餐饮服务业、交通业等；即使是在展会结束后，成功举办的展会依然保持着巨大的影响力，如提升参展行业的知名度，促进该行业的良性发展，综合性展会更是推动了多个参展行业的发展，如号称“中国第一展”的广交会以出口贸易为主，同时兼顾进口生意，并开展商检、保险、运输、广告、咨询等业务活动，涉及对外出口的产品种类达到15个。成功的展会需要多个行业的支持和服务，同时也会带动其他相关行业更好地发展，从而达到互惠互利、共同进步，这样的良性循环正是加强行业间的联系所追求的目标。

在地区合作方面，随着会展业国际化程度的加深，中国会展业已经不再局限于本土，而是更加注重加强地区间的联系与合作，尤其是海峡两岸的合作以及国际合作。如海峡两岸文博会是全国唯一以“海峡两岸”命名，并由两岸共同主办的综合性文化产业博览交易盛会，本届海峡两岸文博会的两岸民间艺术节中，有约1/3的参与者来自中国台湾地区。又如第二十届台北国际艺术博览会吸引了来自14个国家和地区的画廊参展，其实外籍画廊数占总数的近50%。在国际合作方面，中国许多知名会展品牌都在国际合作中借鉴外国成功经验，在国际交流中完善自身。2013年1月在重庆开幕的第九届中国会展经济国际合作论坛为中国的会展业发展提出了宝贵的建议，独立组展商协会主席凯瑞·辜玛斯认为中国应当向“会展之都”美国学习，建设良好的硬件设施和配套，借鉴美国发展现代会展业的经验，抓住金融危机后会展业的春天即将到来的大好机会。IAEE近期的一项调查显示，目前世界上主要的会展公司正在把眼光投向中国，IAEE在全球20000多个展会机构中随机抽取了300多家机构进行调查，结果显示有25%的机构正计划未来在太平洋沿岸增加展会数量，这一比例中，又有约

① 好展会网：http：//www. haozhanhui. com/ask/40715. html，2013年12月1日查询。

40%指向中国。[1] 毋庸置疑，我国的会展业正在快速向国际化迈进，并将在以后的发展道路上更加重视地区间合作，在合作中寻求互动共赢。

四 2013年会展业发展中存在的问题

我国会展业发展迅速，成果丰硕，在国际会展业中的地位日益提升，并吸引了一批国际会展企业将目光投向中国会展市场。但是不能否认的是，我国会展业在发展过程中也存在一些亟待解决的问题。

第一，地方特色不够鲜明，缺少中国传统文化内蕴。我国众多知名会展品牌几乎都将重心放在了国际性、综合性上，但却对地方特色关注不够。尽管有内蒙古国际食品博览会暨内蒙古茶展、中国（内蒙古）奶业博览会、中国青岛国际葡萄酒及烈酒博览会等展会与地方特色联系较紧密，但这类展会数量较少，规模不够大，影响力不够深远，并未形成一种趋势。与地方特色紧密相关的还有中国传统文化。我国会展业积极与国际接轨，绝大部分展会都冠以“国际”的名号，展会内容也非常注重国际性，但却对中国传统文化的关注度不够。中国传统文化有着蓬勃的生命力，在国际上有着很强的吸引力，许多国际会展公司都对中国的特色商品，如茶、丝绸、陶瓷、刺绣等很感兴趣，特别是少数民族文化、节庆习俗等非物质文化遗产别具特色。开发中国传统文化，可以丰富世界城市文化建设的内涵，打造独具中国特色的会展业，并且将带动商贸、旅游、创意研发、图书出版、影视创作、典当拍卖等多个行业的发展。2010年6月，中国民族传统文化展览展示基地在北京市宣武区正式揭牌成立，2013年12月28日至12月30日举办了中国传统文化——国粹会展，这些都意味着我国在开发传统文化、将其融入现代会展业的进程中迈出了一大步。在国际化进程中，传统文化依旧能在会展业中大放异彩，并带来新的发展。

第二，对网络的利用不够充分，网络会展有待发展。随着会展业在推动经济发展方面的作用日益突显，全国各省（自治区、直辖市）都开始着手大力

---

① 重庆日报网：http：//cqrbepaper. cqnews. net/cqrb/html/2013 -01/18/content_ 1606115. htm，2013年12月1日查询。

发展会展业，随之而来的即是大规模兴建会展展馆。可是正如前文所提及的，我国展馆规模结构失衡，北京、上海、广州等大型会展城市的场馆利用率较高，甚至会出现供不应求的局面，但同时也有许多城市的展馆空置率非常高，造成了很大的浪费。面对这样的局面，充分利用网络会展将是解决这一问题的良策。网络会展打破了时间和空间的限制，使传统的一对一模式扩充为一对多、多对多模式，提高贸易效率，增加贸易机会。同时，网络会展便于管理，系统性强，秩序性良好，能够合理调配资源，实现展会的电子化、智能化、规范化、自动化。利用网络技术和网络资源，不仅促进了行业管理体制的建设，还节省了大笔的场馆建设费，降低了展会的人工成本。但目前我国的会展业主要将网络作为展会宣传的平台，并没有在展会的筹办、开展期间以及展后阶段充分发挥网络的作用，我国基本没有网络展会，通过网络达成的交易更是少之又少。网络会展正在以不可逆转的趋势冲击着传统会展模式，它势必会成为未来会展业的发展趋势，我国会展业在这方面还有许多需要学习的。

第三，行业缺乏高素质专业人才。目前我国会展业从业人员多数来自相关行业，没有经过或只经过短期的专业培训，缺乏专业基础知识和相应的工作能力。专业人才的缺失制约了我国会展业的发展，使会展业在主体、合作以及行业之间的合作受到了影响，也使服务业的发展相对滞后，会展业的服务质量不够高。据相关统计，截至2011年7月，我国已有46所高校开设会展专业，其中多数为高职院校开办的专科，且基本是在国际贸易类、旅游管理类和外语类等专业的基础上开办的。[①] 在已明确始招年份的23所高校中，有17所是从2004年开始招收会展专业学生的。这说明，我国已经意识到专业型人才对会展业发展起着至关重要的作用，但我国开设会展专业时间较晚，开设该专业的高校较少，学历层次不够高，专业培养方案不够成熟完善，使得专业人才实际进入会展业的时间比较晚，短期内所能发挥的作用较为有限。总体上看，我国会展业的组织人员和服务人员的整体素质还有待提高。

① 新浪博客：http：//blog. sina. com. cn/s/blog_ 4b69732c0100u2om. html，2013年12月1日查询。

B. 43

中国艺术品拍卖业品牌报告（2014）

关 红

摘 要：

中国艺术品拍卖市场在连续经历了近两年的低潮后，2013 年呈现先抑后扬的态势，市场信心逐渐回归，整体处于回暖的趋势。纵观 2013 年，中国艺术品拍卖市场表现出以下几个特点：一是逐步回暖、不断聚集的市场信心；二是市场形成热点多元化、分散化的特征；三是中国艺术品拍卖市场的国际化趋势在加速；四是网上拍卖和金融要素的进入，让市场显现很好的新态势；五是拍卖机构开始注重品牌建设，纷纷加大在征集力度和营销手段上的投入，积极有效地争取客户资源。

关键词：

艺术品拍卖业　拍卖市场　品牌建设

相比 2012 年，2013 年中国的艺术品拍卖市场呈现一个整体企稳并回升的态势。经过一年多的调整和沉淀，2013 年中国艺术品拍卖市场从春拍到秋拍，走出了一条先抑后扬的曲线，秋拍结束后不仅各大拍卖行成绩斐然，而且各种拍品天价迭出、纪录频现，甚至连久违的亿元拍品也重回市场。

一　2013 年中国艺术品拍卖业发展概况

中国艺术品市场在连续经历了近两年的低潮后，逐步回暖，市场信心逐渐回归。2013 年中国艺术品市场拍卖总成交 643.24 亿元，比 2012 年增加 16.46%。秋季拍卖市场成交比春拍上涨了 25%，比 2012 年同期也有 13.1%

的涨幅。

根据雅昌艺术市场监测中心（AMMA）的数据显示：2013年春，中国艺术品市场举办拍卖会的拍卖公司数量、总拍卖会数、专场数、拍卖作品数量增加，但由于精品佳作数量急剧减少，拍卖作品整体上质量下滑，以致作品成交数量、成交额、作品单价呈减少态势。本季度，参拍的拍卖公司数量为240家，比2012年春拍224家增加了7%；拍卖会的数量为336场，比2012年春拍296场增加了13%；专场数量为1217场，同比增加了12%；作品同比增加9120件，而作品成交同比减少了348件，为112643件，成交总额比2012年春拍281.60亿元下降了5.58%，环比2012年秋下降了9.69%，为265.87亿元人民币。作品单价也由2012年春拍的24.92件/万元降至23.60件/万元。①

中国书画依然是中国艺术品拍卖市场的主力军，春拍总成交额为142.79亿元人民币，占2013年春中国艺术品拍卖总额的53.71%，同比上升3.3%。秋拍期间，中国书画仍占拍卖业的主导，同比优于2012年成交状况。据统计，2013年秋拍中，中国书画板块总成交177.71亿元，同比增长24.99%，占2013年秋中国艺术品拍卖总额的53.35%，同比上升5.06%。282家拍卖会共设立932场书画相关专场，总上拍185807万件，占拍卖市场成交额的54.93%，同比增长34892件，环比增长46468件。其中，相比于资源稀缺、鉴定困难的中国古代书画，近现代书画一直作为中国书画的中坚力量。

以香港苏富比为例，书画就续写辉煌，秋拍推出的书画作品总成交7.38亿港元，成交率为95.9%，其中16件拍品以逾千万港元成交，成交额把2013年春拍创造的6.48亿港元纪录再次刷新，成就了苏富比中国书画专场拍卖的最新成交纪录。在中国嘉德秋拍，中国书画总成交额16.44亿元，另有3个书画专场成交率达到100%。其中，清宫画家董邦达作品《葛洪山八景》以5060万元的成交价，创出画家作品新纪录。此外，包括文徵明、龚贤、潘天寿、郭沫若、徐悲鸿、齐白石等人的作品均拍出了千万元高价。在12月保利秋拍中，中国书画表现同样抢眼，其中古代书画中南宋马远的《松岩观瀑图》、沈周的《仿梅道人山水树石册》均创下了个人拍卖纪录。而乾隆的《御

① 数据参见雅昌艺术网：http：//amma.artron.net/report.php。

临唐寅·文徵明兰亭书画合璧卷》以 5462.5 万元的成交价成了 2013 年内地秋拍最贵的古代书画。①

二 2013 年中国艺术品拍卖业品牌建设的重要事件和年度亮点

（一）1.8 亿港元，《最后的晚餐》有效地提振了市场信心

2012 年，受全球经济衰退的影响，以及源自上半年的“关税”查处风波，内地艺术品拍卖市场一度陷入低迷。2013 年 10 月 5 日晚，香港苏富比 40 周年晚间拍卖中，曾梵志《最后的晚餐》拍出 1.8 亿港元（约合 1.42 亿元），刷新了亚洲当代艺术品拍卖纪录，同时，赵无极等其他十位艺术家的作品也创下新的拍卖纪录。该夜场拍卖总成交额高达 11.32 亿港元，创下历年来的相同类型的亚洲晚间拍卖的最高总交易纪录。这幅来自尤伦斯夫妇收藏的《最后的晚餐》创作于 2001 年，是曾梵志《面具》系列中尺幅最大的作品，长 4 米、高 2.2 米，作品取材于意大利文艺复兴时期大师达·芬奇的同名壁画，捕捉了中国社会在 20 世纪 90 年代商业化浪潮中发生的巨变。在《最后的晚餐》一度引起市场的震动和质疑的同时，万达集团斥资 1.72 亿元购买了毕加索名不见经传的作品《两个小孩》；曾梵志另外一件油画作品《协和医院系列之三》又在香港佳士得以 1.13 亿港币成交；黄胄作品拍出 1.288 亿元……诸多的过亿元作品给市场注入了信心和强心剂。

香港秋拍行情看涨以及众多亿元拍品的出现，令沉寂两年之久的中国艺术品拍场终于发力。香港秋季拍卖会大幅超过预期，主要原因是艺术品市场前几年的不理性行为的资本在拍卖市场回调中逐步回归理性，资金开始入市，艺术品的价值再度被发现和肯定。从投资者的角度来看，整个市场也开始进入一个相对正常的艺术品买卖阶段，藏家市场投机的动因减少，逐步进入真正收藏的阶段。

---

① 金融投资报网：http：//www.stocknews.sc.cn/shtml/jrtzb/20131211/35837.shtml。

（二）苏富比保税拍卖，加速艺术品交易的国际化进程

2013 年中国艺术品拍卖市场依然吸引着世界的目光，但北京与巴黎、纽约等艺术之都相比仍有差距，造成这种差距的一个重要原因就是高税收。税收高，不但妨碍了文物回流与国外艺术品来华展销，还影响了外国人来华购买艺术品的热情和中国艺术品的国际贸易，严重削弱了中国大陆艺术品市场的国际竞争力。如何能够加速艺术品交易的国际化发展进程，通过"保税区"或者"保税仓库"可以得到解决。经海关批准，允许外国货物不办理进出口手续即可连续长期储存的区域就是保税区，具有"保税仓储、出口加工、转口贸易"三大功能，享受"免证、免税、保税"政策，实行"境内关外"的运作方式。通过保税拍卖，藏家能享受来自全球更丰富的艺术品种类；成功竞投后，买家可以选择缴纳进口关税和增值税然后进口艺术品，也可以选择将所购艺术品留在保税区仓库或转运至国外，有着不同选择，交易方法更具弹性。

2013 年 11 月下旬，上海国际艺术品交易中心的首场拍卖在上海自贸试验区实现首拍，被业内誉为打破国内艺术品交易高税收的"破冰之举"。此次拍卖会是国内拍卖企业在自贸试验区内从事拍卖业务的初次尝试，旨在展示平台的各项服务功能，也是上海自贸试验区在传统货物贸易基础上提升服务能级的一次探索。

作为在中国内地设立的首家国际艺术拍卖行，苏富比"北京艺术周"期间的"现当代中国艺术"拍卖会以 2. 27 亿元落槌，并由北京海关将拍卖所在地北京国贸（三期）平移为保税点，在我国拍卖史上开了先河。苏富比公司在接受《经济参考报》专访时表示，保税区能在一定程度上解决艺术品拍卖"税收高"的问题，鼓励艺术品的收藏和流通。在艺术周的"现当代中国艺术"专题拍卖会上，约 140 件拍品上拍，成交率 79%，保税拍卖成交额 9687. 8 万元，成交率 89%。值得注意的是，此次拍卖活动真正实现了在文化保税区内完成交易。此次拍卖地点在国贸（三期），监管制度上实现保税区政策从区内向区外的平移；技术应用上，运用全程定位物联网监管系统，将载有标志艺术品唯一身份的 RFID 芯片与 GPS 定位绑定，配合海关监控；在金融制度上，实现银行授信担保业务创新。保税拍卖在国内是一个崭新的尝试，而“北京艺术周”的成功举办，证明了中国藏家对保税拍卖模式的肯定。

（三）拍卖机构与淘宝、苏宁易购、国美的合作，催生了营销手段的变革

中国艺术品市场2013年最引人注目的变化之一，便是艺术品电商在这一年迎来了真正的跨越式发展，传统拍卖行大规模试水电子商务以及大众电子商务平台进军艺术市场。2013年艺术品电商市场整体规模有了质的变化，大量资金的流入告别了过去近十年的经济增长乏力，整个行业进入了一个快速整合阶段。整个电子商务市场中新的在线艺术交易平台不断涌现，而老平台则加速变革，不适应新的市场竞争节奏的一部分平台则被淘汰。2013年，对艺术电商来说，是大规模资本进入艺术市场的探路年，未来两三年内，这个云集上千家平台、整个市场规模却还不足传统市场1%的“蓝海”将成为兵家必争之地，线上市场的改革创新对于更规范线下市场的加速形成将起到真正的推动作用。

2013年夏天，世界电子商务巨头亚马逊正式开通亚马逊艺术在线销售平台，进驻高端艺术品销售领域；紧接着，淘宝与北京保利国际拍卖有限公司联手，初涉艺术品拍卖，联合举行的“傅抱石家族书画作品专场”引起了业界的广泛关注，成为中国艺术品电子商务市场具有里程碑意义的事件；“双11”期间，一直走亲民路线的苏宁易购，推出艺术品线上拍卖，成为国内第一家开辟艺术品拍卖频道的B2C网站；同样出身的国美，也在12月2日抛出了策划已久的“国之美”。据悉，京东的艺术品拍卖频道目前也在积极筹划中，计划于2014年上线。

“艺术品电商化”趋势如今已成为诸多艺术圈内人士的热门话题。实际上，在近期各电商平台、机构的艺术拍卖领域战略布局中，营销手段层出不穷，营销噱头可谓是花样百出。天仁合艺与淘宝合作的“跟着大佬去买画”专场中的“保底回购”规则，甚至比拍卖本身的成绩更吸引眼球。按照天仁合艺和淘宝签订的承诺书规则，本次拍场的买家只要在2013年12月12日至2014年12月12日期间，有权委托天仁合艺在淘宝拍卖会上对所购作品进行

二次拍卖，并将作品的保留价设置为买家在本项目中的购买价格（原价）。如二次拍卖因竞买价格低于拍卖原价而流拍，天仁合艺必须将按照原价回购作品。此过程中，如果天仁合艺单方面违反相关承诺，买家除可要求公司回购作品外，还可要求公司向买家额外支付不少于原价30%的违约金。苏宁的营销手段是“代理出价+物品鉴定”。参与苏宁易购的艺术品拍卖，苏宁易购支持“物品鉴定”服务，买家成功竞拍之后，可通过拨打鉴宝热线，预约鉴宝专家进行拍品鉴定。12月初上线的“国之美”，则提供“名家作品预约”的服务，买家可预先提交中意的艺术家姓名及作品风格，给出预算价格和想要的题材、内容，再由网站负责跟艺术家沟通，进行个性化的定制。

（四）万达、宝龙集团的大手笔收购，彰显企业涉足艺术品收藏的雄心

《中国机构收藏调查报告》报告显示，2012年以来，国内的企业收藏资金全年大约在450亿元，企业藏家购买力占整个艺术品市场的60%，活跃在北京、上海各大拍卖场的买家，企业家占到七成。

2013年11月5日，万达集团以1.72亿元在纽约佳士得拍下毕加索《克劳德和帕洛玛》，作为国人购买西方艺术品的最大手笔，在国内外媒体上引起极大关注。12月2日晚在京举槌的保利秋拍近现代书画夜场中，中国书画大师黄胄的作品《欢腾的草原》以1.288亿元由厦门宝龙集团购得。最近几年，越来越多的企业参与到艺术品收藏的活动中。企业是从事生产和销售的主体，他们愿意用闲钱来做艺术收藏，一个主要的原因是在当前经济不景气的形势下，没有更好的投资渠道。艺术品收藏一方面能够体现企业的文化和社会责任，从投资角度来讲，还可以保值增值。万达通过购买毕加索的这件作品让媒体免费做了宣传，让全世界知道了万达的实力，即便只从企业的宣传角度而言，此举也是成功的，更何况万达从中获益远远不止于此。

企业收藏的目的和动机是多元化的，有些企业可能是出于税收的考虑，用艺术品投资来改变企业的资产结构；有些企业是出于企业文化建设的需要投资艺术品。不管企业出于什么目的来买，对艺术市场而言都是一种促进。艺术品

金融化，这是一个大的趋势。中国要成为国际化的艺术市场，需要企业源源不断地加入到这个艺术市场中来，成为这个市场的重要参与力量。

三　2013 年艺术品拍卖业品牌建设的经验和问题

（一）拍卖公司全力打造“专场品牌效应”，注重学术梳理和文化内涵的挖掘

市场回调时期，各大拍卖公司首选的“保拍”策略是通过注重对潜力拍品的挖掘，寻找新的市场增长机会，不仅在拍品征集、营销方面挖空心思，在专场设计方面也是深耕细作。2013 年的秋拍场上，众多昔日在拍场“杂项专场”中出现的拍品纷纷开设专场并且成为市场亮点。艺术品拍卖的范畴也不仅仅限于传统书画与当代艺术品了，钟表、名酒、奇石都有专门为之设置的专场。品牌专场以中国嘉德的“大观”夜场为代表，自 2011 年春拍至今它已经被公认为业内风向标之一。2013 年中国嘉德的“大观——中国书画珍品之夜”专场总成交额 12.09 亿元，成交率高达 90%。北京保利推出的“小万柳堂剧迹扇画夜场”、北京匡时“澄道——中国书画夜场”等专场品牌凝聚效应无疑提振了场内拍品价格。同时，私人珍藏专场的设置也成为 2013 年度拍卖的一大亮点。

学术展览是拍卖企业无形资产的重要组成部分。面对内地市场激烈的竞争态势，拍卖企业纷纷意识到，仅有学术展览是不够的，还需要依据自身优势，展开多方合作，举办大型文化活动，推动社会的相关文化建设，才能完成深层次的宣传推广工作。中国嘉德在成立二十周年之际，与中国国家博物馆联合主办了大型文物艺术品展览“承古融今星汉灿烂——中国嘉德艺术品拍卖二十年精品回顾展”。此庆典活动可谓声势浩大，中国嘉德成立二十年来屡创纪录的近四百件文物艺术精品首次汇聚一堂，展品囊括了中国书画、瓷器家具工艺品、中国油画及雕塑、古籍善本、名表珠宝翡翠、邮品钱币等六大门类。北京保利依托保利艺术博物馆的优势，在秋拍前夕举办了 10 余场学术展览活动。北京翰海在秋拍前夕与北京电视台“拍宝”栏目展开首度合作，经过两个多月的征集、筛选，最终推出的展览展

出了700余件文物艺术品，囊括了古代书画、近现代书画、古董珍玩等诸多门类。此次合作为大众收藏进入高端拍卖市场搭建了公开平台，让社会大众亲身体验了民间藏品从正规渠道进入拍卖公司的流程，为文物拍卖的社会文化建设做出了积极贡献。

（二）拍卖公司革新销售方式，通过电子商务开拓线上交易

拍卖公司通过对电子商务的重视和开拓来革新销售方式，如果能有适度保真、重视质量的加持，有可能为低端、低价作品乃至于成长期的新人新作提供一个比传统拍卖大得多的交易平台和受众群落。未来市场“付得起”和“受众广”这两个特点将使艺术走进生活，广大观众和普通藏家从拍卖行的观看者变成了电子商务艺术品的收藏者，极可能大量拓展可交易艺术品的就业人数及地域风格。同时，由于电子商务互动便捷，不仅提供了一个崭新的交易模式，也可能影响对画家的成长、风格的筛选、共识的形成等因素的整合，带来一些传统商务所始料不及的效果。同时，在平台上销售的艺术品会受到从产业政策到金融投资等诸多层面的共同关注和培养。可以说，受到淘宝网启示甚至正在和淘宝网合作的艺术电子商务必将为中国艺术品交易翻开新篇章，形成新格局。

（三）不断吸引新卖家、新资金入场，有效地提升了市场信心

2013年“新买家”是被频繁提及的字眼，几乎每家拍卖公司都有10%～30%的新买家入场（有竞买记录的）。北京保利2013年春拍中就有40%的买家是第一次出现在拍场，且以千万元的拍品为主，大部分新买家大多是跟随行家进场，瞄准二三线艺术家的精品，两三百万元的作品比较受追捧。

以春拍数据为例，2013年春拍未见过亿拍品；5000万元以上的拍品数量为12件，同比增加3件；1000万～5000万元的拍品为169件，同比增加71件，表明市场购买力仍有支撑。同时，中高端拍品的市场份额也有明显增加，春拍中100万～500万元的拍品实现总成交额达75.7亿元，占据28.5%的市场份额，同比增长11.7%，中端市场份额提升最为明显。这说明市场中的新面孔已经成为中档价位拍品的“粉丝”。正是这些新买家和

中等价位拍品，稳住了目前的中国艺术品市场，对中端市场具有一定的推动作用。

（四）外资拍卖行进入内地市场，进一步加速国内艺术品市场的国际化

从1995年开始，苏富比和佳士得就在内地举办艺术品拍前的预展。2005年，佳士得又以商标授予的方式参与了北京永乐国际拍卖公司的经营管理。外资拍卖行为了抢占内地艺术品拍卖市场的份额，一直想以本土化发展的路径来完成对中国艺术品拍卖市场的布局，仅仅以曲线方式进入内地艺术品拍卖市场显然已不能满足它们的胃口。2012年9月，苏富比与北京歌华美术公司在北京天竺综合保税区合资成立了苏富比（北京）拍卖有限公司。2013年4月9日，佳士得又宣布，其独资成立的佳士得（上海）公司已落户上海，并取得了营业执照。苏富比和佳士得相继取得拍卖营业执照，标志着对内地艺术品拍卖市场垂涎已久的两大拍卖巨头终于完成了中国艺术品拍卖市场的布局。

2013年9月26日，佳士得在上海的独资公司举办了内地首场艺术品拍卖会。作为佳士得内地首拍，推出的40件当代艺术品中，最终成交39件，成交率达97.5%，总成交额达1.53亿元。佳士得首拍引起了国内整个拍卖业同行的关注，也标志着首家外资拍卖行在内地顺利起航。12月1日，苏富比（北京）秋季首拍也在大家的高度关注中正式举槌。在本次拍卖会上，苏富比（北京）一共推出了143件拍品，除了拍前撤拍的2件拍品外，141件拍品拍出了2.27亿元，其成交率也高达79.4%。如此佳绩引人侧目。

外资拍卖行作为跨国企业进入中国内地，会带来国际化的经营方式，带来遵纪守法、规范和诚信的经营样板，也会为内地培养更多的专业人士，不仅会促进国内文物艺术品拍卖市场的进一步发展，而且还会缩小内地与国际市场之间的巨大落差，这将更加有利于促进整个市场的竞争，给收藏者带来更好的服务。另外，当外资拍卖行进入国内市场并影响到内地拍卖行的生存时，内地拍卖行也会将目光投向国际市场，所以外资拍卖行进入内地市场，将进一步加速国内艺术品市场的国际化。

（五）2013 年中国艺术品拍卖业品牌建设和发展过程中存在的问题

第一，拍卖企业数量不断增长。火爆的艺术品市场，在巨额利润的诱惑下，新的拍卖公司不断涌现。从中国市场来看，全国具备文物拍卖经营资质的拍卖公司已从 2012 年的 355 家增至 2013 年的 382 家，增幅为 7.6%。然而，有的拍卖企业规模小、资金少、人才缺乏、经营水平低，属于低水平的重复建设，是对拍卖市场资源的一种极大的浪费。

第二，艺术品拍卖业企业同质化竞争严重。在艺术品拍卖业激烈竞争的市场环境下，产品差别化理应成为各拍卖公司参与市场竞争的重要手段，对提高拍卖业的赢利能力及成长水平具有重要作用。如果过度的同质化竞争，不仅会造成市场失范，而且会使行业竞争力的构建难以实现。

第三，艺术品拍卖业市场壁垒低。我国艺术品拍卖业的市场壁垒从整体上来说偏低，这也是我国艺术品拍卖业竞争激烈的原因之一。我们知道，较低的市场壁垒可以强化市场竞争，有利于市场绩效的提高；但过低的市场壁垒却不利于提高市场集中度，对市场绩效的影响是消极的，原先占有优势地位的拍卖企业的市场份额将不断被蚕食，拍卖市场处在以分化为主导的演变之中。

第四，艺术品收藏投资的信心成长的基础还不是很扎实。在 2013 年春拍中屡屡看到很多近现代与存世艺术家的作品出现撤拍或者流拍的现象。这样的情况反映了：一是大家对存世艺术家的价值认定还需要有个过程；二是人们开始高度警惕机构与资本可能进行的操作。也就是说，艺术品收藏投资的信心成长的基础还不是很扎实，受干扰的因素还较多。所以，从某一层面印证了 2013 年艺术品拍卖市场的信心还不能说是得到了很大提升，只能说处在回归、积累的阶段。

四　2014 艺术品拍卖业发展趋势展望

2013 年中国艺术品拍卖市场走出了前期的低迷状态，秋拍市场的强势升温对市场的全面复苏起到了积极的作用，使市场信心得到恢复。展望 2014 年，中国经济的稳定增长的态势将带领艺术品拍卖市场朝着实现多元化和规模化运营模式、探索艺术品交易及金融领域的创新运作模式的方向努力。稳定增长也将是 2014 年中国艺术品市场的大趋势，这种趋势会成为未来市场发展的一个最重要标志。相信在各大拍卖企业稳中求变的策略调整下，中国的艺术品拍卖市场会再次迎来发展高峰。

B.44

中国文化旅游业品牌报告（2014）

周灿华

摘　要：

2013年是“中国海洋旅游年”，海洋旅游持续升温，智慧旅游积极推进。这一年，我国文化旅游产业发展总体上平稳运行，消费需求旺盛，投资持续增长，产业运行相对景气，品牌建设卓有成效。《旅游法》和《国民旅游休闲纲要》的出台，旅游行业核心价值观的推出等，都将对行业发展产生深远的影响。

关键词：

文化旅游品牌　海洋旅游　智慧旅游

一　2013年中国文化旅游业发展概况

2013年，我国文化旅游产业发展总体上平稳运行，消费需求旺盛，投资持续增长，产业运行相对景气。《旅游法》和《国民旅游休闲纲要》的出台，旅游行业核心价值观的推出等，都将对行业发展产生深远的影响。

随着全面建成小康社会步伐的加快，旅游已经成为人民群众日常生活的重要组成部分。2013年，受“八项规定”、“六项禁令”等政策影响，公务旅游消费急剧下降，商务旅游消费明显放缓，而国民休闲旅游消费则表现出强劲的增长势头。由于对旅游业发展前景看好，各类投资主体特别是民营资本、社会资本和国际资本纷纷加大在旅游领域的投资，2013年全国旅游投资继续呈快速增长态势，各地旅游投资热情高涨，不少省市推出数以千亿元计的旅游投资计划。2013年各季度旅游产业景气指数分别为115.85、110.16、128.74和110.02，均处于“相对景气”区间。分行业来看，景区的景气水平较为稳定，而饭店、旅行社和综合旅游企业的景气状况则波动较大。

鉴于金融危机深层次影响还在延续，以及周边国家放松签证政策等带来更大竞争，我国入境旅游继续处于触底盘整期。与此同时，在国内经济持续增长、人民币升值以及周边国家和地区入境旅游竞争力提升的影响下，我国出境旅游继续保持高速增长态势。旅游服务贸易逆差进一步扩大，达 720 亿美元。近年来，中国出境游规模以每年 20% 的速度增长，2013 年接近 1 亿人次。中国出境旅游业的快速发展已经引起世界各国的关注，各国都出台相应的政策，将吸引中国游客作为旅游业发展的重要内容。

二　2012 年中国文化旅游品牌盘点

（一）海棠湾：中国国家海岸世界度假天堂

2013 年是“中国海洋旅游年”，该年度的“2013 美丽中国・新华网旅游年度盛典”之“2013 年度最佳海洋旅游目的地”殊荣被国家海岸——海棠湾获得。

美丽三亚，浪漫天涯。海棠湾拥有比肩世界著名滨海旅游度假区的国家稀缺性旅游资源。区域内除沙滩、海水、民俗、风情、岛屿及温泉外，还有原生态内河水系、泻湖和丰富的湿地资源。湛蓝的海水、灿烂的阳光、婆娑的椰林、洁白的沙滩、质朴的民风等，让到过这里的游人流连忘返。海棠湾留给世人的印象是美丽的海岸、洁白的沙滩、纯净的空气；这里拥有明珠般的蜈支洲岛、椰子洲岛，也拥有最原始的海湾——皇后湾。这里风光旖旎、美丽常在，是休闲放松的最佳场所。

海棠湾将“国家海岸”作为发展的总体定位，这意味着海棠湾将承载其塑造中国的热带滨海旅游新品牌、新形象的历史使命。海棠湾致力于建成国际休闲度假区，其发展的核心目标是建设国家级医疗及健身疗养基地、世界级的游艇休闲社区、国际顶级品牌滨海酒店带等三大国家级和世界级品牌。

（二）周村：天下第一村

齐鲁大地，孔孟之乡。厚重的历史的和淳朴的人文滋养出了一颗鲁中明

珠——周村。周村，素有“丝绸之乡”、“旱码头”、“金周村”、“天下第一村”的美誉，其历史源远流长，文化底蕴丰厚，民风淳朴，人文荟萃，景色优美，是一座商业文化浓郁的城镇。春节是中国最富有传统特色的节日，也是中国最盛大、最受人民群众重视的节日。山东周村的春节、元宵节庆祝活动历史悠久，特色鲜明，民间把玩、传统花灯、芯子等文化活动都是人民群众自创自演，有着深厚的群众基础，是鲁中地区规模最大、影响最广的民间艺术活动品牌，在国内外具有较高的知名度。山东“周村过大年”是“好客山东贺年会”的著名旅游品牌，已成为国内外春节、元宵节旅游线路的必经之处，想要过年味更浓，快乐春节周村游！

（三）华侨城：精彩深圳欢乐之都

以锦绣中华、中国民俗文化村、世界之窗、欢乐谷四大主题公园为核心，深圳华侨城旅游度假区形成了中国最具规模和实力的主题公园群，这里汇聚了中国最为集中的文化主题公园群、文化主题酒店群和文化艺术设施群，是中国首批AAAAA级旅游景区、首批全国文明风景旅游区、国家级文化产业示范园区。

锦绣中华是中国5000年历史文化、960万平方公里锦绣河山的荟萃和缩影，以“一步迈进历史，一日游遍中国”的恢宏气势被誉为“开中国人造景观之先河”的杰作；中国民俗文化村是中国第一个集各民族民间艺术、民俗风情和民居建筑于一园的大型文化旅游景区，以“二十五个村寨，五十六族风情”的丰厚意蕴赢得了“中国民俗博物馆”的美誉；深圳世界之窗以弘扬世界文化精华为主题，囊括了世界园林艺术、民俗风情、民间歌舞、大型演出以及高科技娱乐项目，开业以来一直是珠三角旅游景点第一品牌。“动感、时尚、激情”的深圳欢乐谷，以创造、传递和分享欢乐为理念，引领中国现代主题公园的发展方向，成为华侨城欢乐谷全国连锁经营的基地和样板。欢乐海岸以海洋文化为主题，以生态环保为理念，以创新型商业为主体，以创造都市滨海健康生活为梦想，致力于成为最具国际风尚的都市娱乐目的地。

（四）香格里拉酒店：安逸宁静地享受全球驰名的服务

作为星级酒店的著名品牌，香格里拉度假酒店为繁忙的旅人提供一个闹中取静的华美居所，香格里拉度假酒店则让人焕活身心，获得耳目一新、轻松自在的感受。选择入住香格里拉不但可以享受世界级水平的五星服务、富于灵感的建筑格调和设计品位、宁静的环境以及优质的饮品和食物，更重要的是能充分感受到香格里拉酒店发自内心、非同寻常的热情好客和殷勤，下榻香格里拉酒店的住客能充分体会到那种“宾至如归”的感受。在世界上众多奇异诱人、风景旖旎的旅游胜地，客人可以参加各种各样的娱乐活动，可以享用世界各地不同风味的美味佳肴，可以体验充满生机与活力而又多种多样个性鲜明的异域文化，还可以在热带的自然环境下怡然自得、闹中取静，将自己融入大自然的绚丽与壮美之中，充分感受香格里拉为游客及其家人营造的充实而轻松的假期体验。

（五）乌镇：一个现代文明影响不大的世界、一张古老色彩依然浓重的史页

“2013 中国年度新锐榜”颁奖典礼在乌镇举行。乌镇是典型的江南水乡古镇，但它是历史最为悠久、文化最为灿烂的江南古镇，它以河成街，街桥相连，依河筑屋，水镇一体，至今还完整地保留了晚清和民国时期水乡古镇的格局和风貌。桥梁、水阁、石板巷、茅盾故居等组织出独具江南韵味的建筑因素，体现了中国古典民居“以和为美”的人文思想。乌镇以其人文环境和自然环境的和谐相处的整体美，呈现江南水乡古镇的空间魅力。除了拥有小桥、流水、人家的水乡风情和精巧雅致的民居建筑等其他江南水乡古镇都具备的东西之外，乌镇还更多地飘逸着一股浓郁的历史和文化气息。

（六）婺源：中国旅游第一县

婺源位于赣东北，是古徽州六县之一，也是徽州文化的发祥地之一。婺源素有“书乡”、“茶乡”之称，是全国著名的文化与生态旅游县，被外界誉为“中国最美的乡村”、“一颗镶嵌在皖、浙、赣三省交界处的绿色明珠”。婺源的乡村之美，在于浑然天成的和谐。“青山向晚盈轩翠，碧水含春傍槛流。”村村是画，步步皆景。山水间缥缈着的朦胧雾纱、古意盎然的民居、石径、廊桥，青山绿水环绕其间，透着一派水墨丹青的韵味。2013 年 1 月 17 日婺源江

湾景区被国家旅游局授予“国家 AAAAA 级旅游景区”，成功创建国家 AAAAA 级旅游区。同时，婺源国家乡村旅游度假实验区正式揭牌。完成了《婺源旅游产业发展总体规划》和导游词修编。启动了旅游资源收储管理工作。篁岭民俗文化村、丛溪五星级农家乐项目基本建成，茗坦温泉勘探取得实质性进展。段莘至浙源、清华至沱川、灵岩洞至瑶里、锦绣画廊休闲健身自行车道等旅游公路建设扎实推进。加强了旅行社、宾馆酒店、农家乐、出租车、旅游购物场所标准化建设。中国实景演出策划第一人——梅帅元领衔策划的大型实景演艺项目签约婺源。

三　中国文化旅游品牌发展趋势

（一）海洋旅游方兴未艾

2013 年的旅游主题是“2013 中国海洋旅游年”，宣传口号是“体验海洋，游览中国”、“海洋旅游，引领未来”、“海洋旅游，精彩无限”。海洋旅游是指以海滨、海岸、海岛以及海面为活动范围的旅游活动。自 20 世纪 80 年代末以来，我国开始重视海洋旅游的发展，海洋旅游发展的重要性和地位日益提高，海洋旅游对相关的旅游目的地建设的作用不断增大，海洋旅游业成为绝大多数海洋旅游目的地的支柱性产业。

发展海洋旅游业既是国家的战略发展的需要，也符合旅游业发展的大趋势。党的十八大报告提出，“提高海洋资源开发能力，发展海洋经济，保护海洋生态环境，坚决维护国家海洋权益，建设海洋强国”。海洋旅游业是发展海洋经济、建设海洋强国的重要组成部分。受益于国家海洋战略的强力推动，中国海洋旅游产业迅速崛起。目前，在中国的海洋经济总产值之中，滨海的旅游业占 25.6%，已超过捕捞渔业、船舶油气等传统海洋产业，跃居第一位。可以说，海洋旅游业已经成为我国建设海洋强国的一个重要引擎。

随着海洋旅游被确定为 2013 年的国家旅游的主题，海洋旅游业毫无疑问地会成为未来旅游业发展的热点。海洋旅游业不仅能够为游客带来丰富的滨海休闲度假、邮轮游艇、创意文化、海岛观光等新产品，而且其带动相关产业的能力也很大。目前，中国的海洋旅游业呈现了多元投资主体、多区域、多行业、多市场的跨越式发展模式，并且已经形成了“四带一区”的产业格局，即渤海湾旅游带、长江三角洲旅游带、珠江三角洲旅游带、海峡西岸旅游带和海南旅游区，并且已经基本形成了以滨海观光为主，康体疗养、休闲度假为辅，兼及新型产品和高端产品的体系。同时，海洋旅游业也已经完成了5个转变：从滨海观光转变为滨海度假；从近海休闲转变为远洋度假；从滨海景区、观光旅行社业、酒店业等为主的传统产业格局，转变为以海洋旅游装备制造业、邮轮供应商、滨海度假物业、度假会展为核心的新型产业格局；从以政府投资为主体，转变为以政府、民企、外企多样化投资为主体。但是，我国的海洋旅游与世界知名的海洋旅游大国相比，还有很大的发展和提升空间。

（二）智慧旅游粉墨登场

智慧旅游，也称为智能旅游，就是利用物联网、云计算等新技术手段，通过互联网或者移动互联网，借助便携的终端上网设备，主动感知旅游资源、旅游经济、旅游活动、旅游者等方面的信息，及时发布，让人们能够及时了解这些信息，及时安排和调整工作与旅游计划，从而达到对各类旅游信息的智能感知、方便利用的效果。智慧旅游的建设与发展最终将体现在旅游管理、旅游营销和旅游服务三个层面。2011 年 7 月 15 日，国家旅游局局长邵琪伟正式提出，我国旅游业要争取用 10 年的时间，初步实现“智慧旅游”，走在现代服务业信息化进程的前沿。国家旅游局将 2014 年定为“智慧旅游年”，要求各地结合旅游业发展方向，以智慧旅游为主题，引导智慧旅游城市、景区等旅游目的地建设。目前，全国共有 18 个城市入选“首批国家智慧旅游试点城市”，这 18 个城市分别是：北京、武汉、福州、大连、厦门、洛阳、苏州、成都、南京、黄山、温州、烟台、无锡、常州、南通、扬州、镇江和武夷山。

从社会的现代化进程来看，技术的变革特别是信息技术的飞速发展对人们的生产生活产生了深刻的影响。旅游活动作为人们生活方式的一种延伸，旅游业作为服务行业的龙头产业，必然会因为信息技术发生的革命性变化而发生变革，因此，“智慧旅游”是未来旅游业发展的必然趋势。

（三）在线旅游竞争越演越烈

随着社会发展，人们的生活水平不断提高，我国在线旅游市场的规模近年来也一直呈现持续扩张的趋势。在激烈的竞争环境中，在线的旅游服务商往往不惜以降低价格的方式来凸显自身旅游产品的高性价比，为了能够在这一巨大的市场中分食一块蛋糕，因此，在在线旅游业的竞争中，价格战往往成了在线旅游服务商竞争的“利器”。2013 年，在经历了半年的价格战之后，在线旅游服务巨头之间的价格比拼趋于常态化，而且主要集中在酒店领域。

综上所述，当前国际国内旅游发展环境发生了重大变革，旅游市场也呈现新的特征。在此背景下，中国旅游景区、旅游企业乃至整个旅游业界都应有新的思路、新的管理、新的模式、新的标准、新的技术来实现“将旅游业发展成为国民经济战略性支柱产业和人民群众更加满意的现代服务业”的目标，通过改革创新，进一步转变发展方式，将旅游业的市场化、产业化、现代化、国际化提到更高的水平，围绕两大战略目标和世界旅游强国建设，打造中国旅游业的升级版。

B.45

中国对外文化贸易品牌报告（2014）

宋湘绮　姒申杰　代黎明

摘　要：

2013年国家出台相关政策扶持网络基础建设、移动多媒体、数字出版，创意产业正在转型升级，文化贸易和文化交流比翼齐飞，中国对外文化贸易自主创新含量逐步增加。原创网络游戏、网络视频步入内容为王的时代；演艺产业繁荣健康，精彩纷呈；图书出版坚定“走出去”的信念，稳步前进；文化产业与新技术对接，推动文化产品出海；会展依托信息、科技、文化成为重要增长点。利用新技术扩大影响力，抓紧开发品牌和衍生品，以“展”、“演”促成“交易”，提高市场占有能力、超值创利能力和发展潜力正在成为业界共识。

关键词：

对外文化贸易　品牌　新媒体 新技术

一　2013年对外文化贸易发展概述

产业数据表明，“与2011年相比，2012年整个文化产业市场的增长率略有下降，但发展势头良好，各细分行业在调整中保持稳步增长，继续推动文化产业成为国民经济支柱性产业”。[①] 在复杂多变的国际环境中，中国对外文化贸易正转型升级，文化贸易和文化交流并驾齐驱。2012年颁布的《国家“十二五”时期文化改革发展规划纲要》提出的政府交流和民间交流相结合，已

① 叶朗：《中国文化产业年度发展报告》，北京大学出版社，2013，第23页。

开花结果。非公有制文化企业、文化非营利机构开始在文化交流中行动起来，上海、北京两大“文化保税区”正在孵化“境内关外”的文化贸易大平台。“欢乐春节”开门红，笑声传到全球144个城市；“伦敦书展”期间输出版权1895项，艺术品、网游产品、电影产品、动漫产品等对外贸易额排名靠前。2013对外文化贸易呈现如下态势。

（一）出口版图更广阔，开始输入国际主流市场

2013年我国文化产品的出口地区进一步扩大。图书版权的出口已经扩展到世界的几十个国家和地区，其中美国、英国、韩国等国家和中国香港、中国台湾地区是主要的贸易对象；动漫、电视剧和电影行业的优秀产品进一步输入国际主流市场；国际商演是中国演艺走出去最为成熟的贸易模式，中国演艺团体的足迹遍布五大洲，经典作品在美国、欧洲等多个国家和地区实现巡演；网络游戏出口方面也表现出色，仅完美世界一家游戏公司，其产品就出口到世界60多个国家和地区；等等。

（二）出口模式更丰富，贸易式和投资式并存

2013年我国的文化企业在利用国际平台方面做得更加出色，它们通过国际书展、国际电影节、国际文化艺术节等国际化平台来展示自己，从而实现海外销售和发行。贸易式的出口方式更多地从简单的劳务和产品输出，转向更能提升中华文化影响力的版权输出。

同时，中国文化产品积极拓展海外市场，通过直接投资、收购兼并等方式，在海外市场建立自己的“根据地”。这种投资式的出口方式，有助于改变我国文化企业在贸易渠道上的弱势地位。

（三）政府推动更显著，交流平台作用突出

中国政府、行业协会还积极搭建国际平台，推动中国文化产品走出国门。上海国际电影节、北京国际图书博览会、北京国际电影节等大型会展活动，不仅吸引了来自美国、加拿大、日本、韩国等几十个国家和地区的数百家文化企业的参与，而且在展会期间，还举行各种展映、高层论坛、颁奖等活动，进一

步促进国际交流与合作，推动中国对外文化贸易的发展。

对外文化贸易品牌价值的评价点包括市场占有能力、超值创利能力、发展潜力三部分。目前专家学者正在探索评价体系，建立数据库。我们根据已向媒体公布的对外贸易文化产品的经济体量、影响情况，报告了近三年的品牌亮点。

二　2013 年对外文化贸易的“中国红”

（一）“欢乐春节”，五洲同庆

“欢乐春节”活动始于 2010 年春节，是文化部会同国家相关部委、各地文化团体和驻外机构共同推出的海外大型文化交流活动，其宗旨在于各国人民共享中华文化、共建和谐世界，而其“欢乐、和谐、共享、祈福、纳祥”的思想理念充分反映了中华民族对于世界和平的美好愿景。活动自开办以来，受到国内外人民的广泛欢迎和支持，规模越来越大，反响越来越热烈。

2013 年是“欢乐春节”走过的第四个年头。1 月 31 日，第四届“欢乐春节”正式启动。这届活动的整体规模、覆盖领域、展现形式相较以往各届有进一步的扩大，而“欢乐春节，和谐世界”的主题，在活动的方方面面都得到集中体现。本届“欢乐春节”的活动项目多达 380 余个，吸引了全国 29 个省、自治区、直辖市参与，在全球 99 个国家和地区的 251 个城市举办，数以千万计的外国民众和华人华侨热情参与，其中不乏各国政要、明星。

本届“欢乐春节”包括主题庙会、广场巡游、剧场演出、文博展览、民俗展演、图片展示、旅游推介、时尚表演、街头欢庆、焰火庆祝、新媒体网络互动，以及文化名人与当地民众互动等丰富多彩的形式和内容。① 少林功夫在美国和新加坡大放光彩；中华菜式让各国的食客流连忘返；蔚县剪纸贴上了巴黎、柏林、马德里的橱窗；泉州木偶剧、广东粤剧、国粹京剧让中华戏曲文化多彩地绽放在世界舞台；等等。值得一提的是，在 2013 年的“欢乐春节”活

① 苗春：《海外“欢乐春节”启动》，《人民日报》（海外版）2013 年 2 月 1 日。

动中，与非物质文化遗产相关的表演内容占尽风头，如四川自贡市灯会、河北蔚县剪纸、江苏南通市非遗展演、温哥华2013年庙会……这些活动让世界各国人民亲身了解了中国人的生活现状，感受了中国人的审美情趣，而中国悠久的历史和独特的文化也得以在活动中潜移默化地被世界所知晓和接受。世界各国政要纷纷参与到活动中，发表热情洋溢的贺词，祝贺蛇年新春的到来。

据不完全统计，参与本届“欢乐春节”活动的民间文化团体有30多个，通过商业运作模式的有65个，越来越多的国营和民营文化企业在这个对外文化交流的大平台上一展身手。以甘肃鼎鑫文化传播有限公司为例。这家土生土长的民营企业被入选为文化部“欢乐春节”礼品提供商之一。以陇东香包为代表的民间刺绣、道情皮影和民间剪纸等民俗艺术，已成为该公司的特色文化标识。据董事长贾森栋介绍，公司申请注册的“陇香源”商标已成为“甘肃著名商标”。可以说，“欢乐春节”活动给以香包、皮影、陇绣为代表的陇东民俗文化提供了一个非常好的宣传平台。如今的陇东香包民俗文化产业，已形成了适应不同市场需求的多种模式。香包企业已有200余家，开发产品20多个大类5000多个品种，从业人员15万人，年生产500多万件，年产值约1.5亿元，远销全国56个城市及美国、日本、欧盟、东南亚等20多个国家和地区。①

在“欢乐春节”活动带动下得到发展的，远不止陇东香包民俗文化产业。“欢乐春节”帮助了一大批国营和民营文化企业走向国际市场，树立自己的品牌，留给我们的思考是：第一，中国文化具有世界影响力。“欢乐春节”活动在世界范围内掀起了一股“中国热”，而春节似乎也已不再只是中国人喜爱的节日。现如今，越来越多的外国人开始重视中国这一传统节日，“欢乐春节”也不仅仅是老外们看热闹的一个活动，而成为他们积极参与、深入了解和主动体验中国文化的窗口。第二，“交融”成为“欢乐春节”的关键词。文化产品“走出去”，必然伴随着中外文化差异不可回避的矛盾。“欢乐春节”特别注意中国文化与所到之地的文化的交融。2月5日和6日，法国阿尔丹修道院和冈

① 唐华伟：《陇东香包走上“欢乐春节”舞台，成中国“文化名片”》，《鑫报》2013年2月8日。

城音乐学院迎来了上海音乐学院民族室内乐团奉上的新春民族音乐会。民族室内乐团的表演在突出春节主题的同时，充分照顾法国听众的需求，曲目中既有中国经典作品《金蛇狂舞》、《妆台思秋》，又有能引起法国观众共鸣的歌剧《殷勤的印地人》选段、法国电影《天使爱美丽》的插曲。中国传统打击乐器和西洋打击乐器的交融增添了音乐之外的美感。第三，活动主打“年轻牌”。为实现活动的可持续发展，2013 年“欢乐春节”活动将贴近年轻人作为重点，更多的活动根据年轻人的喜好而设计。2 月 1 日的“金蛇舞动——柏林中外学生闹新春”文艺晚会，参加者主要是来自各个国家的留学生和德国大学生。浓浓的中国文化和年轻人的朝气活力组合在一起，上演了一出出灵动欢腾的好戏。

（二）文创展会，闪耀天津

中国天津滨海国际文化创意展交会是以展会、交易为载体，以为京津冀及华北地区聚集高端文化资源为目标，以文化联动传统产业、旅游经济等发展为途径所打造的国家级文化产业综合性展交盛会。作为凸显天津文化特色的标识，中国天津滨海国际文化创意展交会塑造了极富代表性的品牌形象。经过三届的积累与发展，展交会作为推动文化产业快速发展的引擎，产生巨大的集群效应，成功吸引了国际顶尖漫画节参展，已逐步跻身为业内闻名的、国际化专业化高端文化创意展交平台。

第四届中国天津滨海国际文化创意展交会于 2013 年 8 月 29 日至 9 月 2 日在天津滨海国际会展中心举行。本次展交会以“魅力天津、文化滨海、创意未来”为主题，以展、交为核心，旨在以文化为源泉，创建文化与科技融合、文化与传统产业融合的新格局，目的是齐聚国际顶尖的文化创意企业，共同寻求产业发展的新契机。

本届展交会的展览面积达 4 万多平方米，九大功能性展厅全部开放，标准展位达 1000 个，参展的全国性及国际性文化企业比例大幅提升。据统计，本次展览参展企业总数达到 600 多家，特装展位 72 家，其中全国性文化企业占的比重由上届的 15% 提升至 40%，参展企业范围辐射至北京、天津、上海、台湾、浙江等地区。

本届天津滨海国际文化创意展交有如下几个亮点。

1. 区域联合

展交会周边有众多旅游景点，会展期间，展交会结合同期周边旅游节、航母表演、沙滩节等多个文化节，共同打造以滨海文创展览为核心的，集文化旅游、文化体验、展览参观、文创产品展卖于一体的综合性展节。这样既增加了周边旅游景点的客流量，带动了旅游产业的发展，又提升了展会宣传的力度。

2. 动漫嘉年华——集动漫活动、产品、展示、交易于一体的动漫类大派对

嘉年华人气火热。在本次展交会上举办的大型动漫同人展中，各路纷纷登场，各大 coser 展位的周边商品琳琅满目，给动漫文化交流创造了机遇，让本届展会更加火爆。动漫衍生品现今已经成为动漫产业链中非常重要的环节，是推动动漫产业经济增长的重要动力之一。

3. 全球六大国际著名漫画节集中展示

此次展会有幸邀请到法国昂古莱姆国际漫画节、美国圣地亚哥动漫节、东京国际动漫节、西班牙巴塞罗那动漫节、韩国富川国际漫画节、马来西亚大马漫画节等全球六大国际漫画节在漫画产业厅做全面集中展示。这是一次对全球知名国际漫画节的系统性集中展示，用多元化、全方位的展示手段对国际六大著名漫画节进行详细、全面的介绍。

4. “蓝色梦想”现场主题创作

展交会学习世界第一大动漫节美国圣地亚哥动漫节的办展理念与形式，全费用承担以邀请50名国内最受读者追捧的一线青年漫画家参展并现场集体合作创作以“蓝色梦想”为主题的漫画长卷，同时，动漫粉丝有两天的时间与自己喜欢的漫画家零距离互动，因此吸引了数万名读者和观众观摩。活动集中展示了中国原创动漫创作的中坚力量，成为最受瞩目的创新型漫画创作形式，将在滨海文创展览历史中增添浓墨重彩的一笔。

（三）演交盛会，亚洲领先

中国广州国际演艺交易会是亚洲最大的演交会之一，由中华人民共和国文化部及广东省人民政府主办，广州市人民政府承办，广州市文化广电新闻出版局执行，广州舞台表演艺术交流中心及广州艺时代展览策划有限公司策划组织。自2010年举办首届以来，广州演交会不断发展壮大，现已成为中国向国际演艺市场及艺术节推介本国优秀舞台艺术精品、将外国优秀作品及创作思路和制作手段引进中国的重要平台。广州演交会为来自世界各地的演出采购商和艺术家提供面对面沟通的机会，从而加强了国际演艺市场的人员信息交流。

2013中国广州国际演艺交易会于2013年11月8日在广州白云国际会议中心盛大开幕。同行精英相聚羊城，共商演艺事业大计。有三个抢眼点。

1. 国际化程度高，签约额巨大

此次演交会集展览、现场演出展示、剧目交易、高峰论坛等活动为一体，展馆面积达12000平方米，共邀请来自12个国家和地区的60多家国外演艺机构、243家国内演艺机构参展，此外还有3000多家文化、广告、传媒、公关活动公司报名观摩。无论是从展商数量、展会面积还是与会嘉宾质量、数量，广州演交会已成为国内一流、亚洲领先的演艺行业展会。演交会同期举办开幕式及演艺项目签约仪式、国际剧院峰会、国际制作人峰会、演交会推荐节目会、第四届优秀经纪人颁奖仪式等精彩活动。

本届演交会签约额创历史新高。据不完全统计，总签约额达2亿元人民币。仅在11月8日的开幕式上，四川乐山现代舞团、广州市粤剧院等8家演出单位分别与加中文化发展协会、新加坡新明星粤剧中心等8家采购方现场签约，成交金额高达6000万元人民币。

2. 权威性和专业性强，规格高

主办方于11月8日和9日举办了两场演艺峰会，邀请了业内国际一流导演、艺术节总监、剧院经理等创作、生产、营销等方面的专家进行专题演讲、答疑，大家共同探讨当今世界及中国演艺界所面临的机遇与挑战，从演艺产品的策划、创意、制作和运营等方面交流成功经验，寻找成功之道。①

3. 中国特色走出去

此次演交会新增设节目推荐会这一环节，苏州苏艺演出公司的芭蕾舞《西施》、广东省木偶艺术剧院的人偶剧《木偶总动员》、西安歌舞剧院的大型古典乐舞《秦风唐韵》等50多台优秀节目轮番展演，吸引了大批观众观看。

---

① 《演交会概况》，2013年中国广州演艺交易会官网，http：//www. chinartfestival. com/。

此外在本届演交会上，外向型中国演艺产品将增多。演交会期间，重点安排了成本低、特色浓、易巡演的中国演艺产品，如内蒙古民族舞剧《诺恩吉雅》、舞台创意剧《西游记》、岭南舞蹈、黎苗族风情舞蹈以及中国非物质文化遗产演艺项目等。这些中国演艺精品将直接在展馆舞台展示，供外商挑选。

可以说，“演交会”致力于推动中国文化走出去，在保留地方特色的前提下，深化国际交流，扩大产业辐射，并且深化专业资源的调配和落实，按照演艺产业链的分布情况，有重点地邀请具有前瞻性和引领性的作品、机构和个人加盟，通过展示、互动、演讲、研讨等形式，留下对产业发展及广州城市文化创新具有指导作用和实践价值的成果，同时重点开拓新的商机，用各种方式帮助演艺节目与市场实现产业对接。①

（四）图书博览，绽放创意

北京国际图书博览会，简称 BIBF，于 1986 年经国务院正式批准创办。北京国际图书博览会由新闻出版总署（国家版权局）、教育部、科学技术部、文化部、国务院新闻办公室、北京市人民政府、中国出版工作者协会联合主办，中国图书进出口（集团）总公司、环球新闻出版发展有限公司承办。

2013 年第二十届北京国际图书博览会的成功举办让中文图书版权输出迈上了一个新台阶。据统计，第二十届北京国际图书博览会参展国家和地区增至 76 个，海外中小展商增长比例平均超过 25%。本次展会异彩纷呈，体现在三个方面。

1. 数字出版书写新篇章

本届展会设置了 10000 平方米的数字展区用于展示数字出版的新技术与新成果。其中，中国图书进出口总公司打造的“易阅通”数字平台最为引人注目。中图易阅通是中图集团数字化交易与服务平台，旨在整合全球资源，真正推动中国数字出版“走出去”。

数字出版凭借其方便易携、流通速度快等天然优势不断冲击着传统出版业的地位。数字出版为中国文化走出国门、中国出版业与国际出版业开展更为深

① http：//www.chinartfestival.com/xxlb/info_ 100.aspx？itemid = 307&lcid = 3.

入的交流与合作创造了机遇。本届展会为中外出版业数字化合作提供了平台，抓住了升级机遇。

2. 主题馆彰显多元文化

本届图博会共设置四个展馆，其中西 2 馆为 2013 年特别策划设立的主题馆。主题馆集中了沙特主宾国、莫斯科特邀友好城市、湖北主宾省、海外图书专题展区、海外期刊和图书馆现采专区、中国图书对外推广计划展区等主题展示区域。

首次设立的主题馆不仅丰富了展会内容，更为多元文化的展示提供了平台。主题馆将图书作为主要媒介，以图博会为载体，向国内外出版人和媒体展现多元的文化风貌。图博会主题馆让世界的眼光在图书中发散，让世界看到一个更为客观真实的中国，真正了解中国文化的内涵。同时，主题馆也让中国更近距离地感受到了世界文化的多元与精彩。

3. 展会形式体现创新魅力

本届图博会不仅仅只有主题馆，还有丰富多彩的展会形式无时无刻不在体现着创新的魅力。其中，以 BIBF 主宾国文学之夜为代表的一系列作家活动则更具有代表性。本届“BIBF 文学之夜”主要形式为俄罗斯作家对话中国作家和文学评论家。朗诵、讲述、对话等创新多元方式的组合，使活动对文学作品的特点和影响力等方面的解构更加全面。形式的创新使得中国作家与国外作家、国内出版人和国外出版人都能够更好地参与到图博会中来。共同参与为中国文学走向世界提供了机遇，拉近了中国当代文学与世界文学的距离，达到了“天涯咫尺”的效果。

三　2014 年对外文化贸易品牌建设的思考

（一）搭载 App 应用，拓宽中国文化的宣传面

“欢乐春节”除了常规宣传外，还推出了一种独特的新型宣传方式。2012 年“欢乐春节”交互式娱乐类应用程序上载苹果商店，被全球 50 多个国家 2 万多名用户免费下载使用。2013 年“欢乐春节”又开发了自己的二维码媒体

平台，这是全球统一的识别系统。紧接着，富有中国文化特色的娱乐类应用“百子庆春”也面世了。在“百子庆春”里，世界各地的玩家可以通过煮腊八粥、擦玻璃、剪窗花、写福字、猜灯谜等游戏，全程体验中国春节的各种节日仪式。[①] 通过这一举动，“欢乐春节”巧妙地在世界范围内打响了自己的品牌。现如今，手机、电脑等电子产品已成为人们生活的必备品，App 应用也成为人们每天接触的部分，将中国的文化搭载于优质的 App 应用上，让世界范围内的人下载使用，不失为一个极佳的文化输出途径。很多文化产品，也可以在这种新式宣传方式里被更多的外国朋友所接受，树立起自己的品牌。

（二）抓紧品牌产品和衍生产品的开发

发达国家在这方面做得较为出色。一件售价为 10 美元的普通童装，贴上“米老鼠”或“唐老鸭”的图案，就可以卖到 20 美元，虽然衣服质量没变好，但是它被赋予了品牌的价值。而迪士尼高明之处还在于注重衍生产品的开发。通过衍生产品的开发，迪士尼把艺术产品的多重商业价值发挥到了极致，现在迪士尼的全部收入中，有 50% 来自品牌衍生产品的开发销售。“欢乐春节”可以学习迪士尼的经验，用品牌推介产品，用产品提升品牌。可以把包括陇东香包在内的众多富有中国特色的礼品整合起来，增加品牌的认知度、美誉度、经济性、满意度，形成品牌的忠诚度，赋予“欢乐春节”更饱满的品牌内涵，并结合世界各地的特点做不同的营销策划。同时，开发出尽可能多且好的“欢乐春节”衍生产品。一件挂有中国结的衣服、一套印有少林功夫的瓷碗、一副以木偶剧角色为原型的玩具……那些在“欢乐春节”活动中让外国人津津乐道的中国元素都可以衍生出商业价值。

（三）会展业、演艺业要重推介、促“成交”

不管是天津的展交会还是广州的演交会，在“展”、“演”之后都是为了“交”，只有交易额、签约额上去了，活动才有不竭的动力。所以，每个活动

① 任姗姗：《全球五大洲、99 个国家和地区、251 座城市同庆癸巳蛇年，“欢乐春节”唱响全世界》，《人民日报》2013 年 2 月 23 日。

中的推介会就显得格外重要。而中国的会展业、演艺业往往把“展”、“演”当成重头戏，忽视推介会的打造。2013 年天津展交会在这方面下了不少功夫。针对参展商需求，为参展商量身定做专属参展方案，提供产品推介平台，提供上下游关联产业信息、咨询及产品推介会、说明会、洽谈会等系列活动，帮助参展商实现成交的同时，协助其寻找代理渠道、销售渠道、品牌推广渠道等多种需求，实现整个文化产业链条资源的全方位整合。要使文化价值转化成经济效益，推介会毫无疑问是最重要的催化剂之一。如何做好这一点，是中国这些国际性的展交会、演交会必须参悟的命题。

中国对外文化贸易品牌意识正在形成，不仅在国内“秀”，还要敢于走出去，到海外“秀”。中国对外文化企业在条件允许的情况下要积极参与有影响力的国际文化交流，以提高自身的知名度，比如国际著名的音乐节、动漫展、博览会。中国文化产品参与世界知名的文化活动，影响有影响力的人和事，才能生根发芽、开花结果。

B.46

中国文化产业园区品牌报告（2014）

邹 理

摘 要：

2013年是中国文化产业园区高速发展的一年，园区数量激增，园区建设全面开花。然而，在园区发展欣欣向荣的背后也存在着不少的隐忧：园区量多质劣、有名无实、运营“有形无神”……十八届三中全会关于文化产业建设的论述无疑为中国文化产业园区的发展打了一剂强心针，文化产业园区的发展仍然是文化产业发展的一个重要内容。2013年，中国文化产业园区正在摸索一条有序发展的道路。

关键词：

文化产业园区　品牌　有序发展

一　2013年文化产业园区发展态势

十八届三中全会审议通过的《中共中央关于全面深化改革若干重大问题的决定》明确提出，推进文化体制机制创新，要坚持把社会效益放在首位、社会效益和经济效益相统一，进一步深化文化体制改革，提高文化产业规模化、集约化、专业化水平。此前在“十二五”规划中，文化产业已被正式提到国家战略性产业高度，提出推动文化产业成为国民经济支柱产业。在此背景下，各地促进文化产业发展的政策如雨后春笋般出现。作为文化产业重要组成部分的文化产业园也在短时间内迅速走向繁荣。

（一）文化产业园建设全面开花

近几年来，中国的文化产业园区在政策利好的形势下数量激增。据中

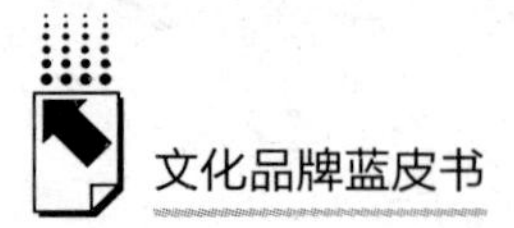

国文化创意产业网发布的《世界文化创意产业集聚区分布图（2013～2014)》显示，在政府政策资金的大力引导下，中国的文化集聚区数量增幅居全世界之首，由2011年的365个增至2013年的1107个，两年间，数量翻了两番。

面对文创园的遍地开花，业内人士似乎已经形成两个派别：一派对此现状津津乐道，认为现在正值文创园发展的春天；一派则对此表示担忧，认为这种一哄而上的发展态势根本不利于文化产业集群建设和品牌打造。2013年，几乎每天都有文创园开业的媒体报道，同时几乎每天也都有入驻了文创园的企业黯然离场。针对文化产业园区的现状，文化部制订了《“十二五”时期文化产业倍增计划》，《计划》指出要把转变文化产业发展方式作为主要任务，着力提升文化生产的品质和效益，提高文化产业规模化、集约化、专业化水平，加快由注重数量扩张的规模增长转变到更加注重质量效益的内涵提高。中国文化产业园区未来的发展要继续以国家级文化产业示范园区和基地为载体，培育了一批有较强实力、竞争力、影响力和自主创新能力的文化产业集群和大型文化企业，提升文化内容和艺术形式的表现力、感染力。要实施差异化的区域文化产业发展战略，引导各地走特色化、差异化发展之路。

（二）品牌园区文化、创意大比武

2013年不少文化产业园区的发展逐渐走上正轨，开始了文化与创意的大比武。

武汉光谷——动漫创意的排头兵

武汉光谷创意园围绕“文化创意科技创新”的模式，重点发展动漫产业。目前，中国光谷创意产业基地已聚集各类创意企业255家，从业人数6000余人，全年动漫创意企业总制作能力每年50000分钟，拥有自主知识产权462个，基地已发展成为国内文化创意产业最密集的地区之一。

光谷创意园区虽然外观不起眼，但它的集聚效应强。首先，光谷创意园的产业纯度高，90%的入驻企业是做文化创意产业的；其次，产业的密集度高，拥有13家国家认证的动漫企业，聚集了武汉市70%的动漫企业；最后，企业孵化功能强，园区所有的企业都是自己孵化出来的，其中，有8家企业是获得武汉市第一批认证的科技融合企业。

2013年，光谷创意园的知识创新能力和技术创新能力在全国高新区中排名第三，仅次于北京中关村和深圳高新区。未来，武汉光谷的目标是加快实施创新战略提升行动，建设国家自主创新示范区和世界一流科技园区。

北京宋庄——艺术村落的蜕变

从1994年第一批艺术家入驻至今，宋庄经过近20年的积累、发酵，正由一个普通的华北村庄蜕变成一个充满艺术与生活气息的国际化小镇。

2013年，宋庄的艺术家们群集在此已经整整20年。截至2012年底，已经有近5000位艺术家在此生活创作，这里分布着22座大型美术馆、113家画廊和4500多个艺术工作室，是目前世界上最大的艺术家群落集聚地。

2012年，宋庄在举办了中国艺术品产业博会之后开始名声大噪，其艺术门类也越发齐全。现代艺术、传统美术、装置艺术、雕塑、陶瓷、摄影等，加上30家展览馆、各类店铺，共同构成了一个完整的艺术生态。目前，宋庄有艺术家进驻的村已经扩展到了24个。

宋庄的成功在于探索了一条以艺术品产业为龙头带动多产业综合发展的路子。伴随艺术家和机构的聚集，艺术衍生品及与艺术品相关的行业也聚集到了宋庄。一年一度的宋庄文化艺术节如今已举办了8届，在促进宋庄艺术家内部交流的同时，也将宋庄艺术家集中推向市场。除此之外，宋庄还拥有自己的艺术品交易网。在运营不到一年的时间里，交易网已为宋庄艺术家策划了20余次线上、线下展览，吸引注册用户达411位。一个中国艺术品产业博览会，一个中国宋庄文化艺术节，加上一个中国宋庄艺术品交易网，搭建起了宋庄艺术家与前沿交流、与主流交汇、与市场接轨的重要平台。

上海德必——产业链经营吸引“文化”的德必模式

上海德必经过7年的发展，走出了一条产业链经营的德必模式。

德必已成功开发15个文化创意产业集聚区，包括长宁德必易园、法华525创意树林、运动LOFT创意基地、徐汇德必易园、大宁德必易园等。德必园区聚集了一批在业内具有较强影响力及良好发展前景的文创企业。目前，15家园区已成功吸纳近千家优秀企业入驻，其中文创企业达到85%以

上，个别园区文创企业达到95%。在园区运营方面，德必提出了“园区经营是产业链经营”的创新理念。这一理念让德必将园区经营者与普通办公楼宇的物业角色彻底区分开来，从文创产业发展的需求出发，全面地为入驻企业提供除基础服务外的七大增值服务：基础人才服务、投融资服务、法律和政策服务、企业管理咨询服务、财务顾问服务、品牌推广服务、产业资源配置与高层交流等。

目前，德必的七大增值服务平台共服务了472家文创企业，覆盖人数超过2万人，举办活动近200场，促成企业交易达千万元。德必开创了园区经营的新模式，成为真正的产业服务商。几年来，德必园区吸引了一批优秀文创企业，如大众点评网、虎扑网、丁丁网、传漾科技、岸峰创新等。

深圳F518园——城市时尚创意的狂欢地

原创是F518不变的主题。F518从2009年起设立了“原创风云榜”评选活动，由园区内、外企业参展并亲自参与评选，最终结合专业评委和市民投票评选，评出年度“十大创意作品奖”。这一有意义的方式展示了园区乃至深圳的创意设计力量。迄今为止，F518收集了工业设计、平面视觉、建筑规划、动漫影视、策划等多个行业原创作品近1000件。2013年原创风云榜提交了近百件作品其格调和设计都有了很大的提升，其中部分工业设计作品尤为突出，获得红棉、红点等行业内最高荣誉奖项的作品不在少数。其中，包括龙域设计的触控笔系列、柏斯设计的医疗器械产品等。这些创意活动不仅带动了创意文化背后庞大产业链的发展，也将促进文化创意园区密集出品有创意的作品。

F518以文化娱乐为创意核心，与文化娱乐内容企业进行深度合作，共同开发创意内容，建立可复制的互动体验式文化娱乐商业模式。通过多年来对文化产业链的聚合，F518公共服务平台日臻成熟稳定，形成了融合创意、设计、艺术的创意产业基地，构建了更为合理、系统的产业布局体系。

2013年是F518园区具有里程碑式的一年。经过6年的产业布局和发展的积累，未来，这艘文化航母将会打造“三个中心”，即国内外中小文化创意企业总部中心，城市青少年聚集、交流、娱乐消费的互动体验中心和文化娱乐商业模式的示范中心。

北京酷车小镇——车时尚的亮丽舞台

酷车小镇经过3年多的发展，已经成为辐射北京地区乃至全国的综合性高端汽车园区。园区集高端汽车个性化装饰、技术服务、高端汽车交易、汽车俱乐部、总部办公、餐饮休闲和电子商务于一体。酷车小镇始终贯穿一个理念——打造以车文化为载体的商圈经济和车文化产业基地。园区积极整合首都地区在汽车装饰理念设计和个性化创意设计方面的智力资源，弥补首都地区在汽车文化的展示交流、创意设计、安全知识普及教育等方面缺乏专业场地的不足，创新北京汽车装饰文化产业品牌，实现汽车改装与深度汽车装饰行业的高端整合。

同时，酷车小镇还打造出中国第一家传播汽车文化和加强青少年汽车知识普及的公益教育基地。通过这个窗口，更多的汽车厂商和有车族能够了解世界的汽车文化和改革开放30年来中国汽车文化的发展历程。在国内汽车后市场的发展中，酷车小镇体现了总部基地项目的品牌辐射力。

二　2013年度园区品牌热点

（一）万达500亿元打造全球最大“影都”

2013年，青岛东方影都影视产业园区的启动仪式热闹非凡。众多影视大腕和影视明星齐聚于此，其中包括美国奥斯卡学院主席爱莎克、华纳兄弟、环球影业、派拉蒙等掌门人，还有莱昂纳多·迪卡普里奥、妮可·基德曼等好莱坞巨星以及章子怡、李连杰、梁朝伟等国内一线明星。一个文化产业园的启动为何有如此大的动静？因为这是万达集团在青岛投资500亿元打造的全球规模最大的影视产业项目——东方影都影视产业园。

东方影都是一个以影视产业为核心，涵盖旅游、商业等多种功能的大型综合性文化产业项目。项目占地376万平方米、总建筑面积540万平方米，包括影视产业园、电影博物馆、影视名人蜡像馆、影视会展中心、汽车极限秀、万达文化旅游城、度假酒店群、游艇俱乐部、滨海酒吧街、国际医院等多个项目，是世界唯一一个具有影视拍摄、影视制作、影视会展、影视旅游综合功能的特大型影视产业园区。园区计划2016年开业，开业后将于每年将有30部左右外国电影在青岛东方影都拍摄制作，并于每年9月举办青岛国际电影节，这是美国奥斯卡学院首次走出美国，支持其他组织举办的电影节。东方影都集合了众多世界顶级资源，将改变中国没有电影文化世界品牌的局面。

（二）中国首个科幻产业园区呼之欲出

2013年，四川成都筹划建设国内首个科幻产业园区，这标志着中国将走进“科幻产业时代”。园区拟由“三区两基地”构成，即科幻体验区、科幻产品研发孵化生产区、科幻商业配套区、科幻影视制作基地和科幻教育培训基地。该项建设有望在2014年上半年通过审批。

这个动作在科幻文学界“一石激起千层浪”。乐观者认为，中国的科幻产业存在着很大的市场空白，产业园区的建立可以充分地满足当前的市场需求，科幻产业园区的建立将对中国科幻产业的发展具有深远的意义。而悲观者则认为建立科幻产业园区是一种盲目的跃进。首先，目前中国的科幻产业还未发展起来，作为产业的主要环节之一——科幻文学作品处于图书出版市场的边缘地带，其中蕴含独特科幻创意的作品更是少之又少。中国科幻的原创力还不足以构成一座产业大厦的“地基”。其次，科幻文学作品的作者稀缺，每年发表科幻作品的作者不到100个。最后，科幻文学作品的阅读率不高，是国内读者最少的类型文学，这直接导致了本就不多的作者减产或转型。因此，建立科幻产业园区就像是玩概念，以国内目前的科幻土壤，在一段时间内根本不可能赢利。

（三）齐鲁文化产业园转行“做生意”

开园不到4年的齐鲁文化产业园悄然脱去“文化”的外衣，转型做起了建材和商贸批发生意。

开园之时的齐鲁文化产业园区曾打出“文化成就时尚，创意引领未来”的旗帜，展示过山东省内外的各种文化、民俗制品，比如伏里土陶、高密扑灰年画、潍坊龙头蜈蚣风筝、泰山皮影戏、临沂蓝印花布和省外的羌绣、藏织

等。现在的齐鲁文化产业园区内鲜见文化和民俗的身影，一间商铺的玻璃门上落满了灰尘，有人用手在上面画了四五个小人的涂鸦，这竟成了整个园区最具“文化”气息的一角。

目前拥有900个店铺的园区正在营业的不足百家，且与文化搭边的不多。产业园区临近大学路一侧的一楼基本都开成了门头房，主要以卫寓瓷砖、厨具、五金批发、电器能源等店面为主，自发形成了以建材装饰为主的一条街。

此外，为激活一度停止运营的齐鲁文化产业园区，园区计划在原有基础上做出新的市场规划，园区大门口打出巨大的招商横幅，日用百货、家纺家居、汽车用品、茶叶烟具、婚庆礼品、服装鞋帽等都能在产业园区开售。文化创意产业彻底退出了齐鲁文化产业园，昔日的文化产业园区转型为商贸批发市场，将以长清首个“小义乌”的面貌出现在人们面前。

三　园区品牌发展的问题与对策

到目前为止，全国总共有超过2500个文化产业园建成，还有正在筹建的和直接更名的上万个产业园区正在崛起。每个产业园区都动辄投资若干亿元，规划上百亩土地，看似一片红红火火、欣欣向荣，然而在文化产业园繁荣的背后还存在着不少的隐患。

（一）产业园区亏多赚少

据统计，全国有超过九成的园区处于亏损或招商难的状态，真正赢利的不超过10%。在这些都冠以“文化创意”名头的产业园中，真正称得上是“文化产业集聚区”的园区不超过5%。2013年最引人注目的事件就是开业了4年的齐鲁文化产业园在经过几年的惨淡经营之后最终退出了文化产业的市场。

（二）伪文化产业园“挂羊头卖狗肉”

全国上万个文化产业园区真正做文化产业的并不多，地方上一些文化产业园区，打着文化产业的幌子，事实上与文化产业并没有太大关系。现在有不少所谓文化产业园打着“文化创意”的旗号创造出养生文化、花文化、寿文化、茶文化、陶文化、瓷文化、阿拉伯数字文化等。然而，这些产业园的开发与运营以及是否能真正实现有投入、有产出都成为突出的问题。园区的开发商似乎只考虑借文化产业园的名目立项，而不太重视园区内装的内容。这些名义上的文化产业园大部分都没有真正实现文化产业集聚，更谈不上能够产生规模化效益。在文化产业园迅速走向繁荣的过程中，出现了大量“挂羊头卖狗肉”的伪文化产业园。

（三）园区企业靠“吃政策”为生

政府为很多园区的企业提供了高额的经济优惠。以北京市2006年出台的《北京市促进文化创意产业发展的若干政策》为例，自2006年起，北京市政府每年安排5亿元文化创意产业发展专项资金，采取贷款贴息、项目补贴、政府重点采购、后期赎买和后期奖励等方式，对符合政府重点支持方向的文化创意产品、服务和项目予以扶持。在中关村科技园区内新办文化创意企业，被认定为高新技术企业的，企业所得税自获利年度起2年内免征，2年后减为按15%税率征收。在这种政策红利下，出现了许多“吃政策”的企业，它们在各个文化产业园区中打游击，“吃”掉一个园区的优惠再继续转战另一个园区，以此为生。

（四）园区运营“有形无神”

许多文化产业园区在投入运营之后看似热闹，实际上却陷入“有形无神”的尴尬境地。产业园区大多实行企业化开发和管理，但开发公司将大量的资金投放在了厂房改造和现代化设计上，而缺少对产业本身的资金投入。很多园区管理者没有成为投资和管理的主体，也没有发挥构架产业链、激活产业能量的作用。有些园区虽然引入了不少公司，但存在大量同质化的、对产业链没有裨益的公司。以成都音乐公园为例，园区内随处可见咖啡厅和水吧，因而受到人们的质疑：“打着音乐的擦边球，做着商业广场干的事，打着艺术的旗号，卖着商店贩卖的货物。”同时，有很多市民因为它免费开放，把它当成了一个商

业休闲中心。东区音乐公园的产业链没有形成，没有持续的演出项目和足够的音乐产品来渲染它作为大型音乐园区的形象，这与园区管理的不专业有关。园区管理公司基本还只是功能单一的业主，并未成为音乐产业的投资引导主体，更未能推动产业架构的调整。

就上述园区发展中存在的问题和缺陷，我们将提供以下对策。

首先，从宏观政策方面来看，政府应该对所有文化产业园进行重新评估、规划和提升。政府要对现有的文化产业园区定期进行审核，实行优胜劣汰，对不符合园区管理办法的应予以取消。目前，文化产业示范园区退出机制正在酝酿中，相关政策出台后，将引领文化产业园建设进入良性发展道路。除此之外，政府要从支持平台建设转变为支持内容产业和品牌的塑造。对没有产出的企业应勒令其退出，要杜绝相关企业“吃政策”的做法。

其次，通过合理规划和创意布局来解决打着文化旗号变相“圈地”的做法。做好文创产业园不一定非要征地，有效改造、合理规划现有的一些厂房、土地资源，同样能够达到以小见大的效果。最典型的案例是798艺术区。798原本是一片几近废弃的破厂房，经过巧妙装修、改造后，就成了创意和灵感的源泉。大批艺术家、文化企业的入驻，不但盘活了废旧厂房，而且他们的文化创意也获得了在城市中成长的空间。

再次，文化产业园的发展要重“区”轻“园”。文化产业园区发展的核心并不在于园区文化企业数量的增加，而在于园区企业之间是否具有链式关联。文化产业的行业特征决定了其产业链是由“技术投入”与“消费需求”共同推动下形成的综合联动型产业链，这就要求园区企业在产业结构上必须强化上、中、下游企业间的联动效应。在这方面有突出表现的是上海金桥网络文化产业基地，它将基地内曾经零星分布的文化信息企业逐渐聚合，形成了包括龙头企业、网络视频内容商以及多家新媒体技术提供商在内的完整的网络视频产业链，实现了上游供货商、中间技术服务公司、下游客户的无缝衔接，突破了文化产业园区普遍存在的孤岛效应。

最后，中国文化产业园区的可持续发展有赖于运营商提供增值服务。这方面，上海德必可谓先行者，其运营模式是集创意产业聚集园区投资、设计、建设、运营、平台式整合创新服务为一体。德必迄今已在上海服务超过300多家创意企业，其旗下运营的上海6个较为知名的园区——易园、运动LOFT创意基地、法华525、徐汇创意阁等始终保持着98%左右的入住率。上海德必成功的关键是开辟了德必创意企业服务中心，推出了七大增值服务（详见前文所述）。尽管目前德必的增值服务还不尽完善，但其独树一帜的运营模式已经在全国的创意办公园区开发和运营中脱颖而出。

中国皮书网

www.pishu.cn

发布皮书研创资讯，传播皮书精彩内容
引领皮书出版潮流，打造皮书服务平台

栏目设置：

- □ 资讯：皮书动态、皮书观点、皮书数据、 皮书报道、皮书新书发布会、电子期刊
- □ 标准：皮书评价、皮书研究、皮书规范、皮书专家、编撰团队
- □ 服务：最新皮书、皮书书目、重点推荐、在线购书
- □ 链接：皮书数据库、皮书博客、皮书微博、出版社首页、在线书城
- □ 搜索：资讯、图书、研究动态
- □ 互动：皮书论坛

中国皮书网依托皮书系列“权威、前沿、原创”的优质内容资源，通过文字、图片、音频、视频等多种元素，在皮书研创者、使用者之间搭建了一个成果展示、资源共享的互动平台。

自2005年12月正式上线以来，中国皮书网的IP访问量、PV浏览量与日俱增，受到海内外研究者、公务人员、商务人士以及专业读者的广泛关注。

2008年、2011年中国皮书网均在全国新闻出版业网站荣誉评选中获得“最具商业价值网站”称号。

2012年，中国皮书网在全国新闻出版业网站系列荣誉评选中获得“出版业网站百强”称号。

社会科学文献出版社

皮书系列

“皮书”起源于十七、十八世纪的英国，主要指官方或社会组织正式发表的重要文件或报告，多以“白皮书”命名。在中国，“皮书”这一概念被社会广泛接受，并被成功运作、发展成为一种全新的出版形态，则源于中国社会科学院社会科学文献出版社。

皮书是对中国与世界发展状况和热点问题进行年度监测，以专业的角度、专家的视野和实证研究方法，针对某一领域或区域现状与发展态势展开分析和预测，具备权威性、前沿性、原创性、实证性、时效性等特点的连续性公开出版物，由一系列权威研究报告组成。皮书系列是社会科学文献出版社编辑出版的蓝皮书、绿皮书、黄皮书等的统称。

皮书系列的作者以中国社会科学院、著名高校、地方社会科学院的研究人员为主，多为国内一流研究机构的权威专家学者，他们的看法和观点代表了学界对中国与世界的现实和未来最高水平的解读与分析。

自 20 世纪 90 年代末推出以《经济蓝皮书》为开端的皮书系列以来，社会科学文献出版社至今已累计出版皮书千余部，内容涵盖经济、社会、政法、文化传媒、行业、地方发展、国际形势等领域。皮书系列已成为社会科学文献出版社的著名图书品牌和中国社会科学院的知名学术品牌。

皮书系列在数字出版和国际出版方面成就斐然。皮书数据库被评为“2008~2009 年度数字出版知名品牌”;《经济蓝皮书》《社会蓝皮书》等十几种皮书每年还由国外知名学术出版机构出版英文版、俄文版、韩文版和日文版，面向全球发行。

2011 年，皮书系列正式列入“十二五”国家重点出版规划项目；2012 年，部分重点皮书列入中国社会科学院承担的国家哲学社会科学创新工程项目；2014 年，35 种院外皮书使用“中国社会科学院创新工程学术出版项目”标识。